Coleção
FILOSOFIA
ATUAL

Copyright © The Curators of the University of Missouri.
University of Missouri Press, Columbia, MO 65201. Todos os direitos reservados.
Copyright desta edição © 2017 É Realizações Editora
Título original: *The Collected Works of Eric Voegelin, Volume 25: History of Political Ideias, Volume VII, The New Order and Last Orientation*

Editor
Edson Manoel de Oliveira Filho

Produção editorial, capa e projeto gráfico
É Realizações Editora

Preparação de texto
William Campos da Cruz

Revisão de texto
Liliana Cruz

Diagramação
Nine Design Gráfico | Mauricio Nisi Gonçalves

CIP-BRASIL. CATALOGAÇÃO NA PUBLICAÇÃO
SINDICATO NACIONAL DOS EDITORES DE LIVROS, RJ

V862h

Voegelin, Eric, 1901-1985
História das ideias políticas: volume VII : a nova ordem e a última orientação / Eric Voegelin ; tradução Elpidio Mario Dantas Fonseca. - 1. ed. - São Paulo : É Realizações, 2017.
400 p. ; 23 cm. (Filosofia atual)

Tradução de: The collected works of Eric Voegelin, volume 25: history of political ideias, volume VII, the new order and last orientation
Inclui índice
ISBN 978-85-8033-307-7

1. Religião e ciência. 2. Filosofia e religião. 3. Filosofia. I. Título. II. Série.

17-43617   CDD: 210
     CDU: 2-1

Reservados todos os direitos desta obra. Proibida toda e qualquer reprodução desta edição por qualquer meio ou forma, seja ela eletrônica ou mecânica, fotocópia, gravação ou qualquer outro meio de reprodução, sem permissão expressa do editor.

É Realizações Editora, Livraria e Distribuidora Ltda.
Rua França Pinto, 498 · São Paulo SP · 04016-002
Caixa Postal: 45321 · 04010-970 · Telefax: (5511) 5572 5363
atendimento@erealizacoes.com.br · www.erealizacoes.com.br

Este livro foi impresso pela RR Donnelley, em outubro de 2017.
Os tipos são da família Minion Condensed e Adobe Garamond Regular. O papel do miolo é Lux Cream 70 g, e o da capa Cordenons Stardream Sapphire 285 g.

Coleção
FILOSOFIA ATUAL

HISTÓRIA DAS IDEIAS POLÍTICAS
VOLUME VII

A NOVA ORDEM E A ÚLTIMA ORIENTAÇÃO

ERIC VOEGELIN

EDIÇÃO DE TEXTO E INTRODUÇÃO À EDIÇÃO AMERICANA
JÜRGEN GEBHARDT E THOMAS A. HOLLWECK

TRADUÇÃO
ELPÍDIO MÁRIO DANTAS FONSECA

É Realizações
Editora

Sumário

A NOVA ORDEM E A ÚLTIMA ORIENTAÇÃO

Introdução do editor.. 13
   I. Interpretando o mundo moderno – A narrativa inacabada de Voegelin
   acerca da situação difícil da modernidade 13
   II. O paradigma da "ideia política" 23
   III. Um paradigma perdido e a volta à "Historicidade da Verdade" 37
   IV. Epílogo: o realista espiritual 52

Nota dos editores... 55

SÉTIMA PARTE: A NOVA ORDEM

1. O estado nacional 59
   § 1. Tabula rasa.. 59
      a. O homem só 59
      b. O símbolo do direito natural 60
      c. O símbolo da ciência..................................... 62
      d. Os problemas da nova era 63
   § 2. Em busca de ordem 65
      a. O estado de violência – o De Jure Belli, de Grotius 65
      b. A regulamentação da violência – Sujeitos no direito internacional ... 66
      c. A autoridade do governo 67
      d. Natureza – A essência do homem 68
      e. Grotius – O homem modelo............................... 69
      f. As regras da natureza 71
      g. Grotius e Epicuro.. 72
   § 3. Hobbes.. 74
      a. Comparação com Maquiavel e Bodin – O problema do realismo.. 74
      b. A análise do orgulho..................................... 77
         aa. A estrutura mecânica do homem....................... 77
         bb. Perda da Fruitio Dei................................. 78
         cc. Fruitio Hominis – A contemplação do poder 79
         dd. Loucura 79

  c. A análise do medo da morte 80
  d. Os conceitos de direito natural 82
  e. A análise da commonwealth e da pessoa 83
  f. Perfeição do fechamento legal do Estado 84
  g. Perfeição do fechamento espiritual do Estado 85
  h. Controle de opinião 87
  i. Sumário: movimento de baixo e pressão de cima 87

2. A Revolução Inglesa 89
 § 1. A situação inglesa 89
 § 2. Jaime I 91
 § 3. A colisão com a corte e o parlamento 92
 § 4. A constituição da Igreja – O Pacto de Mayflower 93
 § 5. A restrição do poder real 95
 § 6. A tendência para a soberania do Parlamento 96
 § 7. Os pactos 97
 § 8. O envolvimento solene do exército 98
 § 9. O acordo do povo 98
 § 10. Os problemas da imunidade 101
 § 11. A acusação a Carlos I – A Declaração de Independência 102
 § 12. Massachusetts Bay, Connecticut, Rhode Island 104
 § 13. Milton 112
 § 14. Winstanley 117
 § 15. Harrington 121

3. Cromwell 127
 § 1. As guerras da Fronde – Estado vs. estados 127
 § 2. O continente e a Inglaterra – Sociedade política de estado e
   sem estado 129
 § 3. O parlamento e o Estado da Inglaterra 132
 § 4. A posição de Cromwell 134
 § 5. Cromwell e a vontade de Deus 135
 § 6. A política de Cromwell 137

4. Fronde e monarquia na França 141
 § 1. O parlamento 141
 § 2. O cardeal de Retz 145
 § 3. Luís XIV 148

5. Espinosa ... 153
§ 1. Orientalismo ... 153
§ 2. O programa da De Intellectus Emendatione ... 155
§ 3. Misticismo ... 156
§ 4. Esoterismo ... 157
§ 5. Hobbes e Espinosa ... 159
§ 6. A teoria do poder ... 159
§ 7. Liberalismo ... 161
§ 8. O projeto de governo ... 162
§ 9. O juramento ... 165

6. Locke ... 167
§ 1. A teoria do contrato ... 167
§ 2. A teoria da monarquia limitada ... 169
§ 3. A relação com Richard Hooker ... 170
§ 4. O puritano vitorioso ... 171
§ 5. Os escritos de Locke acerca da tolerância ... 172
§ 6. Tolerância e o novo padrão de revolução ... 173
§ 7. Facetas da tolerância no século XVII ... 176
§ 8. O rateio à mesa do Senhor ... 177
§ 9. Deus: o proprietário do homem ... 177
§ 10. O homem: o proprietário de si mesmo ... 179
§ 11. O estado civil – O dinheiro e a diferenciação de propriedade ... 181
§ 12. A proteção igual da desigualdade ... 183
§ 13. Doença espiritual – O elemento de criação da revolução ... 184

7. Intervalo ... 187
§ 1. O primeiro ciclo: ordem contra espírito ... 187
§ 2. O segundo ciclo: a reafirmação do espírito ... 189
§ 3. Mau humor e ceticismo ... 192
    a. O ceticismo de Hume ... 192
    b. Razão e sentimento ... 193
    c. Propensões do mau humor de um cavalheiro ... 194
    d. A função social da reflexão cética ... 195
    e. Simpatia e convenção ... 196
§ 4. Montesquieu ... 198
    a. Atmosfera de Montesquieu ... 198
    b. A questão antropológica ... 200

  c. O povo – Esprit des Lois *201*
  d. Sumário do Esprit des Lois *202*
  e. Um novo sentido da história – Destino nacional *203*
  f. A ideia de um governo livre *205*
§ 5. *O alargamento do horizonte geográfico: a diversificação biológica da humanidade* *206*
  a. Conhecimento de novos mundos – Começo do sentimento de relatividade *206*
  b. A literatura de viagem – a Histoire Naturelle *de Buffon* *207*
  c. O sistema de raças humanas *209*
  d. A diversificação racial e a unidade da humanidade *209*
  e. Os horizontes geográfico e histórico *210*

OITAVA PARTE: A ÚLTIMA ORIENTAÇÃO

Observações introdutórias 213

1. Fenomenalismo 217
  § *1. Fenomenalismo e ciência* *217*
    a. Cientificismo *217*
    b. Fenomenalismo e materialismo *218*
    c. Definições *221*
    d. Pascal e a especulação fenomênica *221*
    e. Fenomenalismo biológico *224*
    f. Fenomenalismo econômico *228*
    g. Fenomenalismo psicológico *231*
    h. Combinação de tipos *232*

2. Schelling 235
  § *1. O realista numa era de desintegração* *235*
    a. O isolamento social do realista *235*
    b. Diletantismo filosófico *236*
    c. Racionalismo *237*
    d. Parcialidade e inversão *239*
    e. Ineficácia do realista *240*
    f. A influência de Schelling *241*
  § *2. Elementos da posição de Schelling* *243*

  a. Descartes e a especulação pós-cartesiana 243
  b. Crítica da época. 246
  c. Os aforismos acerca da Razão 247
 § 3. A especulação de Schelling 249
  a. Retorno a Bruno 249
  b. Retorno a Kant 250
  c. Imersão na substância do universo 251
  d. A Potenzenlehre 253
 § 4. Existência histórica: a chave para a especulação 255
  a. Existência histórica 255
  b. O diálogo anamnésico 257
  c. Anamnese e história 258
  d. Schelling e Hegel 259
 § 5. Existência orgiástica 260
 § 6. A existência prometeica 263
  a. A vida dupla 264
  b. O retorno interno 266
  c. Melancolia e graça 267
 § 7. Existência política 270
  a. A ordem inteligível do ser 270
  b. Estado e Igreja – A aliança dos povos 271
  c. Ideal e ideia 273
  d. A pólis – O terceiro Dionísio 276
  e. Mistério e escatologia 278
  f. A terceira cristandade – Cristo e Dionísio 279
 § 8. Nirvana 283
 § 9. Conclusão 286
  a. O novo nível de consciência 286
  b. Uma comparação: realismo e envolvimento escatológico 288
  c. Sumário. 290
  d. O final de uma época 291

3. Nota acerca de Hölderlin 293

4. Nietzsche e Pascal 303

Índice remissivo 365

A NOVA ORDEM E A ÚLTIMA ORIENTAÇÃO

Introdução do editor

*I. Interpretando o mundo moderno –
A narrativa inacabada de Voegelin acerca da
situação difícil da modernidade*

"No verão consegui acrescentar cerca de 200 páginas de manuscritos ao volume III: O Mundo Moderno", escreveu Eric Voegelin a seu editor, que lhe dera um contrato para o tratado de três volumes que crescera de um manual acadêmico de um volume que deveria ter sido publicado originalmente pela McGraw-Hill. Um ano após a conclusão deste contrato com Macmillan, Voegelin anunciou o término dos volumes "O Mundo Antigo" e "A Idade Média" em "cópia datilografada limpa". Quanto ao terceiro volume, acrescentou ele: "Ainda está de pé minha estimativa de que o término deve estar à vista na primeira metade do ano de 1946".[1] É claro, sabemos que se mostrou muito precipitada a estimativa de Voegelin; o relato do mundo moderno nunca foi terminado como projetado originalmente.

Os estudos coligidos no presente volume refletem diferentes estágios da composição da *História*. Documentam de

---

[1] Voegelin a Henry B. McCurdy, 8 de outubro de 1945, *Eric Voegelin Papers*, Arquivos do Instituto Hoover, caixa 24. Doravante citados pelo número da caixa.

alguma maneira a interrupção lenta da empresa. A primeira parte, intitulada originalmente "Estabilização", apresenta o complexo de ideias políticas que se centram no estado nacional. Esses capítulos provavelmente foram completados em 1943. Ainda mostram o formato de um manual acadêmico. A segunda parte, "A última orientação", datada de 1945, examina refletidamente as causas da crise moderna, servindo então como introdução à parte final da *História*, que pormenoriza a crise do presente. A parte acerca de Nietzsche e Pascal não era destinada à *História*. Foi esboçada como um estudo separado, por volta de 1943, e Voegelin a considerava um texto preliminar para o capítulo acerca de Nietzsche planejado para a *História*, que nunca foi escrito.[2] A narrativa complicadíssima da *História* desde seu começo em 1939 até o rompimento com a concepção original e o abandono final do projeto é contada na "Introdução geral à série".[3] Como apontado aí, o ímpeto de reconceptualizar o tratamento hermenêutico da história das ideias políticas foi ocasionado pela análise do mundo moderno. Produziu a seu turno uma compreensão fresca do "espírito (*Geist*) político" em sua historicidade à luz da constituição anamnésica do conhecimento da profundidade da psique. Este foi o ponto de partida para um exame renovado de fontes e da literatura monográfica relevante, assim como da decorrente expansão do escopo da *História*, que atrasou o término do terceiro volume.

Em 1948, os primeiros dois volumes foram dados a um crítico externo anônimo, mas o terceiro volume ainda estava sendo elaborado. Em sua resposta aos comentários críticos do recenseador, Voegelin observou que o tratamento do período moderno, começando com Maquiavel, "ocuparia metade de

---

[2] Voegelin a Karl Löwith, 17 de dezembro de 1944, caixa 24.
[3] Thomas A. Hollweck e Ellis Sandoz, "General Introduction to the Series". In: *History of Political Ideas*, vol. I, *Hellenism, Rome, and Early Christianity*. Columbia, University of Missouri Press, 1997, p. 1-47. (The Collected Works of Eric Voegelin [doravante CW], vol. 19) [Em português: Thomas A. Hollweck e Ellis Sandoz, "Introdução Geral à Série". In: Eric Voegelin, *História das Ideias Políticas*, vol. I, *Helenismo, Roma e Cristianismo Primitivo*. Trad. Mendo Castro Henriques. São Paulo, É Realizações, 2012, p. 25-84.]

toda a obra".⁴ Já que foram prometidos ao editor três volumes de quatrocentas, quinhentas e seiscentas páginas respectivamente, em 1944, podemos supor que a análise do mundo moderno tinha-se expandido consideravelmente nesse ínterim. Por conseguinte, em 1949, Voegelin sugeriu a seu editor a divisão do volume II em dois volumes: "De Maquiavel a Locke (vol. III). De Vico até o presente (volume IV)".⁵ Entretanto, não apenas a apresentação do mundo moderno, mas toda a obra continuou a crescer em tamanho, ao mesmo tempo que era continuamente revista. Depois de um lapso de quase quatro anos, Voegelin surpreendeu seu editor com um novo esboço da obra e o novo título "Ordem e Símbolos" para substituir o anterior "História das Ideias Políticas". "O Mundo Antigo" foi mudado para "Mito, História e Filosofia", "A Idade Média" para "Império e Cristandade", e, finalmente, "O Mundo Moderno" para "A Era Gnóstica". Os três volumes deveriam abranger cerca de quatro mil e quinhentas páginas ao todo, com mil e oitocentas dedicadas ao terceiro volume. O novo título para o terceiro volume mostra melhor a mudança no foco e o tratamento conceptual por que toda a empresa tinha passado. Foi documentado pelas Walgreen Lectures de Voegelin, dadas em 1951 e publicadas como *A Nova Ciência da Política*. Determinava "a essência da modernidade como o crescimento do gnosticismo",⁶ que operava no sectarismo heterodoxo medieval, irrompia na cena pública nos séculos XVI e XVII, e se metamorfoseava nos movimentos ideológicos de massa do totalitarismo do século XX. Desde o começo, Voegelin quis que sua *História* contribuísse para uma melhor compreensão da crise presente da política moderna. Estava convencido de que o "estado da ciência", como costumava dizer, permitiria

---

⁴ "Observations on the 'Report on Voegelin's *History of Political Ideas*'" [Observações acerca do relatório da *História das Ideias Políticas* de Voegelin], p. 1; *Eric Voegelin Papers*, Arquivos do Instituto Hoover, caixa 24, pasta 8.

⁵ Voegelin a A. Gurwitsch, 16 de abril de 1949, e Voegelin a H. A. Moe, 20 de outubro de 1949, caixa 15.

⁶ Eric Voegelin, *The New Science of Politics: An Introduction*. Chicago, University of Chicago Press, 1952, p. 126. [Em português: Eric Voegelin, *A Nova Ciência da Política*. Trad. José Viegas Filho. Brasília, UNB, 1982.]

ao erudito descobrir as raízes históricas da forma intelectual e espiritual da civilização ocidental.

Este argumento tinha sido desenvolvido nas *Religiões Políticas* de Voegelin, em 1938. Na primeira versão da *História*, ele analisara a emergência dos fenômenos político-religiosos que eram a matéria de *Religiões Políticas* à luz de uma história espiritual e intelectual da civilização ocidental, de duas pistas, desde o século XI, que estava sendo realizada em dois planos diferentes. No plano superior, os complexos ideacionais focalizam as instituições públicas como o império e a igreja, e mais tarde o estado nacional. No plano inferior desenrola-se "o drama milenário dos sentimentos e ideias que estão em revolta contra a superestrutura de nossa civilização".[7] Mostrou-se cada vez mais difícil ligar esses dois planos de formação de ideias à medida que Voegelin se movia para a interpretação do mundo moderno. Uma tentativa de lutar com o problema levou a um capítulo intitulado "O Povo de Deus", que atravessa a narrativa cronológica e persegue a evolução de contra correntes sectárias heterodoxas desde seu começo na Idade Média até sua ascendência política no mundo da pós-reforma dos séculos XVI e XVII. Para seu retrato do mundo moderno depois de 1700, Voegelin tinha de lidar com o fato de que a história do plano inferior começou a dominar o plano das instituições públicas. O sectarismo heterodoxo transformou-se em credos político-religiosos para além de suas origens cristãs, capturou as massas e, por fim, começou a tomar o próprio poder público.

Em 1945 Voegelin explicou seu dilema numa carta a Alfred Schütz: "Até 1700 pude proceder mais ou menos cronologicamente. Mas, do século XVIII em diante, isso torna-se impossível já que o problema da política secular tratado pelos teóricos políticos num sentido mais estreito se entrecruza com

---

[7] *History of Political Ideas*, vol. IV, *Renaissance and Reformation*. Ed. David L. Morse e William M. Thompson. Columbia, University of Missouri Press, 1998, p. 132. (CW, vol. 22) [Em português: *História das Ideias Políticas*, vol. IV, *Renascença e Reforma*. Trad. Elpídio Mário Dantas Fonseca. São Paulo, É Realizações, 2014, p. 156.]

o desenvolvimento da escatologia intramundana pós-cristã". Então, Voegelin se viu face a face com a difícil tarefa de "interligar a apresentação cronológica dos pensadores políticos do século XVII (desde Vico até Kant) com séculos penetrando os capítulos da história da escatologia moderna".[8] Este dilema piorou quando a análise passou para o século XIX e minou finalmente a estrutura conceitual outrora destinada a toda a história das ideias políticas, que era baseada numa teoria de evocações formulada em 1939.

Por um tempo, Voegelin tentou integrar os movimentos de credos intramundanos na teoria interpretativa das evocações políticas. Um olhar no índice ilustra o escopo em expansão do material e a consequente mudança de foco de interpretação. A história original em um volume destinava dois capítulos para a modernidade: "O Estado Nacional" e "O crepúsculo do Estado Nacional" (1941). Um pouco mais tarde, os dois capítulos foram reintitulados e subdivididos. O capítulo "O Estado Secular" discute "A Ideia do Estado Teocrático", "A Ideia de Direito Natural", "A Ideia de Soberania Política" e "O Estado Constitucional". O segundo e em algum ponto o último capítulo da *História* foi chamado de "A Expansão Planetária da Mente Ocidental". Descreve primeiro o alargamento dos horizontes geográficos, científicos e históricos assim como a revolução econômica e social, então os "Novos Credos" de humanismo, liberalismo e socialismo, e termina com seções acerca de "Movimentos Totalitários" e "O Colapso da Independência Individual".

Em 1945, um novo índice para o terceiro volume projetado mostrava um quadro bem diferente. São ainda cronológicas suas cinco divisões, mas sob todas as aparências foi concebido como "mais do que uma mera história de teorias", ou seja, "uma crítica sistematicamente abrangente da política e da civilização moderna".[9] A história moderna das ideias políticas em si apresentava um drama civilizacional culminan-

---

[8] Voegelin a Alfred Schütz, 7 de setembro de 1945, caixa 34.
[9] Voegelin a McCurdy, 8 de outubro de 1945, caixa 24.

do no último ato da execução da escatologia intramundana. Começou com a desordem da Renascença e Reforma depois de o mundo medieval desintegrar-se em estados-nações (parte oito) e foi seguida por um período de estabilização (parte nove). No século XVIII, o caráter de mão dupla do processo civilizacional ocidental veio à tona. De um lado, os corpos político-religiosos nacionais recém-constituídos tornaram-se um substituto para a ordem imperial dissolvida da sociedade medieval. De outro lado, a busca do significado da existência humana neste novo mundo com sua pluralidade de unidades de poder cristalizou-se numa consciência revolucionária da época e transformou os sentimentos religiosos e intramundanos latentes em novas interpretações da existência humana, que deveriam substituir o significado perdido da existência cristã. Sob o título "Revolução" (parte dez), Voegelin registrou esta narrativa altamente complexa do desenvolvimento inter-relacionado de paroquialismo ideacional no plano nacional e o universalismo dos novos credos que varreram toda a civilização ocidental.

Entretanto, bem no meio desta narrativa, Voegelin caiu nas dificuldades mencionadas anteriormente quando chegou a Rousseau e às vésperas das revoluções atlânticas. Mas nem Rousseau nem as ideias políticas das Revoluções Americana e Francesa, nem sua consequência espiritual na Alemanha, a "revolução do espírito" de Kant e Hegel, seriam ainda tratadas. Na opinião de Voegelin, Hegel marcou o fim da era revolucionária que, ao todo, é definida pela emergência do homem moderno. Uma reflexão concludente – intitulada "Especulação" – foi compreendida como o "prelúdio" para a parte final do livro acerca de "A Crise".[10] Revendo a filosofia de Bruno, descreve o problema do "fenomenalismo". Revela o processo de "dessubstancialização da realidade" como sendo a raiz da desintegração civilizacional da época por causa da perda da espiritualidade cristã. O fenomenalismo tornou-se o meio de autoexpressão no tempo de crise.

---

[10] Voegelin a Schütz, 17 de setembro de 1945, Caixa 43.

Intelectualmente, a filosofia da substância, de Schelling, apresenta um momento retardador na tragédia da mente moderna. Ele volta a reunir as tendências intelectuais divergentes e resiste ao desarraigamento das tradições. Reúne ainda uma vez as fontes espirituais dessas tradições a fim de encontrar o desafio para sua época, respondendo filosoficamente ao desafio de uma era cristã que desaparecia. Neste sentido, Voegelin vê a interpretação de Schelling acerca das ideias como "um ponto estável de orientação na confusão crescente do século de crise". Porque os contornos de uma filosofia moderna se materializam em Schelling, vem à tona a pergunta central levantada na *Nova Ciência* de Vico: qual é o verdadeiro sentido de *modernidade* numa compreensão filosófica do termo?

Por esta razão, a seção "Especulação" foi renomeada "A Última Orientação" e tornou-se a Parte Oito, separada, da *História* como apresentada neste volume. Precedia a Parte Nove final, "A Crise", que, de novo, permaneceu um fragmento. Voegelin trabalhou nas seções acerca do pré-positivismo e do positivismo franceses assim como nas acerca do socialismo revolucionário de Bakunin e Marx. Mas o tratamento originalmente concebido do liberalismo, de Nietzsche e dos movimentos totalitários nunca foi levado a efeito. Enquanto Voegelin continuava a reescrever as primeiras partes da *História*, continuou a trabalhar na seção da crise, até Marx, em 1948. Quando retrabalhou a história do sectarismo heterodoxo em "O Povo de Deus", a pesquisa histórica convenceu-o do caráter gnóstico do que foi chamado de "movimentos espirituais do povo". O próprio Voegelin afirmou: "Tanto quanto me lembro, fiquei a par, pela primeira vez, do problema do gnosticismo e de sua aplicação aos fenômenos ideológicos modernos através da introdução a *Prometheus*, de Hans Urs von Balthasar, publicado em 1937". Este descobrimento provavelmente reforçou também a leitura de Voegelin de outro livro de Balthasar, *Irenäus: Die Geduld des Reifens* [A Paciência do Arco] (1943), e de Simone Pétrement, *Le Dualisme chez Platon, les Gnostiques et les Manichéens* [O Dualismo em Platão, os Gnósticos e os Maniqueus] (1947). Uma vez que se dera conta da influência do gnosticismo sobre essas ideias que capturariam o mundo moderno, foi capaz de desenvolver um novo paradigma para a compreensão de toda a modernidade, tal como ela culmina na crise do presente.

Obviamente, nossa compreensão dos movimentos políticos modernos no período do Iluminismo e depois ganhará uma nova profundidade se pudermos ver as ideias comtianas, marxistas, leninistas e hitleristas de uma transfiguração da história não como ideias "novas", mas como especulações escatológicas que provêm, em continuidade, do misticismo ativista do século XIII; ou podemos entender a dialética hegeliana e marxista da história não com um novo historicismo ou um novo realismo, mas como uma ascensão renovada da especulação gnóstica; se pudermos entender a luta crítica contemporânea entre positivismo, progressivismo, comunismo e nacional-socialismo de um lado e a Cristandade, do outro, não como uma luta entre ideias "modernas" e Cristandade, mas como uma renovação da velha luta entre Cristandade e Gnose; e se pudermos procurar a formulação superior das questões contemporâneas nos escritos de Irineu contra os gnósticos de seu tempo.[11]

Sob esta perspectiva, o gnosticismo moderno emergiu do próprio centro da Cristandade. Então, Voegelin discerne agora no "totalitarismo eclesiástico"[12] do papismo do século XIV a operação de ideias gnósticas: "Por incrível que possa parecer, Bonifácio VIII fez a tentativa de transformar as ordens espiritual e temporal da Cristandade medieval num império gnóstico".

---

[11] *Autobiographical Reflections*. Ed. Ellis Sandoz. Columbia, University of Missouri Press, 1999, p. 65-66; Vol. IV, *Renaissance and Reformation*, op. cit., p. 178-79. [Em português: *Reflexões Autobiográficas*. Trad. Maria Inês de Carvalho. São Paulo, É Realizações, 2008, p. 66-70; HIP, vol. IV, *Renascença e Reforma*, op. cit., p. 211.]

[12] *History of Political Ideas*, vol. III, *The Later Middle Ages*. Ed. David Walsh. Columbia, University of Missouri Press, 1998, p. 52 (CW, vol. 21). [Em português: *História das Ideias Políticas*, vol. III, *Idade Média Tardia*. Trad. Mendo Castro Henriques. São Paulo, É Realizações, 2013, p. 62.]

Esta primeira versão de uma tese de gnose em "O Povo de Deus" foi formulada na primavera de 1948. Foi aplicada pela primeira vez à análise de Marx no mês seguinte.[13] Mais tarde Voegelin parou toda a obra no capítulo da crise. Em vez disso, reviu seus estudos acerca da Renascença e Reforma e começou a reestudar a antiguidade em 1949. Em 1950, a *História* foi deixada de lado por um ano.[14] Voegelin viajou por vários meses na Europa e, no outono, começou a escrever as Walgreen Lectures para Chicago. Durante a preparação dessas preleções, familiarizou-se com a erudição acerca do gnosticismo. Em dezembro anunciou a Leo Strauss que "o problema da gnose moderna figurará de maneira proeminente em minha próxima preleção acerca da Verdade e da Representação".[15] Os capítulos relevantes em *A Nova Ciência da Política* contêm a quintessência da reinterpretação de Voegelin do mundo moderno à luz do gnosticismo. Em consequência, escreveu a seu editor em 1953 indicando que tinha reintitulado o volume respectivo "A Era gnóstica desde c. 1500 A.D. até o Presente".[16] Mas nunca voltou a escrever os capítulos faltantes segundo o plano original do livro. A interpretação da modernidade dada em *A Nova Ciência da Política* permaneceu, e a *História* continuou inacabada. Tal como estava, oferecia material para estudos vindouros, com alguns ensaios publicados separadamente. Se compararmos as diferentes versões de seções individuais da *História*, da Idade Média para a frente, podemos discernir a tendência crescente de Voegelin de analisar o processo histórico ocidental à luz da desintegração civilizacional que leva ao totalitarismo do século XX.

---

[13] Vol. IV, *Renaissance and Reformation*, p. 207 [Em português: *Renascença e Reforma*, p. 155]; Voegelin a Friedrich Engel-Janosi, 1º de maio de 1948 e 1 de setembro de 1949, caixa 11.

[14] Voegelin a E. Baumgarten, 10 de julho de 1951, carta não publicada.

[15] Voegelin a Leo Strauss, 4 de dezembro de 1950, em *Fé e Filosofia Política a Correspondência entre Leo Strauss e Eric Voegelin, 1934-1964*. Trad. Pedro Sette-Câmara. É Realizações, 2017.

[16] Voegelin a Charles D. Anderson, 15 de outubro de 1953, caixa 24.

O conceito de gnosticismo ofereceu a Voegelin um princípio unificador de interpretação e obrigou-o a repensar seu tratamento hermenêutico da interpretação da própria história. Não foi, entretanto, o descobrimento do gnosticismo moderno em si que forçou Voegelin a uma mudança de pensamento, mas as implicações deste descobrimento para a compreensão do processo histórico que o tinha preocupado desde meados dos anos de 1940. Voegelin afirmou que a civilização gnóstica moderna inverte as realizações dos antigos e dos cristãos, ao eclipsar a fonte autorizada de ordem na alma humana. Deste ponto de vista, a concepção de um ciclo civilizacional de proporções históricas do mundo dá ensejo ao marco distintivo da história, que foi a revelação do *logos* da história na área civilizacional mediterrânea. Coloca o mundo moderno no ramo declinante deste ciclo.[17] A questão subjacente em disputa era o problema da "historicidade da verdade" que Voegelin – impelido por seu estudo de Vico e Schelling – levantou no capítulo revisado acerca de Aristóteles em 1949.[18] A *historicidade da verdade* significava "que a realidade transcendental tem uma história de experiência e simbolização". Respondendo à crítica de Schütz, Voegelin afirmou que teria de trabalhar com esse termo ao longo de sua obra.[19] Uma história das ideias deveria ser, neste sentido, "uma história de transformações existenciais em que a 'verdade' aparece, é obscurecida, é perdida, e é novamente resgatada. Uma história das ideias políticas, em particular, deveria investigar o processo em que a 'verdade' se torna eficaz socialmente ou tem sua eficácia impedida".[20] A noção da "historicidade da verdade" fundiu a teoria da política com a filosofia da história e, portanto, implicava em última análise um rompimento com o tratamento interpretativo que tinha

---

[17] Voegelin, *New Science of Politics*, p. 164. [Em português: *A Nova Ciência da Política*.]

[18] *Order and History*, vol. III, *Plato and Aristotle*. Columbia, University of Missouri Press, 1999, p. 363. [Em português: *Ordem e História*, vol. III, *Platão e Aristóteles*. Trad. Cecília Camargo Bartalotti. São Paulo, Loyola, 2009.]

[19] Voegelin a Schütz, 7 de novembro de 1949, caixa 34.

[20] Voegelin a Strauss, 2 de janeiro de 1950, em *Fé e Filosofia Política*, p. 92.

governado a escrita da *História* até o final dos anos de 1940 – ou seja, a teoria de evocação política. Foi um rompimento gradual, e os volumes acerca do mundo moderno documentam a mudança no procedimento interpretativo – o primeiro capítulo deste volume, "O Estado Nacional", ainda mantém a marca da teoria original.

II. O paradigma da "ideia política"

Seus editores supuseram que Voegelin escreveria uma história das ideias políticas, que deveria substituir os manuais em uso na faculdade, como a de George H. Sabine, *History of Political Theory*, de 1937. Mas Voegelin insistiu desde o começo que, levando em consideração a condição intelectual medíocre da literatura de manuais, ele queria que sua *História* representasse o estado então corrente da erudição internacional. Tal realização, pensava ele, seria uma "revolução no campo", mas exigiria dar "lugar considerável a um apoio argumentativo [dos] resultados" da literatura monográfica existente e a "explanações de por que o quadro aceito dos pensadores principais não é correto". Afinal de contas, "há uma coisa como ciência".[21] Catorze anos mais tarde, Voegelin apontou ainda uma vez "que o estado da ciência nesta área, como representado por mim, subiu substancialmente durante os últimos dez anos. O que tendes como o resultado do trabalho é um tratado padrão acerca da matéria que não corre nenhum perigo de encontrar um rival em menos de uma geração".[22]

Este aspecto cognitivo da busca erudita da verdade foi crucial para a autocompreensão de Voegelin, pois condicionou toda a sua pesquisa. Em sua opinião, o avanço cognitivo de conhecimento empírico nas ciências histórica e filosófica é um processo em andamento. Essas ciências oferecem o

---

[21] Voegelin a Fritz Morstein-Marx, 4 de agosto de 1941, caixa 25.
[22] Voegelin a McCurdy, 5 de julho de 1954, caixa 24.

fundamento sólido para qualquer conhecimento de realidade social. O esforço cognitivo implica, onde a ordenação lógica da realidade surge no processo de pesquisa, a penetração reflexiva dos descobrimentos empíricos produzidos nas diferentes disciplinas. Neste sentido, o aspecto cognitivo da busca escolar pela verdade envolve o momento existencial, pois tematiza a condição humana em si mesma. Esta inter-relação entre a busca cognitiva e a existencial da verdade funde-se no aparato conceptual que deveria abranger o significado do mundo sociopolítico e oferecer uma teoria crítica da existência política da humanidade. A dimensão cognitiva de erudição refere-se aos padrões críticos de ciência empírica, que, a seu turno, dependem de reflexões existenciais acerca dos negócios humanos como revelados nos processos de pesquisa empírica. Este paradoxo é iluminado cogentemente pela teoria de Voegelin da "evocação" e o conceito relacionado de "ideia política", o paradigma interpretativo que ainda sublinha a *História das Ideias Políticas* enquanto Voegelin estava escrevendo os capítulos acerca do mundo moderno.

Thomas Hollweck e Ellis Sandoz afirmaram em sua introdução geral à *História* que a "compreensão da natureza da ideia política é tão central à estrutura teórica da 'História' que forma a base para a introdução da última parte do trabalho e as reflexões sobre o 'fenomenalismo' como a característica formativa da modernidade". E notam que o estudo intenso de Schelling na seção seguinte levou Voegelin a reconsiderar a natureza do padrão básico da "história" como derivado do "complexo de evocação e teoria".[23] Garante-se, pois, um olhar mais próximo na teoria de Voegelin da evocação e suas implicações teóricas.[24] Esta "teoria de evocações" ofereceu,

---

[23] Hollweck e Sandoz, "General Introduction to the Series". In: Vol. 1, *Hellenism, Rome, and Early Christianity*, p. 20, 23. [Em português: Hollweck e Sandoz, "Introdução Geral à Série". In: Vol. I, *Helenismo, Roma e Cristianismo Primitivo*. Trad. Mendo Castro Henriques. São Paulo, É Realizações, 2012, p. 49 e 53.]

[24] Ver Jürgen Gebhardt, "Politische Ideengeschichte als Theorie der politischen Evokation" [História das Ideias Políticas como Teoria da Evocação Política], *Politikwissenschaftliche Spiegelungen* (1998).

de acordo com Voegelin, a base da *História*.²⁵ O conceito de "evocação" está intimamente ligado ao termo *ideia política*. "Ideias, e especialmente ideias políticas, não são proposições teoréticas acerca da realidade, mas são elas mesmas constituintes da realidade. Com este caráter de realidade das ideias, lidei na introdução ao volume I, sob o título de evocação. Uma ideia, uma vez formulada e comunicada, evoca a realidade. Apenas este relacionamento entre a ideia e a realidade evocada traz à tona o problema da história das ideias políticas".²⁶

Em seus comentários retrospectivos acerca do abandono de sua *História*, Voegelin muitas vezes deu a impressão de que subscrevera uma compreensão bem convencional do que eram as ideias políticas, seguindo nisto a nomenclatura comum de manual. Mas nunca foi esse o caso. O recenseador anônimo dos primeiros dois volumes de 1948 foi ao cerne da questão: "O autor emprega a expressão 'ideias políticas' num sentido especial e quase técnico. Este sentido especial permeia o livro e é brevemente, mas não muito claramente, apresentado na Introdução. Apresentá-lo inteiramente e com precisão poderia exigir uma exposição longa, já que equivale a uma filosofia da história". As observações adicionais do recenseador acerca da "história de 'ideias evocativas' ou mitos" eram praticamente exatas, de acordo com os comentários de Voegelin acerca do relatório. Concordou "que a teoria das ideias e do mito não é nenhures afirmada sucinta e formalmente". "Mas", continua ele, uma "exposição séria deste problema" exigiria um novo livro ou, ao menos, uma extensão considerável da introdução. "É esta a razão pela qual me restringi a uma exposição incidental da teoria por ocasião dos problemas emergentes".²⁷ Não sabemos que versão da

---

²⁵ *History of Political Ideas*, vol. II, *The Middle Ages to Aquinas*. Ed. Peter von Sivers. Columbia, University of Missouri Press, 1997, p. 8. (CW, vol. 20) [Em português: *História das Ideias Políticas*, vol. II, *Idade Média até Tomás de Aquino*. Trad. Mendo Castro Henriques. São Paulo, É Realizações, 2012, p. 31.]

²⁶ Voegelin a Schütz, 17 de setembro de 1945.

²⁷ "Report on Voegelin's *History of Political Ideas*" [Relatório sobre a *História das Ideias Políticas* de Voegelin], p. 2, e, de Voegelin: "Observations on the 'Report on Voegelin's *History of Political Ideas*" [Observações acerca do 'Relatório

introdução foi apresentada ao recenseador. Voegelin mandara o texto a vários correspondentes, incluindo Alfred Schütz, Friedrich Engel-Janosi e Karl Löwith, em épocas diferentes, mas não sobreviveu nenhuma cópia completa. Uma reconstrução da teoria de Voegelin pode louvar-se apenas em um hológrafo do texto, reflexões analíticas relevantes inseridas na própria narrativa histórica e algumas de suas publicações dos anos de 1940. O hológrafo foi publicado como apêndice ao volume I da *História*. A transcrição da letra de Voegelin mostrou-se difícil e, em alguns passos, impossível. Uma versão datilografada deve ter sido completada no outono de 1939 porque Voegelin disse a Max Mintz que a mandou a Schütz. Mintz leu-a no Natal.[28] Ao contrário de Hollweck e Sandoz, acho que o primeiro esboço diferia da introdução que foi recenseada em 1948, porque o crítico dá referências que não estão incluídas no texto que precisa ser datado de 1939, em vez de 1940, como se supõe geralmente.

O tratamento conceptual de Voegelin do estudo das ideias políticas foi baseado nos resultados de suas primeiras obras não publicadas "Herrschaftslehre" [Teoria da Soberania] e "Staatslehre als Geisteswissenschaft" [Teoria do Estado como Ciência do Espírito] fundadas numa antropologia filosófica.[29] O primeiro esboço de Voegelin de um sistema de *Staatslehre* tratava da questão: como a mente humana tira das experiências existenciais fundamentais aquelas ideias que criam a comunidade política à luz de uma unidade de significado (*Sinneinheit*) entre seres humanos em existência histórica? Esta questão é respondida em termos antropológicos: "A raiz do estado deve ser procurada na natureza do homem" à medida que há "experiências humanas fundamentais que evocam

---

sobre a *História das Ideias Políticas* de Voegelin], p. 5, *Eric Voegelin Papers*, caixa 21, pasta 2.

[28] Voegelin a Max Mintz, 22 de outubro de 1939; Mintz a Voegelin, 6 de fevereiro de 1940, caixa 25.

[29] *On the Form of the American Mind*. Trad. Ruth Hein, ed. Jürgen Gebhardt e Barry Cooper (1995). Columbia, University of Missouri Press, 1999, p. ix-xlii. (CW, vol. 1)

o fenômeno do estado por meio da força formativa de ideias no sentido incisivo dos modelos e, na verdade, modelos – com um conteúdo específico, em que a realidade da comunidade política é construída para os membros da comunidade política. Essas ideias criadoras de estado não implicam uma ciência do estado, mas são componentes essenciais da realidade do estado em si mesma. Os conteúdos dessas ideias de estado originam-se ontologicamente nas experiências humanas fundamentais já mencionadas – são ideias centradas em pessoas ou na comunidade".[30] A ideia de comunidade vive "na mente das pessoas que pertencem à comunidade e nas criações intelectuais desta. Aí esta ideia pode ser experimentada diretamente na constituição comum dos mundos intelectuais e de pessoas criadas pela comunidade em questão". A ideia é real não apenas para o observador exterior, mas primeiro e acima de tudo para os que vivem dentro dela e a criam. O mundo intelectual criado pela mente desta maneira é, na verdade, um objeto de experiência. À medida que a ideia se materializa historicamente, está restrita ao espírito pessoal dos seres humanos individuais porque num sentido objetivo a ideia irrompe na mente pessoal, e ao mesmo tempo é gerada pela mesma mente humana num sentido subjetivo. A função da ideia de criar a comunidade resulta da interação dos efeitos objetivos e subjetivos da ideia. "A ideia de uma comunidade é objetiva e subjetiva ao mesmo tempo. Vista objetivamente, a comunidade torna-se real como realização da ideia; subjetivamente, sua realidade é um constante vir a ser, pelo processo de geração de ideia na mente das pessoas que, precisamente através da obra da criação comum de uma ideia, constroem a comunidade que vemos subsequentemente do ponto de vista do observador como a unidade de uma pluralidade permeada pela ideia.

A ideia assim compreendida não é um conceito, mas a "substância real que aparece como o um no múltiplo". Expressa o ser espiritual de pessoas à medida que se articula

---

[30] *Race and State*. Trad. Ruth Hein, ed. Klaus Vondung (1997). Columbia, University of Missouri Press, 1999, p. 2, 4-5; tradução inglesa ligeiramente modificada. (CW, vol. 2)

historicamente à luz de uma comunidade política. Este momento antropológico vem à tona na estrutura hierarquicamente constituída de cada ideia da comunidade: "(1) a ideia de humanidade, em cuja estrutura (2) a ideia da comunidade limitada é articulada, e (3) as ideias de pessoas individuais, que são articuladas na estrutura da comunidade".[31] O conceito específico de Voegelin de uma história das ideias políticas originou-se desta análise sistemática da inter-relação de realidade de estado e ideias de estado.

Quando, em 1939, Voegelin apresentou uma forma modificada dos descobrimentos de seus livros acerca de raça a uma audiência americana, ele chamou a ideia de criação de comunidade uma "ideia política" e explicou sua noção de "ideia política" mais precisamente: "Uma ideia política não tenta descrever a realidade social como ela é, mas constrói símbolos, sejam símbolos apenas de linguagem ou dogmas mais elaborados, que têm a função de criar a imagem de um grupo como unidade". Este elemento unificador da vida política de grupo não pode ser inferido da observação do comportamento individual, como diz o comportamentalismo. "O que funde a massa difusa de vida individual numa unidade de grupo são as crenças simbólicas entretidas pelos membros de um grupo". Mas uma "ideia simbólica" não é uma teoria no sentido estrito da palavra e, portanto, "não é função de uma ideia descrever a realidade social, mas assistir em sua constituição. Uma ideia está sempre 'errada' no sentido epistemológico, mas esta relação com a realidade é seu próprio princípio", mesmo assim, como acrescenta Voegelin, o fato de que ideia e realidade podem diferir em seu valor ético e metafísico. A ideia política está ligada à realidade empírica em que certas "experiências universais básicas tendem regularmente a tornar-se o ponto de partida do qual começa a transformação num símbolo". Então, "o símbolo baseia-se num elemento de realidade, mas não descreve a realidade. Emprega o dado a fim de representar por

---

[31] Ibidem, p. 118.

meio desse elemento único, comparativamente simples, um campo difuso de realidade como uma unidade".[32]

Num artigo publicado em 1944, Voegelin indicou que "a adaptação da história da teoria política ao processo da política exigiria uma teoria bem elaborada de ideias preocupadas com as criações míticas das comunidades, e das ramificações de longo alcance dessas ideias". Chama de "formidável" essa tarefa, "mas não inútil", sem mencionar que ele já esboçara essa mesma teoria.[33] Seus contornos são desenvolvidos na introdução de 1939. Seu ponto de partida é a função que a ideia política tem de evocar a realidade, mas é colocado num novo quadro histórico que revela uma morfologia historicamente persistente de qualquer ideação de criar comunidade que pode ser remontada às origens primordiais da história humana.

Então, diz a introdução: "estabelecer um governo é um ensaio da criação do mundo. Da vastidão disforme de desejos humanos conflitantes surge um pequeno mundo de ordem, uma analogia cósmica, um *cosmion*, que dirige uma vida precária sob a pressão de forças destrutivas de dentro e de fora, e que mantém sua existência por meio de ameaças e do uso de violência contra o violador interno de sua lei bem como contra o agressor externo". Mas a aplicação de violência não é a razão última para a criação e manutenção da ordem política. "A função própria da ordem é a criação de um abrigo em que o homem possa dar à sua vida algum significado. A fundação da ordem envolve a criação de significado". "[O] *cosmion* político fornece uma estrutura de significado em que o ser humano individualmente pode encaixar os resultados das energias biológica e espiritualmente [produtivas e fecundas] de sua vida pessoal, [poupando], assim, sua vida dos [aspectos perturbadores] da existência que sempre surgem quando se

---

[32] Voegelin, "The Growth of The Race Idea" [A Expansão da Ideia de Raça], *Review of Politics* 1-2 (1939-1940): 283-317 (283-85).

[33] Voegelin, "Political Theory and the Pattern of General History" [Teoria Política e o Padrão de História Geral]. In: *Research in Political Science*. Ed. E. S. Griffith. Chapel Hill, University of North Carolina Press, 1944, p. 190-201 (198).

prevê a possibilidade da total ausência de sentido de uma vida que termina em aniquilação".[34] O termo recém-apresentado *cosmion* (tomado do filósofo Adolf Stöhr) explica o princípio morfológico que opera na função criadora de sentido e de ordem da ideia política: "A expressão *cosmion*", explicou Voegelin a Schütz, "parece-me particularmente adequada para a designação do reino político de significado. Porque lidamos empiricamente, nas constituições [de ordem] que acontecem factualmente com a criação de significado em analogia com a ordem cósmica".[35] O *cosmion* político é um análogo cósmico. Esta afirmação implica a conclusão deste novo tratamento com a compreensão da ideia política em sua dimensão histórica e antropológica: o princípio morfológico que sublinha toda a comunidade minada desde suas origens nas civilizações pré--clássicas do Oriente Próximo.

Historicamente esta tese é uma ramificação da tese de Arnold Toynbee de que a civilização ocidental tem suas raízes num amálgama de correntes do Oriente Próximo e helenas da história. Sem teorizar acerca da emergência da sociedade política organizada desde as primeiras fases a-históricas, disse Voegelin: "Para os presentes fins, podemos [...] desde quando a história do nosso mundo ocidental passou a ser registrada de modo mais ou menos contínuo, remontando aos impérios assírio e egípcio, podemos identificar também em continuidade as tentativas de racionalizar a função de abrigo do *cosmion*, o pequeno mundo de ordem, através daquilo que é comumente chamado de ideias políticas".[36] Voegelin afirma que desde o começo da história ocidental um e o mesmo princípio operou na construção da comunidade política. Nas

---

[34] "Voegelin's Introduction to the 'History of Political Ideas'". In: Vol. 1, *Hellenism, Rome and Early Christianity*, op. cit., p. 225, 226. [Em português: "Introdução de Voegelin à História das Ideias Políticas". In: Vol. I, *Helenismo, Roma e Cristianismo Primitivo*, op. cit., p. 278 e 280.]

[35] Voegelin a Schütz, 6 de outubro de 1945.

[36] "Voegelin's Introduction to the 'History of Political Ideas'". In: Vol. 1, *Hellenism, Rome and Early Christianity*, op. cit., p. 225. [Em português: "Introdução de Voegelin à História das Ideias Políticas". In: Vol. I, *Helenismo, Roma e Cristianismo Primitivo*, op. cit., p. 279.]

civilizações do Oriente Próximo consistiu em certo estilo de criação mágica que é uma concepção da vida em termos cosmológicos. "A força dirigente da criação mágica é a angústia da existência."[37] A experiência do caráter fragmentário e sem sentido da existência humana é embutida na experiência de uma ordem abrangente do cosmos como é revelado pelos ciclos regulares de corpos astrais e estações na vida animal e vegetal, que prometem completude divina e o absoluto.

A força criativa da mente humana esforça-se por suplantar a incompletude essencial e a relatividade da vida humana pela recriação imaginativa da ordem cósmica à luz de uma analogia cósmica, o *cosmion* político, para reaver um aspecto de proteção e significado para a existência humana. "O ponto importante em qualquer sistema de ideias políticas é, portanto, o esforço especulativo especulativo que dedica à solução do problema apresentado pelo conflito básico entre o caráter finito do *cosmion* e o absoluto a que visa." Uma estrutura geral significa a ideia política em todas as suas variações. "Continua a mesma ao longo da história, assim como continua a mesma a função de abrigo que elas estão [destinadas] a racionalizar. A estrutura geral permanente compreende três conjuntos de ideias: as ideias concernentes à constituição do cosmos como um todo; as ideias concernentes à ordem interna; e as ideias concernentes ao *status* do *cosmion* no mundo simultâneo e na história." Tais ideações específicas como a concepção de homem, e noções éticas, metafísicas e religiosas da vida humana, princípios concernentes à organização econômica e política ou contorno ético da sociedade, agrupam-se em torno desses conjuntos de ideias.[38] Esta estrutura historicamente persistente de ideias políticas diz respeito a todos os complexos civilizacionais de ordem na história ocidental: os sistemas politeístas do começo dos impérios do Oriente Próximo, os sistemas

---

[37] Ver Eric Voegelin, "Orient", hológrafo não publicado, caixa 56.
[38] "Voegelin's Introduction to the 'History of Political Ideas'". In: vol. 1, *Hellenism, Rome and Early Christianity*, op. cit., p. 227, 225-26. [Em português: "Introdução de Voegelin à História das Ideias Políticas". In: vol. I, *Helenismo, Roma e Cristianismo Primitivo*, op. cit., p. 279.]

monoteístas do império cristão e os sistemas totalitários modernos que divinizam o grupo finito, seja ele uma nação, uma raça ou um clã. Neste ponto, devemos notar novamente que esta concepção passou por dificuldades insuperáveis quando Voegelin quis interpretar as ideias políticas da modernidade. A crise moderna não poderia ser entendida pela substituição do *cosmion* pelo cosmos.

A evocação de um *cosmion* protetor é a primeira função das ideias políticas. Com o termo *evocação*, Voegelin descreve o caráter específico da criação da comunidade mítica. A realidade de uma ordem política é chamada ao ser por meio do poder mágico da linguagem: o *cosmion* é originalmente uma comunidade imaginada no mesmo sentido em que Benedict Anderson introduziu este termo no debate acerca do nacionalismo moderno.[39] "Os símbolos linguísticos [contidos] em um sistema de ideias políticas, ao atribuírem nomes a um governante e a um povo, chamam-nos à existência. O poder evocativo da linguagem, a relação mágica primitiva entre um nome e o objeto a que ele se refere, torna possível transformar um campo amorfo de forças humanas em uma unidade ordenada por um ato de evocação de tais unidades".[40] Voegelin mais tarde analisou este substrato de forças humanas ordenadas pelo ato evocativo à luz de "sentimentos e atitudes" como fatores individuais múltiplos e coletivos, tradições e assim por diante, indo até o processo evocativo de ideias políticas.[41] Numa reflexão incidental em seu estudo de ideias medievais, afirmou Voegelin:

> Cremos que o campo da política é aquele em que ocorrem as alterações essenciais de sentimentos e atitudes, e que é do reino da política que irradiam novas forças para outros

---

[39] Benedict Anderson, *Imagined Communities: Reflection on the Origin and Spread of Nationalism*. London, Verso, 1985.

[40] "Voegelin's Introduction to the 'History of Political Ideas'". In: vol. 1, *Hellenism, Rome and Early Christianity*, op. cit., p. 288. [Em português: "Introdução de Voegelin à História das Ideias Políticas". In: vol. I, *Helenismo, Roma e Cristianismo Primitivo*, op. cit., p. 294-95.]

[41] Ver Voegelin a Schütz, 1º de janeiro de 1943, caixa 34.

campos da atividade humana – como a filosofia, as artes e a literatura. [...] De acordo com a nossa teoria do caráter evocativo do *cosmion* político, quer dizer que na evocação política, em princípio, o homem está comprometido com toda a sua personalidade e que todas as criações civilizacionais de uma comunidade devem ter a marca do "todo" abrangente.[42]

A evocação política abrange toda ação humana, esforçando-se por criar um cosmos finito de significado. A alternativa apolítica opera na crença de que, "das qualidades perecíveis da existência humana, nenhuma estrutura terrena de significado intrínseco pode ser construída, que todas as tentativas de criar um *cosmion* são fúteis e que o homem tem que passar pelo teste da vida somente como uma preparação para uma vida de significado além de sua existência terrena". Este apolitismo trabalha como uma contraforça e mina o mundo imaginativamente criado de significado. As forças evocativas dos seres humanos, entretanto, designam o político como o meio de sua existência com sentido na sociedade. A evocação política é antropologicamente fundada à medida que o homem é o centro espiritual da sociedade e da história, e "o objeto mais conveniente a ser transformado em um símbolo de unidade é sempre o próprio homem".[43]

"Pela experiência da desordem social, a mente humana é provocada a criar ordem por um ato de imaginação de acordo com sua ordenação da ideia de homem", Voegelin apontou em 1942 numa recensão de livro, enfatizando mais do que na introdução o princípio antropológico subjacente à ideia política.[44] A força mágica da linguagem que jorra do poder criativo da pessoa humana chama factualmente à existência uma

---

[42] Vol. II, *The Middle Ages to Aquinas*, p. 107-08. [Em português: vol. II, *A Idade Média até Tomás de Aquino*, op. cit., p. 124.]

[43] "Voegelin's Introduction to the 'History of Political Ideas'". In: vol. 1, *Hellenism, Rome and Early Christianity*, op. cit., p. 226-27, 228. [Em português: "Introdução de Voegelin à História das Ideias Políticas". In: vol. I, *Helenismo, Roma e Cristianismo Primitivo*, op. cit., p. 280, 295.]

[44] "The Theory of Legal Science: A Review" [A Teoria da Ciência Jurídica: um Reexame]. *Louisiana Law Review* 4 (1942): 554-71 (566); reimpressão *The Nature of the Law and Related Legal Writings*. Ed. Robert Anthony Pascal, James

unidade política; "uma vez que esse propósito é atingido, o *cosmion* é uma força social e política real na história; e então uma série de processos descritivos se apresenta, tentando descrever a unidade mágica como algo não magicamente, mas empiricamente real". A ideia política muda para interpretações descritivas da comunidade imaginada modelada de acordo com certos aspectos numa realidade empírica, como um organismo baseado numa etnicidade comum, numa alma ou vontade coletiva, num contrato legal, e assim por diante. Voegelin chama toda essa gama de ideações secundárias "ideias políticas ancilares"; elas têm "funções auxiliares na empreitada de [recriar], por meio de práticas evocativas contínuas, a existência do *cosmion*". Podem ser desenvolvidas até o ponto onde a mágica da ideia política é obscurecida, e o *cosmion* é desencantado e desvelado como uma rede sem sentido de interesses humanos, impulsos de poder e ilusões. Essas ideias políticas que vão além da análise desencantadora que dissolve a fórmula encantatória do objetivo de evocação na identificação utópica do *cosmion* com o próprio cosmos ou em "abolir por completo a ordem política e viver em uma comunidade anárquica". Tais ideias "vão desde a evocação até à abolição do *cosmion*, e todas elas pretendem ser chamadas de ideias políticas".[45]

Como a teoria política se encaixa na sistemática das ideias políticas? Voegelin distingue a teoria política das ideias políticas atribuindo um *status* muito exclusivo àquela. Ao posicionar a teoria política, Voegelin relembra uma posição filosófica adotada no final dos anos de 1930. Teoria significa contemplação no sentido aristotélico; "num sentido estrito" é obviamente muito raro na história. Envolve "distanciamento contemplativo da realidade política" que leva o *cosmion*

Lee Babin e John William Corrington. (1991) Columbia, University of Missouri Press, 1999, p. 95-112. (CW, vol. 27)

[45] "Voegelin's Introduction to the 'History of Political Ideas'". In: vol. 1, *Hellenism, Rome and Early Christianity*, op. cit., p. 229, 231. [Em português: "Introdução de Voegelin à História das Ideias Políticas". In: vol. I, *Helenismo, Roma e Cristianismo Primitivo*, op. cit., p. 283-84, 286.]

político em sua inteireza dentro da visão e penetra no campo antropológico da evocação política. Então o pretenso teórico é uma pessoa conscientemente política movida com intensidade pelas forças evocativas de seu ambiente, mas, ao mesmo tempo, levada à análise contemplativa do *cosmion* ao ponto em que a qualidade mágica do *cosmion* "que existe pelas forças evocativas do homem" é descoberta. O teórico é compelido "a explicar sua relatividade e sua incapacidade essencial de realizar aquilo que pretende fazer – ou seja, propiciar um abrigo absoluto de significado". A análise contemplativa pode ter o mesmo efeito que a análise desencantadora, mas difere dela em reconhecer a criação de ordem como a realização da ação humana. Entretanto, na maior parte do tempo, o teórico alcança apenas certo grau de distanciamento, "as ideias evocativas básicas de seu próprio *cosmion* provam ser o limite que ele não consegue transpor". Mesmo os autores dos grandes sistemas abrangentes de teoria são limitados pelas fronteiras da evocação política. "Aristóteles é limitado pela existência da pólis; Tomás, pela ideia do império cristão; Bodin, pelo estado nacional francês." A teorização política nesta compreensão está sempre em perigo de conflitar com a ordem estabelecida e – em última análise – não pode ser tolerada pela sociedade. E aqui Voegelin acrescenta uma reflexão posterior interessante: o pensador individual hesitaria "em apresentar os resultados de suas investigações para um público maior, não por qualquer apreensão compreensível de perigo pessoal, mas por razões que seriam difíceis de explicar aqui e agora. [...] Podemos com segurança admitir que os mais importantes resultados da teoria política nunca foram nem nunca serão revelados senão a alguns poucos privilegiados".[46]

A verdadeira natureza da teoria política, assim parece, implica um conhecimento esotérico, assim como tinha dito Leo Strauss. Respondendo a uma referência crítica a este texto numa carta de Max Mintz, Voegelin oferece uma explicação. Lidamos com um "problema existencial" da teoria. "A contemplação

---

[46] Ibidem, p. 232. [Na edição brasileira: p. 287-88.]

radical é ambivalente. Significa sair da realidade política, mas, por outro lado, os resultados intelectuais [*Denkresultate*] têm impacto na realidade política". Isso leva à pergunta:

> Não é absurda a atitude de contemplação radical? Não é talvez falta de ética porque destrói a magia da ideia, que é a alma da prática, ao passo que a vida, tanto quanto dura, é possível apenas por meio da magia da ideia? A contemplação é estritamente uma prática individual e solitária e incapaz de construir ordem política; não deveria ela, portanto, como acreditava Platão, permanecer secreta ao menos no que diz respeito a seus resultados alarmantes? Mas neste caso tem de ser cultivada porque, de outro modo, cada ideia tem de permanecer sacrossanta em algum ponto, não deve ser mais criticada – o que, de novo, é falto de ética, porque nenhum desenvolvimento ético a formas sociais superiores seria possível; o resultado seria que o "progresso" em boa consciência só é possível se um pensador for prudente o bastante para criticar e destruir e, ao mesmo tempo, estúpido o bastante para acreditar que encontrou a solução de todos os problemas – por meio de uma nova magia? Para Platão a resposta é: o segredo do sábio não deve ser fixado por escrito.[47]

Mintz aconselha Voegelin a eliminar essas observações. E Voegelin ouve-lhe o conselho. Ademais, sua discussão acerca do realista espiritual e "A Última Orientação" aponta para a mudança de pensamento a esse respeito.

A parte conclusiva da introdução explora os caminhos pelos quais as inter-relações da história política e a história das ideias políticas, através do princípio da evocação política e do padrão geral da narração, derivaram daí. O relato histórico começa com os impérios do Oriente Próximo, as evocações assíria, egípcia, persa e judaica, a evocação helênica, assim como a confluência dessas correntes no período helenístico, brotando nas criações dos impérios medievais e na ascensão do estado--nação. Do fundo comum de ideias evocativas, presente em

---

[47] Voegelin a Mintz, 11 de abril de 1940, caixa 25.

cada tipo de evocação, surgem algumas tentativas teoréticas notáveis de sistematizar os materiais do período: "Uma história terá, então, que mostrar o crescimento gradual da teoria a partir de uma situação evocativa; terá que conduzir aos limites alcançados dentro de uma situação desse tipo e, então, mostrar a dissolução e o [abandono] do pensamento teórico sob a pressão das novas evocações".[48] O processo interno dentro de um período evocativo e o processo de tradição de um período a outro apresentarão a estrutura geral da história. A aparência, a forma e a transmutação de ideias evocativas são a matéria de uma história das ideias políticas, e a teoria da evocação serve como princípio guia para a cognição.

III. Um paradigma perdido e a volta à "Historicidade da Verdade"

Como apontado anteriormente, a teoria da evocação política em sua forma original mostrou-se cada vez mais problemática à medida que progredia a interpretação da modernidade. As sentenças finais da introdução afirmavam "a concordância geral de que o estado nacional é um tipo distinto de organização política com um conjunto característico de ideias que iam da evocação pura à teoria pura". No entanto, "está crescendo a suspeita de que a ideia do estado nacional pode estar entrando em decadência e que, por pelo menos dois séculos, novos tipos de evocação estão surgindo de forma lenta, mas clara". O capítulo final do livro projetado deveria costurar os signos considerados "indicadores de novas ordens evocativas".[49]

Na verdade, o tratamento de Voegelin do estado-nação nos séculos XVII e XVIII ainda trabalha com o conceito de

---

[48] "Voegelin's Introduction to the 'History of Political Ideas'". In: vol. 1, *Hellenism, Rome and Early Christianity*, op. cit., p. 234-35. [Em português: "Introdução de Voegelin à História das Ideias Políticas". In: vol. I, *Helenismo, Roma e Cristianismo Primitivo*, op. cit., p. 290.]

[49] Ibidem, p. 237. [Na edição brasileira: p. 293.]

evocação política. Mas a crise civilizacional geral do Ocidente, indicada pela emergência de escatologias políticas, já não poderia ser interpretada como um período de transição que levava a novas ordens evocativas. Os novos credos intramundanos já não podiam ser compreendidos como mitos criadores de comunidade, mas tinham de ser vistos como as consequências da crise, levando à destruição totalitária da civilização humana. Voegelin chegara a um impasse que exigia o repensar da base antropológica da ideia política e a procura de "um ponto estável de orientação na confusão crescente do século de crise".[50] Está além do escopo desta introdução narrar a história complexa do desenvolvimento gradual de uma história filosófica da ordem humana, que se instalou com as reflexões orientadoras deste volume.[51] O problema da evocação não desapareceu simplesmente, mas o foco mudou do ponto central teorético original da evocação mágica de um análogo cosmológico. Uma vez que as experiências helênica e cristã de transcendência se tinham tornado o centro para uma compreensão do processo histórico, a "simbolização da sociedade e sua ordem como um análogo do cosmos e de sua ordem" foi suplantada pela "simbolização da ordem social por analogia com a ordem da existência humana que está bem sintonizada com o ser".[52] Sintonização significa que

---

[50] Ver, neste volume, p. 218.

[51] Hollweck e Sandoz, "General Introduction to the Series". In: vol. 1, *Hellenism, Rome, and Early Christianity* [Em português: Hollweck e Sandoz, "Introdução Geral à Série". In: vol. I, *Helenismo, Roma e Cristianismo Primitivo*, op. cit.]; Opitz, "Spurensuche". In: *Politisches Denken – Jahrbuch*. Stuttgart, Klett, 1993, p. 135-56; Jürgen Gebhardt, "Toward the Process of Universal Mankind: The Formation of Voegelin's Philosophy of History" [Em Direção ao Processo da Humanidade Universal: A Formação da Filosofia da Hisória de Voegelin"]. In: *Eric Voegelin's Thought: A Critical Appraisal* [O Pensamento de Eric Voegelin: Uma Apreciação Crítica]. Ed. Ellis Sandoz. Durham, Duke University Press, 1982, p. 67-86, aqui estava faltando uma compreensão adequada da teoria da evocação; Jürgen Gebhardt, "The Vocation of the Scholar" [A Vocação do Erudito]. In: *International and Interdisciplinary Perspectives on Eric Voegelin*. Ed. Stephen A. McKnight e Geoffrey L. Price. Columbia, University of Missouri Press, 1997, p. 10-34.

[52] *Order and History*, vol. II, *The World of the Polis* (1957). Columbia, University of Missouri Press, 1999, p. 7. [Em português: *Ordem e História*, vol. 2, *O Mundo da Pólis*. Trad. Luciana Pudenzi. São Paulo, Loyola, 2009.]

a ideia evocativa não cria simplesmente e de maneira mágica um simulacro de significado, mas articula a verdade acerca da ordem do ser que emerge na ordem da história. Essas observações superficiais quanto às revisões conceituais executadas em *Ordem e História* podem bastar, porque os passos decisivos em direção a uma reorientação foram dados depois de Voegelin ter escrito os capítulos de sua *História* publicados neste volume. Mas os anos de 1943 até 1945 prefiguravam o "período de indefinição, senão mesmo de paralisação, no tratamento de problemas que, embora percebesse, não conseguia aprofundar intelectualmente de maneira satisfatória", como recorda Voegelin os anos entre 1945 e 1950.[53]

Voltando para o estado nacional, descobrimos que a teoria de evocação está ainda muito em evidência. Sob o título prévio de "Estabilização", esta seção precedia a parte acerca da "Revolução". O texto tinha sido terminado na primavera de 1943 e é, na prática, idêntico ao hológrafo original, já que Voegelin realizou apenas ligeiras mudanças no texto datilografado. A organização da matéria em pequenos capítulos e a linguagem direta, moderada, ainda realça o caráter de um manual. Apenas o tratamento de Locke é diferente a esse respeito. Ele torna-se a *bête noire* do pensamento político moderno.

No século XVII, o pensamento político é colocado entre a ruptura do *cosmion* medieval e a evocação incipiente dos novos corpos místicos, as nações. A morte das grandes instituições da humanidade ocidental, a igreja e o império, deixou um campo de fragmentos espalhados e o homem num vácuo desprotegido. No capítulo acerca de Hobbes, Voegelin define o problema da época. É a "ereção de fragmentos de realidade em absolutos cósmicos [...]. Por mais fragmentária, estreita e sem valor que seja, lança sua mágica sobre os homens".[54] O homem desabrigado, deixado a si mesmo, é a única base possível para a reconstrução da ordem, e os símbolos-chaves

---

[53] Voegelin, *Autobiographical Reflections*, op. cit., p. 64. [Em português: *Reflexões Autobiográficas*, op. cit., p. 103.]

[54] Ver adiante, p. 74-75.

reunidos para este propósito são os símbolos do direito natural e da ciência. O "redescobrimento do homem" é a linha básica do novo pensamento. Determina a "principal linha de pensamento, desenhada pelos filósofos políticos mais notáveis – Hobbes, Locke, Hume, Montesquieu, Rousseau, Kant, Hegel, Marx" – preocupada com a restauração do *status* do homem. "A teoria política tem de devolver ao homem suas paixões, sua consciência, seus sentimentos, sua relação com Deus, seu lugar na história. O movimento culminou, no final do século XIX e começo do século XX, na transformação da antropologia filosófica em centro do pensamento político."

Vale a pena notar a lista de nomes, a despeito de que será criticamente emendada. E deve-se enfatizar que Voegelin põe sua própria posição, antropologia filosófica, nesta linha de pensamento. Em segundo lugar, do centro evocador, a restituição do homem, evolve a construção da nação como a nova substância social. Em terceiro lugar, a pluralidade das comunidades nacionais emergentes é refletida pelo desenvolvimento de diferentes conjuntos de ideias concernentes à ordem interna que separa do Continente a Inglaterra e a América, e também a França da Alemanha. Em quarto lugar, remanesce "a tensão entre os corpos nacionais em evolução e a ideia de uma humanidade que não está absorvida na participação como membros dos corpos místicos nacionais".[55] A tensão alimenta-se dos remanescentes da ideia cristã de humanidade, da nova ideia de homem e, mais tarde, da ascensão dos movimentos de massa internacionais. O último problema refere-se ao problema interpretativo de desenlaçar as ideias políticas de uma linguagem não apropriada para o tratamento da política e a reconstrução do crescimento lento da nova ciência da política desde seu começo no século XVII. A essência recém-concebida do homem como apresentada pela reconstrução que Grotius faz da ordem do estado tornou-se o centro da ideia política evocadora do *cosmion* nacional. Ao redor desse centro revolvem ideias ancilares multifacetadas

---

[55] Ver adiante, p.64.

que formam a maior parte do pensamento político do período analisado por Voegelin.

Poucos pensadores, tais como o realista psicológico Hobbes ou o místico Espinosa, *compreenderam* "as implicações do novo pensamento político que tinha encontrado sua primeira expressão na obra de Grotius" e estavam "inclinados a penetrar a evocação do *cosmion* e a destruir-lhe a mágica". O *Leviatã* de Hobbes representa, para Voegelin, o primeiro passo para a "filosofia moderna de existência, distinta da cristã". Deu-se conta de quão precária era a situação em que a nova ordem existia, ameaçada permanentemente por forças revolucionárias perturbadoras. Hobbes oferecia "receitas de controle intelectual e espiritual total do povo [que] são seguidas à letra pelos governos totalitários atuais".[56]

Em subcapítulos curtos e concisos, Voegelin trata da geração de simbolismos nacionais como materializados na luta entre a organização do estado ascendente e os estamentos do reino. O foco está na Inglaterra e na França, com ênfase considerável para a revolução inglesa e sua continuação americana.[57] Voegelin considera cuidadosamente as dimensões institucionais, legais e espirituais das culturas políticas nacionais incipientes e delas extrai os traços duradouros do material ideacional, estabelecendo assim uma conexão com as grandes revoluções do final do século XVIII. Sem recontar as interpretações de Voegelin em pormenor, algumas de suas mais importantes conclusões têm de ser anotadas. O primeiro complexo a este respeito refere-se à formação do "corpo de princípios do assim chamado governo constitucional", surgindo da luta de poder entre o rei, o parlamento, as cortes

---

[56] Ver adiante, 77, 74, 77, 88.

[57] Para o presente estado da matéria no estudo do pensamento político do século XVII, ver *The Cambridge History of Political Thought, 1450-1700* [Compêndio Cambridge de História do Pensamento Político, 1450-1700]. Ed. J. H. Burns com Mark Goldie. Cambridge, Cambridge University Press, 1991; e Jean-Pierre Schobinger (org.), *Die Philosophie des 17. Jahrhunderts* [A Filosofia do Século XII], vol. II, *Frankreich und Niederlande* [França e Holanda], e vol. III, *England/Schwabe* [Inglaterra/Suábia]. Basel, Schwabe, 1988, 1993.

e, por fim, mas não menos importante, o povo da Inglaterra. Uma sequência de símbolos constitucionais surgiu das diferentes fases da revolução, movendo-se da direita para a esquerda, religiosa, política e socialmente. Depois do estabelecimento constitucional no período de Restauração, essas fases da revolução foram "transformadas no novo alinhamento partidário de Tory, Whig e grupos democráticos". Este desenvolvimento foi aumentado por uma característica única da revolução inglesa: o êxodo em massa de grupos de secessão e suas fundações políticas ultramarinas. Da possibilidade de evitar conflito por secessão surge a "atmosfera de liberdade e independência, de autoexpressão, autoasserção e dignidade do homem numa base democrática ampla", mas também "a falta de sentimentos trágicos" que marca o caráter nacional americano. Ademais, a ideia concomitante de tolerância reduziu o estado a uma organização de serviço para satisfazer as necessidades naturalmente inevitáveis dos homens. A diferença americano-europeia nas atitudes políticas tem sua raiz no sectarismo americano como distinto do nacionalismo europeu. No contexto europeu, os desenvolvimentos na Inglaterra e no Continente divergiram de acordo com os diferentes resultados da luta pela ordem entre os estamentos e o estado. A vitória dos estamentos na Inglaterra produziu a sociedade política sem estado e a obrigou a confiar no compromisso e no senso comum político para resolver conflitos. A vitória do estado no Continente, como exemplificado pela França, trouxe à tona uma sociedade ordenada pelo estado, em que o estado funciona como um estabilizador quando ocorrem crises políticas. No plano do pensamento político, esta diferença é representada pelo desenvolvimento de uma *théorie de l'état* e de uma *Staatslehre* na França e na Alemanha e uma teoria do governo na Inglaterra e nos Estados Unidos.

A investigação das ideias políticas ancilares deste período termina com Locke, cujas doutrinas de monarquia limitada, consentimento e propriedade Voegelin coloca entre as evocações ancilares de maior sucesso. Mas Locke, na crítica contundente que lhe faz Voegelin, elimina a personalidade espiritual do homem do espaço público, deixando lugar apenas para a paixão da propriedade, para o individualismo possessivo.[58] Locke representa a "psicopatologia" de seu tempo que Hobbes diagnosticara e oferece uma caricatura da sociedade burguesa. Mas seus princípios, se aceitos como padrões de ordem política, operam como "elemento de criação de revolução dentro da ordem capitalista" em que revolucionários posteriores vão poder inspirar-se.

O estudo de Voegelin do pensamento político do século XVII confrontou os editores com o problema específico de onde pô-lo na *História*. O próprio Voegelin o pôs antes da Parte Seis, "Revolução", e, de fato, ali encontramos a continuação do relato do *cosmion* nacional no século XVIII. Por outro lado, o texto datilografado de "O Estado Nacional" não termina com Locke. Segue-se uma análise de Hume e Montesquieu, dois pensadores do século XVIII, cujos ataques ao Mito da Razão surgem de meios nacionais diferentes, mas são similares em sua tentativa de uma ciência empírica do homem. O parágrafo de conclusão mostra quanto a expansão geográfica do horizonte contribuiu para perturbar o Mito da Razão, evocador na Europa. Esta organização bem desmembrada do material aponta para a forma inacabada e fragmentária de um manuscrito que o próprio Voegelin nunca preparou para a publicação.

Há, no entanto, uma linha reconhecível entre esta parte da *História* e a Parte Oito, "Última Orientação", discutida abaixo, que é oferecida por um "Intervalo", que apresenta uma teoria de ciclos históricos do pensamento político moderno independente da noção de evocação. O primeiro ciclo termina com Locke e o domínio dos perigos anticivilizacionais à luz do estabelecimento burguês. Ele salvaguarda a ordem a expensas do espírito. O próximo ciclo, complicadíssimo, move-se em três vias. Há, primeiro, os representantes de uma nova ciência

---

[58] Cf. C. B. Macpherson, *The Political Theory of Possessive Individualism: Hobbes to Locke* [A Teoria Política do Individualismo Possessivo, de Hobbes a Locke]. Oxford, Oxford University Press, 1962.

da política, de Vico a Weber. Diagnosticam a decadência e, portanto, "restauram a consciência dos padrões de uma civilização espiritual em suas próprias pessoas". No segundo grupo, encontramos os ativistas espirituais que compreendem a crise e partem dela para revolucionar a sociedade decadente: Marx, Lênin, Mussolini e Hitler. No terceiro, estão os pensadores do estabelecimento burguês, do Mito da Razão e do Progresso, que são caracterizados como mentes secundárias. À luz da relevância, Voegelin anuncia que "se dará atenção especial aos homens da Nova Ciência".[59] No que diz respeito à *História*, Voegelin pôs em prática este programa.

Já que "A Última Orientação" e "Nietzsche e Pascal" estão centrados em figuras cuja estância intelectual como realistas espirituais as tornam protagonistas proeminentes da Nova Ciência, pareceu justificado combinar esses estudos num volume.

O atributo *última* parece lançar subitamente no drama da modernidade um momento retardador antes da catástrofe final que marcou o final da narrativa. Schelling não é apenas um teórico fazendo inventário intelectual da substância civilizacional de uma evocação que se aproxima do fim, como foram Platão, Agostinho e Tomás. A interpretação que Schelling faz de sua época é "o último esforço gigantesco para ligar num novo todo equilibrado as tensões da civilização europeia tardia, antes de se dividirem na crise de nosso tempo".[60] Mas – e nisto a situação de Schelling diferiu da dos outros grandes pensadores – não houve então nenhuma comunidade receptiva deixada onde as ideias de Schelling pudessem vir a ser fruídas.

A primeira parte de "A Última Orientação" é uma tentativa de analisar a verdadeira natureza da crise que engolia as evocações pós-medievais. Pergunta como o analista da crise pode lutar conceptualmente com o sintoma mais crucial da época, ou seja, a perda do espírito. A emergência de uma

---

[59] Ver adiante, p. 194.
[60] Ver adiante, p. 296.

nova compreensão da realidade implicada no processo de descristianização trouxe um significado não cristão de existência. Seguindo sua análise de Bruno, Voegelin diagnostica a emergência de um complexo de ideias, sentimentos e atitudes, definido como "fenomenalismo". Indica "a preocupação do homem com os aspectos fenomênicos do mundo, como aparecem na ciência, e a atrofia de consciência da substancialidade do homem e do universo".[61] Voegelin definiu o conceito de *fenomenalismo*, originalmente desenvolvido em conexão com a distinção de Bruno de uma ciência da substância e uma ciência de fenômenos, à luz de uma "inversão ontológica": reduz a ordem do ser aos fenômenos acessíveis através da ciência e os trata como se fossem substancialidades. Por meio do conceito heurístico de *fenomenalismo*, Voegelin tentou – nesses anos de indecisão – lidar analiticamente com a modernidade intelectual e com o desmantelamento da ontologia helênico-cristã. Seu racionalismo baseava-se no reconhecimento de uma estrutura de realidade em todos os seus estratos, desde o reino material até o espiritual, pelo qual cada reino tem um ser em si e para si; sua substância é distinta dos *accidentia*, que são incidentais à substância. A apercepção das formas ônticas de substância que representam a ordem do ser é fundada na vida do espírito. A repressão ou negação da substancialidade da realidade, assim é o argumento de Voegelin, envolve a eliminação do espírito como um princípio ordenador ativo da existência humana.

O que Voegelin queria dizer com "substancialização da realidade fenomênica" torna-se claro em sua tipologia do fenomenalismo: "o fenomenalismo biológico", derivado da teoria da evolução de Darwin e lidando com a mecânica da evolução sem tocar-lhe na substância, "foi aceito como uma revelação concernente à natureza da vida e como uma reorientação irresistível de nossas visões concernentes à natureza do homem e de sua posição no cosmos". Disso surgiu uma concepção da ordem natural de uma sociedade competitiva

---

[61] Ver adiante, p. 222.

regulada pela lei da sobrevivência biológica com todas as suas consequências políticas. A presente ascendência das ciências da vida e sua exigência de oferecer a única chave para corrigir a compreensão da realidade humana mostra o vigor da análise de Voegelin. Igualmente o "fenomenalismo econômico" traduz as leis de relações econômicas em padrões de ordem social independente das questões "se há ou não algumas coisas mais importantes para o homem e sua vida na sociedade do que o equipamento máximo com coisas e se uma ordem econômica que produz um máximo de riqueza vale o custo nos valores que tiveram de ser sacrificados a fim de mantê-la". Essas questões concernentes à qualidade de vida referem-se, no entanto, à ordem substancial. De novo a pertinência desta inquirição é óbvia diante dos esforços persistentes, mas fúteis, de estabelecer a ordem política por meio da organização econômica de assuntos sociais. Por último, mas não menos importante, é "o fenomenalismo psicológico" que uma grande variedade de psicologias dirige e condiciona a psique humana pelo emprego de propaganda comercial, propaganda política e outros meios assim. Uma "realidade virtual" que tudo permeia para além das expectativas de Voegelin foi empregada pelo "fenomenalismo psicológico".[62] Voegelin notou que "o complexo de fenomenalismo nunca foi isolado como fator componente da vida intelectual e espiritual do homem moderno". E, devemos acrescentar, ele próprio não retornou ao problema em seus últimos escritos a fim de tratá-lo mais amplamente.

De acordo com Voegelin, Schelling "tem força espiritual suficiente assim como consciência filosófica para tomar sua posição para além da desordem da era".[63] Ele restabelece uma ciência de substância e recupera o racionalismo filosófico contra a desespiritualização fenomenalista da razão. Mas Schelling não apenas restaura a metafísica cristã tradicional, "estabelece um novo nível de consciência na história

---

[62] Ver adiante, p. 235.
[63] Ver adiante, p. 245.

intelectual ocidental", e em seu pensamento os contornos de uma filosofia moderna da existência humana se materializaram. Ele teve um efeito de longo alcance na formação de uma antropologia filosófica genuína no século XX.

O estudo crucial de Voegelin acerca de Schelling documenta seu repensar da base antropológica da experiência de ordem estimulada por seus próprios experimentos anamnésicos levados a efeito em 1943. O capítulo acerca de Schelling tem de ser lido juntamente com a reflexão sobre a consciência publicada posteriormente em *Anamnese*. A ligação pode ser encontrada no descobrimento do princípio anamnésico da hermenêutica. Voegelin viu seus próprios experimentos anamnésicos confirmados pela filosofia de Schelling, e isso pode ter contribuído para seu entusiasmo quanto a Schelling em toda a "Última Orientação". "Um filósofo, pareceu, tinha de envolver-se numa exploração anamnésica de sua própria consciência a fim de descobrir-lhe a constituição por suas próprias experiências de realidade, se quisesse estar criticamente a par do que estava fazendo", lembrou Voegelin num prefácio à edição inglesa de *Anamnese*.[64] Entre 1943-1945, Voegelin levantou mais uma vez a questão de uma hermenêutica adequada do espírito que aparecia historicamente – o "espírito político". Parece que retornou ao ponto de partida de seu paradigma da ideia política, ou seja, o desenvolvimento criativo do espírito na mente humana, e mesmo suas explicações meditativas do cerne espiritual da personalidade humana como exemplificada por Agostinho, Descartes e Husserl. Afinal de contas, seus próprios exercícios meditativos pareciam ter sido induzidos pela releitura cuidadosa de Husserl, como demonstrado em sua carta a Schütz.

Mas por que Voegelin se volta para Schelling, que não é tido em alta conta nas histórias convencionais de filosofia? A este respeito tem-se de apontar que Schelling figurou proeminentemente ao longo da obra inicial de Voegelin. No "Herrschaftslehre", não publicado, e em *Race and State* [Raça

---

[64] Voegelin, "Remembrance of Things Past". In: *Anamnesis*. Ed. e trad. Gerhart Niemeyer (1978). Columbia, University of Missouri Press, 1990, p. 12-13.

e Estado], Voegelin refere-se a Schelling como uma autoridade intelectual. Em particular sua análise da função criadora de mitos da ideia política inspirara-se na teoria de Schelling acerca dos mitos. Então, o capítulo a respeito de Schelling apresenta uma reinterpretação e liga-se imediatamente à obra incipiente acerca de uma teoria da consciência.

Assim os textos iniciais como o presente tematizam a "própria [*nicht mißbräuchliche*, ou seja, não impropriamente concebido] história do espírito" e suas expressões simbólicas. Como demonstrado, a noção de espírito como o símbolo central do autoentendimento humano sempre foi central na hermenêutica de Voegelin. É a marca da *Geisteswissenschaft* alemã, mas sofre do equívoco da palavra alemã *Geist*, que não distingue entre espírito e mente. O significado múltiplo de *Geist* também marca o emprego que Voegelin faz da palavra. O espaço não permite uma inquirição completa da noção de *Geist* de Voegelin nos diferentes estágios de sua obra. Temos de limitar-nos a alguns comentários explanatórios. A fonte mais importante para a compreensão de Voegelin de *Geist* foi *Die Stellung des Menschen im Kosmos* [O Lugar do Homem no Cosmos], de Max Scheler (1928). A antropologia filosófica de Scheler teve um impacto duradouro nele, e Voegelin deve alguns de seus termos-chave a Scheler. Em termos simples, Scheler vê os seres humanos como seres espirituais (*Geistwesen*). *Geist* é o centro ativo da ação humana; constitui a personalidade humana, que é definida pela abertura para a realidade e, desse modo, transcende o mundo do tempo e do espaço. Isto implica a capacidade de fazer do mundo o objeto de cognição e ação. Mas este centro que opera na ação humana não é parte do mundo. *Geist* é não existente e tem de ser compreendido como um ato de um "fundamento do ser" absoluto que "apreende e realiza--se no homem".[65] Neste sentido, *Geist* materializa-se em ação humana como o constituinte da humanidade e funciona como um princípio ordenador no reino humano.

---

[65] Max Scheler, "Die Stellung des Menschen im Kosmos". In: *Max Scheler, Späte Schriften*, Gesammelte Werke, vol. 9. Bern, Francke Verlag, 1976, p. 70.

Basicamente, Voegelin aderiu às noções fundamentais da compreensão de Scheler acerca do *Geist* até os anos de 1960, mesmo quando as expressou na linguagem filosófica de uma ontologia helênico-cristã da existência humana, que refletia em sua opinião a explicação mais diferenciada do problema do *Geist* na história. Na maior parte do tempo, a mente humana (*Geist*), sendo a essência da personalidade humana, foi para Voegelin o sensório da força formativa de um espírito [*Geist*] transpessoal, termo descartado por Voegelin apenas em suas obras bem tardias. Na filosofia de Schelling, Voegelin reconhece a resistência contra as forças desespiritualizadoras. O ponto saliente é que, em comparação com a tradição cristã, Schelling alcança um novo nível de consciência que traz à tona a historicidade do homem. A consciência da historicidade humana coloca unanimemente as manifestações históricas do espírito dentro dos confins da psique humana: a ordem significativa de toda realidade histórica emerge de um diálogo interior da psique humana através da anamnese que a extrai do inconsciente do homem. "A antropologia é agora sistematicamente transformada na chave da especulação; nada deve entrar no conteúdo de especulação que não possa ser encontrado na natureza humana, em suas profundezas assim como em suas alturas, na limitação de sua existência assim como na abertura para a realidade transcendente.[66]" Schelling não fala do "inconsciente no homem" trazido à consciência pela recordação. Fala do princípio primordial que é o conhecimento da alma humana coeva à criação (*Mitwissenschaft mit der Schöpfung*), para ser recordado por anamnese (*Wiedererkennung*). O que Voegelin queria dizer com inconsciente não é facilmente averiguável. Ele retorna ao problema apenas em uma análise de Platão em que se refere a Schelling e Platão como "Filósofos do inconsciente" e indica que uma explicação maior "quebraria a estrutura" do artigo.[67] Mas essa explicação nunca foi dada. Creio que a reflexão anamnésica alcança

---

[66] Ver adiante, p. 259.

[67] "Plato's Egyptian Myth" [O Mito Egípcio de Platão]. *Journal of Politics* 9 (1947), p. 326, 318, 323.

a profundeza psíquica inconsciente da natureza humana que desenrola suas potencialidades historicamente a fim de trazer à consciência as experiências fundamentais na raiz do desenrolar histórico da natureza humana. Como explicou Voegelin a Robert Heilman: "História é o desenrolar da Psique humana; historiografia é a reconstrução do desenrolar através da psique do historiador. A base da interpretação histórica é a identidade de substância (*Psyche*) no objeto e no sujeito de interpretação".[68] Voegelin nunca mais se referiu a Schelling com tal entusiasmo como nesta apresentação de sua filosofia, porque sua evocação de uma imagem divina em que se misturam os traços de Dionísio e Cristo caiu sob o veredicto de gnosticismo moderno.[69]

O estudo acerca de Nietzsche e Pascal incluído neste volume foi escrito em 1944 independentemente da *História* e em combinação com seu ensaio "Nietzsche, a Crise e a Guerra". Ao contrário de Schelling, assim disse Voegelin numa carta a Karl Löwith, Nietzsche nunca fora o centro de seus interesses filosóficos; nunca fora tocado pessoalmente por Nietzsche. É claro, estava intensamente a par da onipresença de Nietzsche na vida intelectual alemã, com uma compreensão profunda da crise espiritual da modernidade, até os anos de 1940. Então Nietzsche está entre os homens da Nova Ciência e, ao mesmo tempo, é prova da falência de tal empresa intelectual sob a condição de uma realidade social desespiritualizada. Não caberia nesta inquirição a narrativa da mudança de avaliação da obra de Nietzsche por parte de Voegelin. A esse propósito, o leitor pode consultar os estudos de Peter J. Opitz e Henning Ottmann.[70] O ensaio publicado em 1944 criticava aqueles

---

[68] Voegelin a Robert Heilman, 22 de agosto de 1956, caixa 17; Gebhardt, "The Vocation of the Scholar" [A Vocação do Erudito], p. 25-26.

[69] Cf. Eric Voegelin, *Order and History*, vol. IV, *The Ecumenic Age* (1974). Columbia, University of Missouri Press, 1999, p. 21. [Em português: Eric Voegelin, *Ordem e História*, vol. IV, *A Era Ecumênica*. Trad. Edson Bini. São Paulo, Loyola, 2010.]

[70] Peter J. Opitz, "Voegelin's Nietzsche". *Nietzsche-Studien* 25 (1996): 172-90; Henning Ottmann, "Das Spiel der Masken – Nietzsche im Werk Eric Voegelins", *Nietzsche-Studien* 26 (1996): 191-99.

autores que cometiam a estupidez de considerar Nietzsche responsável pelo nacional-socialismo. Aqui o diagnosticador da crise é amaldiçoado porque não quer reconhecer a ruína da vida civilizada que Nietzsche diagnosticara. O ensaio sumaria de maneira convincente a visão de Voegelin da resposta de Nietzsche ao desafio de seu tempo. Nietzsche representa um platonismo abortivo na política. Ele tencionava criar "uma imagem do homem e da sociedade para regenerar uma sociedade que se desintegrava espiritualmente, pela criação de um modelo de ordem verdadeira de valores, e pelo emprego realista, como material para o modelo, dos elementos que estão presentes na substância da sociedade". Mas o platonismo de Nietzsche "estava abatido e viciado. Estava abatido pelo desespero de encontrar a substância humana para uma ordem espiritual da sociedade; e estava viciado pela estrutura única da vida espiritual de Nietzsche; a alma deste estava fechada a experiências transcendentais e sofreu na consciência vívida da limitação demônica".[71]

Em "Nietzsche e Pascal", Voegelin reconstrói a vida espiritual de Nietzsche com base no encontro intelectual deste com Pascal. O fundamento comum é o *habitus* contemplativo engolido pelas cercanias desespiritualizadas. No pano de fundo da resposta cristã de Pascal à demanda de regeneração espiritual, Nietzsche desenvolve sua "contraposição à concepção cristã da *vita contemplativa*". Ela dá a ele instrumentos para usar em sua crítica da civilização. Assim Nietzsche como Pascal "lidam com o caráter finito de façanhas intramundanas do espírito e ambos concordam na relatividade ligada a tais façanhas, levando o homem de uma alegria ou posição a outra". Mas têm de separar-se porque interpretam o mesmo fenômeno do ponto de vista privilegiado de diferentes experiências religiosas. Para Pascal, cuja alma está aberta para a realidade transcendente, a busca persistente de alegria reflete o conhecimento anamnésico de um bem infinito; a tranquilidade pode

---

[71] Voegelin, "Nietzsche, the Crisis, and the War". *Review of Politics* 6:2 (1944): 177-212 (195, 198).

ser encontrada através da renúncia à busca fútil e de uma mudança do desejo para a direção correta [...]. O imanentismo de Nietzsche não permite uma tranquilidade permanente. A construção de posições finitas com suas perspectivas e máscaras não deve ser renunciada, pois não é uma "doença", mas a manifestação sadia da vontade de poder do espírito.[72] Nietzsche prepara-se para uma nova religiosidade pós-cristã para levar a uma nova ordem política da humanidade ocidental. Poderia suplantar a era presente de niilismo, de guerras tremendas e revoluções que são incapazes de oferecer ordem nos séculos futuros. O "platonismo de desespero" de Nietzsche, para empregar o termo de Ottmann, terminando no apocalipse do "Último Homem" que toma o lugar de Deus, será revisitado por Voegelin, e desta vez o espiritualismo demônico de Nietzsche será exposto em seu gnosticismo fundamental.[73]

IV. Epílogo: o realista espiritual

De um ponto de vista mais geral, os estudos heterogêneos acerca da história do pensamento político moderno reunidos neste volume contam a história da falência última de pensadores modernos em criar espiritualmente uma imagem ordenadora do homem que evocaria um *cosmion* político que conviria à verdadeira humanidade dos seres humanos. Na introdução, o teórico notável afasta-se contemplativamente das forças evocativas e percebe que a ordem política é magicamente evocada pelo poder criativo da espiritualidade humana. Mas ele mesmo se recusa a envolver-se no negócio da evocação. Esta posição teórica mostrou-se insustentável porque Voegelin descobriu no curso de suas reflexões históricas que a personalidade contemplativa era a fonte da

---

[72] Ver diante, 344.
[73] *Science, Politics, and Gnosticism: Two Essays* (1968). Trad. William J. Fitzpatrick, introdução de Ellis Sandoz. Chicago, H. Regnery, 1997, p. 60-64. [Em português: *Ciência, Política e Gnosticismo*. Coimbra, Editora Ariadne, 2005.]

evocação imaginativa da ideia política ordenadora. "Ele é movido pelo espírito e é capaz de produzir uma ordem de valores de suas experiências espirituais imediatas". Para esta eficácia evocativa na vida social, o pensador político depende de instituições políticas que assumam "funções representativas da vida do espírito que ele vivencia como real em si mesmo".[74] A modernidade assinala uma crescente "brecha entre os conservadores do espírito, os realistas espirituais, assim como os filósofos que vivem na tradição deles de um lado, e as tendências em massa pesadas em direção a um campo de poderes e movimentos secularizados e desespiritualizados".[75] Voegelin chama "realistas espirituais seculares" esses pensadores políticos que, começando com Dante, foram forçados a um isolamento social crescente e emudecidos em seus poderes evocativos. De Maquiavel a Schelling e Nietzsche, retiraram-se do campo da política que viram como "dominado pela paixão destrutiva e estúpida do poder material".[76] O realismo espiritual em todas as suas variações gravita para uma compreensão moderna da existência humana da qual o espírito evaporou em favor da alegria desespiritualizada e da brutalidade desespiritualizada. Mas, "numa era de crise, modernidade e eficácia social não são a mesma coisa", como observa Voegelin quanto à *Nova Ciência* de Vico. "O termo *moderno* não tem nenhuma conotação absoluta" e, na verdade, as ideias políticas modernas dominantes podem ser as antigas naquilo em que não avaliam a condição político-histórica da existência humana do tempo pós-medieval.[77] Então, podemos discernir na *História* de Voegelin dois significados de modernidade:

---

[74] Vol. III, *The Later Middle Ages*, p. 70, 71. [Em português: Vol. III, *Idade Média Tardia*, p. 85.]

[75] Ver adiante, p 239.

[76] Vol. III, *The Later Middle Ages*, p. 70. [Em português: Vol. III, *Idade Média Tardia*, p. 84.]

[77] *History of Political Ideas*, vol. VI, *Revolution and the New Science*. Ed. Barry Cooper. Columbia, University of Missouri Press, 1999, p. 147, 146. (CW, vol. 24) [Em português: *História das Ideias Políticas*, vol. VI, *Revolução e a Nova Ciência*. Trad. Elpídio Mário Dantas Fonseca. São Paulo, É Realizações, 2016, p. 178.]

a modernidade socialmente dominante da desintegração socioespiritual e a modernidade do realismo espiritual que prepara uma modernidade depois do fim da modernidade. Os verdadeiros heróis da história contada neste volume são os realistas espirituais seculares que representam uma modernidade espiritualmente autêntica.

Jürgen Gebhardt

NOTA DOS EDITORES

Não houve nenhum desvio neste volume da prática estabelecida pelos editores de todos os volumes anteriores. Fizemos apenas ligeiras mudanças estilísticas e esmeramo-nos em distinguir entre neologismos genuínos no inglês de Voegelin e a palavra ou frase ocasional para a qual havia substitutos ingleses perfeitamente bons. Tomamos muito pouca liberdade com os parágrafos de Voegelin pela razão muito importante de que Voegelin considerava que as unidades de parágrafos de pensamento deveriam ser claramente indicadas como tais, a não ser que, ao fazer isso, se criasse um verdadeiro impedimento à compreensão do leitor.

Abstivemo-nos de notas de editores, exceto em um ou dois casos onde pareciam imprescindíveis para a compreensão de um problema particular que Voegelin discute ou no texto ou em suas notas. Ao mesmo tempo, atualizamos as referências para permitir aos leitores o acesso às melhores edições padrão de obras citadas por Voegelin e acrescentamos informações de publicação mais completas.

Só traduzimos ou empregamos traduções existentes de passagens citadas por Voegelin no original alemão porque as consideramos essenciais para a compreensão do argumento e porque o alemão de Schelling e Hölderlin apresenta um desafio mesmo para os que têm um conhecimento de leitura básico dessa língua. Citações em francês e latim foram deixadas sem tradução.[1]

As rasuras nas cópias datilografadas a nós acessíveis, e feitas pelo próprio Voegelin, nós as observamos estritamente, para refletir o que consideramos a obra editorial incipiente do próprio Voegelin, a qual se teria estendido muito mais, é claro, tivesse o autor vivido para acrescentar os últimos retoques ao texto.

Jürgen Gebhardt e Thomas A. Hollweck

---

[1] Na presente edição, foram traduzidas. (N. T.)

SÉTIMA PARTE

A NOVA ORDEM

1. O ESTADO NACIONAL

§ 1. Tabula rasa

a. O homem só

O estado da teoria política no começo do século XVII pode com justiça ser chamado um estado de naufrágio. As grandes instituições da humanidade ocidental, a igreja e o império, tinham passado, e os novos corpos místicos, as nações, ainda não tinham crescido o bastante para sustentar uma organização de pensamento político. Entre o império e o estado nacional, o homem foi deixado só. A *tabula rasa* de Descartes era mais do que o princípio metodológico de um filósofo; era o estado real do homem sem o abrigo de um *cosmion*. O homem, na verdade, foi largado, pois a ruína das instituições medievais implicava a ruína das evocações medievais. Ambos os partidos, calvinistas e jesuítas, tinham desgostado pessoas mais moderadas, mediante a prostituição da autoridade sacra na defesa de suas posições partidárias. Um grande sistema como o de Francisco Suárez poderia exercer pouca influência no norte protestante da Europa porque o autor era jesuíta. E se o Grotius menor era mais aceitável por ser calvinista, seu sucesso verdadeiro deveu-se mais ao fato de seu calvinismo ter-se tornado tão sutil que poderia ser desconsiderado.

Mas mais coisas foram desacreditadas do que a literatura partidária. Tanto a autoridade escolástica quanto a escritural, usadas e abusadas por ambas as partes imparcialmente, tinham caído em descrédito, e seu fado foi compartilhado pelo seu conteúdo, pela visão cristã do mundo como criado por Deus, dando *status* a todo ser humano no Corpo Místico de Cristo, de acordo com seu carisma e unificando o pensamento desigual através do liame do amor. Na seção acerca de Bodin, indicamos que, além disso, a cosmologia mediterrânea recebera um golpe mortal pela ascensão da ciência natural, particularmente a astronomia; e, de novo, com o conteúdo da cosmologia antiga e medieval, caíram os símbolos do pensamento cosmológico. A situação era muito mais sombria do que a comparável depois da ruína da pólis na Hélade. O crepúsculo da pólis foi seguido pela aurora da cosmópolis, pela aurora de uma visão monoteísta do cosmos. Agora o cosmos ruíra, e o que se seguiu não foi um novo mundo, mas o campo de seus fragmentos dispersados, os corpos particulares da humanidade, as nações.

O cordão umbilical que ligava o homem ao universo e a Deus foi cortado como nunca fora cortado antes. O homem foi "lançado" na superfície do globo e teve de fazer o melhor que pôde. Foi reduzido a sua estrutura física, seus sentidos, sua vontade de viver, suas paixões, seus poderes de memória, sua intuição e razão pragmática, e, por fim, mas não menos importante, seu medo da morte. Com esse legado, ele teve de criar uma ordem preliminar e então reconquistar, num processo lento, os reinos do espírito, da consciência e da obrigação moral, da história, de sua relação com Deus e com o universo. Como primeiro socorro na reconstrução da ordem, dois símbolos vieram à tona que até então tinham tido função independente: os símbolos do direito natural e da ciência.

b. *O símbolo do direito natural*

A categoria de direito natural foi uma herança linguística do passado, mas o significado tinha mudado, ou estava mudando. Sua nova função é expressa na derivação da lei natural (a *lex naturalis* medieval) como uma regra de ordem do direito natural (o *jus naturale*), uma linha de derivação que não tem praticamente nenhuma importância antes do século XVII. A existência do homem, e o "direito" implicado em sua existência, torna-se o ponto de partida da estrutura política. Fora do direito, emanando da existência individual humana, os homens podem construir o corpo social, através de contratos entre eles, e o corpo político, através de contratos com uma pessoa ou pessoas que os governarão. A fonte de autoridade é o próprio homem. Deus não tem nada que ver com isso, embora o símbolo do *berith* [aliança] seja obviamente continuado na nova construção, assim como os elementos de direito romano.

A nova tendência pode ser sentida nas interpretações de Althusius.[1] Ele era um pensador calvinista, e seu aparato geral foi o da *Vindiciae*, mas o radicalismo desta construção era só seu. Construiu uma pirâmide de associações humanas desde a família, através de vilas, paróquias, cidades e províncias, até, no alto, a unidade soberana do estado (*regnum, respublica,* etc.). Cada unidade social (*consociatio*) é baseada num contrato tácito ou expresso entre a classe inferior de unidades seguinte para combinar com uma mais alta. Cada uma dessas comunidades tem dois conjuntos de leis: um diz respeito ao propósito da comunidade e ao bem-estar de seus membros, o outro, aos funcionários administrativos a quem se atribui o mandato de executar o primeiro. A soberania, ou seja, o poder de administrar a ordem sem interferência de nenhuma outra autoridade humana, reside no mais alto das associações, na *respublica* como um todo. As implicações antimonárquicas, o problema dos éforos, da deposição do governante, etc., não nos diz respeito aqui; são o conjunto calvinista padrão controverso de problemas, adaptado neste caso à situação dos Países

---

[1] *Politica Methodice Digesta, Exemplis Sacris et Profanis Illustrata* [Política Metodicamente Repartida, Ilustrada com Exemplos Sacros e Profanos]. Herborn, 1603; edição aumentada, Groningen, 1610; 3. ed. rev. Ed. Carl Joachim Friedrich. Cambridge, Harvard University Press, 1932.

Baixos. O que é importante é a construção modelar do estado soberano através dos passos intermediários desde a base da hierarquia. É, poderíamos dizer, o contramodelo à construção de Bodin do estado, desde o topo da pirâmide cosmológica.[2] A santidade dos contratos, no entanto, estava ainda fundada no direito natural do velho tipo, dependendo, para sua validade, em última instância, do Decálogo.

A construção da lei natural, como construção de ordem social e política, partindo da vontade natural dos seres humanos individuais, devia permanecer um símbolo dominante do pensamento político por séculos. Particularmente na teoria alemã, os manuais de direito natural praticamente substituíram qualquer outro tratamento de problemas políticos até o período de Fichte e Hegel. A teoria política de Kant ainda tem a forma de uma filosofia do direito, e Fichte e Schelling começaram sua obra no campo da política com os tratados sobre *Naturrecht* [Direito natural]. Esta quebra na tradição europeia, a transição da filosofia do *status* medieval para a filosofia do contrato também teve suas consequências práticas para a estrutura da sociedade moderna. Uma das construções-tipo distintas do século XIX, a transição de H. S. Maine da sociedade do *status* para o contrato, e mais tarde a sociologia de Toennies, é baseada nesta quebra como o modelo.

c. O símbolo da ciência

O segundo símbolo influente foi o da ciência. No século XVII, o sistema da física como tal ainda tinha menos influência do que o método da geometria. O método resolutivo-compositivo, a decomposição de um todo em seus

---

[2] Duvido muito que Althusius tenha grande importância como pensador político para além desta construção bem arranjada, cujas implicações ele nem sequer supôs. Que ele é levado como uma peça fixa nas histórias das ideias políticas parece-me principalmente devido à relutância dos historiadores de desafiar a autoridade de Gierke, que o "descobriu". (Cf. Otto von Gierke, *Johannes Althusius und die Entwicklung der naturrechtlichen Staatstheorie* [João Althusius e o Desenvolvimento do Direito Natural na Teoria do Estado] [1880]; 3ª edição, com apêndices: Aalen, Scientia Verlag, 1913).

elementos e a composição do resultado mediante os elementos num processo de raciocínio estrito, tornou-se o modelo da construção política com Hobbes assim como com Espinosa em sua ética *more geometrico*. No século XVIII, depois do sucesso da física newtoniana, as categorias da mecânica tornaram-se importantes na construção da sociedade, particularmente a categoria do "*equilibrium*" mecânico. A ética e a política de Kant são fortemente influenciadas pela ideia do *equilibrium* entre cidadãos que são compreendidos em analogia com os elementos de um sistema mecânico equilibrado. A mesma influência pode ser discernida nas ideias de *equilibrium* da economia política. Com a ascensão de novas ciências, da biologia e da psicologia, notamos no final do século XVII e no século XIX as tentativas correspondentes na teoria política de construir os problemas da política segundo o modelo dessas novas ciências.

d. Os problemas da nova era

A situação apresenta uma difícil tarefa ao historiador. Desde o século XVII, o pensamento político moveu-se ao longo de mais de um caminho. É bastante difícil desenredar os vários conjuntos de símbolos que determinam cada autor singularmente. Traçar uma história do pensamento através dos vários sistemas sem afogar-se num mar de pormenores e restrições só é possível mediante uma seleção severa. E mesmo então será difícil discernir a ordem no entrelaçamento tortuoso das várias tendências. É recomendável, portanto, catalogar nesta conjuntura as principais linhas que doravante devemos seguir.

(1) O problema central é o próprio *Homem*. O homem, com a estrutura indicada acima, é o ponto de partida do novo pensamento. Este homem é um fragmento, reduzido aos seus assim chamados elementos naturais, incluindo a faculdade de raciocinar. A principal linha de pensamento, desenhada pelos filósofos políticos mais notáveis – Hobbes, Locke, Hume, Montesquieu, Rousseau, Kant, Hegel, Marx – está preocupada

com o redescobrimento do homem, com a tarefa árdua de adicionar a sua estatura os elementos que ele perdeu na transição da Idade Média para o século XVII. A teoria política tem de devolver ao homem suas paixões, sua consciência, seus sentimentos, sua relação com Deus, seu lugar na história. O movimento culminou, no final do século XIX e no começo do século XX, na transformação da antropologia filosófica em centro do pensamento político.

(2) A segunda grande tarefa, parcialmente implicada na primeira, é a descrição e a construção da nação como a nova substância social. O sistema do século XVII, embora operando praticamente com o axioma implicado da existência de nações, não desenvolveu um vocabulário para sua designação. A nação tem de ser construída pelas vontades individuais que a compõem. O grande rompimento vem por volta do final do século XVIII com Rousseau; e a nova teoria da *vontade geral* é consumada na ideia romântica do *Volksgeist*, o espírito nacional como a substância atuante da história.

(3) As ideias concernentes à ordem interna das comunidades nacionais oferecem talvez a maior dificuldade técnica em sua apresentação, porque os desenvolvimentos nacionais diferem profundamente uns dos outros. As ideias inglesas de governo constitucional estão ainda em curso no século XVII. Os franceses tratam de sua fase crítica no final do século XVIII. Os alemães têm um papel inteiramente secundário, com a consequência de que de um lado o tipo de direito natural foi mais penetrante e sobreviveu mais, ao passo que, de outro lado, as ideias do espírito nacional se desenvolveram mais radicalmente e com mais influência porque conseguiam atrair toda a atenção.

(4) Ao longo de todo o período, corre a tensão entre os corpos nacionais em evolução e a ideia de uma humanidade que não está absorvida na participação como membros dos corpos místicos nacionais. As fontes da ideia são várias. Primeiro estão os remanescentes da ideia cristã de humanidade, sentidos de maneira mais forte no catolicismo e no

calvinismo, ao passo que o luteranismo exerce um papel menos proeminente a esse respeito. A segunda fonte é a ideia da natureza humana que evolveu no século XVII e alcançou seu clímax na Era da Razão. A terceira fonte é a ascensão dos movimentos que se dirigem essencialmente contra o estado nacional burguês: o movimento dos trabalhadores e o movimento da classe média baixa.

(5) O novo pensamento político, com todos os problemas há pouco mencionados, está embrulhado, na maior parte dos casos, e ao longo da maior parte do período, em símbolos metodológicos tomados de empréstimo de uma das ciências naturais. Isso significa na prática que ideias políticas frequentemente são expressas em linguagem e são desenvolvidas por métodos que não são adequados para o tratamento de política. Será uma das nossas tarefas principais extrair os problemas políticos de sua forma naturalística e então mostrar o crescimento lento de uma nova ciência que parte dos começos escassos do século XVII.

§ 2. Em busca de ordem

> "nam naturalis iuris mater est ipsa humana natura."
> Grotius

a. O estado de violência – o De Jure Belli, de Grotius

O primeiro grande tratado que tentou trazer alguma ordem ao mundo desordenado foi o *De Jure Belli ac Pacis*, 1625, de Hugo Grotius. O título do livro é algumas vezes criticado porque o tratamento da guerra ultrapassa muito as seções acerca de relações de paz. Mas, se considerarmos a situação europeia do tempo de Grotius, a ideia de submeter a guerra a um regulamento mostrar-se-á, por contraste, uma ideia de paz. A própria definição de guerra e de regras de guerra estabelece no mesmo ato a esfera da paz como o pano de fundo perante o qual atos de guerra podem ser praticados como exceção e com restrições. A violência política na época de Grotius não foi confinada à guerra entre poderes soberanos, mas foi aplicada na sua forma mais severa entre grupos de diferentes filiações religiosas. Um grande número de guerras ocorreu entre facções da nobreza, entre cidades, entre a nobreza e o rei, entre grupos de príncipes alemães, entre príncipes e o imperador. Os métodos empregados eram atrozes. Massacres totais, envenenamento de fontes, assassinatos individuais, matança de prisioneiros, destruições de cidades, destruição da propriedade civil, etc., eram ocorrências regulares. Os dois últimos reis da França tinham sido assassinados, Henrique III, em 1589, e Henrique IV, em 1610. O duque mais velho de Guise fora assassinado em 1563; o mais novo, Henrique, e seu irmão, Luís, o cardeal, em 1588. William de Orange foi assassinado em 1584. O Atentado a Pólvora de 1605 pressagiou a extensão da onda para a Inglaterra. A Guerra dos Trinta Anos na Alemanha entrara em suas primeiras fases sangrentas.

b. A regulamentação da violência – Sujeitos no direito internacional

Sob essas circunstâncias, foi um grande esforço estabelecer a ordem para conceber um sistema de regras que definiam como guerra pública o emprego da violência entre estados soberanos por razões definitivamente restritas, excluir da esfera da violência legítima o tiranicídio e a resistência dos famosos "Magistrados inferiores", diferenciar entre combatentes e não combatentes, impedir o massacre de mulheres, crianças, velhos, ministros, eruditos, camponeses e outras pessoas pacificamente ocupadas, proteger prisioneiros de guerra, impedir a destruição arbitrária da propriedade de cidadãos privados, etc.

A teoria de Grotius da soberania e do estado era secundária a seu problema de regular a guerra. Como consequência, temos de distinguir em sua obra duas camadas de teoria que não estão muito bem relacionadas uma com a outra, mas têm seu significado, cada uma tomada por si mesma. A primeira teoria de soberania diz respeito à questão dos sujeitos no direito internacional. Que unidades sociais podem conduzir uma guerra pública, e quem são os governantes soberanos que podem declarar guerra? Na resposta a esta questão, Grotius louva-se em Cícero; reconhece como pessoa com o *status* de um possível inimigo público qualquer governante *de facto* que possa exigir obediência do aparato civil e militar de seu reino, que possa comandar as receitas e o tesouro, que encontre o apoio de seu povo para suas ações, que possa concluir um tratado e esteja bem seguro em sua posição, para mantê-la (III. iii.1). Dentro deste conjunto de condições gerais, Grotius é extremamente generoso em dar o *status* de poderes soberanos não apenas aos monarcas das grandes repúblicas e impérios nacionais, mas também a ditadores delegados, a governantes que mantêm seu poder sob estipulações, a governos em que o poder é dividido entre um monarca e o povo, a poderes protegidos e tributários, a membros de uma federação, etc. A extensão liberal tem o propósito de tornar obrigatórias as regras de guerra restrita no maior número possível de tipos de poderes que estavam guerreando entre si na época, estigmatizando ainda como guerras "privadas" insurreições civis religiosas. O estabelecimento da linha é influenciado pelas considerações de conveniência. À mesma camada de teoria pertence a interpretação do poder de governar verdadeiro como um tipo de posse cuja aquisição e manutenção, *pleno jure, usufructo*, etc., são governadas pelo direito de propriedade. A construção é relevante para nós como mais um sintoma da tentativa de pressionar relações de poder verdadeiras tanto quanto possível nas categorias legais correntes, a fim de mantê-las sob algum controle.

c. A autoridade do governo

No entanto, esta produção prodigiosa de regras não seria mais do que um exercício em esperanças vãs se em seu segundo estrato de teoria Grotius não lidasse com a autoridade do direito natural e o *ius gentium*, com a fundação de direito natural da comunidade política e com a autoridade do governo. Neste ponto, a teoria de Grotius torna-se uma confusão terminológica desesperadora, porque a autoridade do governo é chamada soberania também, embora a derivação do direito natural da autoridade governamental não tenha, sistematicamente, nada que ver com a soberania como a qualidade de um sujeito no direito internacional. Estamos numa dificuldade básica e inevitável do sistema de direito natural. O verdadeiro fundamento do governo é o poder; o poder estabelecido será ordenado em seu pessoal e em sua função, e a ordem pode ser expressa em termos de direito civil, como no caso de Grotius, ou num conjunto recém-desenvolvido de categorias legais públicas em períodos posteriores. De qualquer modo, entretanto, a construção legal da ordem política é secundária ao estabelecimento do poder. Bodin estava ainda a par do problema e diferenciava cuidadosamente entre o fundamento de poder e a superestrutura legal. O sistema de direito natural tende a cobrir fenômenos pré-legais e extralegais com terminologia legal e assim obscurecer as questões. Levou séculos para reconquistar a esfera pré-legal da política como um objeto de investigação científica, e a reconquista ainda não teve um consenso geral. Este é o primeiro exemplo marcante em que, através de nossa interpretação, temos de libertar o problema real de sua capa de método inadequado, desta vez, do método legal.

d. Natureza – A essência do homem

Na discussão da autoridade agora, Grotius dá o passo decisivo que separa o pensamento medieval cristão do moderno pensamento europeu. Bodin descartara a autoridade difusa do período feudal; Grotius descarta também a fonte de autoridade difusa: elimina Deus. Tais regras, como são obrigatórias para os homens, obtêm sua autoridade não da instituição divina, mas da natureza humana. O significado de "natureza" neste contexto deve ser bem compreendido. Natureza não significa a natureza da física ou da química, mas no inglês moderno provavelmente pode ser mais bem interpretada como a "essência do homem". O significado é, portanto, muito elástico, pois depende, no caso de Grotius, assim como de naturalistas posteriores, da opinião do filósofo quanto ao que constitui a "essência do homem". Como regra geral, podemos estabelecer que pensadores políticos são inclinados a chamar "essência do homem" a visão que mantêm da própria personalidade deles. A fonte última do direito natural na prática, portanto, é a personalidade do filósofo, com seus determinantes fisiológicos, caracteriológicos, sociais e históricos. Se quisermos, pois, ir ao cerne dos sistemas, temos de, em cada caso, penetrar a concha da terminologia legal, geométrica ou física a fim de chegar à autointerpretação do pensador.

e. Grotius – O homem modelo

Grotius não era um homem profundo; seu caso é relativamente simples. Era um intelectual humanista e como tal considerava-se a medida do homem, e tinha, além disso, boa dose de senso de negócio. Sua personalidade religiosa era sensível o bastante para fazê-lo afirmar solenemente que qualquer coisa em seu tratado que fosse incompatível com a piedade, a moral, a literatura sacra e o consenso da igreja poderia ser considerado como não dito, mas não era tão forte para fazê-lo tomar Deus seriamente e preocupar-se com as implicações religiosas de sua posição. A *Respublica Christiana* como um corpo místico desaparecera de sua visão, e ele acreditava, em vez disso, no caráter genérico da humanidade, tendo Deus criado o homem sem subdivisões de espécies de tal maneira que o gênero humano fosse conhecido por um só nome. A crença na unidade da humanidade não o impediu, entretanto, de distinguir entre natureza corrupta ou primitiva e natureza pura ou civilizada e de tomar o homem civilizado e as "melhores" nações como os padrões de humanidade. Deus, então, distribuíra recursos naturais por todo o globo e dera diferentes habilidades a diferentes nações, de maneira que naturalmente são guiadas a prover às necessidades umas das outras, pois nenhuma delas é autossuficiente.³ Segue-se que as nações devem ter uma relação comercial e que nenhuma nação tem o direito de impedir outra de contatar com o resto do mundo. "Cada nação é livre para viajar para qualquer outra nação e para com ela comerciar." O mar aberto, como a grande avenida que liga nações distantes, tem, portanto, de ser completamente livre. O argumento é dirigido contra os portugueses, que queriam monopolizar o comércio da Índia Oriental. Em sua defesa da Companhia das Índias Orientais (fundada em 1602), Grotius estipulou que a natureza quisera que os holandeses tivessem sua parte nessa companhia.

O argumento revela a nova situação. Um grupo de estados--nações europeus está-se formando, desiguais no impulso de poder. Os mais fortes e mais expansivos são os poderes do mar atlântico. O mundo não é tanto um sistema de relações mútuas entre nações como um campo de mais fracos e mais fortes, com o centro de poder na Europa e dentro da Europa na costa atlântica. Os princípios de Vitoria, desenvolvidos por ocasião dos espanhóis na América, são agora estendidos a outros poderes crescentes do mar, com a intenção de organizar o mundo como um campo para exploração comercial pelo Ocidente. "Os que negam esta lei, destroem esta ligação muito louvável de sociedade humana, removem as oportunidades de fazerem serviço mútuo, em uma palavra, fazem violência à própria natureza"⁴ – uma notável unção de negociante, considerando que Grotius não tinha mais do que 21 anos quando a escreveu. É necessário entender a vontade de poder que sublinha a ideia de natureza, ou o desenvolvimento posterior se tornará incompreensível. A natureza humana e o direito do qual é mãe, no século XVII e depois, significa primeiramente vontade humana, precipitando-se para

---

³ Hugo Grotius, *The Freedom of the Seas, or The Right which Belongs to the Dutch to Take Part in the East Indian Trade* [A Liberdades dos Mares, ou o Direito que Pertence aos Holandeses de Tomar Parte no Comércio da Índia Oriental]. Traduzido com uma revisão do texto latino de 1633 por Ralph Van-Deman Magoffin; editado com uma nota introdutória por James Brown Scott. New York, Oxford University Press, 1916, I, p. 7.

⁴ Ibidem, p. 8.

diante na intoxicação da vida, estabelecendo regras de sua direção como padrões de conduta humana – contanto que nenhum poder apareça na cena que empregue os preceitos contra seus autores.

f. As regras da natureza

Tendo assim determinado a substância da natureza, podemos agora voltar-nos para as regras que dela emanam. A maior parte dos princípios concernentes a esta matéria Grotius os apresentou nos prolegômenos ao *De Jure Belli*, e no livro I, cap. 1, do tratado.[5] "Uma regra da natureza (*ius naturale*) é um ditado da razão correta, que mostra para cada ato sua torpeza moral ou necessidade moral, encontrando-a em concordância ou discordância com a própria natureza racional" (I.1.10). Esta definição pode exigir algum esclarecimento. A fórmula é ciceroriana, mas é um hieróglifo ciceroniano, nada mais; o significado mudou inteiramente. Para Cícero, a *recta ratio*, o *nomos*, ou *logos*, designa a substância divina, e *nature* é sinônimo de Deus também. Na definição de Grotius, "razão correta" é o poder de raciocinar do homem que permite a operação de subsunção de um "ato" a uma "natureza racional" e de pronunciar o resultado (sucessos ou fortuna de subsunção) como uma "regra de natureza". E "natureza racional", o cerne decisivo da definição, não é Deus, mas o Homem. O que, então, é o Homem? É um animal, mas um animal superior, distinto dos outros por um "apetite pela sociedade com aqueles que são de sua espécie; não para a comunidade de qualquer sorte, mas para a comunidade pacífica, organizada de acordo com sua inteligência; este apetite foi chamado *oikeiosis* pelos estoicos (talvez mais bem traduzida por Franklin Henry Giddings como *consciência de espécie*)". A manutenção da comunidade de paz "é a fonte daquela lei que é assim chamada propriamente" (proleg.).

---

[5] A edição empregada é *Hugonis Grotii De Iure Belli ac Pacis Libri trs. Editio Nova*. Amsterdã, 1646, na reprodução de *The Classics of International Law*. Washington, D.C., Carnegie Institution, 1913.

Grotius faz questão de dizer que o *appetitus societatis*, o desejo de comunidade, é um elemento independente da natureza humana que levaria à associação mesmo se não houvesse outros fatores determinantes, e à medida que ele dá a primeira teoria de sociedade de instinto. Reconhece, entretanto, que o desejo é mantido pela fragilidade do homem, que o faz procurar comunidade por razões utilitárias. Uma vez que a comunidade é fixada como parte da essência do homem, as regras que governam a vida comunitária seguem como os meios adequados a este fim. A vida pacífica na comunidade é possível apenas com um mínimo de segurança de propriedade, cumprimento de obrigações e punição de delitos. Este corpo de regras pode ser aumentado porque o homem não tem apenas o desejo de comunidade, mas também o discernimento e cautela. Ele é capaz de antever as consequências de atos de paixão e renunciará uma gratificação presente no interesse de um futuro estável e pacífico. Um terceiro alargamento do corpo de regras se deve à experiência de fraqueza e perigo na vida de famílias isoladas. Para sua melhor proteção, unir-se-ão numa "sociedade civil" e concordarão com o estabelecimento de uma *potestas civilis* (I.iv.7). A concordância em criar um corpo político dá ensejo a leis naturais concernentes à existência pacífica do estado, o poder soberano do governante que não é submetido a nenhuma outra vontade humana e o dever de obediência da parte do governado. E, finalmente, a natureza humana justifica, no interesse da existência pacífica, ações de guerra entre indivíduos antes do estabelecimento de estados, entre soberanos, mais tarde. A preservação da vida e do corpo, contra o ataque e a volúpia por "coisas úteis para a vida" em competição com os outros contanto que seus direitos não sejam feridos, é a essência da natureza humana (I.ii.1).

g. *Grotius e Epicuro*

Este conjunto de regras, e uma multidão de outras, pode ser desenvolvido pelo método de demonstração, através da aplicação da "razão correta", uma vez que se alcance a concordância acerca da natureza do homem. As regras são condicionadas como meios para o fim da existência humana numa comunidade pacífica. A consciência não é inteiramente eliminada, mas é relegada à função de punição através de seus tormentos em casos de violação do direito natural. O sistema é hipotético; antes de Kant, a natureza não se ligará de novo à moralidade, e o imperativo hipotético não se transformará de novo num categórico. A forma que Grotius deu ao direito natural é comparável tanto em sua estrutura teorética quanto em relação à situação histórica com o cálculo epicurista dos prazeres condicionados por um ideal de vida. Os ideais, é claro, dos quais os sistemas condicionados dependem, diferem amplamente, sendo o epicurista o ideal da ataraxia, e o de Grotius a prosperidade agressiva de uma nação comercial. No entanto, o paralelo vai fundo. Assim Epicuro como Grotius removeram Deus para uma distância respeitável, a fim de organizarem a vida do homem despreocupados. Grotius é cuidadoso em reconhecer, a cada passo, Deus como o criador do universo. Mas, quando se trata de regras de existência humana, ele insiste quase histericamente de novo e de novo que as regras que desenvolve são independentes de qualquer instituição divina; que não são mandamentos de Deus devidos a uma revelação divina; que uma revelação divina do direito, se coincidir com o direito natural, é uma confirmação agradável, mas nada mais do que isso; que o direito natural vale mesmo se não houver nenhum Deus; que ele, Grotius, vai reduzir o direito natural a noções "tão certas que ninguém pode negá-las a não ser que cometa violência contra si mesmo; que serão óbvias e evidentes" em si mesmas e ficarão firmes como noções obtidas das percepções sensoriais (proleg.). "A lei da Natureza é tão imutável que nem mesmo Deus pode mudá-la. Pois, embora o poder de Deus seja sem limites, há poucas coisas a que não se estenda [...]. Nem mesmo Deus pode fazer que duas vezes dois não seja igual a quatro" (I.i.10). A geração de Grotius estava algo cansada de Deus e dos santos que se alinhavam a seu espírito; os homens estavam em busca de uma ordem que estivesse livre de sua interferência.

§ 3. Hobbes

"Ele vê tudo que é alto; é rei sobre todos os filhos da soberba."
Jó 41,34

a. Comparação com Maquiavel e Bodin – O problema do realismo

O lugar de Thomas Hobbes (1588-1679) é com Maquiavel e Bodin. Encontramos agora pela terceira vez num século e meio o fenômeno peculiar de que o pensador notável desta época é rodeado não apenas pela solidão da grandeza, mas também por incompreensão, ódio e negligência. Umas poucas palavras de explanação podem ser necessárias.

Esses três pensadores eram realistas, e o realista sempre corre o perigo de incorrer no desprazer de seus contemporâneos porque é inclinado a penetrar a evocação do *cosmion* e a destruir-lhe a mágica. O perigo decresce quando a evocação, ao longo de séculos, absorveu tantos elementos de realidade, trabalhados num compromisso equilibrado, que o filósofo pode andar um longo caminho na busca da realidade antes de alcançar os limites da evocação. Este foi o caso com o *sacrum imperium* da alta Idade Média. O perigo cresce quando uma civilização se desintegra e se precipita para recolher-se debaixo de seus fragmentos. A ereção de fragmentos de realidade em absolutos cósmicos tem para o pensador realista a consequência de que seu mundo mais amplo se torna um mundo *privado*. A questão do que é *público* é sempre determinada pela evocação socialmente dominante do tempo. O pensador realista torna-se uma pessoa privada porque não tem nenhum público a quem possa mostrar o que ele observa em seu mundo mais amplo, sem incorrer em um ressentimento cruel que pode levar à desgraça, à perseguição e possivelmente à morte, como no caso de Sócrates. Qualquer perturbação do *cosmion* aviva a ansiedade do homem que estava precariamente abrandada no momento.

A solução pessoal óbvia para o realista seria ficar quieto. Lamentavelmente, o problema não é tão simples assim. Temos de reconhecer a evocação do *cosmion* com suas ideias secundárias como uma realidade, eficaz na história. Por mais fragmentária, estreita e sem valor que seja, lança sua mágica sobre os homens. A existência do *cosmion* é uma expressão de fé, e a fé é real. O pensador, no entanto, é uma parte da realidade também, e provavelmente uma parte mais sólida e enérgica do que a sociedade ao redor, pois exige mais vitalidade e força de alma olhar para o mundo resolutamente do que refugiar-se num *cosmion*. É inevitável o conflito entre as duas realidades. Os que estão vivendo em seu *cosmion* descobrirão que o pensador não é realista de maneira nenhuma, mas tem uma visão absurda do mundo, porque vê as coisas para além das fronteiras do *cosmion*, o que para eles é o *realissimum* que lhes encobre o horizonte. Ademais, considerarão imorais os pontos de vista dele porque os símbolos do *cosmion*, com os quais os pontos de vista dele estão em conflito, apoiam uma ordem. O pensador, por outro lado, não será capaz de reconhecer como obrigatórias as principais ideias evocativas de sua sociedade, porque elas distorcem a realidade e impõem, por um ato de fé, uma ordem baseada num conhecimento insuficiente do mundo. E seu horizonte mais amplo não é simplesmente mais conhecimento que ele poderia guardar para si, pois o conhecimento – e particularmente o conhecimento integrado à imaginação – gera a obrigação moral de obter um *status* público para seus resultados, mesmo com o risco de ferir sentimentos.

Maquiavel, Bodin e Hobbes eram realistas na situação particularmente grave de desordem política interna. As guerras domésticas italianas, francesas e inglesas são o pano de fundo diante do qual fazem seus exercícios de realismo. Deixando de lado por um momento as complicações do problema italiano, podemos ver que um Bodin tinha de ser detestado quando em sua luta quadrangular entre as evocações da igreja sacramental e a justificação pela fé, da autoridade política difusa e da supremacia real, ele tomou a posição de que nenhuma delas podia satisfazer um homem cujo mundo foi ordenado pela *fruitio Dei*, e que um poder real soberano era, apesar de tudo, preferível porque, sob as condições existentes, tinha as melhores oportunidades de preencher as exigências da ordem cósmica. No caso de Hobbes, nem mesmo os monarquistas gostaram do apoio dele ao poder monárquico porque sentiram muito corretamente que o que ele perseguia era a ordem a qualquer preço e que o senhor protetor serviria muito bem para ele assim como o rei. O período de transição é o mais doloroso para o realista, porque, na agitação da violência física, os participantes da luta esperam que todos escolham lados numa questão que é tão importante para eles que arriscam a própria vida por ela. E isso é precisamente o que o realista não pode fazer, porque ele questiona a importância da questão. Torna-se um escândalo público ao extremo, pois o homem pode antes suportar a oposição a sua fé que o desprezo por ela.

Classificamos os três pensadores como realistas, mas suas personalidades e atitudes diferem profundamente. O realismo demoníaco de Maquiavel, o realismo contemplativo de Bodin e o realismo psicológico de Hobbes, cada um transcende o horizonte de seus contemporâneos envolvidos na briga partidária, mas não há nenhuma ponte entre eles. As circunstâncias históricas tinham mudado tão rapidamente que os problemas que lhes chamaram a atenção diferiam consideravelmente. Maquiavel podia ainda colocar alguma esperança na reforma da igreja; Bodin e Hobbes tinham visto o bastante disso. O mito do herói demoníaco de Maquiavel tinha sua função na esperança do salvador político da Itália que fundaria um reino nacional na emulação do francês; Bodin, o francês, e Hobbes, o inglês, não estavam preocupados com a fundação de uma nova comunidade, mas com a ordem da existente. Maquiavel e Hobbes, a seu turno, devem estar juntos e são, num sentido, "contemporâneos", porque devido à desintegração anterior da civilização cristã na Itália, Maquiavel já podia ter uma visão do homem libertado da ordem divina do universo, criando sua ordem terrena – o estado – partindo da *virtù* demoníaca, assistido e obstruído pela *fortuna*. O horror do Príncipe é a revelação da natureza demoníaca do Homem como a fonte da ordem. A Europa do norte alcançou este estágio de desintegração apenas no século XVII. Se podemos caracterizar a posição de Hobbes de maneira sumária, podemos dizer que ele *entendeu* as implicações do novo pensamento político que tinha encontrado sua primeira expressão na obra de Grotius. Sob o olhar de Hobbes, a natureza humana racional de Grotius perdeu sua inocência e seu otimismo untuoso. O homem de Grotius podia sentir-se aconchegado e confortável em seu negócio, porque em suas ações como homem individual ele se submetia à natureza do homem genérico; o que ele fazia estava de acordo com uma ordem sobre a qual nem mesmo o próprio Deus tinha poder. Diante dos olhos de Hobbes, este truquezinho bem arranjado de tirar a responsabilidade do homem individual, colocando-a no homem genérico, dissolveu-se, e a natureza humana foi jogada no indivíduo em sua existência pessoal. O homem tornou-se consciente de que a natureza *humana* era sua natureza *pessoal*. Com este passo importante começa a filosofia moderna da existência, distinta da cristã.

b. A análise do orgulho

aa. A estrutura mecânica do homem

A análise de Hobbes, para a qual estamos empregando principalmente o *Leviatã*, de 1651, começa bem inofensiva.[6] Toda ação humana tem sua origem na reação do homem, entendida mecanicamente, aos estímulos externos. A reação pode mover-se em direção à causa ou para longe dela; a primeira é chamada apetite; a segunda, aversão. Desta dicotomia surge a estrutura fundamental do campo de ação no amor para com os objetos do apetite, e no ódio para com os de aversão,

---

[6] A edição usada é a de A. D. Lindsay em *Everyman's Library*. London, J. M. Dent; New York, E. P. Dutton, 1962; as referências de página no texto referem-se a esta edição.

a distinção entre objetos bons e maus, de deleite e sofrimento, prazer e desprazer, etc. (cap. 6). O homem, então, é superior aos animais por seu poder de raciocinar. Pode ligar causas e efeitos em antecipação e assim experimentar apetite ou aversão pela imaginação de acontecimentos futuros (caps. 5-6). Os meios que estão à disposição do homem para seguir seus apetites e obter bens são chamados poder; o poder é subdividido em poderes de nível animal, os assim chamados poderes naturais, e os poderes especificamente humanos, tais como "riquezas, reputação, amigos e o trabalho secreto de Deus, que os homens chamam Boa Sorte" (cap. 10; p. 43). Em tudo isso, não há nada que fosse em princípio para além da Natureza de Grotius.

bb. Perda da Fruitio Dei

O primeiro rompimento acontece no capítulo 11 do *Leviatã*, onde, sob o título de "Costumes", Hobbes discute aquelas qualidades dos homens que dizem respeito ao habitarem juntos em paz e unidade. A vida pacífica torna-se difícil pelas qualidades do homem que de maneira nenhuma podem ser obtidas da estrutura previamente exposta, mas que têm uma origem independente. O homem pode não encontrar na vida nenhuma tranquilidade nem repouso, porque não há nenhum fim último ou *summum bonum* "como dito nos Livros dos filósofos da velha moral" (p. 49). A felicidade é um progresso contínuo de desejo de um objeto para outro. "De tal maneira que, em primeiro lugar, considero uma inclinação geral de toda a humanidade, um desejo perpétuo e incessante de Poder após poder, que termina apenas com a Morte." O problema aristotélico do *bios theoretikos* recebeu uma nova fórmula. Bodin já tinha construído seu sistema da *fruitio Dei* como o *summum bonum*, embora considerasse que a vida terrena ideal consistisse numa mistura de ação e contemplação. Hobbes elimina até mesmo a aproximação contemplativa como um ponto fixo de orientação ao redor do qual a vida do homem pode revolver. Corta-se a ligação com Deus, e o que resta é o desejo desgovernado de "poder após poder".

cc. Fruitio Hominis – *A contemplação do poder*

No capítulo 13 introduziu-se mais um elemento que lança nova luz no desejo indefinido. Como todos os homens são iguais em sua estrutura natural, seguir-se-á a luta porque eles estão (1) em competição em suas tendências de poder e, portanto, (2) desconfiados uns dos outros. O terceiro elemento, que leva a uma luta, é o fato de que alguns estão "tendo prazer em contemplar seu próprio poder nos atos de conquista, o que eles perseguem mais do que sua segurança exige". Os homens "gloriam-se" em seu poder; a alegria deles consiste em comparar-se com outros homens, e não apreciam nada senão sua própria eminência (cap. 13; p. 64). Estamos aproximando-nos do cerne do problema. Quando se perde a tranquilidade da alma, através da máxima *fruitio Dei*, o homem, em sua solidão e fraqueza criatural, tem de criar a imagem de sua própria onipotência, ultrapassando todo o mundo numa atividade incessante e na expansão de tal maneira que ele não se dê conta de sua finitude e caia no abismo da angústia. A vida do homem pode ser comparada a uma corrida. "Mas esta corrida temos de supor que não tem outro objetivo, nenhuma outra coroa de flores, senão ser o primeiro." E nela: "Ser continuamente ultrapassado é miséria. Ultrapassar continuamente o próximo é felicidade. E abandonar o curso é morrer".[7]

dd. Loucura

O significado da contemplação do próprio poder, da glória, da vanglória, do orgulho ou do autoengano fica ainda mais claro a partir da discussão da *loucura*. A loucura é orgulho em excesso. O caso típico de loucura causada pelo orgulho é a crença na inspiração divina de alguém. Tal opinião pode começar, de acordo com Hobbes, "por algum descobrimento feliz de um Erro geralmente cometido pelos outros". Não compreendendo a cadeia de associações ou de raciocínio que levou ao descobrimento feliz,

---

[7] Hobbes, *The Elements of Law, Natural and Politic*. Ed. Ferdinand Toennies. Cambridge, Cambridge University Press, 1928, parte 1, cap. 9, sec. 21.

pessoas presumidas começam a admirar-se, acreditam que estão na especial graça de Deus, que lhes revelou a ideia pelo seu Espírito, erigem sua presunção de inspiração num absoluto e começam a enfurecer-se contra quem quer que não concorde com elas, uma vez que pode ser visto como fenômeno de massa no "bramido sedicioso de uma nação agitada" (cap. 8; p. 37). O caso último é o habitante do asilo de loucos que acredita ser Deus, o próprio Pai (cap. 8).[8] A culminação do orgulho é a identificação do Ego com Deus; em menores graus, a inflação divina que cria seu *cosmion* particular como um absoluto. Nesta análise, Hobbes estabeleceu o fundamento de uma disciplina de ciência política que depois de uma interrupção de dois séculos é continuada na análise do mito político. O crime de Hobbes, aos olhos de sua época, não foi ele ter perturbado um *cosmion* particular pela evocação de uma alternativa, mas ter dissecado a mágica do *cosmion* como tal e revelado sua origem num elemento de natureza humana, que ele chamou orgulho.[9]

c. A análise do medo da morte

Se a humanidade fosse uma massa anárquica de indivíduos, cada um esforçando-se por "suplantar" todos os outros e por fazer de si mesmo uma analogia de Deus, o resultado seria a *bellum omnium contra omnes*, a guerra de todos contra todos (cap. 13). A fim de evitar-lhes a exterminação mútua, um poder tem de ser estabelecido sobre os homens, o Leviatã, tomando a comparação de Jó 41: "onde Deus estabeleceu o grande poder de Leviatã, chamado Rei do Orgulho" (cap. 28; p. 170). A derivação da sociedade política é o segundo grande tópico de Hobbes. O princípio em que Hobbes constrói a comunidade

---

[8] Cf. o paralelo em ibidem, I.10.9: "Tivemos o exemplo de alguém que pregava na Cheapside de uma carroça ali, em vez de um púlpito, que ele próprio era Cristo, o que era orgulho espiritual ou loucura".

[9] Esta análise do orgulho, assim como a análise subsequente do medo da morte, deve muito ao excelente estudo de Leo Strauss, *The Political Philosophy of Hobbes*. Oxford, Clarendon Press, 1936. [Em português: Leo Strauss, *A Filosofia Política de Hobbes*. Trad. Élcio Gusmão Verçosa Filho. São Paulo, É Realizações, 2016.]

não é um instinto social, aparecendo convenientemente como na obra de Grotius, mas outra paixão, igual em poder com vaidade e orgulho e, portanto, capaz de contrapor-se à oscilação: o medo de morte. O homem, absorvido no mundo de sonho de sua paixão, chegará ao sofrimento quando encontrar outro indivíduo louco por poder, e isso o trará de volta a si. "Os homens não têm outros meios de conhecer sua própria Escuridão, senão o raciocínio que parte dos reveses imprevistos" (cap. 44; p. 331). A razão como tal é impotente, sendo reduzida, como com Grotius, à faculdade de "reconhecer", mas a razão pode extrair conclusões da experiência de resistência do mundo exterior, sendo a má fortuna suprema a morte violenta às mãos de outros homens que são os assassinos potenciais de alguém. O homem de Hobbes não tem nenhum *summum bonum* como ponto de orientação em sua vida, mas tem um *summum malum*: a morte.[10] Hobbes ainda não penetra nas camadas mais profundas dos sentimentos existenciais; ainda estamos longe da análise de Kierkegaard acerca da angústia. A experiência de morte ainda não se tinha tornado o acompanhamento da vida em tal intimidade que o sentimento de morte e o sentimento de vida seriam inseparáveis e que o autoengano e a construção do abrigo de orgulho seria por si mesmo uma angústia. Hobbes não tem nenhuma noção ainda da angústia indefinida sem objeto, mas apenas do medo definido da morte, e da morte em uma forma determinada: na forma de morte violenta como pode acontecer ao homem na guerra civil.[11] Os exemplos na análise do orgulho mostraram em que extensão Hobbes empregou como seu modelo a experiência de luta civil determinada religiosamente. Agora vemos o perigo da morte nas mãos do sonhador assassino autoenganado na guerra civil como o modelo de morte que deve ser temido. Esta experiência de morte é a origem existencial da moralidade à medida que induz o homem a sair do mundo de sonho de seu orgulho, a renunciar a busca ilimitada de sua "glória", e a

---

[10] "Mortem violentam tanquam summum malum studet evitare" (*De Homine*, cap. II, art. 6; cf. *De Cive*, cap. 1, art. 7).

[11] *De Corpore*, cap. 1, art. 7.

concordar com uma ordem imposta que garante a vida e com isso a busca de apetites dentro de limites. O *summum malum* torna-se o centro que dá coerência, fim e regras à vida do homem que o *summum bonum* perdido já não pode prover.

d. Os conceitos de direito natural

Neste ponto do argumento, Hobbes introduz o vocabulário do direito natural. O estado de competição geral e guerra entre indivíduos loucos de orgulho é a condição natural do homem. A condição natural não deve ser uma fase histórica na evolução da humanidade, mas, ao contrário, uma situação limite em que o homem pode reincidir a qualquer momento se a loucura do orgulho o sobrepujar. Podemos formar uma ideia de como é "pelo modo de vida em que os homens que antes viveram sob um governo pacífico costumam degenerar numa guerra civil" (cap. 13; p. 65). A fundação do governo eliminou, sob condições normais, a guerra entre indivíduos e restringiu a condição natural a relações entre soberanos. O Direito Natural (*ius naturale*) é a Liberdade que cada homem tem na condição natural de empregar seu poder para a preservação de sua Natureza, ou seja, sua Vida. Cada ação que serve a este fim é permitida; as noções de certo ou errado, justo ou injusto não têm lugar nesta condição (caps. 13-14). A liberdade é a gama real de ação não impedida na condição natural (cap. 14). Uma Lei da Natureza (*lex naturalis*) é qualquer regra geral que, sob pressão do medo da morte, é encontrada pela razão para servir ao fim de preservar a vida em sociedade. É uma regra geral da razão: "Que cada homem deve esforçar-se pela Paz, contanto que tenha esperança de obtê-la. E quando não pode obtê-la, que ele possa procurar, e usar, todas as ajudas e vantagens da Guerra" (cap. 14; p. 67). A primeira parte desta regra é a lei fundamental da natureza; a segunda parte é as *summe* de direito natural. Desta primeira lei segue a segunda: que um homem deve renunciar a seu direito natural e não preservar mais a liberdade para si contra outros homens do que ele gostaria de vê-los ter contra ele. A regra é, em substância, idêntica à da lei do Evangelho – O que quiseres que os outros te façam, isso faze a eles – ou com a regra negativa – O que não queres que os outros te façam, não faças a eles (cap. 14). Um simples contrato entre os homens para desinvesti-los de seu direito natural não seria remédio contra a situação porque não haveria nenhuma garantia de sua realização. Uma promessa sem a espada não é nada. A condição natural pode ser suplantada apenas através de uma Aliança que institua um poder que cuidará de manter o acordo. Esta Aliança, que institui a *Commonwealth*, tem a fórmula: "Eu Autorizo e renuncio meu Direito de Governar-me, a este Homem, ou a esta Assembleia de homens, com a condição de que desistas de teu Direito a ele, e Autorizo igualmente todas as suas Ações". "Esta é a Geração daquele grande *Leviatã*, ou antes (para falar em termos mais reverentes) daquele Deus Mortal, a que devemos, abaixo do *Deus Imortal*, nossa paz e defesa" (cap. 17; p. 89). Aquele a quem os direitos dos indivíduos são transferidos é chamado o soberano, seja ele uma única pessoa ou uma assembleia; cada um além dele na *commonwealth* é um súdito (cap. 17).

e. A análise da commonwealth *e da pessoa*

A designação do soberano como o Deus mortal indica que, em sua teoria da *commonwealth*, Hobbes não cai de sua análise anterior profunda no tipo de tagarelice rasa de direito natural que amontoa hieróglifos legais um ao lado do outro sem a menor ideia de suas implicações. A teoria da aliança, pela qual os homens concordam em transferir seu direito natural para o soberano, funda-se numa análise do processo verdadeiro à luz da estrutura da personalidade. O conceito-chave da análise é o conceito de *pessoa*. "Uma pessoa é alguém cujas palavras ou ações são consideradas ou como suas próprias, ou como representativas das palavras ou ações de outro homem." Quando representa a si mesma, é uma pessoa natural; quando representa outra, é chamado pessoa artificial. O significado de pessoa é remontado ao latim *persona* e ao grego *prosopon* como a face, a aparência exterior, ou a máscara do ator no palco. "De tal modo que uma Pessoa é o mesmo que um Ator é, tanto no palco como na Conversa comum; e Personificar é Agir ou Representar a si mesmo, ou um outro" (cap. 16; p. 83). O conceito de pessoa permite a separação entre o reino visível de palavras representativas e ações e o reino não visto dos processos da alma, com a consequência ampla de que as palavras visíveis e ações, que têm de ser sempre aquelas de um ser humano físico definido, podem representar uma unidade de processos psíquicos que surge da interação de almas humanas individuais. Na condição natural, cada homem tem sua própria pessoa, ou seja, suas palavras e ações representam o impulso de poder de suas paixões. A fundação do governo, que juridicamente é expressa como a transferência de direitos naturais ao soberano, implica no campo das paixões e pessoas a quebra das unidades humanas de paixão e sua fusão numa nova unidade que é chamada *commonwealth*. Consequentemente, as ações do indivíduo já não podem representar seus próprios processos, e a função representativa para a nova unidade psicológica passa para as ações de um ser humano particular, o soberano. Hobbes insiste que a criação da unidade política "é mais do que Consentimento, ou Concórdia", que pressuporiam que as pessoas naturais continuam a existir; a *commonwealth* é uma "Unidade real delas todas". Os homens individuais concordam em dissolver sua personalidade e a "submeter suas Vontades, cada um à sua [do soberano] Vontade, e o Julgamento deles a seu Julgamento" (cap. 17; p. 89). Chamar o soberano um Deus mortal é mais do que um *façon de parler*;[12] através da submissão ao soberano, a loucura de onipotência individual se quebra, e o homem encontrou, com seus limites, seu Deus. "Ele (o Soberano) pode formar a vontade deles todos." "E nele consiste a Essência da *Commonwealth*" (p. 90). A *commonwealth* é um corpo místico verdadeiro, como o corpo místico de Cristo.

f. Perfeição do fechamento legal do Estado

A estrutura da *commonwealth* é completa. O resto do *Leviatã* (quatro quintos do volume) pode ser considerado uma

---

[12] Uma maneira de falar. (N. T.)

grande série de corolários em que Hobbes com satisfação implacável bate uma porta atrás da outra pela qual qualquer perturbação da *commonwealth* poderia entrar discretamente. Primeiro ele derruba com grande circunspeção qualquer cabeça política civil que pudesse levantar um murmúrio. O indivíduo insatisfeito é informado de que não tem nenhum direito de resistência, porque transferiu sua autoridade para o soberano; a transferência pode ter a forma de um contrato entre os súditos, mas certamente não se encontra num contrato entre os súditos e o soberano, de tal maneira que o soberano não tem nenhumas obrigações e não pode ser acusado de não cumprimento. A autoridade do soberano é a autoridade do próprio súdito; se o súdito se rebela e é morto no processo, cometeu suicídio. Que o homem deva mais obediência ao mandamento de Deus do que ao do governo secular não ajuda muito o súdito, pois em ações externas o homem deve obediência ao governante, e sua fé – que é necessária para a salvação – não está em perigo porque nenhum soberano pode penetrar na privacidade da mente do súdito; o súdito pode acreditar em Cristo mesmo sob um governante infiel. "Opiniões tolas de advogados" de que o Parlamento faz a lei, ao passo que o rei tem o poder executivo, são descartadas com o fundamento de que a Inglaterra é sem dúvida uma monarquia, e não uma república popular e que o poder do soberano não pode ser dividido. Nesta parte de sua teoria, Hobbes aperfeiçoa o fechamento legal do estado que tinha sido começado por Bodin. Depois que a questão constitucional na Inglaterra tinha sido estabelecida, com o Parlamento passando a ser supremo, a teoria hobbesiana do direito positivo veio à tona de novo, agora aplicada ao Parlamento como o soberano, nas escolas de direito positivo de Bentham e Austin.

g. *Perfeição do fechamento espiritual do Estado*

A segunda classe de argumentos diz respeito à resistência do grupo religioso. A esse respeito, Hobbes aperfeiçoa a posição erastiana. Uma *commonwealth* é uma *commonwealth* cristã se o soberano adotar a cristandade e fizer de sua adoração a lei positiva. Uma igreja é "uma companhia de homens que professam a religião cristã, unidos na pessoa do soberano: a cujo mandamento eles devem reunir-se, e sem cuja autoridade não devem reunir-se" (cap. 39; p. 252). Uma *commonwealth* é chamada um estado civil à medida que seus súditos são homens; é chamada igreja à medida que seus súditos são cristãos. Diz-se aos puritanos que eles não podem ter uma Aliança com Deus que lhes permitiria dissentir ou resistir, porque uma aliança com Deus só pode ser feita por um soberano que é o portador da pessoa da *commonwealth*. Dissidentes não podem reunir-se em círculos religiosos privados, porque isso significaria uma assembleia ilegal. A igreja estabelecida ouve que o soberano é pastor da *commonwealth* pela graça divina e que os bispos e o clero mantêm seus postos que derivam do rei, como funcionários civis; a razão para as funções eclesiásticas é a mesma para os funcionários da esfera civil: o rei não pode administrar pessoalmente os sacramentos, mas tem de dividir o trabalho. A distinção do temporal e do espiritual é uma invenção do Demônio destinada a causar desordem na *commonwealth*. Este grupo de argumentos aperfeiçoa o fechamento espiritual da *commonwealth*, como o grupo precedente aperfeiçoava o legal; a este respeito dá uma prelibação de possibilidades futuras. As unidades demoníacas de orgulho individual são quebradas pelo medo da morte, mas ainda não obtiveram um novo *status* criatural sob Deus; o orgulho deles é transferido para a *commonwealth*. O Leviatã, ao reduzir à humildade os filhos do orgulho, absorveu-lhes o orgulho na própria pessoa dele, Leviatã. A condição natural é abolida para os indivíduos, mas continua não atenuada entre soberanos. A consequência é que Hobbes, como o advogado do Leviatã, envolve-se precisamente no tipo de loucura que ele revelou como o mal da existência individual. A *commonwealth* é espiritualmente absoluta, e quem quer que ouse interferir em sua presunção é censurado como inimigo mortal. A parte IV do *Leviatã* lida com a igreja e sua reivindicação de unidade espiritual da humanidade para além de organizações políticas seculares, sob o título de "O Reino da Escuridão". A atitude do Movimento que Hobbes denuncia por causa de seus efeitos destrutivos à paz da *commomwealth* é sua própria atitude quando passa a ter relações na esfera do estado nacional. O espírito intransigente do Movimento não se quebra em Hobbes, mas apenas se transfere para a *commonwealth* nacional.

h. Controle de opinião

Uma das passagens mais significativas a este respeito concerne ao controle de opinião. "Pois as Ações de homens procedem de suas Opiniões; e no bem governar das Opiniões consiste o bem governar das Ações dos homens, para o fim de sua Paz e Concórdia" (cap. 18, p. 93). O soberano, portanto, tem de determinar quais opiniões e doutrinas são adversas e quais favoráveis à paz. Ele tem de decidir quem pode falar em público numa audiência, sobre que matéria e com qual tendência; e tem de instituir uma censura prévia de livros. O problema da verdade é descartado com a decisão de que nenhum conflito pode surgir porque as doutrinas que não são favoráveis à paz não podem ser verdadeiras e são, portanto, proibidas legalmente. A passagem poderia ser escrita por um ministro de propaganda moderno.

i. Sumário: Movimento de baixo e pressão de cima

Os corolários não fazem mais do que confirmar a ideia do Leviatã. Hobbes analisou as duas substâncias metafísicas que são deixadas no domínio da cena depois da queda das instituições medievais: o homem e a *commonwealth* nacional. Ele não é nem um individualista nem um coletivista, mas um grande psicólogo. A defesa blindada do poder absoluto do Leviatã sobre os filhos do orgulho não deve ser tomada como uma preferência expressa por uma forma de governo (como se faz normalmente), mas como um testemunho do poderio das forças que devem ser subjugadas a fim de tornar possível a vida social pacífica sob condições modernas. Ele foi o primeiro a ver e a entender plenamente o caráter explosivo das forças libertadas pela irrupção do Movimento na esfera das instituições; apenas o medo mortal da autodestruição pode deter a loucura das paixões, e apenas o poder completo sobre os homens em corpo e alma pode assegurar uma paz precária. Atribuí importância particular aos exemplos recorrentes da guerra civil, pois seria uma má compreensão radical da teoria de Hobbes se ela fosse classificada como outra história mais ou menos bem construída do estado de natureza que, quando se mostrou insatisfatória, foi renunciada em favor da vida em sociedade. A condição natural de Hobbes não é de um estágio passado, substituído pela instituição do governo, mas a possibilidade de ruína permanentemente presente no estado nacional. A qualquer momento as paixões podem libertar-se novamente; podem surgir líderes inspirados, encontrar seus seguidores sectários e estourar a *commonwealth* numa nova guerra civil. O perigo do Movimento de baixo explica a severidade da pressão de cima. Hobbes, em seu zelo, contribuiu de maneira importante para a compreensão do estado totalitário; suas receitas de controle intelectual e espiritual total do povo são seguidas à letra pelos governos totalitários atuais, aperfeiçoadas por técnicas modernas. E esta técnica de controle pelo Deus mortal é provavelmente o instrumento inevitável de ordem pacífica entre homens que perderam seu Deus imortal.

O elemento totalitário do *Leviatã* não tem nenhuma sequência histórica imediata. Em sua perspicácia, Hobbes viu o problema corretamente, mas julgou-lhe mal a iminência. O impulso de Reforma estava-se aproximando de sua exaustão; a *commonwealth* nacional era capaz de digeri-lo depois de a igreja ter fracassado, e a substância cristã estava ainda forte o bastante para durar por séculos, renovada por reformas menores como a wesleyana. O novo período de perigo começa no meado do século XIX com a democracia de massa e a infiltração simultânea de movimentos anticristãos. O outro grande psicólogo que, nesta nova situação de perigo, teve grau e função comparáveis aos de Hobbes no período anterior foi Nietzsche.

2. A Revolução Inglesa

§ 1. A situação inglesa

A obra de Hobbes foi determinada pelas experiências da Guerra Civil Inglesa, mas desde que penetrou bem abaixo do nível de ideias secundárias para as próprias raízes da existência humana, foi de pouca importância no moldar das ideias políticas da época. Hobbes é o maior pensador político inglês, mas, por causa de sua grandeza, seu lugar não é na política inglesa do século XVII; é, ao contrário, na história da mente europeia. O principal corpo de pensamento político inglês deste período, entretanto, está mais próximo das instituições, preocupadas com o digerir de forças e ideias libertadas pela Reforma e com a reordenação da *commonwealth* inglesa sob as novas condições.

Uma apresentação inteiramente satisfatória deste corpo de pensamento é talvez impossível, embora não por falta de materiais. Estamos afundados neles; há poucos períodos da história humana que foram tão explorados e com tanto cuidado amoroso, pois é a época que deu os fundamentos do governo constitucional moderno. Mas as ideias não são desenvolvidas como um sistema razoável. Surgem por ocasião de mudanças nas instituições existentes, e as mudanças não tomam a forma de quebras violentas da tradição (ao menos não no começo), mas, ao contrário, têm a forma de ênfases de mudança, de um endurecimento de posições, e de consequente fricção entre poderes que anteriormente tinham coexistido de maneira harmoniosa. A evolução não se origina em programas, mas numa mudança de temperamento, e é muito difícil traçar essas mudanças em pormenores.

O caráter quase subconsciente de sua evolução manteve vivas mais instituições, ideias e sentimentos medievais na Inglaterra do que em qualquer outra nação do mundo ocidental, e o mesmo se aplica aos Estados Unidos. Deixando de lado por um momento os imponderáveis do temperamento nacional que certamente têm algo que ver com a matéria, este caráter da evolução inglesa é devido aos acontecimentos definitivos da história política. A Guerra das Rosas tinha exaurido fisicamente a nobreza inglesa, e ainda mais economicamente, a tal grau que os Tudors puderam assumir a função incontestada de representação nacional um século antes dos Bourbons na França, e a exaustão foi tão profunda que a classe média inglesa pôde ganhar uma ascendência social que os franceses nunca alcançaram sob o antigo regime.

O fato de o equilíbrio de poder econômico e político ter-se mudado da nobreza para a classe média na *commonwealth* inglesa já no século XV teve várias consequências importantes. Primeiro de tudo, a classe média inglesa não teve de fazer uma revolução nacional tão radical quanto a dos franceses em 1789; as instituições políticas puderam evoluir aos poucos e preservar boa parte da herança medieval através de mudanças posteriores. A Inglaterra não foi nunca "modernizada" como a França ou a Alemanha. A segunda consequência importante foi a preservação da aristocracia como classe governante, regenerada em seu pessoal através da ascensão até ela de plebeus. Nenhum outro país foi capaz de preservar dentro da moldura de uma democracia de massa em funcionamento a arrogância magnificente de sua nobreza no esplendor do antigo regime. A terceira consequência, que pode tornar-se a causa da ruína da Inglaterra, é a "ressaca" medieval. Nenhuma outra grande potência europeia é tão atrevidamente "atrasada" em sua evolução do aparato de governo moderno: de direito racionalizado e procedimento judicial, de burocracia e estabelecimento militar, de um sistema de corte administrativa, e de legislação social.

§ 2. Jaime I

As mudanças de temperamento a que nos referimos tornaram-se visíveis depois da subida de Jaime I ao trono da Inglaterra. O rei crescera na Escócia na atmosfera da controvérsia calvinista acerca do poder real. A experiência deixara sua marca nele, com o resultado de uma insistência algo nervosa de que o poder real era um mistério divino e não deveria ser discutido. Sua assim chamada teoria do reinado divino parece muito estranha se se recorre a suas fontes. Em seu *Speech in Star Chamber* [Discurso na Câmara Estrelada], em 1616, ele apresentou a fórmula famosa: "O que diz respeito ao mistério do poder do Rei não é legal disputar; pois é avançar com dificuldade na fraqueza de Príncipes, e afastar a reverência mística, o que pertence aos que se sentam no Trono de Deus".[1] O significado pode apenas ser que qualquer tentativa de submeter o poder real à discussão racional revelará sua "fraqueza"; revelará que o poder real não tem nenhum fundamento racional – ponto em que, por falar nisso, ele não difere de nenhum outro poder. Temos de reajustar nossa avaliação do rei como um filósofo político. Sob a predominância do mito de soberania popular, a insistência no direito real divino parece um tanto absurda. Mas se tratarmos a questão com o distanciamento que um historiador deveria ao menos tentar ter, temos de dizer que o rei foi uma das raras pessoas, no período de controvérsia e depois, que entendeu que a fundação do reinado não deve estar no nível

---

[1] *The Political Works of James I*. Com introdução de C. H. McIlwain. Cambridge, Harvard University Press, 1918, p. 333.

de teorias contratuais, que encontrar um oponente neste nível significava certa derrota para a ideia de reinado, e que a única maneira de preservar o mito da instituição real era mantê-lo fora de discussão. Mais tarde, esta atitude tornou-se a aceita na Inglaterra; o rei como o "símbolo" da unidade da *Commonwealth* britânica no Estatuto de Westminster não é certamente uma instituição que resistiria ao escrutínio racional. E, a fim de preservar o "símbolo místico", todos os bons ingleses são cuidadosos em não discutir o rei – como Jaime I lhes recomendou. O rei, poderíamos dizer, não era um reacionário, mas um progressista, que tinha descartado um sistema de símbolos contratuais obsoletos e caído de volta na vontade inescrutável de Deus. Na prática política, entretanto, o retrocesso significa que a questão do poder real foi feita supremamente consciente. Sob o véu de discussão uma questão pode ser mantida obscura por um longo tempo; agora que o véu obscuro foi rasgado, o reinado emergiu como um fato irritante. Não houve mudança na teoria ou nas instituições. O rei simplesmente insistiu em cada ocasião que sua prerrogativa estava para além de disputa, que não era sujeito à língua de advogados, e que arranhou consideravelmente a prerrogativa através do emprego da Câmara Estrelada e da Alta Comissão.

§ 3. A colisão com a corte e o parlamento

Reveladora é a fricção com Sir Edward Coke. Não havia nenhuma diferença de opinião entre o rei e seu presidente do Supremo Tribunal quanto à teoria da *common law*, como é algumas vezes presumido. A *common law* era para Jaime o direito fundamental do reinado, determinando sua própria prerrogativa assim como os direitos de cada súdito. A questão não concernia à *common law* de maneira nenhuma, mas ao poder de interpretação. O rei insistia em que era o único intérprete do que ele podia ou não fazer, e o presidente do Supremo Tribunal insistia que ele tinha o monopólio do conhecimento concernente ao que era o direito. Mantinha essa posição não apenas contra o rei, mas também (no caso *Bonham*) contra o Parlamento, asseverando que as cortes podiam considerar nulo um ato do Parlamento se estivesse em conflito com os princípios da *common law*. Obviamente não demoraria muito antes de o Parlamento insistir que ele também tinha o poder indisputado de declarar o que era o direito. A colisão veio em 1621, quando o Parlamento respondeu com o Grande Protesto de 18 de dezembro de 1621, afirmando que estava dentro de sua jurisdição quando debatia tais matérias, pelo que o rei dissolveu o Parlamento e rasgou as páginas com o protesto do diário do Parlamento. Ao longo dos vários atritos, todos os partidos estavam em concordância que aceitavam o direito do reino como superior; nenhuma questão de locação de poder, nenhum problema de soberania de rei ou Parlamento se levantou. A atmosfera legal era ainda medieval, supondo o equilíbrio harmonioso dos poderes no *corpus mysticum* sob uma lei que os obrigava a todos. As diferenças deles eram diferenças de interpretação; mas, se podemos empregar a linguagem hobbesiana, as autoridades políticas tinham-se tornado conscientes do poder. Estavam levando adiante até um ponto onde a harmonia medieval de poder difuso quebraria e um estabelecimento explícito das reivindicações rivais teria sido encontrado.

§ 4. A constituição da Igreja – O Pacto de Mayflower

O quarto poder que apresentava suas prerrogativas, além do rei, do Parlamento e das cortes, foi o povo. As reivindicações populares estavam primeiramente preocupadas com a liberdade religiosa, e neste aspecto a situação era talvez a mais crítica porque, em matérias eclesiásticas, o endurecimento teórico de posições tinha progredido ao máximo. Na esfera secular nenhuma teoria de poder tinha ainda quebrado a harmonia medieval, mas na área espiritual encontramos muito bem formulada a teoria da soberania real nas *Constitutions and Canons* de 1604.[2]

A primeira regra da soberania real nessas matérias dizia respeito ao fechamento espiritual da *commonwealth*. O poder do rei estava declarado como "o poder mais alto sob Deus, a quem todos os homens [...], pelas Leis de Deus, devem lealdade e obediência, antes e acima de todos os outros Poderes e Potentados na terra" (Canon I). A teoria da soberania da Igreja da Inglaterra não difere apreciavelmente da de Bodin. Internamente, a majestade do rei tem a "mesma autoridade em causas eclesiásticas que os reis divinos tinham entre os judeus, e os imperadores cristãos na Igreja Primitiva" (Canon II). Além disso, os cânones declaram ilegal a separação da igreja e a combinação em novas fraternidades, a adoção do nome de uma igreja pelas congregações fora da igreja estabelecida, e a conclusão de acordos. Em matérias eclesiásticas, a construção hierárquica oriental de pessoas e formas legais estava completa – ao menos no papel. Na prática, o cumprimento variava em rigidez, mas não estava nunca completo. Era, entretanto, maçador o bastante para induzir congregações reunidas a emigrar da Inglaterra, sendo a mais famosa delas os partidos de Lincolnshire e Nottinghamshire, que emigraram para a Holanda e mais tarde para a América. Mas mesmo aqui, onde a tensão era mais forte, nenhum rompimento real com a ideia de *commonwealth* se seguiu. O *New England's Memorial* enumera entre as razões para a emigração para a América: "Que sua posteridade em poucas gerações se tornaria holandesa, e perderia então o interesse na nação inglesa; estando eles, no entanto, desejosos de alargar o domínio de Sua Majestade, e a viver sob seu Príncipe natural". E o Pacto de Mayflower, concluído na presença de Deus e um do outro, mas na ausência do rei, era, no entanto, um pacto entre "súditos leais de nosso temido Senhor soberano, Rei Jaime".

---

[2] *Constitutions and Canons Ecclesiastical 1604*. Com introdução e notas de H. A. Wilson. Oxford, Clarendon Press, 1923.

A *commonwealth* nacional sob o rei era forte o bastante para incluir até mesmo repúblicas democráticas.

§ 5. A restrição do poder real

O curso posterior dos acontecimentos provocou o que era esperado sob tais circunstâncias: a consciência crescente das posições relativas e o atrito resultante tornaram necessário encontrar fórmulas para a delimitação de jurisdições. As regras jurisdicionais em si assim como os axiomas políticos justificando-as são o corpo de princípios do assim chamado governo constitucional.

O primeiro conjunto de regras dizia respeito à restrição do poder real. A Petição dos Direitos de 1628[3] garantia (1) que nenhuns impostos diretos poderiam ser lançados sem o consentimento do Parlamento, (2) que o mandado de *habeas corpus* deveria ser observado, (3) que o julgamento pelo júri não deveria ser negado, (4) que nenhum homem livre deveria ser privado de sua vida, liberdade e propriedade sem o devido processo legal, (5) que soldados não deveriam aboletar-se nas casas contra a vontade de seus habitantes, (6) que comissões que seguissem a lei marcial deveriam ser abolidas. Essas garantias eram chamadas sumariamente "os direitos e liberdades" dos súditos "de acordo com as leis e os estatutos do reino". A fórmula "vida, liberdade e propriedade" não aparece na verdade na Petição de Direitos, mas é expressa substancialmente nas fórmulas mais específicas de "condenar à morte", "aprisionado", "e privar de terras ou arrendamentos". Pode-se ver uma aproximação na seção 129 do Grande Protesto de 1641 (Gardiner, p. 202-32), onde os homens seriam "mais assegurados em sua pessoa, liberdade e estado" como consequência da "abolição da Câmara Estrelada (Gardiner, p. 222). Mais próximo ainda

---

[3] Ver *The Constitutional Documents of the Puritan Revolution, 1625-1660*. Ed. S. R. Gardiner. Oxford, Clarendon Press, 1906, p. 66-70; doravante citado no texto como Gardiner.

vem a fórmula no Impeachment de 1642 (Gardiner, p. 236 e seguintes), em que o rei acusa certos membros do Parlamento de um atentado para estabelecer poder tirânico "sobre as vidas, liberdades e estados do povo vassalo de Sua Majestade", e em sua resposta ao Grande Protesto o rei fala de seu cuidado "pelo conforto e alegria" de seu povo (*The King's Answer to the Petition Accompanying the Grand Remonstrance*, 1641, em Gardiner, p. 233-36, em p. 236). Já está reunida a maior parte do material formal que assume uma função importante mais tarde no movimento constitucional americano.

§ 6. *A tendência para a soberania do Parlamento*

Um segundo grupo de restrições indica a tendência para uma futura soberania do Parlamento. O Ato Trienal de 1641 (Gardiner, p. 144-55) previa sessões do Parlamento a cada três anos sem a iniciativa da coroa e também para a dissolução e reeleição do Parlamento nos mesmos intervalos sem a iniciativa real. (As segundas-feiras em novembro exercem uma parte importante como datas nesse ato; esse modo de datar é ainda encontrado na lei constitucional americana.) O Parlamento não deve ser dissolvido dentro de cinquenta dias depois de sua primeira sessão, sem o consentimento de ambas as casas, e nenhuma casa pode ser suspensa dentro de cinquenta dias sem seu próprio consentimento. O ato prevê ainda a eleição de oradores em ambas as casas e imunidades dos membros do Parlamento. Um passo que levou à Revolução propriamente dita foi dado no Ato de 10 de Maio de 1641 (Gardiner, p. 158 e seguintes), que previa que o atual Parlamento (O Longo Parlamento) não devia ser prorrogado, suspenso nem dissolvido no período da crise sem seu próprio consentimento expresso no ato do Parlamento. E, finalmente, houve uma crescente insistência numa demanda que mais tarde se tornou a regra-chave do governo parlamentar, que os conselheiros do rei deviam ser pessoas que tivessem a confiança do Parlamento e do povo. A exigência aparece nas Dez Proposições de 24 de junho de 1641 (Gardiner, p. 163-66), é repetida nas Instruções do Comitê na Escócia, em 8 de novembro de 1641 (Gardiner, p. 199-203), na seção 179 do Grande Protesto, de 1º de dezembro de 1641 (Gardiner, p. 228) e na seção 1 das Dezenove Proposições, de 1º de junho de 1642 (Gardiner, p. 254). As Proposições de Oxford, de fevereiro de 1643 (Gardiner, p. 262-67), já não contêm esta exigência nem contêm outras exigências anteriores para controle parlamentar das nomeações administrativas e judiciais. Gardiner crê que o Parlamento quisesse passar os anos restantes do reinado de Carlos I apenas com o controle militar e financeiro e esperar pelo estabelecimento do sucessor (Gardiner, p. xl). As exigências reaparecem em sua inteira rigidez nas Proposições de Uxbridge e Newcastle de 1644 e 1646 (Gardiner, p. 275-86, 290-306).

§ 7. Os pactos

Um terceiro grupo de símbolos constitucionais tinha sua origem propriamente na luta da igreja e na ideia de pacto. Nos primeiros anos do rei Jaime, notamos a conclusão de pactos locais, levando à emigração de grupos pactuados e ao estabelecimento do Peregrino Americano. Esses movimentos estavam numa pequena escala e levaram, por assim dizer, a enclaves republicanos democráticos dentro de uma *commonwealth* maior. O primeiro pacto numa escala maior foi o Pacto Nacional Escocês de 1638 (Gardiner, p. 124-34) em que "nobres, barões, cavalheiros, representantes do parlamento, ministros e comuns" subscreveram individualmente essa defesa da religião reformada na Escócia. Em novembro de 1638, a Assembleia de Glasgow aboliu o episcopado na Escócia e deu a forma final à Igreja Presbiteriana Escocesa. Em 1643, a Liga e Pacto Solenes (Gardiner, p. 267-71) obteve a união da Inglaterra, da Escócia e da Irlanda em base presbiteriana, conquistando assim a ajuda dos escoceses para o Parlamento Inglês em sua luta com o rei. Em 1645 o arcebispo Laud, o líder da luta pela supremacia da igreja episcopal na Inglaterra, foi acusado e executado.

§ 8. O envolvimento solene do exército

Em 1647 a iniciativa política tinha passado para o exército, que em seus soldados rasos consistia em Independentes e Niveladores. O símbolo do Pacto passa agora para as mãos do exército na fase nacional secular. O documento que marca a transição é o *Solemn Engagement of the Army*, de 5 de junho de 1647.[4] Dá a primeira notícia da eleição e funcionamento dos conselhos de soldados no exército, muito similar aos sovietes do exército russo de 1917 e ao *Soldatenräte* alemão de 1918-1919. Passa então ao acordo solene entre os soldados e oficiais concordes em não dissolver-se antes de dar uma satisfação a seus reclamos, assim como segurança de que eles mesmos e "as pessoas nascidas livres da Inglaterra" não serão doravante submetidos à "opressão, lesão ou abuso". Conclui com a declaração de que eles não estão impondo um interesse particular, mas que desejavam preparar-se, "tanto quanto possível dentro de nossa esfera e poder, para um estabelecimento do direito comum e igualitário, da liberdade e da segurança para todos, contanto que todos pudessem igualmente participar e que (ao negar o mesmo aos demais) não se tornassem incapazes disso". No *Envolvimento*, o exército levanta timidamente a reivindicação de falar pelo povo.

§ 9. O acordo do povo

Os esforços do exército para assegurar os ganhos da Revolução contra um Parlamento dominado pelos presbiterianos e a cidade de Londres levou ao *Agreement of the People*, de 28 de outubro de 1647 (Woodhouse, p. 443-49), uma proposta do

---

[4] Em *Puritanism and Liberty: Being the Army Debates (1647-9) from the Clarke Manuscripts with Supplementary Documents*. Ed. A. S. P. Woodhouse. (1936); reedição: London, J. M. Dent; Rutland, Vt., C. E. Tuttle, 1992, p. 401-03; doravante citado no texto como Woodhouse.

exército que fixou em princípio a forma e a teoria das constituições modernas. O *Acordo* não vem sob a forma antiga de petições, protestos ou atos do parlamento, nem continua a ideia de pacto. Se quisermos colocá-lo numa linha de origem histórica, poderíamos dizer que é um pacto secularizado, enfatizando principalmente não a comunidade de crentes e seu interesse na fé verdadeira e no culto correto, mas emanando do povo entendido como as amplas massas que lutam por reconhecimento político de seus interesses contra o rei assim como contra um Parlamento dominado pela pequena aristocracia. A *Carta às Pessoas Nascidas livres da Inglaterra* que acompanha o *Acordo* estabelece a nova ideia constitucional. O novo "direito essencial" que apresentará a estrutura para todos os outros "é a clareza, certeza, suficiência e liberdade de teu poder em teus representantes no Parlamento". A origem da opressão e da miséria é vista na "obscuridade e dúvida" de formas legais anteriores que levam a diferenças de opinião quanto à sua interpretação e, afinal, a atritos e a embates armados. Usando uma categoria moderna, poderíamos dizer que no campo da lei constitucional, assim como da *common law* e do procedimento da corte, a classe mais baixa do povo inglês desejava uma técnica legal, sabendo por sua experiência diária que a lei obscura, escondida na selva da precedência e costume, é o grande baluarte da posição social e política daquelas classes que podem pagar a advogados. O "direito essencial de clareza" é um sintoma da tendência geral em círculos Independentes ou Niveladores para racionalizar o direito e transferir uma seção tanto quanto possível ampla da zona de crepúsculo da interpretação para a "clareza" da codificação. O instrumento *escrito*, tecnicamente regulando um campo do modo mais cuidadoso possível, deixando um mínimo de lacunas para interpretação, aparece como a salvaguarda dos direitos do povo. Embora o código não tivesse nenhuma carreira notável na Inglaterra e na América, com a exceção da Constituição dos Estados Unidos, teve uma função enorme nas revoluções continentais. Deixa-se algumas vezes passar isso porque o efeito revolucionário de códigos civil e penal, e de procedimentos civil e criminal em assegurar os direitos das grandes massas de população não é sempre bem entendido nos países anglo-saxões, com sua herança medieval mais forte. A atitude do *Acordo* com respeito a esta questão é clara para além de qualquer dúvida. A *Carta* pede ao povo para juntar-se ao *Acordo* de maneira que "possamos doravante ter Parlamentos chamados *certamente,* e ter o tempo de sua duração e términos *certos,* e o poder e confiança *claros* e *inquestionáveis",* etc. (Woodhouse, p. 445).

Este instrumento escrito deliberadamente não foi submetido ao Parlamento para promulgação. A *Carta* é explícita neste ponto. Um ato do Parlamento não é inalterável e, portanto, não é segurança suficiente contra mudanças pelos Parlamentos subsequentes. Era a intenção criar uma forma legal que estivesse para além da jurisdição das autoridades parlamentares ordinárias. A fonte do direito fundamental do reino deveria ser o próprio povo; o exército assumiu uma função que na história constitucional futura, particularmente na América, foi descartada pelas convenções constitucionais. O princípio de soberania popular como algo contra a soberania parlamentar é formulado neste passo: "Os Parlamentos devem receber a extensão de seu poder e confiança daqueles que neles confiam, e, portanto, o povo deve declarar qual é seu poder e confiança; que é a intenção deste Acordo". O Parlamento sob a convenção é chamado a Representação da Nação e investido totalmente de poderes para fazer leis, criar e extinguir funções e cortes, nomear, remover e pedir contas de todos os funcionários, declarar guerra e paz, e manter relações com estados estrangeiros; exclui-se o consentimento de qualquer outra autoridade. O rei não é mencionado. Os lugares da nação, entretanto, restrições a seus representantes em algumas matérias são expressamente enumeradas, das quais as mais importantes são matérias de religião e culto; nenhumas leis em tais matérias podem ser feitas. "Essas coisas declaramos que são nossos direitos naturais"; qualquer infringência deles terá "toda a oposição" (Woodhouse, p. 446). A tábua de isenções é o modelo de declarações futuras de direitos, particularmente no desenvolvimento constitucional americano, ao passo que na Inglaterra a tendência reverteu para a completa soberania parlamentar.

§ 10. Os problemas da imunidade

Uma questão fundamental do *Acordo* foi a regulação da representação popular. Sobre esta questão o exército estava dividido, os oficiais da pequena nobreza favorecendo qualificações de propriedade, os soldados da classe baixa e funcionários favorecendo o sufrágio geral da população masculina. Os *Heads of the Proposal* dos funcionários, de 1º de agosto de 1647 (Gardiner, p. 316-26), providenciaram representação dos condados "proporcional às taxas respectivas que mantêm nas acusações comuns e fardos do reino", ao passo que o *Acordo* previa a representação "indiferentemente proporcionada conforme o número dos habitantes". Os Debates Putney de 29 de outubro de 1647 (Woodhouse, p. 38-95) mostram uma colisão bem curiosa desta questão. Os funcionários mais conservadores pensavam que a exigência de sufrágio universal parecia conter uma ameaça à propriedade privada. Henry Ireton delineou a possibilidade de que a massa de pessoas sem propriedade pudesse eleger uma maioria de representantes que aboliriam a propriedade. Thomas Rainborough tomou a defesa do direito natural de que Deus tinha dado razão a todos os homens igualmente a fim de eles fazerem uso dela para o melhoramento de sua situação. "Não ouço nada", disse ele, "que me convença de por que qualquer homem nascido na Inglaterra não deveria ter sua voz na eleição dos representantes do parlamento" (Woodhouse, p. 55). Não haveria nenhum significado na frase de que o fundamento de toda lei é o povo se o povo não pudesse dar seu consentimento às leis sob as quais ele tivesse de viver através de seus representantes. Ireton insistia que o direito de votar deveria ser restringido àqueles que através de sua propriedade tivessem "um interesse permanente" no reino. O próprio Oliver Cromwell tentou persuadir: "Onde há algum liame ou limitação estabelecido, se tirares este limite, aqueles homens que não têm nenhum interesse senão o interesse de respirar não devem ter voz na eleição?". A minuta final do *Acordo*, janeiro de 1649, escolheu a fórmula não descritiva de que os representantes deveriam ser indiferentemente proporcionados e omite qualquer referência a taxas ou habitantes; em vez disso, sob as isenções do poder parlamentar ele contém a provisão de que o Parlamento não deve "nivelar os estados dos homens, destruir a propriedade, nem tornar comuns as coisas" (Gardiner, p. 369).

Os Debates Putney sobre a imunidade estavam bem à frente de seu tempo. A "proporção indiferente" começou na Inglaterra apenas com a grande Reforma de 1832, e a imunidade geral seguiu-se gradualmente nas reformas subsequentes dos séculos XIX e XX. Os estados americanos foram bem longe em seu sufrágio geral, mas alguns deles ainda [em 1945] preservam remanescentes de qualificações de propriedade através de taxas de eleição, e em vários deles a "proporção indiferente" ainda não alcançou o estágio inglês de 1832. As ideias de imunidade dos puritanos foram mais férteis no Continente do que nos países anglo-saxões. O sufrágio universal masculino para eleições nacionais foi introduzido na França em 1848; na Alemanha, em 1869; na Áustria, em 1907; na Inglaterra, em 1918; na América ainda não.[5]

§ 11. A acusação a Carlos I – A Declaração de Independência

O clímax da Guerra Civil foi a execução do rei. A acusação de 20 de janeiro (Gardiner, p. 371-74) e a Sentença de 27 de

---

[5] [A taxa eleitoral nas eleições federais foi proibida pela ratificação da Emenda 24 à Constituição Americana em 1964; o sufrágio foi estendido para todas as pessoas com dezoito anos ou mais, pela ratificação da Emenda 26, em 1971.]

janeiro de 1649 (Gardiner, p. 377-80) merecem alguma atenção porque formularam o princípio da monarquia constitucional limitada que o rei supostamente tinha violado. Ao rei era confiado, de acordo com a Acusação, "um poder limitado de governar pelas leis e de acordo com as leis da terra, e não de outro modo"; foi ainda obrigado a empregar sua confiança "para o bem e benefício do povo e para a preservação de seus direitos e liberdades". O rei foi acusado de tentar erigir "um poder ilimitado e tirânico para governar segundo sua vontade" e derrubar as liberdades do povo, e ter feito guerra contra o Parlamento por esse motivo (Gardiner, p. 371 e seguintes). A jurisdição da corte e os conteúdos da acusação eram juridicamente questionáveis, mas revelam significativamente as novas ideias de soberania nacional e do lugar do rei no governo constitucional.

A Acusação e Sentença foram ademais importantes historicamente porque estabeleceram o padrão para a segunda decapitação incruenta de um rei inglês, através da Declaração de Independência Americana, de 4 de julho de 1776.[6] A Declaração é construída como uma acusação contra o rei na forma devida, estabelecendo, primeiro, a finalidade do governo, que consiste em assegurar ao povo os direitos inalienáveis da vida, liberdade e busca da felicidade. A acusação americana afirma especificamente o que a inglesa não faz – ou seja, o direito do povo de mudar a forma de governo se este se tornou destrutivo dos fins – e então continua, como a inglesa, em enumerar os atos particulares do rei que quebram a confiança e mostram sua intenção de estabelecer a tirania, culminando na acusação de fazer guerra contra o povo O conjunto jurídico, é claro, difere profundamente do caso inglês. A Acusação Inglesa foi submetida a uma Suprema Corte Especial de Justiça para julgamento; a Declaração Americana foi submetida "aos pareceres da humanidade".

---

[6] *English Historical Documents*, vol. 9, *American Colonial Documents to 1776*. Ed. Merrill Jensen, editor geral David C. Douglas. New York, Oxford University Press, 1962, p. 877 ss.; doravante citado no texto como Jensen.

§ 12. Massachusetts Bay, Connecticut, Rhode Island

A sequência de símbolos constitucionais mostra que a Revolução Inglesa tinha o mesmo padrão de outras revoluções em seu movimento da direita para a esquerda até que o impulso fosse gasto. O movimento vai religiosamente do episcopalismo através do presbiterianismo até a Independência; vai politicamente do realismo através do parlamentarismo até o republicanismo popular; socialmente a pressão contra a ordem existente vem primeiro da pequena nobreza e mercadores, então da classe média baixa, e finalmente do mais baixo estrato de trabalhadores; no reino de ideias o movimento vai da harmonia medieval sob a lei através do pacto religioso (o *berith*) até o acordo e direito natural secular. Depois de o poder digestivo da *commonwealth* nacional ter feito sua obra e as forças terem estabelecido um novo equilíbrio, as fases da revolução foram transformadas em novo alinhamento de partidos Tory, Whig e grupos democráticos.

O padrão da Revolução Inglesa, entretanto, difere notavelmente dos movimentos comparáveis, através da estrutura de sua emigração. Cada revolução lança suas ondas de refugiados: primeiro, as vítimas da revolução, e segundo, as vítimas da restauração. A Revolução Inglesa é caracterizada pela propriedade curiosa de os revolucionários emigrarem, não individualmente, a fim de conduzir uma obra revolucionária de um ponto de vantagem, do exterior, mas em grupos com o propósito de separação permanente da comunidade metropolitana. O impulso revolucionário não é totalmente gasto em transformar a *commonwealth* nacional de dentro, mas vai a um grau de consequência historicamente marcante nos estabelecimentos de além oceano. Os estabelecimentos coloniais americanos destacaram mais claramente certos aspectos do movimento porque personalidades e ideias podiam desenvolver-se mais livremente na vastidão espacial do novo continente do que no lar, onde encontraram a resistência do ambiente social e histórico.

A característica que dá sua cor à fase americana da Revolução Inglesa, assim como o desenvolvimento americano independente posterior até o começo do século XX, é a possibilidade fundamental de evasão. Se o atrito ou o conflito surge dentro de um grupo social na Europa, tem de ser resolvido pela contemporização ou pela luta. Na América podia ser resolvido com a mudança para outro lugar. Em suas consequências boas e menos boas, esta oportunidade determinou profundamente o caráter nacional americano. Entre as boas consequências podemos contar a atmosfera de liberdade e independência, de autoexpressão, autoafirmação e dignidade do homem numa base democrática ampla; entre as consequências mais questionáveis temos de contar com a evasão de questões e falta de sentimento trágico que só pode surgir de experiências coletivas de resistência intransponível e da necessidade de submissão. Podemos tomar como um sintoma da situação o fato de que a literatura americana não produziu ainda uma tragédia de alto nível nem uma obra de humor profundo.

Notamos a primeira emigração do grupo de Peregrinos. A empresa seguinte, numa escala muito mais ampla e com um considerável apoio financeiro, foi o estabelecimento de Massachusetts Bay. Mostra as características de uma pequena nobreza presbiteriana e empresa mercantil. A Companhia de Massachusets Bay como formada originariamente era uma companhia de aventureiros, ou, como diríamos hoje, de especuladores. O alvará foi obtido de uma maneira algo sombria, em conflito com o alvará dado ao Conselho para a Nova Inglaterra. A segunda operação sombria foi a transformação do alvará da companhia num alvará de plantação em 29 de agosto de 1629, e seu emprego como uma constituição para o novo estabelecimento. É bem provável que antes do acontecimento os diretores da companhia estivessem muito conscientes da intenção de criar um governo oligárquico e de empregar a fraseologia do pacto democrático como uma fachada para o estabelecimento de um governo de uma pequena nobreza de acordo com seus costumes ingleses. Temos então um conjunto singular que, em seus resultados, era similar à construção calvinista de Genebra, embora diferindo amplamente em sua origem. O estabelecimento genebrino era uma constituição de uma cidade medieval; o estabelecimento de Massachusetts Bay era o de uma corporação comercial que aceitava nos quadros de homens livres um número limitado de pessoas que tinham tido suficiente progresso mundano. A sanção religiosa da constituição oligárquica foi obtida através da restrição da imunidade aos membros da igreja em 1631, através da proibição de fundação de mais igrejas sem a aprovação de magistrados e anciãos em 1616, e através do estabelecimento de um credo estatal e igreja estatal pela Plataforma de Cambridge em 1648.

Sob a liderança capaz de John Cotton e John Winthrop foi possível para o estabelecimento de Bay ser um sucesso para a geração antes de degenerar numa rigidez conservadora sob Increase Mather e o paroquialismo estagnante sob Cotton Mather. Mas este sucesso era em parte devido à peculiaridade, previamente mencionada, de que os que podiam ter posto em perigo a estrutura do estabelecimento não tinham lutado contra a oposição deles, mas simplesmente foram para outro lugar. Em 1636 as duas personalidades notáveis deixaram o estabelecimento com seus seguidores e fundaram cidades próprias. Thomas Hooker com sua congregação de Newtown foi para o vale de Connecticut e fundou Hartford; Roger Williams com seu grupo fundou Providência. O estabelecimento de Connecticut foi organizado em linhas independentes. Cresceu rapidamente, e em 1639 as três cidades vizinhas de Hartford, Windsor e Wethersfield organizaram um governo sob as Ordens Fundamentais de Connecticut (Jensen, p. 22 e seguintes). As Ordens têm a distinção de ser a primeira constituição escrita que criou um governo. A essência da federação é ainda a igreja; seu propósito é manter "a liberdade e pureza do evangelho de Nosso Senhor Jesus, que agora professamos, assim como a disciplina das Igrejas, que, de acordo com a verdade do dito evangelho é agora praticada entre nós". A organização governamental é amplamente democrática, com eleição anual do governador e outros magistrados pela assembleia de habitantes e com o poder de legislar investido numa corte de deputados das cidades também eleitos pelos habitantes daí. Justiça tem de ser administrada "de acordo com as leis aqui estabelecidas e, na lacuna delas, a regra da palavra de Deus".

A figura mais importante foi Roger Williams. Em *The Bloody Tenant* [O Arrendatário Sangrento], de 1644,[7] fez uma excelente análise do problema fundamental envolvido na revolução determinada religiosamente. Sua classificação das posições respectivas ainda se mantém como uma obra-prima de construção de tipo político. O poder espiritual supremo é o "do grande Senhor-General, o Senhor Jesus-Cristo"; o poder espiritual entre os homens pode apenas ser "um poder deputado ou ministerial" (Williams, p. 348 e seguintes). Os competidores do poder ministerial ele os classifica sob três títulos. Primeiro vem o papa, "o arquivigário de Satã", que controla "as almas e consciências de todos os seus vassalos". O segundo grande competidor é o magistrado civil, que acredita que é "o antitipo dos reis de Israel". Sob a proteção do magistrado civil três facções competitivas que tentam usar o braço secular para a aplicação de seu monopólio espiritual: (a) A Prelazia, (b) o Presbitério, (c) os Independentes que "de bom grado persuadiriam a mãe, a Velha Inglaterra, a imitar a prática de sua filha da Nova Inglaterra, ou seja, manter afastados os presbiterianos, e apenas abarcar a si mesmos tanto como bispos do estado como do povo". A terceira classe de competidores – esta é a classe que tem seu favor – consiste nos "separados tanto de um quanto de outro" (Williams, p. 351).

O terceiro grupo, chamado propriamente Separatistas, professa que "devem chegar mais perto dos meios do Filho de Deus". Não desejam nenhum estabelecimento definitivo; satisfazem-se com o menor contentamento da vida e não querem uma espada civil para garantir-lhes um monopólio de autoridade sobre os outros. Querem ser deixados em paz com sua consciência e, no que diz respeito ao estado civil, gozar "na

---

[7] *The Complete Writings of Roger Williams*. New York, Russell and Russell, 1963, vol. 3; doravante citado no texto como Williams.

liberdade de suas almas o ar comum em que respirar" (Williams, p. 352). Um governo civil, portanto, tem de ser separado de matérias espirituais; sua função é por ordem de Deus "conservar a paz civil do povo no que diz respeito a seus corpos e bens!" (Williams, p. 249). É importante seguir a sequência interna do pensamento de Willians, pois, de outro modo, podemos confundir as coisas acidentais com as essenciais. O nome de Williams é normalmente associado à ideia de tolerância; isso é correto, mas precisa de algumas considerações. Em nosso ambiente de século XX, o estado nacional adquiriu uma substância e peso próprio que não tinha no século XVII. Quando hoje falamos de tolerância, pensamos, em vez disso, no estado natural como a sociedade que possivelmente poderia suprimir não qualquer igreja particular, mas grupos religiosos em geral, como acontece em países totalitários. O problema de Williams, por outro lado, era obter liberdade de perseguição não do estado, mas de outras organizações eclesiásticas, que poderiam inclinar-se a capturar o aparato de poder do estado para a manutenção de seu monopólio. O estado é visto não ainda como uma substância histórica de próprio direito, mas como um instrumento a serviço dos bens materiais da igreja. Seu protesto é dirigido não contra o estado, mas contra os presbiterianos de Massachusetts Bay. "Quando o Sr. Cotton e outros estiveram formalmente sob as escotilhas, que queixas verdadeiras e tristes eles salpicaram contra a perseguição! [...] Mas vindo para o leme, [...] como [...] eles próprios [...] de maneira não natural e de maneira parcial se expressam quanto à natureza cruel de tais leões e leopardos?" (Williams, p. 205). Foi proposta de Williams imobilizar o braço secular como um instrumento em assuntos de igreja, não a fim de dar ao estado uma vida própria, mas a fim de confiná-lo ao papel inferior de tomar cuidado de "corpos e bens".

Vista neste contexto, a ideia de tolerância parece comparativamente sem importância no pensamento de Williams. O elemento de importância histórica é a redução da esfera do estado para a função de uma organização de serviço que tem de satisfazer necessidades naturalmente inevitáveis, mas espiritualmente não essenciais do homem. Esta atitude permaneceu predominante na democracia anglo-saxã e particularmente na democracia americana e distingue-a fundamentalmente do desenvolvimento continental europeu. O governo *do* povo e *pelo* povo tem suas reverberações ao longo do movimento democrático ocidental, mas o governo *pelo* povo tem um som que soa claro provavelmente apenas na América. Não pode encontrar eco completo em comunidades que não têm o pano de fundo de uma fundação sectária separatista, mas cujos membros estão determinados em seus sentimentos pela ideia de serviço e devoção ao corpo místico da nação. O abismo profundo entre atitudes políticas americanas e europeias, que é mais sentido do que compreendido, tem suas raízes na diferença entre a tradição sectária americana e a tradição europeia de nacionalismo. A atitude sectária desvia-se da questão da nação e pôde fazê-lo por dois séculos e meio, porque a expansão continental deu lugar, fisicamente, à evasão. O isolamento geográfico garantia segurança externa – embora a Guerra Civil fosse um sintoma de que o jogo de separar estava chegando ao fim porque uma nova nação, a americana, estava fazendo suas reivindicações de domínio. Sob condições ambientais e históricas europeias, uma revolução que toma a forma de uma saída súbita na nação é politicamente impossível; o grupo revolucionário tem de estar à vista e ou capturar a nação e moldá-la a suas ideias ou reconhecer a falha e sofrer as consequências. Uma defecção de larga escala da nação ocasionaria a destruição da comunidade política e a submissão política a uma nação vizinha conquistadora. Os sectários marxistas da Segunda Internacional entretiveram-se com a ideia de defecção até a crise de 1914, mas desistiram rapidamente quando enfrentaram a realidade. Com o final da fronteira, e com a transição de uma economia agrícola para um sistema industrial integrado nacionalmente, o período de evasão sectária chegou a um fechamento para a América também; tiveram de ser enfrentadas questões dentro da nação, e com o desenvolvimento da técnica militar, a segurança externa está igualmente chegando a um fim. Os remanescentes da atitude sectária, no entanto, ainda são fortes e formam o elemento de maior peso no sentimento de isolacionimo sincero. O isolacionismo atual pode talvez ser mais bem entendido como a agonia da evasão sectária que caracterizou os primeiros estabelecimentos da Nova Inglaterra. É provavelmente a última grande tentativa de uma saída súbita sectária na nação, destinada a romper-se como o sectarismo marxista em 1914, pois a América entrou na fase trágica de sua história como nação e encontrará seu fado.

As ideias de Roger Williams, em seu tempo, não poderiam senão despertar ressentimento e crítica. O poder civil era em geral sentimento ainda muito proximamente associado à substância cristã, e o estado tinha muito pouco peso próprio, para as duas esferas serem concebidas como que inteiramente separadas; uma igreja sem disciplina, mantida pelo braço secular, parecia encantar o fim da Cristandade e de toda civilização de comunidade. Williams tinha alcançado uma posição que se tornou aceitável apenas um século depois. Seus exemplos e argumentos dão algumas pistas para os motivos que determinaram sua atitude avançada. A mais importante é sua religiosidade previamente discutida que, à época de *The Bloody Tenant*, podia ser caracterizada como a de um Nivelador que professa que ele está ainda por chegar mais perto dos caminhos de Jesus e que, por sinceridade de coração, está relutante em impor aos outros uma atitude que ele próprio experiencia como espera e suspense. Mas há outros elementos surpreendentes. Ao defender a liberdade de consciência para judeus e gentios e mesmo – *horribile dictu* – para católicos romanos, aponta repetidamente para o fato de que sociedades civis puderam existir muito admiravelmente sem conhecer nada de Cristandade, na antiguidade assim como em seu próprio presente, no oriente islâmico. No pensamento de Williams encontramos espalhando-se para o norte da Europa a atitude mais tolerante para com a religião, surgindo de conhecimento comparativo num horizonte alargado, um fenômeno que é notável no Mediterrâneo desde o século XV.

A falha na doutrina de Williams foi explicada durante sua vida no governo de Rhode Island. A política de reduzir o braço secular ao cuidado de corpos e bens e de concentrar a essência da vida em comunidade na esfera religiosa funciona, contanto que os membros da comunidade recebam de suas consciências livres a ordem de viver juntos pacificamente e não se rebelar nem contra os costumes sociais comumente aceitos nem contra o governo instituído. Se alguém for informado por sua consciência que o poder civil não deve ser obedecido porque é mau ou que seu comportamento em público deveria diferir consideravelmente dos padrões da comunidade, surgirá uma situação crítica. Far-se-á o descobrimento de que a consciência e a vida civil não estarão muito separadas como Williams acreditava candidamente que estivessem e que a ação tem de ser tomada em nome da substância da comunidade que consiste não apenas em consciência, mas também em materiais éticos de um povo e alguns outros poucos elementos civilizacionais. Em 1640 surgiu um cavalheiro de nome Gorton que tinha pontos de vista antinômicos; expressava-se livremente contra governantes e igrejas e negava a autoridade do governo civil. Williams estava num dilema. Foi tão longe a ponto de consultar Winthrop na questão, e então prendeu o homem, juntamente com sua consciência. Em 1643, alguns dos colonos chegaram à ideia de que era "culpabilidade de sangue" executar o julgamento nos transgressores, e Williams foi obrigado a explicar que a igualdade em Cristo não implicava a negação do governo e do direito, e se alguém quisesse pensar assim, ele lidaria com ele de acordo com seu merecimento. Alguns meses depois ele teve ocasião de fazê-lo. Finalmente, em 1656, surgiram pessoas, correta ou incorretamente rotuladas como Quakers, que viviam muito pacificamente, mas se recusavam a juntar-se no governo e, além disso, eram ordenadas por sua consciência a aparecer ocasionalmente sem roupa em lugares públicos. A conduta de Williams nessa ocasião mostrou que ele alcançara os limites de sua posição. Repreendeu, particularmente, os ofensores por seu separatismo político. Ele tinha encontrado ao menos alguém que era ainda mais separatista e evasivo do que ele próprio e que vivia, deixando de lado os excessos adamitas, pacificamente sem participar no governo do povo.

§ 13. Milton

John Milton foi a voz da revolução nacional assim como Roger Williams foi a voz mais clara de sua fase sectária. Na interpretação de seu pensamento defrontamo-nos com o mesmo problema que no caso de Williams, ou seja, com o perigo de confundir as coisas acidentais com as essenciais. Milton, como Williams, é visto como o advogado da tolerância, da liberdade de consciência, de opinião e de imprensa. E de novo, embora isso não seja incorreto, despreza metade do todo, e talvez a metade mais importante. Dizer que Milton defendia a liberdade e a tolerância é quase tão correto como dizer que os totalitários modernos advogam essas ideias. Os nacional-socialistas são completamente a favor da liberdade para si mesmos; oprimem apenas os que não concordam com eles. E esse foi o caso de Milton. Defendia uma liberdade sem entraves das forças da revolução nacional, mas também defendia uma supressão rígida de quem quer que resistisse a elas. É um grave anacronismo projetar em Milton as ideias de democratas formalistas modernos, que insistem que os inimigos da democracia deveriam ter a liberdade de destruí-la de dentro.

Podemos descartar seus escritos republicanos com algumas palavras. São fundamentalmente monarcomáquicos, apenas com uma ênfase mudada da ideia de pacto para o direito natural como a base do governo. O povo que deu uma confiança de poder ao rei pode também retomá-la se o rei, na opinião do povo, não cumprir suas obrigações. Novos são a certeza e o *pathos* de Milton. Diz ele: Nenhum homem que conhece algo pode ser tão estúpido para negar que todos os homens livres, sendo a imagem e semelhança do próprio Deus. Por causa da queda de Adão, por acordo tiveram eles de juntar-se na criação do governo a fim de evitar o mal e a violência entre si.[8] E na *Defensio Secunda* anuncia com orgulho

---

[8] *The Tenure of Kings and Magistrate* [O mandato de reis e magistrados], 1649. In: *The Works of John Milton*. New York, Columbia University Press, 1932-1938, 5:8.

que sua obra é empreendida não apenas por seu país, mas que tende a ser de emprego mais alto para a sociedade e a religião "da raça universal do homem, contra os inimigos da liberdade do homem".[9] A Inglaterra encontrou em Milton a sua voz de orgulho nacional, como a França, em Bodin. A Revolução Inglesa é o protótipo da revolução do homem. A liberdade inglesa é mais do que a liberdade do inglês, é a liberdade do próprio homem. Quem quer que não acredite nisso é somente um estúpido e deve ser chamado à razão.

O *Treatise of Civil Power in Ecclesiastical Causes*, de 1649, formula o princípio de tolerância, compreendido como a separação do governo civil da vida religiosa do homem privado. As igrejas têm de voltar-se para si mesmas, e se se dividem como consequência de dissensão interna, isso não é matéria do governo; o braço secular tem de fortalecer a disciplina da igreja. Mas a tolerância é restrita aos protestantes. Um protestante é definido como um homem que forma suas visões religiosas através da interpretação da Escritura segundo sua melhor consciência.[10] A definição é ampla o bastante para abarcar calvinistas e luteranos, independentes, arminianos, anabatistas, unitaristas, etc., mas é cuidadosamente escolhida para excluir as forças que não estão em concordância com a revolução. A consciência não é uma consciência moral no sentido kantiano, mas uma consciência inspirada pelo "Espírito Santo prometido e a mente de Cristo", que evita qualquer indiferentismo em matéria religiosa. É ademais consciência guiada pela Escritura, e apenas a Escritura, o que evita qualquer apelo à tradição e coloca o Catolicismo Romano fora da esfera da tolerância. Finalmente, remove o autoritarismo de Calvino assim como o erastianismo da Igreja Estabelecida e torna o protestantismo radical – Milton estava mais próximo

---

[9] *Joannis Miltoni Angli Pro Populo Anglicano Defensio Secunda* [Segunda Defesa de João Milton Inglês pelo Povo Anglicano], 1654 (*Works*, 8:19).
[10] *A Treatise of Civil Power in Ecclesiastical Causes: Showing that it is not lawfull for any power on earth to compell in matters of Religion* [Tratado de Poder civil nas Causas Eclesiásticas: Mostrando que não é legal para nenhum poder da terra compelir em matérias de Religião], 1649 (*Works*, 6:7).

da posição de um Buscador que notamos como sendo aquela de Roger Williams e encontraremos de novo com Cromwell.

O elemento de radicalismo protestante é algo atribuído à influência do luteranismo, que abrandou e transformou a reforma calvinista. Isso é correto à medida que as emigrações desde o período anabatista alemão tinham estabelecido contatos pessoais consideráveis entre reformadores ingleses e a ala mais radical do protestantismo alemão e holandês. A situação, entretanto, difere fundamentalmente da alemã. Lutero logo alcançou os limites da tolerância porque o protestantismo ameaçava engolfar a estrutura civilizacional da Alemanha num caos de anarquia. Na Inglaterra do século XVII esse perigo não era sério, embora estivesse espraiado o elemento anticivilizacional. Mas a substância da nação era tão mais forte do que na Alemanha que radicalismos poderiam ser digeridos com relativa facilidade. O pano de fundo da tolerância de Milton é o nacionalismo inglês. Milton podia ser mais tolerante do que Lutero porque a intolerância desorganizada do sentimento nacional era eficaz o bastante para equilibrar as tendências centrífugas de radicais. Que a essência desta tolerância fosse seu nacionalismo pode ser visto negativamente em sua atitude para com o catolicismo, assim como positivamente em sua defesa de impressão, sem licença, de escritos protestantes. Em seu último tratado *Of True Religion* [Da Religião Verdadeira], de 1673, ele ataca o papa que "finge direito a reinos e estados, e especialmente a este da *Inglaterra*, entrona e destrona reis, e absolve o povo de sua obediência a eles"; e agora que a Inglaterra "se livrou de seu jugo babilônico" não se deve dar nenhuma oportunidade de novo a ela de "seduzir, corromper e perverter" o Povo. O culto católico não pode ser tolerado "sem escândalo grave e intolerável dado a todos os observadores conscienciosos". E ele deixa ao magistrado civil o considerar se os católicos na Inglaterra podem ser tolerados de alguma forma, mesmo sem o culto público. Se os católicos reclamassem que a consciência deles é violada se a celebração da missa não lhes é permitida, ele replica que "não temos nenhuma garantia de considerar a Consciência que não é fundada na Escritura".[11] O anticatolicismo é obviamente uma expressão de nacionalismo. Não se pode tolerar nenhuma organização de igreja que levante a reivindicação de universalismo e possa, portanto, vir a entrar em conflito espiritual com as instituições nacionais. O escrituralismo radical tornou-se, no campo da técnica social, o instrumento através do qual a consciência do homem pode ser mantida dentro dos limites da jurisdição nacional.

Milton segue ainda em seu escrituralismo: espera que cada um cumpra seu dever e se vale da oportunidade oferecida pela tradução da bíblia inglesa para as pessoas se tornarem inteiramente a par das Escrituras: "Nem se deixe que o camponês, o mercador, o advogado, o médico, o estadista, se escuse por seu muito trabalho de fazer doravante uma leitura aplicada das Escrituras". "Cada membro da Igreja, ao menos de alguma educação ou aptidão, deve ter tão bom conhecimento espiritual que, se necessário, possa examinar seus próprios professores".[12] Empregando uma categoria moderna, poderíamos dizer que Milton foi um nacional-escrituralista totalitário. Seu *pathos* nacional encontrou sua expressão grandiosa na *Areopagitica*, de 1644:

> Parece-me que vejo em minha mente uma Nação nobre e possante surgindo como um homem forte depois do sono, e balançando seus ferrolhos invencíveis: parece-me que a vejo como uma águia fechando sua juventude poderosa, e estimulando-lhe os olhos não ofuscados no brilho do meio-dia; purgando e desescamando seu olhar longamente abusado na própria fonte do brilho do céu; enquanto todo o barulho de bandos de pássaros timoratos, com aqueles que também amam o entardecer, esvoaçam espantados com o que ela significa, e na tagarelice deles prognosticariam um ano de seita e cismas.[13]

---

[11] *Of True Religion. Haeresie, Schism, Toleration, And what best means may be us'd against the growth of Popery* [Da Religião Verdadeira, Heresia, Cisma, Tolerância, e qual o Melhor Meio que Pode ser Usado contra o Crescimento do Papado], 1673 (*Works*, 6:172, 173).

[12] Ibidem, 6:175 ss.

[13] *Areopagitica* (*Works*, 4:344).

Milton não tem medo dos cismas inevitáveis. "Quando Deus sacode um Reino com comoções fortes e saudáveis para uma reforma geral", surgirão professores falsos, mas também homens que "irão em alguns passos iluminados no descobrimento da verdade".[14] A verdade não pode ser vitoriosa, "pois quem não sabe que a Verdade é forte próxima do Todo-Poderoso".[15] A completa liberdade deve, portanto, ser dada à publicação de todas as opiniões, boas e ruins; tudo deve ser tolerado, com a exceção, é claro, de "papado, e superstições explícitas, que como extirpa todas as religiões e supremacias civis, também deve ser extirpado".[16] A garantia de que o resultado será desejável é de novo a Nação: "Lordes e Comuns da Inglaterra, considerai que Nação é esta onde estais, e da qual sois governadores: uma nação que não é lenta nem tola, mas de um espírito rápido, engenhoso e penetrante, agudo para inventar, sutil e vigoroso para discursar, não abaixo do alcance de qualquer ponto mais alto por que a capacidade humana pode jurar"; superior em seus talentos "perante os estudos de trabalhos dos franceses".[17] Tudo isso já não tem muito que ver com a fé de Lutero, ou mesmo de Calvino; a Reforma que quebrou a unidade da igreja e do império está completamente absorvida pela Nação.

Se ficou alguma dúvida de que Milton não era um advogado da doce tolerância, a prova veio no final do Protetorado, quando a nação não se comportou da maneira como Milton gostaria que ela se comportasse. Então ele voltou sua ira contra os advogados do reinado. Se eles deviam apontar para o fato de que a maioria do povo favorecia a restauração, ele pergunta, em resposta: Se a maioria não valoriza a liberdade, "mas degeneradamente renuncia (a ela), é justo ou razoável que a maior parte das vozes contra o principal fim do governo escravizem o número menor que seria livre? Mais justo é sem dúvida, se chegou à força, que um número menor force um

---

[14] Ibidem, 4:350.
[15] Ibidem, 4:348.
[16] Ibidem, 4:349.
[17] Ibidem, 4:339.

maior a manter, o que pode ser errado para eles, sua liberdade, do que um número maior, pelo prazer de sua baixeza, force um menor a ser injuriosamente seus escravos".[18] Isso deveria dar algum alimento para o pensamento aos liberais degenerados de nossa época que zombam da tolerância, estendendo-a a toda a gente. A liberdade na comunidade consiste na posse comum e no cultivo livre de uma substância espiritual. Uma grande gama de tolerância é necessária para proteger a substância da atrofia, mas, embora sejam os limites uma zona permanente de luta e devam ser ampliados em vez de tomados muito restritivamente, *há* limites. Um estudo de Milton poderia aguçar a compreensão de um problema que de novo se tornou crucial em nosso tempo.

§ 14. Winstanley

A Revolução penetrou profundamente no povo e avivou estratos da sociedade e sentimentos que não podiam ganhar influência no moldar verdadeiro de símbolos constitucionais. No capítulo sobre "O Povo de Deus" lidamos com alguns exemplos característicos da corrente subterrânea milenária.[19] Na fronteira entre expectativas extáticas da nova Sião e ideias constitucionais práticas, encontramos um homem que merece atenção porque foi capaz de traduzir sua religiosidade num corpo de ideias que tocaram um problema social fundamental: Gerard Winstanley. O grupo de que ele era representante e o principal publicista rotulou a si mesmo os Verdadeiros Niveladores, indicando pelo nome que consideravam a si mesmos uma ala radical dos Niveladores que apoiavam o *Agreement*

---

[18] Milton, *The Readie and Easie Way fo Establishe a free Commonwealth* [O Meio Pronto e Fácil de Estabelecer uma Comunidade Livre], 1660 (*Works*, 6:140 ss.).

[19] Ver *History of Political Ideas*, vol. IV, *Renaissance and Reformation*. Ed. David L. Morse e William M. Thompson. Columbia, University of Missouri Press, 1998, pt. 4, cap. 3, "The People of God". (CW, vol. 22) [Em português: *História das Ideias Políticas*, vol. IV, *Renascença e Reforma*. Trad. Elpídio Mário Dantas Fonseca. São Paulo, É Realizações, 2014, pt. 4, cap. "O Povo de Deus".]

of the People. Dá-se, normalmente, preferência a seu nome alternativo, os Cavadores, a fim de distingui-los mais claramente; pois eles diferiam dos Niveladores propriamente ditos no ponto fundamental de que estendiam a ideia Niveladora de igualdade, da questão constitucional do sufrágio universal até o problema de igualdade econômica entre todos os homens. O tamanho do movimento era insignificante; parece que ninguém podia sequer descobrir mais do que trinta Cavadores numa época. Mas a ideia de que a terra era a propriedade comum da humanidade e que as pessoas pobres podiam começar a cavar a terra deserta para usá-la para sua subsistência, e a ereção de um edifício de ideias ao redor desta ação direta, é o primeiro sintoma claro das implicações comunistas dos símbolos de liberdade e igualdade.

Na estrutura dos movimentos revolucionários, a posição dos Cavadores corresponde, é claro, à Revolta Alemã dos Camponeses; como tal nem mereceria ser mencionada por causa da sua falta de importância quantitativa, comparada com a sublevação alemã. Mas obtém uma importância que o movimento alemão não tem, porque não é simplesmente uma revolta do povo pobre, mas encaixa suas ideias no contexto de uma revolução nacional com a intenção distinta de não obter vantagens particulares para um grupo particular, mas um remodelamento de toda a nação, social e economicamente, de acordo com princípios comunistas compreendidos como princípios cristãos. Os Cavadores conceberam a ideia de uma comunidade comunista cristã. As ideias de Winstanley são importantes, se não por nenhuma outra razão, porque mostram as potencialidades da cristandade numa organização comunista da sociedade, o que de algum modo é obscurecido na consciência pública hoje por causa da associação das principais igrejas com o tipo de sociedade de propriedade privada capitalista. More, em sua *Utopia*, era ainda um satírico e resignado; Winstanley dá uma formulação aguda da questão prática, mostrando a vontade de agir.

Na base do pensamento de Winstanley encontramos uma revelação em forma adequada, que o induziu a começar a cavar na St. George Hill.[20] No estrato seguinte de seu pensamento, o quiliástico, encontramos os símbolos bíblicos e outros símbolos orientais que cercavam o horizonte do argumento histórico e político. "No começo do tempo, o grande Criador, a Razão, fez a terra ser um tesouro comum, para preservar as bestas, pássaros, peixes e o homem, o senhor que devia governar esta criação". Em nenhuma parte se diz na Bíblia "que um ramo da humanidade deveria governar o outro". Mas o homem caiu na cegueira, o Espírito foi morto, e o homem procurou guiamento dos "professores e governantes"; a imaginação egoísta de uns poucos aproveitou a oportunidade e se apontaram como tais, e a massa da humanidade caiu em sua escravidão. Os poucos usaram sua posição para vantagens econômicas e começaram a limitar a terra com cercas; a terra foi comprada e vendida, e os que não tinham nenhuma, ou dela foram extorquidos, tornaram-se os servos e escravos dos poucos. Os Cavadores têm de corrigir esse malefício e restaurar a terra como tesouro comum para todos. A igualdade do homem é expressa através do símbolo da mãe quando Winstanley diz que cada homem deveria ser alimentado pela terra, "sua mãe que o deu à luz"; e pelo símbolo do pai, na passagem em que todos deveriam trabalhar juntos como um homem "alimentando-se juntos como filhos de um pai". A abolição da pobreza e a posse comum de todos os bens são ordenadas no Antigo Testamento no mandamento de que não deve haver nenhum mendigo em Israel e no Novo Testamento, em Atos 4,32, onde a multidão plena do Espírito Santo "era um só coração e uma só alma. Ninguém considerava exclusivamente seu o que possuía, mas tudo entre eles era comum".[21]

Num terceiro estrato aparecem os elementos da situação histórica inglesa. A opressão dos pobres pelo conquistador

---

[20] Winstanley, *A Watchword to the City of London* [Uma Senha para a Cidade de Londres] (1649); cf. G. P. Gooch, *English Democratic Ideas in the Seventeenth Century* [Ideias Democráticas Inglesas no Século XVII]. 2. ed. Notas suplementares e apêndices de H. J. Laski. Cambridge, Cambridge University Press, 1927, p. 188.

[21] Winstanley, *The True Levellers' Standard Advanced* [O Verdadeiro Padrão dos Niveladores Avançado] (1649), em Woodhouse, p. 379 ss.

é, no exemplo histórico original, o jugo sobre Israel; a última dessas conquistas foi a conquista normanda da Inglaterra: "O próprio bastardo normando, William, seus coronéis, capitães, oficiais inferiores, e soldados comuns, que ainda estão, desde essa época até hoje, em busca dessa vitória, aprisionando, roubando e matando os pobres israelitas ingleses escravizados" (Woodhouse, p. 383). A conquista é continuada na constituição inglesa com a posição privilegiada dos senhores de terra. A passagem é rica em implicações que se desenrolam na história ulterior do pensamento. A diferença econômica de ricos e pobres é, sem reserva, identificada com a diferença de governantes e súditos. E governantes e súditos não são apenas duas classes econômicas, mas dois povos diferentes, tendo um conquistado o outro. Encontramos, praticamente completas, as teorias ulteriores da origem do estado através das conquistas de um povo sobre outro que têm uma função importante no pensamento político do século XIX.

Num quarto grupo de ideias, o mecanismo de opressão e poder é discutido. Os governantes induziram os povos pobres "a trabalhar para eles por pequenos salários, e por seu trabalho sempre enriquecem e assim fortalecem seus próprios opressores. Não se podem obter nunca riquezas por meios honestos; ninguém pode tornar-se rico por seus esforços apenas, mas apenas por retirar de seus ajudantes a cota a eles devida de trabalho. Os advogados e sacerdotes são os instrumentos dos governantes; os livros de direito deveriam ser queimados porque são os ferrolhos e as barras da prisão em que os pobres são mantidos pobres; os advogados são os carcereiros. Os sacerdotes são empregados para dizer às pessoas que a satisfação interior da mente foi querida pela declaração de que os pobres devem herdar a terra. "Digo-te, a escritura deve ser real e materialmente cumprida [...] zombas do nome Nivelador. Digo-te que Jesus Cristo é o principal Nivelador".[22] O arsenal marxista é reunido em seus principais elementos:

---

[22] Cf. Gooch, *English Democratic Ideas* p. 184. Para toda a passagem, ver a Thomason Collection of Pamphlets of the British Library, vol. 587 (p. 41-43).

a exploração do trabalhador que é forçado por sua pobreza a trabalhar por um salário de mera subsistência; a retenção do produto do trabalho pelos proprietários dos meios de produção; a lei da superestrutura do sistema econômico e o instrumento da classe governante na exploração do trabalhador; religião como o ópio do povo.

Ao radicalismo de sua análise corresponde o radicalismo da solução de Winstanley. Em *Law of Freedom* [Direito de Liberdade], publicado em 1652, dedicado a todas as nações da terra, ele esboça uma nova comunidade em que a propriedade privada da terra é abolida. A produção pode ser individual ou cooperativa, mas o produto tem de ser distribuído para o estado, e cada um recebe do fundo comum de acordo com suas necessidades. Comprar e vender são proibidos com pena de morte. O trabalho é obrigatório; a não realização da tarefa é punível. O homem com mais de sessenta anos supervisiona as comunidades locais; o Parlamento nacional é escolhido por sufrágio geral masculino. Advogados são desnecessários porque não ocorrem nenhumas transações legais; sacerdotes são reduzidos a oferecer instrução útil – baseada no estudo e na observação – dentro da estrutura de um sistema geral de educação.

§ 15. Harrington

Voltar-nos das forças, das paixões e do *pathos* da Revolução para a *Oceana* de Harrington é como entrar num quarto inundado de sol. Com exceção de Hobbes, Sir James Harrington parece ter sido na Inglaterra de seu tempo o único homem que estudou política antes de escrever sobre ela. Não era de natureza filosófica, mas tinha um olho penetrante para as realidades da política. Era um historiador bem treinado e tinha estudado cuidadosamente Aristóteles e Maquiavel. Tinha um bom conhecimento de constituições antigas. Lera a Bíblia com os olhos não de um cristão, mas de um erudito que quer saber como a constituição de Israel funcionava. Tinha uma ideia clara (dentro dos limites de conhecimento factual da época) das causas sociais e econômicas do declínio do Império Romano. Tinha ideias claras sobre o sistema feudal e sobre a evolução inglesa desde os Tudors. Viajara largamente e estudara com cuidado a constituição de Veneza e trouxera para casa da Itália não apenas conhecimento, mas algo da maturidade mediterrânea nos acontecimentos políticos. Seu estilo é preciso e concentrado e mostra que ele não tinha lido em vão seus mestres Aristóteles e Maquiavel. Ler as "Preliminares" da *Oceana*, em que ele estabelece seus princípios, é um deleite raro num campo onde a maior parte da literatura é manchada pela paixão ou pela vaidade do escritor que acredita que suas opiniões são importantes porque a matéria com que ele lida é importante.

A *Oceana*, de 1656, consiste nas já mencionadas "Preliminares" e no corpo principal da obra que contém um projeto de uma constituição que deve ser usada na deliberação de uma constituição da *commonwealth* para a Inglaterra. A obra é dedicada a Cromwell. Que a segunda parte da obra adote a forma literária de uma Utopia provavelmente serviu ao propósito de evitar dificuldades com a censura rígida do Protetorado. A forma é externa; a obra não é uma Utopia em substância, como a de More. Estamos aqui preocupados principalmente com os princípios como evolvidos nas "Preliminares".

Os dois princípios de governo são o império e a autoridade. O império é fundado no domínio; o domínio é propriedade principalmente em terra, secundariamente em dinheiro e bens. A primeira grande contribuição de Harrington à ciência do governo é sua insistência na conexão entre distribuição de poder e riqueza. A falha em sua teoria é que ele subestimou a importância da riqueza na forma de empresa comercial e pensou principalmente em categorias de economia agrária, mas esta falha é incidental, e não de princípio. O princípio é estabelecido inequivocamente: nenhuma relação de poder pode ser estável se o governante ou a classe governante não controlar a saúde preponderante do país. Equipado com este princípio, ele explica que uma monarquia absoluta do tipo turco é possível apenas se o governante for o principal senhor de terra; que no sistema medieval feudal o poder estava nas mãos da nobreza e do clero porque eles eram os grandes senhores de terras; e que com as mudanças na estrutura econômica que levaram à criação de uma classe de pequenos proprietários rurais e pequenas propriedades de terras amplamente espalhadas, o poder passará inevitavelmente para o povo e o governo mudará para uma comunidade. No contexto de sua obra, Harrington empregou a teoria para uma interpretação da história inglesa como levando ao estabelecimento de uma república. Ele foi o primeiro historiador a entender o significado da Guerra das Rosas para a exaustão física e econômica da nobreza inglesa, assim como o significado do confisco da propriedade aristocrática e monástica sob Henrique VII e Henrique VIII e sua redistribuição em pequenas propriedades para a ascensão da classe média inglesa. A Guerra Civil do século XVII foi para ele a consequência da mudança da distribuição de terra medieval para a economia Tudor; a distribuição de propriedade é uma grande façanha histórica, para o caso isolado assim como em princípio. Ele apenas calculou mal, como frequentemente acontece com interpretações econômicas monistas, a efetividade do fator econômico. O próprio fato de que a mudança econômica e de poder tenha sido tão completa tornou desnecessário, como apontamos nas observações de abertura deste capítulo, levar a revolução ao extremo de abolir a monarquia e a nobreza. Essas instituições tinham cessado de ser fatores que poderiam dificultar a expansão da nova classe média; o peso da tradição podia fazer-se sentir para a preservação delas. A alternativa à constituição medieval não tinha de ser a república; podia ser a monarquia parlamentar.

 Subsidiariamente à interpretação da política inglesa, Harrington construiu outro excelente tipo político. Influenciado por Donato Gianotti, distinguiu entre governo "de acordo com a prudência antiga" e governo "de acordo com a prudência moderna". Por trás dos títulos esconde-se a distinção entre o tipo de governo da pólis antiga, evolvido em continuidade ininterrupta do período tribal, e o sistema feudal europeu, evolvido como organização de um império altamente civilizado por tribos comparativamente primitivas. Harrington distingue entre eles como sociedade civil baseada na fundação de direito comum ou interesse e governo baseado no interesse do grupo conquistador. Embora Harrington não fosse capaz, com o conhecimento histórico à sua disposição, de afirmar o problema explicitamente em suas características relevantes, é claro, partindo de sua discussão, que ele compreendia a pólis como a organização de um povo, ao passo que os impérios feudais eram em seus começos a administração de uma conquista, e substâncias nacionais, comparáveis às comunidades de pólis antigas em sua coesão, estavam apenas crescendo aos poucos nos territórios conquistados.O segundo princípio de governo é a autoridade. Sob este título Harrington desenvolve uma teoria da elite e da classe governante. Os dons da mente são distribuídos desigualmente entre os homens. Alguns são mais sábios, outros, menos. Deus difundiu uma "aristocracia natural" ao longo de todo o corpo da humanidade para o propósito de providenciar guiamento nos negócios públicos para a massa que seria impotente sem o conselho dos mais bem-dotados. Ele vai além e considera que "a aristocracia natural" não é suficiente para governar uma comunidade, mas que precisa de uma institucionalização como uma classe alta. "Há algo primeiro no elaborar uma *commonwealth*, então no governá-la, e, por fim, em liderar-lhe os exércitos, que, embora haja grandes religiosos, grandes advogados, grandes homens em todas as profissões, parece ser peculiar apenas ao gênio de um cavalheiro."[23] Ele fundamenta a tese com uma série de exemplos. Harrington tinha seu dedo no problema fundamental de que a democracia pode ser construída em sua constituição de princípios de igualdade política, mas que pode ser operada apenas pela classe governante, por maiores que sejam as oportunidades para a ascensão a ela do estrato mais

---

[23] Ver *Political Works of James Harrington*. Ed. J. G. A. Pocock. Cambridge, Cambridge University Press, 1977, p. 183.

baixo. O problema tinha sido discutido intermitentemente depois de Harrington, até que, com a realização da democracia de massa no século XIX, ocupou permanentemente a atenção de pensadores políticos.

Dos instrumentos constitucionais de Harrington, deixai-nos mencionar brevemente a criação de um senado em que a "aristocracia natural" deve deliberar os negócios públicos e dar conselho, de uma câmara que deve tomar decisões, de uma magistratura que deve executar, de uma votação (tomada de Veneza) e de uma tolerância religiosa. Embora seja impossível dar uma prova documental da influência dessas sugestões, é provável que possamos discerni-la na constituição da Carolina de 1669, nos experimentos constitucionais de William Penn em Nova Jersey e na constituição da Pensilvânia. Da influência de Harrington em Locke, Montesquieu e, particularmente, em Hume, vamos tratar mais tarde.

3. CROMWELL

§ 1. As guerras da Fronde[1] – Estado vs. estados

A revolução alcançara seu clímax com a execução do rei, e ao mesmo tempo alcançara um impasse. A década seguinte, dominada pela figura de Cromwell, foi, no entendimento geral, um período de transição, embora ninguém tenha sabido para onde levaria. Quando Cromwell morreu, seguiu-se a anarquia; tornou-se claro que a Inglaterra fora mantida unida por dez anos pela simples força de personalidade de um homem. A força e a fraqueza de Cromwell que foram assim reveladas deixaram o homem e suas ideias algo como um enigma. Sua falta de planos e suas mudanças de atitudes fizeram-no parecer um oportunista, a convicção que acompanhou suas mudanças fê-lo parecer um hipócrita. Antes de tentarmos uma interpretação desta personalidade complexa, temos de considerar a estrutura da situação política em que ele se encontrava colocado. A fim de entender a situação, temos de deixar o círculo encantado de símbolos constitucionais e ideias legitimadoras

---

[1] A Fronde foi uma guerra civil na França, que ocorreu em meio à Guerra franco-espanhola, começada em 1635. A palavra *fronde* significa funda, com que as massas parisienses costumavam quebrar as janelas dos partidários do Cardeal Mazarino. Apud Wikipedia (http://en.wikipedia.org/wiki/Fronde). (N. T.)

transcender o compasso do movimento inglês de pensamento, e colocá-lo num horizonte europeu mais largo.

Cromwell não era uma figura solitária, nem a Revolução Inglesa, um fenômeno isolado. O século XVII foi intencionalmente o século da luta entre a organização estatal ascendente e os estados do reino, que lutaram pelos remanescentes de sua posição de poder anterior. Já que, com exceção das poucas repúblicas, o rei continuou o cabeça da organização estatal, a luta pôde ser facilmente confundida com uma luta entre a monarquia absoluta e o zelo popular pela liberdade, e como tal foi algumas vezes intencionalmente chamada. Que os monarcas na verdade tinham apenas um papel secundário na luta é provado pelo fato patente de que o século XVII foi também o século dos grandes ministros de estado e generais. Foi a era de Richelieu e Mazarino, de Wallenstein e Olivares, de Oxienstierna e Oldenbarneveldt, e na Inglaterra não apenas de Cromwell, mas também de Strafford e Laud. O Grande Eleitor de Brandemburgo foi o único monarca que exerceu um papel pessoal significativo na luta.

Na França, os Estados Gerais foram convocados pela última vez em 1614. As guerras dos huguenotes foram renovadas quando o governo real começou operações contra os lugares fortificados dos calvinistas no Sul; a mudança decisiva desta fase da guerra civil foi o cerco de LaRochelle, terminando com a vitória de Richelieu em 1629. Depois desse embate, os protestantes foram desarmados e tomaram a forma de uma seita tolerada. Os anos de 1648-1653 viram a última guerra da Fronde, primeiro da nobreza, depois da classe média. No mesmo ano em que Carlos foi decapitado, a corte francesa teve de fugir de Paris. A vitória no campo foi para o rei porque ele tinha a seu lado os homens mais capazes. Simultaneamente, em 1640, as revoluções de Cortes na Espanha contra o regime de Olivares rebentaram em quase todas as províncias. Portugal separou-se e tornou-se independente de novo sob os Braganças, e com ele foram Índia e África. A Catalunha tornou-se uma república e só foi subjugada depois de mais de dez anos de guerra; o estabelecimento de 1659 deixou a fundação para o desenvolvimento autônomo da região catalã. Nápoles libertou-se em 1647 e foi recapturado com dificuldade. Na Alemanha grassava a Guerra dos Trinta Anos.

As causas da luta foram em geral as mesmas em todas as instâncias. O crescimento da nação e a ascensão do monarca à função de representante nacional forneceram a base da criação e do melhoramento de uma administração centralizada em matérias financeira, militar e judicial. O crescimento na jurisdição e eficiência da administração do estado comparado com o aparato governamental medieval apossou-se da posição política dos estados e levantou ressentimento, não contra o rei, mas contra a nova organização governamental eficiente. No entanto, temos de tomar cuidado com a crença de que a organização do estado se apossou de qualquer modo do "povo", entendido como as massas amplas que trabalham para seu sustento diário. Ao contrário, o povo lucrou com ela, porque pela primeira vez recebeu um módico de proteção contra os grupos governantes privilegiados. A questão não está entre o povo e o rei tirânico malvado, como nosso manual de história apresenta a história com sentimentalidade piegas, mas entre um corpo de administradores especialistas e a seção privilegiada da sociedade, que sentiu com consternação o controle do estado em seu poder local arbitrário sobre as classes mais baixas da nação.

§ 2. O continente e a Inglaterra – Sociedade política de estado e sem estado

O resultado da luta diferiu em vários países. Na França venceu o estado, e as classes privilegiadas tiveram de arranjar-se com a estrutura do estado nacional. Na Inglaterra venceram as classes privilegiadas; conseguiram controlar o crescimento do estado e submeter completamente ao controle da classe governante aqueles elementos dele que seriam necessários para manter a nação em boa forma. O desenvolvimento alemão mostra uma mistura de ambos: na esfera nacional os estados foram vitoriosos e frustraram qualquer tentativa de uma organização imperial do estado nacional, o que manteve por um tempo a imaginação de Wallenstein; dentro de seus territórios, no entanto, os príncipes organizaram seus estados pelo modelo francês, sendo a mais importante dessas organizações a Brandemburgo-prussiana, que se tornou enfim uma organização de estado nacional. Embora forças de longo alcance certamente tivessem peso em determinar as diferenças nos resultados, fatores pessoais acidentais foram surpreendentemente importantes. A história política inglesa poderia ter tido um resultado bem diferente, não fosse a falta de tato dos reis Stuart e o fato de que a Fronde inglesa encontrou um Cromwell. E o resultado francês poderia ter sido bem diferente se o Cardeal Retz e Condé não tivessem Mazarino e Turenne como seus oponentes estatais.

A divergência entre o desenvolvimento inglês e o continental – a Fronde dos Estados sendo vitoriosa na Inglaterra, o estado sendo vitorioso no continente – fixou por séculos e até o presente uma diferença profunda entre movimentos e ideias políticos ingleses e movimentos e ideias políticos continentais. Até o século XVII, a Inglaterra e o continente tinham, no todo, uma estrutura comum de pensamento político. Desde as guerras da Fronde, tiveram caminhos diferentes. O sintoma externo da diferença é o emprego do símbolo linguístico *estado* nas duas regiões. A palavra *estado* era ainda empregada na Inglaterra Tudor da mesma maneira que no continente. Depois da Guerra Civil, a palavra não desapareceu da língua inglesa, mas seu emprego foi distintamente restrito porque o objeto que ela denota não se desenvolveu suficientemente. Poderes continentais podem criar leis para a *defesa do estado*; a Inglaterra tem um ato para a *defesa do reino*. A França e particularmente os países alemães desenvolveram uma *theorie de l'état* e uma *Staatslehre*; a Inglaterra e os Estados Unidos têm uma *theory of government*. A Inglaterra desenvolveu de fato e na teoria uma sociedade política com um estilo correspondente de política de honestidade e compromisso. Embora este estilo se tenha tornado com justiça um objeto de admiração na própria Inglaterra assim como no continente, esta admiração deve ser temperada pela consideração sóbria de que o espírito de compromisso e ajuste é a condição de vida ou morte para a Inglaterra. Se falhar o compromisso, a sociedade política inglesa não tem nada a que recorrer senão à violência física entre grupos oponentes, pois o grande árbitro continental, o estado, está ausente. Este espírito de compromisso e bom senso político, entendido como a lei de existência de uma sociedade política sem estado, deve ser cuidadosamente distinto de uma atitude política democrática. A atitude de compromisso e ajuste é perfeitamente compatível, como mostra o exemplo inglês, com séculos de regra de classe não democrática ou até mesmo antidemocrática, às vezes em formas muito brutais.

A política e as ideias francesas tiveram um estilo diferente, porque, depois da perturbação do equilíbrio, a nação pôde voltar-se para o estado como estabilizador. As centenas de anos de revolução desde 1789 mostram dois ciclos com fases exatamente correspondentes. O movimento começa com uma quebra grave do equilíbrio. Quando a tendência se gasta, a situação é contida e estabilizada pela reafirmação do estado, as fases dos dois Napoleões; termina num equilíbrio restabelecido, a Restauração e a Terceira República. A Revolução Inglesa do século XVII mostra uma aproximação deste padrão no Protetorado de Cromwell seguindo a Revolução propriamente dita, mas, como a Revolução não tinha sido dirigida por uma classe de sociedade contra outra, e sim pela classe governante contra o estado, o poder do estado infante tinha sido rompido com sucesso e a organização puramente militar de Cromwell não podia fornecer um equilíbrio futuro da sociedade. A Restauração Inglesa aconteceu não dentro do estado, mas fora do estado. A Inglaterra não teve desde então nenhuma revolução; seus equivalentes são os grandes compromissos da assim chamada Revolução Gloriosa e do período de Reforma do século XIX.

§ 3. O parlamento e o Estado da Inglaterra

Voltando agora para o problema inglês especial, temos de tocar brevemente na fase essencial da Revolução, que foi uma luta não entre o rei e o Parlamento, mas entre os membros senhores de terra e mercadores do Parlamento e a organização do estado, incorporado em Laud e particularmente em Strafford. Gardiner caracteriza assim a posição de Strafford: "Nada suscitou sua indignação mais acerba do que as exigências dos ricos a consideração especial e favor. A regra da Casa dos Comuns significou para ele – não totalmente sem verdade – a regra do senhor de terra e do advogado a expensas dos pobres. Sua entrada no conselho foi marcada por uma série de esforços para fazer a vida tolerável para aqueles que estavam em aflição".[2] O grande instrumento deste esforço foi a administração liberal da Lei dos Pobres. Parece que durante o período autocrático de Carlos I, 1629-1640, a administração da Lei dos Pobres alcançou um alto grau de eficiência, um grau que induziu um especialista na área a fazer a afirmação de que nunca, desde o tempo de Carlos I, tivemos "tanta provisão de trabalho para os capazes ou um sistema tão completo para cuidar das classes mais carentes".[3] Os outros instrumentos de alívio foram a administração colonial e a supervisão de prerrogativa das cortes da *common law*. Na administração colonial era o arcebispo Laud que, através de suas interferências contínuas nos negócios e através de restrições que tentava pôr à exploração cruel dos negros nas colônias, levantava o ódio dos mercadores da cidade. Na Câmara Estrelada, e particularmente no Conselho para o Norte, o conde de Strafford foi o culpado

---

[2] Este parágrafo é baseado na apresentação brilhante do problema por G. R. Stirling Taylor em seu *Modern History of England, 1485-1932: A Study in Politics, Economics, and Ethics* [História Moderna da Inglaterra, 1485-1932: Um Estudo de Política, Economia e Ética]. London, J. Cape, 1932. A citação é de *The First Two Stuarts and the Parliamentary Revolution* [Os primeiros dois Stuarts e a revolução parlamentar]. Gardiner, p. 76; Taylor, *Modern History*, p. 109.

[3] E. M. Leonard, *The Early History of English Poor Relief* [A história dos primeiros Tempos do Alívio dos Ingleses Pobres]. In: Taylor, *Modern History*, p. 103.

que tentou estender aos trabalhadores ingleses e aos pobres certa parcela de proteção contra a pequena nobreza local. O primeiro ataque do Parlamento foi dirigido, portanto, contra essas cortes. A consequência da abolição do Conselho do Norte é descrita por R. R. Reed nos seguintes termos: "para o assalariado e especialmente para o pobre, o desaparecimento do Conselho do Norte foi pura perda. [...] O triunfo dos advogados comuns estabeleceu um sistema judicial que, ao menos no Norte, chegou a uma negação absoluta para os homens pobres, e a muitos que não eram considerados pobres tornou a cobrança de uma pequena dívida algo exorbitante".[4] A abolição das cortes de prerrogativas é conhecida normalmente como o famoso restabelecimento da regra de direito e a defesa dos direitos do povo.

As circunstâncias que cercaram o fim de Strafford lançaram mais alguma luz na questão. Os líderes do grupo que conduziram a luta eram John Pym e seus amigos. Pym, Waller, Rich, Oliver St. John, os condes de Warwick, Holland e Essex, os Lordes Saye, Sele, Brooke e Mandeville eram os principais diretores da Companhia de Aventureiros para a Plantação das ilhas de Providence, Henrietta e as ilhas adjacentes. Hampden tinha um terreno grande em Connecticut; Cromwell estava associado ao grupo através de relações pessoais. A maior parte deles tinham ressentimentos pessoais contra a administração real, pelas razões financeiras e de negócios indicadas acima. O ataque contra Strafford foi aberto na Casa dos Comuns por um Sir John Hotham, que tinha sofrido uma "descortesia" do conde através do Conselho do Norte. Uma das testemunhas no julgamento era o conde de Cork, que esbarrara na resistência de Strafford na aquisição e exploração da posse de terra irlandesa. Os principais informantes foram Clotsworthy e Mountmorris, o primeiro impedido de novo nas explorações irlandesas, o segundo um grande corrupto em exercício, apanhado por Strafford. Embora a ficha criminal de Strafford não

---

[4] R. R. Reed, *The King's Counsil in the North* [O Conselho do Rei no Norte]. In: Taylor, *Modern History*, p. 97.

seja inteiramente pura, todo o negócio dá a impressão de que um administrador eficiente e honesto, um servidor patriótico e fiel de seu país, um homem que acreditava que o estado tinha de proteger os interesses não apenas dos ricos, mas também das massas do povo, foi marcado por uma seleção desagradável de especuladores, mercadores, corruptos e aproveitadores escusos porque ousara interferir-lhes na extorsão. As demonstrações das massas londrinas contra Strafford parecem ter sido manifestações espontâneas da cólera do povo, bem orquestrada por Pym e seus amigos.[5]

§ 4. A posição de Cromwell

Apresentamos o conjunto de interesses e ideias em que Oliver Cromwell apareceu como uma das grandes forças pessoais da história. Havia um grupo de pessoas ricas encenando uma rebelião contra a administração de estado ascendente; na esfera de símbolos governamentais, essas pessoas podiam empregar para seus propósitos a questão dos privilégios parlamentares que foram postos em perigo pelo rei. Nisso foram ajudados grandemente pela falta de tato e deslizes políticos grosseiros dos Stuarts; a rebelião só pôde ganhar força, entretanto, quando apanhou as questões religiosas, quando pôde adquirir a ajuda escocesa através de concessões na direção presbiteriana e alistar o apoio de certas seções da classe média baixa, libertando o movimento Independente. Para encaixar Cromwell neste padrão, temos de afirmar primeiro que ele pertencia socialmente aos aventureiros e mostrou características do comportamento deles; a guerra foi um negócio excelente, e Cromwell e seus generais fizeram fortunas enormes para si através do Parlamento. Discutimos antes seu conflito com os radicais em seu exército acerca da questão da imunidade, onde ele apareceu como o advogado do "interesse permanente". Seu *Instrument of Government* [Documento de

---

[5] Para a questão, ver de novo Taylor, *Modern History*, p. 102 ss.

Governo], de 1653, exigia, na seção XVIII, um requisito de propriedade de £ 200 para o direito de voto que, no valor do dinheiro da época, criou um eleitorado de pessoas ricas. John Lilburne foi muito eloquente quando, em 1649, falou do "santo falso e mais desesperado apóstata" que queria, sob o nome falso do interesse divino, governar o povo por sua vontade e prazer, acrescentando que ele preferia ter um exército real a um puritano "sob o qual o povo é escravo absoluto e perfeito".

§ 5. Cromwell e a vontade de Deus

Porém assim os puritanos parlamentares como os niveladores estavam enganados quando julgaram Cromwell como mais um membro da gangue. Temos um vislumbre da mente de Cromwell nos Debates Putney de 1º de novembro de 1647. A reunião tinha sido adiada para prece privada e procura de Deus. Quando o Conselho se reuniu de novo nesse dia, o general de divisão apresentou a moção de que "cada um deveria falar de suas experiências como a questão do que Deus dissera, em resposta a suas preces" (Woodhouse, p. 95). Depois de uma primeira rodada de breves discursos, anunciando as opiniões alcançadas na prece, a troca de pontos de vista desviou-se de repente para um debate grandioso, conduzido principalmente entre William Goffe e Cromwell, concernente ao método de encontrar a vontade de Deus. Goffe explica que Deus falou em várias épocas de maneira variada. Em Israel ele falou através dos profetas, mas nesses dias Deus não fala por nenhuns homens particulares, "mas em cada um de nossos corações" (Woodhouse p. 100), com o resultado de que, em caso de conselho contraditório, que todos dizem estar surgindo sinceramente da oitiva da voz de Deus, torna-se difícil resolver quanto a um curso de ação.

E agora Cromwell faz seu discurso em resposta: "sou um desses cujo coração Deus arrancou para esperar por algumas prescrições extraordinárias, de acordo com as promessas que ele fez de coisas que deveriam ser realizadas em tempos futuros, e eu não posso senão pensar que Deus as está começando" (Woodhouse, p. 103 e seguintes). Mas na verdade ele não tem nenhumas prescrições extraordinárias. No entanto, é impossível sentar-se e esperar por uma revelação convincente de Deus; pois estaria "sob uma condenação" quem se afastasse da responsabilidade e não agisse de acordo com as impressões divinas ordinárias "que não são tão divinas para levar suas provas com elas à convicção daqueles que têm o Espírito de Deus dentro de si" (Woodhouse, p. 104). Quando a prova interna está faltando, temos de ir por prova externa para discernir que opinião está verdadeiramente de acordo com Deus. "Não sei de nenhuma prova externa do que procede do Espírito de Deus mais claramente do que isto, a aparência de mansidão e gentileza e piedade e paciência e perdão e amor, e um desejo de fazer o bem a todos, e de não destruir nada que possa ser salvo." Do espírito de malícia e inveja vem o pensamento que "nos leva contra toda oposição". "De outro lado, acho que se deixaria de fazer justiça onde não há lugar para piedade, e o exercício das maneiras de força para a segurança do reino quando não há nenhum outro modo de salvá-lo, e se deixariam essas coisas por causa das apreensões de perigo e dificuldades nelas, quem faz assim, por outro lado, leva-nos realmente conforme aquela que é a lei do Espírito da Vida, a lei escrita em nossos corações." No negócio à mão, se o rei e os lordes devem ser abolidos, alguns podem sinceramente acreditar que Deus decidiu destruí-los e que uma recusa em executar a decisão seria contra a vontade de Deus. Outros, entretanto, e ele entre esses, ainda não estão convencidos de que esta é a vontade de Deus, e a ação temerária significaria subornar a vontade de Deus. Deixemos os que ainda não estão certos da vontade de Deus fazer dela uma regra para si mesmos: "Embora Deus tenha um propósito de destruí-los, e embora eu deva encontrar um desejo de destruí-los – embora um espírito cristão dificilmente possa encontrar isso sozinho –, ainda assim Deus pode fazê-lo sem necessitar que façamos algo escandaloso, ou pecaminoso, ou que traria desonra a seu nome". Aqueles que tem esta mentalidade "Deixemo-los esperar em Deus por um caminho quando a coisa possa ser feita sem pecado, e tampouco sem escândalo" (Woodhouse, p. 106).

§ 6. A política de Cromwell

Esta alma sem decisão, esperando pela vontade de Deus e procurando-a, esperando uma revelação convincente, farejando-lhe o caminho com esperteza e astúcia mediante a casuística de escândalo e pecado, vindo a agir apenas quando já não pode resistir à pressão das circunstâncias, e então interpretando a necessidade como um sinal da Providência, não foi certamente um especulador nem um profeta em armas. Não podemos discernir na conduta de Cromwell nenhum programa político, senão apenas a paralisia do esperar, seguida pelos ataques de ação e de explosões histéricas de sua cólera de ser compelido a fazê-lo, mostrando que estava sofrendo gravemente da tensão ao ponto de distúrbio mental. Característica é sua decisão de entregar o rei a julgamento: "Já que a Providência de Deus lançou isto sobre nós, submeto-me à Providência, embora eu não esteja ainda em condições de dar-vos um conselho". A complexidade de sua conduta foi revelada intimamente por ocasião da dissolução armada do Longo Parlamento. O conflito entre os membros dos Legisladores sem representação, que queriam manter seu regime, e o exército, que se mudara para a esquerda e queria assegurar os ganhos da Revolução, finalmente se tornara algo patente. A declaração de 22 de abril de 1653 afirma que, entre os membros do Parlamento surgiu "muita amargura e oposição ao Povo de Deus, e Seu espírito agindo nele". O exército, portanto, tem de dissolver o Parlamento; "Mas devemos concluir com isto, que, como fomos levados pela necessidade e Providência a agir como agimos, mesmo para além a acima de nossos pensamentos e desejos, assim devemos e, naquela parte desta grande obra que está por trás, colocar-nos totalmente em

Deus para uma bênção [...], e portanto desejamos solenemente e esperamos que todos os homens [...] esperem tal questão como Ele trouxer a público". Em outras palavras, ele teria desejado que o Parlamento abdicasse pacificamente e delegasse seu poder e legitimidade a uma assembleia mais representativa da situação presente; como o Parlamento não agiu de acordo, Cromwell foi compelido a agir, muito para sua fúria, e agora não sabia o que fazer em seguida.

A tensão da declaração só pode ser completamente entendida quando vista em conjunto com a explosão dele no Parlamento dois dias antes, quando o dispersou. Disse aos membros que alguns deles eram frequentadores de bordéis, outros eram bêbados e alguns corruptos e injustos; que eles não tinham tido coração para fazer nada pelo bem público; que eles tinham esposado os interesses do presbitério e dos advogados que eram partidários da tirania e da opressão – e então chamou alguns soldados e os afugentou. A explosão é importante em dois aspectos: a explosão, como tal, é prova da tensão sob a qual ele estava agindo, e seu conteúdo é um tipo puro de estudo dos advogados puritanos da liberdade por alguém que conhecia intimamente o grupo. Não temos nenhum motivo para horrorizar-nos por ele chamar a maça um "Cetro de Bobo", pois nisso é que se tinha transformado nas mãos do Parlamento aos olhos de um homem honesto num momento lúcido.

Não é necessário entrar em pormenores das dissoluções de Cromwell de seu próprio Parlamento. O essencial tornou-se claro: Cromwell era um grande soldado, mas um estadista medíocre. Nunca foi capaz de formar um quadro distinto da situação inglesa e de seu lugar nela e então tirar as conseqüências. Suas ações são inteligíveis à medida que podem ser remontadas a suas raízes na estrutura de sua personalidade, mas esta personalidade em si não era um instrumento integrado de ação, como no caso do soberbo Richelieu. Na estrutura da história suas ações aparecem, portanto, como incoerentes, como uma série de contradições. Ele era religiosamente um buscador, e como todos os buscadores, era sinceramente tolerante; toda a gama de puritanismo, de presbiterianos a batistas e até as congregações livres, tinha completa liberdade. Ele tolerava até mesmo o Livro de Oração falto de reconhecimento público, o que era politicamente impossível, e ele importunava os católicos menos do que o faziam alguns Parlamentos anglicanos e presbiterianos. Por outro lado, ele podia envolver-se nos massacres atrozes na Irlanda, provavelmente porque, quando tinha seus acessos místicos, os católicos apareciam para ele como uma força satânica que tinha de ser exterminada; e ele, o soldado, podia conseguir em ação o que seu secretário latino, Milton, sonhava em suas ideias. Para apreciar inteiramente a enormidade demoníaca sinistra do desempenho de Cromwell na Irlanda, tem-se de compará--la com a pacificação que Richelieu impôs aos calvinistas no sul da França. Em Cromwell, o satanismo da alma movida apareceu em seu pior aspecto. Socialmente, como apontamos, ele pertencia ao grupo rebelde parlamentar, mas a vastidão e profundidade de sua alma não permitiu a ele a canalhice fácil de seus associados. Em seus momentos lúcidos, como na dissolução do Parlamento, viu o que estava acontecendo, mas não pôde livrar-se internamente de seu ambiente social. Politicamente, ele tinha mandado um rei para o patíbulo, mas não era um republicano; que ele tenha recusado o reinado para sua própria pessoa foi devido mais a seu respeito pela instituição do que ao desprezo. Ele não tinha nenhum gosto de tornar-se um tribuno do povo e, ademais, a situação histórica não era favorável a seu curso.

A democracia teria de esperar dois séculos antes de o instrumento do Parlamento poder ser usado em benefício do povo; nos séculos XVII e XVIII, a organização do estado tinha sido o instrumento de democratização ao construir aos poucos o sentimento de responsabilidade social. Uma grande representação de massa era impossível por causa dos perigos de radicalismo, porque um eleitorado de ricos se voltaria contra o Puritanismo e seu exército, e porque o governo, através de seus principais generais em distritos recém-criados, a que ele recorrera em 1655, era eficiente e honesto, mas politicamente impossível depois que a revolução tinha lutado a fim de abolir o absolutismo do estado e o rei. Isso nos traz de volta à questão crucial: Cromwell lançara seus talentos militares ao lado de uma rebelião de homens ricos e a serviço deles tinha destruído o estado da Inglaterra. A não ser que o elemento de tolerância em seu caráter tenha ajudado ao mesmo tempo a dar liberdade de expansão à riqueza dos talentos religiosos do povo inglês, e assim introduzido pelos séculos vindouros uma nova força democratizante da qual o movimento *Quaker* foi a primeira indicação, ter-se-ia de dizer que ele lutara do lado errado.

4. Fronde e monarquia na França

§ 1. O parlamento

Os acontecimentos e ideias francesas que são paralelos à Revolução Inglesa normalmente merecem uma atenção escassa da parte das histórias das ideias políticas. É injustificável essa negligência. Os historiadores submetem-se muito facilmente à parcialidade de que uma ideia é sem importância se não tiver sucesso político. Ademais, as ideias da Fronde não foram tão sem importância, mesmo sob esse aspecto mais materialista. Os frondistas não alcançaram seu objetivo imediato – ou seja, a remoção de Mazarino e a limitação do poder real pelo Parlamento – mas a atitude e as ideias deles permaneceram uma força na França. Depois da morte de Luís XIV, vemos um reflorescimento nos primeiros anos da regência, embora seja de curta duração. A transformação do governo ministerial num governo de conselhos, tendo forte influência sobre a nobreza e a magistratura, teve logo de ser abolida por causa de sua ineficiência flagrante. Mais tarde, nos anos que precederam a Grande Revolução de 1789, vemos de novo a atitude crítica do Parlamento numa função decisiva. As causas da Grande Revolução são um problema intricado, mas parece que uma visão mais sã está saindo à tona depois da era de teorias monistas. Nem os escritos de intelectuais nem a miséria dos camponeses podem mais ser considerados os fatores decisivos, embora possam ter tido importância cooperante. O destino de camponeses, reconhecidamente miseráveis, não foi pior do que em outros países, mas bem melhor. E a literatura revolucionária, como, por exemplo, os escritos políticos de Rousseau, não era tão bem conhecida, e muito complicada para exercer uma influência ampla. O *Contrato Social* de Rousseau era pouco lido até a noite da Revolução; tornou-se mais conhecido então porque o movimento revolucionário tinha sido iniciado e algumas de suas provas se mostraram úteis. A reivindicação de o Parlamento representar a *volonté publique* provavelmente teve influência prática maior do que as implicações da *volonté générale* de Rousseau, que são acessíveis apenas a pessoas muito versadas na teoria. A atmosfera revolucionária tinha seu centro na fricção sobre o estado financeiro do reino que se desenvolveu entre a coroa e os estados privilegiados de um lado, e o Estado de Tiers como representado pelo Parlamento, do outro. A Fronde do século XVII já mostra os principais delineamentos desta situação e contribui enquanto isso para uma compreensão dos problemas ulteriores, deixando de lado a importância que tem em si para o período.[1]

O poder do Parlamento de Paris resultou, no que diz respeito à questão legal, do costume de que as ordens reais de natureza legislativa e financeira tinham de ser registradas pelo Parlamento antes de adquirirem força de lei. Que o ato de registro pudesse tornar-se uma arma política tinha sua causa na composição do Parlamento. O Parlamento de Paris era a organização principal da magistratura francesa, judicial e financeira, o que consistia na época da Fronde em cerca de 40.000 funcionários. Essas 40.000 famílias representavam a riqueza comercial e industrial da França. O próprio Parlamento

---

[1] Ver F. Eppensteiner, *Rousseaus Einfluss auf die vorrevolutionären Flugschriften und den Ausbruch der Revolution,* Beiträge zur Parteigeschichte [Influência de Rousseau nos Panfletos Pré-revolucionários e no Nascimento da Revolução, Contribuições para a História dos Partidos], vol. 8. Ed. Adalbert Wahl. Tübingen, Mohr, 1914.

de Paris consistia em cerca de 200 membros, organizados em várias câmaras, mas reunindo-se em sessão plenária para negócios de estado. As atitudes respectivas concernentes ao direito de registro podem ser obtidas, por um lado, do Protesto de 16 de março de 1656, em que o Parlamento asseverou que nasceu com o estado, que mantinha o lugar de um conselho de príncipes e barões, e que tinha direitos de deliberação, exame e modificação razoável de todos os editos, ordens, criações de cargos e tratados de paz enviados para registro; por outro lado, da Declaração Real de 3 de fevereiro de 1641 (o último ano de Richelieu), informando o Parlamento que estava estabelecido apenas para matérias judiciais, que lhe era expressamente vedado tomar conhecimento de qualquer matéria de administração ou de governo que pertencesse à prerrogativa real, e que todas as ordens tinham de ser registradas sem serem submetidas a deliberação.

Em 1642, morreu Richelieu. Pelos próximos quatro anos, a máquina do governo moveu-se por força do *impulso* que ele lhe tinha comunicado. Em 1647, o Parlamento recusou-se a registrar uma ordem de taxa de Mazarino, e em 1648 os acontecimentos levaram a uma tentativa de o Parlamento dar precisão a seus direitos na forma de uma declaração.[2] O esboço era mais abrangente do que o documento final. Suas principais provisões eram as seguintes:

1. Redução do *taille* em 25%, medida que visava a aliviar as pessoas pobres (art. 2).
2. Toda legislação concernente a taxas e impostos tem de ser registrada pelo Parlamento com liberdade completa

---

[2] Para o texto do primeiro esboço da declaração, discutida de 30 de junho a 12 de julho de 1648, ver *Journal, Contenant Tout ce qui s'est Fait et Passé en la Cour du Parlement de Paris, Toutes les Chambres Assemblées et Autres Lieux, sur le Sujet des Affaires du Temps Présent*. Paris, 1649. Para a Declaração final de 24 de outubro de 1648, ver *Mémoires du feu M. Omer Talon, Avocat-général en la Cour du Parlement de Paris*. Le Haye, 1732, 6:271-91. Para um exame histórico, ver Sainte-Aulaire, *Histoire de la Fronde*, 3 vols. Paris, Boudoin Frères, 1827; para o pano de fundo social, ver Léon Lecestre, *La Bourgeoisie Parisienne au Temps de la Fronde*. Paris, Plon-Nourrit, 1913.

de deliberação; ordens de taxas têm de ser executadas pelo Parlamento (art. 3).
3. O direito de *habeas corpus* (art. 6).
4. Independência da magistratura mediante:
   a. Revocação de todas as comissões extraordinárias não verificadas devidamente pelas Cortes Soberanas (art. 1, art. 10).
   b. Nenhuma criação futura de magistrados ou mudança na organização existente sem o consentimento das Cortes Soberanas (art. 19).
5. Abolição de todos os monopólios de comércio (art. 24).
6. Criação da Corte de Justiça, composta de membros das Cortes Soberanas e indicada por eles, para a investigação da administração real de finanças (art. 7).
7. Proteção da indústria francesa mediante proibições de importação de tecidos de lã e seda da Inglaterra e da Holanda, e rendas da Espanha e da Itália (art. 25).
8. Submissão do diretor geral dos correios e dos serviços postais ao controle do Parlamento (art. 18).

A situação é em alguns aspectos comparável à inglesa. A harmonia medieval de autoridade difusa estava prestes a romper-se; as posições estavam-se endurecendo e as autoridades se tinham tornado conscientes do poder. As causas imediatas – o crescimento da administração do estado e os problemas financeiros no curso das guerras nacionais – também eram as mesmas da Inglaterra. Havia, porém, a diferença importante de que a administração do estado francês era infinitamente mais forte do que o estado inglês, devido ao governo de Richelieu, e de que o Parlamento de Paris não tinha a tradição de representação nacional que o Parlamento inglês tinha. A tentativa de estabelecer uma monarquia limitada mostrou-se abortiva; a ascendência absoluta do governo real foi logo restabelecida. A magnitude da questão financeira envolvida é indicada pela mudança no poder de compra dos magistrados franceses: entre os primeiros anos de Luís XIV e a consolidação do governo absoluto, caiu 90%.

§ 2. O cardeal de Retz

A figura mais importante do movimento da Fronde foi o coadjutor, mais tarde arcebispo de Paris, o Cardeal de Retz. Em suas *Mémoires*, um dos clássicos da literatura francesa, ele relata a história da Fronde, mostrando uma intelecção magistral das questões políticas fundamentais. Não lançou suas ideias na forma de um sistema razoável; aparecem como notas marginais à história do tempo e provavelmente por essa razão não receberam a atenção que mereciam. Mas entre os contemporâneos ele tem apenas dois rivais na análise dos motivos da ação humana: Hobbes e La Rochefoucauld. Quando as *Mémoires* foram publicadas em 1717, criaram uma impressão profunda e revelaram-se contagiosas; foram seguidas imediatamente, em 1718, pela conspiração de Cellamara. E Benjamin Constant descobriu no período do Diretório que só conseguia ler dois autores: Maquiavel e Retz.[3] O cardeal é particularmente sensível à mudança de atmosfera na política desde o período de pré-Reforma até o século XVII. Vê que a monarquia francesa foi construída num equilíbrio de poder; sua característica peculiar, que ele tem em alta conta, foi a ausência de qualquer tentativa de estabelecer por escrito os poderes do rei. O poder real francês não foi nunca sequer parcialmente como o da Inglaterra ou o de Aragão. No entanto, não era absoluto, mas temperado pelo costume, cujos depositários eram os Estados Gerais e os Parlamentos, "um meio termo sábio, que nossos pais encontraram entre a licença real e a libertinagem popular". Richelieu é para ele o espírito mau que concentrou todas as tendências perigosas dos últimos dois séculos no estabelecimento "de uma tirania escandalosíssima e perigosa", substituindo a velha monarquia legítima.[4] Como resultado, a questão do equilíbrio de poder é trazida à tona, e o véu que

---

[3] Ver Charles Augustine Sainte-Beuve, *Causeries du Lundi*, 15 vols. Paris, Garnier, 1882-1885, 5:41.

[4] Jean François Cardinal de Retz, *Oeuvres du cardinal de Retz*. Paris, Hachette, 1870-1920, 1:271 e ss, 275.

cobre o "mistério do Estado" está prestes a ser rasgado. "Cada monarquia tem o seu. O da França consiste no tipo de silêncio religioso e sacro em que se envolve (embora quase sempre obedecendo cegamente os reis) o direito (o qual a pessoa não quer acreditar que tem) de dispor deles."[5]

Na conversa com Condé, o cardeal explica ao príncipe o perigo da situação. O Parlamento, que é forçado pela invasão da administração a tomar uma posição, é grandemente respeitado pelo povo. "Sei", diz ele, "que não os tendes em grande conta, porque o rei tem armas; mas peço permissão para dizer que se tem de contar com eles quando eles contam consigo para tudo. Eles alcançaram esse ponto. Começam, a seu turno, a contar com vossas armas como nada; e lamentavelmente a força deles consiste na imaginação; pode-se dizer confiadamente que, em contraste com todos os tipos de poder, podem fazer o que acreditam poder fazer, quando alcançaram certo ponto".[6] Quem duvidaria, à luz dos acontecimentos posteriores e particularmente dos contemporâneos, que Retz compreendeu as potencialidades da criação de um poder político mediante a força da imaginação – quando são propícias as circunstâncias? A imaginação, entretanto, não trabalha por si, mas exige esforço. Há um longo caminho, que Retz descreveu para si mesmo, "da veleidade até a vontade, da vontade até a resolução, da resolução até a escolha de meios, da escolha de meios até sua aplicação". Os magistrados respeitáveis, que tinham de ir para casa almoçar ao meio-dia, e cear às cinco, religiosamente, se quisessem evitar problemas domésticos, não eram homens de ação que pudessem lidar com golpes mortais. Enquanto fazemos essas distinções para o caso especial, temos de dizer que Retz formulou um problema básico da política moderna. Suas observações acerca da força da imaginação levam a análise hobbesiana um passo adiante. Hobbes viu a consciência de poder como a raiz do mal; a ordem só pode surgir quando a loucura do ímpeto é quebrada pelo medo da morte e quando o

---

[5] Ibidem, 2:105.
[6] Ibidem, 2:103 ss.

Leviatã é abatido como a tampa na chaleira de paixões ferventes. Retz viu a imaginação como a fonte possível de uma nova prática na política. Com a imaginação, apoiada por ação hábil, pode-se mudar uma ordem existente de maneira surpreendente. A loucura de poder hobbesiana pode tornar-se, dirigida inteligentemente, a fonte do sucesso político.

Retz tem seu lugar na história da política e das ideias como o primeiro conspirador moderno, o agitador profissional que gosta do jogo e o desenvolve em belas-artes. "Acredito firmemente", disse ele, "que exige maiores qualidades fazer um bom líder de partido (*chef de parti*) do que um bom imperador do universo; entre as qualidades que possui, a resolução se iguala a seu julgamento: quero dizer o julgamento heroico do qual a principal função é distinguir o extraordinário do impossível".[7] A ordem cósmica medieval está definitivamente rompida; as relações humanas ganharam uma nova fluência, e o indivíduo cheio de habilidades e inteligente aparece como a nova força com possibilidades até então insuspeitas. Na fórmula do "julgamento heroico" há ainda um toque da *virtù* de Maquiavel, mas um século e meio tinha mudado profundamente a cena. A substância de Retz é a de um psicólogo e ator que faz o papel. A mudança de atmosfera e temperamento tornou-se supremamente consciente nele, mesmo mais do que em Hobbes. Ele dá uma sequência excelente de tipos num panfleto de 1652: "Quando a virtude reina, podem-se julgar os homens por seu dever; quando a época é corrupta, mas produz, no entanto, homens talentosos, eles podem ser julgados por seus interesses; quando se tornou completamente depravada e mostra pouca inteligência, *a era em que vivemos hoje*, tem-se de juntar as inclinações de homens a seus interesses e fazer desta mistura a regra para o seu julgamento".[8] Retz entendeu inteiramente o rompimento tremendo na civilização ocidental e a transição da era da "virtude" para a era do "interesse e inclinação", ou seja, do homem desorientado, o que também marcou o final da Hélade.

---

[7] Ibidem, 1:125.

[8] *Les Interêts du Temps* [Os Interesses do Tempo], 1652. In: Ibidem, 5:251.

As passagens citadas não são secundárias nem à personalidade nem à obra de Retz. Desde tenros anos ele estava preocupado com o problema da conspiração. Depois de ter ficado a par da obra de Agostino Mascardio, ele próprio escreveu um estudozinho brilhante acerca da conjuração de Fiesco.[9] O ensaio é um tesouro de conselho para organização de uma conspiração, e não ficou sem uso. A conduta verdadeira de Retz durante a Fronde, particularmente sua técnica de obter o favor do povo, mostra que ele sabia como aplicar suas próprias regras. Aparece também um novo tom que ilustra a mudança desde Maquiavel. O pensador anterior, quando dá seus preceitos ao Príncipe, é claro quanto à imoralidade de suas regras. Retz não tenta justificar a imoralidade da conduta política pela necessidade de uma situação, mas nega-lhe peremptoriamente o caráter imoral. "Aqueles fantasmas de infâmia que a opinião pública criou a fim de horrorizar almas vulgares nunca causaram vergonha àqueles que são levados a ações gloriosas, se tiveram sucesso. Escrúpulos e grandeza sempre foram incompatíveis, e as máximas leves de prudência comum devem ser dadas ao povo, mas não aos mestres (*grands seigneurs*). O crime de usurpar uma coroa é tão insigne que pode passar por virtude; cada condição do homem tem uma reputação própria; os peixes pequenos têm de ser julgados por sua moderação, e os grandes, por sua ambição e coragem".[10] Esta atitude vai além da *raison d'état* do tipo maquiavélico. Retz descreveu corretamente a evolução na sequência de tipos desde a virtude, passando pelo interesse, até a inclinação.

§ 3. Luís XIV

Depois da morte de Mazarino em 1661, Luís XIV organizou o governo francês sob sua liderança pessoal. Dos primeiros anos

---

[9] Agostino Mascardi, *La Congiura del Conte Gio Luigi de' Fieschi*. Venetia, 1629. Retz, *La Conjuration du Conte Jean Luis de Fiesque*. 1. ed., 1665; 2. ed., 1682). In: *Oeuvres*, vol. 5.

[10] *Conjuration* (*Oeuvres*, 5:543 ss). A passagem é omitida da segunda edição. Reflete uma passagem paralela em Mascardi, *Congiura*, 44.

de seu regime, 1661-1668, temos uma excelente narrativa preservada em suas *Mémoires*, escritas para a instrução do Delfim e amplamente entremeadas de digressões acerca de princípios que o guiaram em sua tarefa.[11] O documento foi imerecidamente negligenciado pelos historiadores de ideias. O rei foi um homem de bom senso incomum e sagacidade, e embora não se coloque entre os grandes filósofos políticos, certamente criou o tipo de grande rei que dominou o período do estado absoluto. As *Mémoires* mostram que Luís não herdou simplesmente uma posição, mas que era, na verdade, um mestre real e possuía as regras da profissão. Como a fonte autêntica quanto à ideia de reinado, sua obra deveria ser preferida à de Bossuet.[12]

A primeira medida tomada foi a abolição do cargo de primeiro-ministro. O rei avisa a seu filho de que nem mesmo o nome desse cargo deveria ser mencionado de novo na França. A medida não quis significar uma limitação da organização do estado, mas uma concentração de negócios nas mãos do próprio rei. Ele cercou-se de um grupo de administradores capazes, e, se críticos posteriores notaram que o rei devia seus sucessos a seus ministros, temos de considerar que os ministros tinham seus cargos por causa dele e à sua vontade. Estabeleceu como regra que os ministros deveriam ser homens de posição social inferior, de tal maneira que não teriam nenhumas ambições perigosas. A alta nobreza foi excluída desses cargos, por princípio. A medida tinha aos olhos do rei ainda a vantagem de que o novo tipo de homem tinha melhores contatos com as reais necessidades do povo e possuía informação que pessoas de nível elevado não podiam ter. Ele então se fez acessível às reclamações dos debaixo: "Dou a meus súditos sem distinção a liberdade de dirigir-se a mim a qualquer tempo, por palavra ou escrito". Umas poucas intervenções pessoais parecem ter melhorado efetivamente a administração da justiça. A intervenção no famoso caso do Superintendente Fouquet injetou algum medo sacro na raça dos financistas.

---

[11] *Mémoires de Louis XIV*. Ed. Jean Lognon. Paris, Jules Tallandler, 1927.
[12] Jacques Bossuet, *La Politique Tirée des Propres Paroles de l'Ecriture Sainte* [A Política Tirada das Próprias Palavras da Sagrada Escritura] (ca. 1670).

Os ministros foram mantidos sob controle através de relatórios pessoais frequentes que tinham de fazer e pelo hábito do rei de exigir informação inesperadamente acerca de várias matérias.

O espaço não nos permite entrar na riqueza de ideias teoréticas da política espalhada pelas *Mémoires*. Seleciono duas questões fundamentais. A primeira diz respeito à fundação religiosa do reinado. A fascinação das páginas quanto a esta questão está em sua intimidade. Não dão uma teoria árida do direito divino do reinado, mas entram numa análise do sentimento que dá realidade à exigência legal vazia. O rei aconselha seu filho a observar cuidadosamente suas obrigações religiosas porque uma negligência não seria apenas injusta, mas também estulta. Reis são os lugares-tenentes de Deus, a submissão deles a ele estabelece o padrão para a submissão dos súditos ao rei. Exércitos e conselho não manteriam um rei em seu trono "se todo o mundo acreditasse que ele tem o mesmo direito que nós, e não reverenciasse um poder superior do qual o nosso é uma parte". O respeito mostrado a Deus "é a primeira e mais importante parte de nossa política". O ponto revelador é que a fundação religiosa do poder real é reconhecida como estando fraca e essa verborragia sozinha não funcionará; se a fundação não tem nenhuma realidade na conduta do rei, não é de admirar-se que o povo tenha ideias revolucionárias. Deus, entretanto, não se tornou inteiramente uma figura na gama da *raison d'état*. O rei aconselha o filho expressamente que a prática religiosa baseada no lucro não é suficiente "porque a astúcia se trai sempre, e não tem a longo prazo o mesmo efeito que a sinceridade". O povo descobriria cedo ou tarde, e Deus também e ele ficaria muito ofendido. O exemplo que o rei emprega no apoio de seu argumento mostra admiravelmente sua posição; explica que por ocasião da rebelião que ele tinha experimentado, a conduta do povo mais baixo que pegou em armas contra ele não lhe causou tanta indignação quanto as defecções de seu grupo. E Deus tem os mesmos sentimentos de Luís XIV; se os reis mostram desrespeito, simulando religiosidade que não têm sinceramente, ele ficará muito mais ofendido por eles do que pela conduta irreverente de pessoas comuns e reagirá de acordo. Deus como o monarca supremo, cercado por uma corte de reis, e o rei como o análogo divino, cercado por sua corte – este quadro é uma expressão perfeita do *pathos* real.[13]

O valor desta e de passagens similares das *Mémoires* não pode ser sobrevalorizado. Mostram quão profundamente o espírito da administração consciente de outras pessoas e da própria personalidade penetrou a época. Por baixo dos antagonismos superficiais de realeza e revolução, do estado e da Fronde parlamentar, da nobreza e da classe média, da classe média e do povo, há um denominador comum do realismo psicológico, da ação teatral, da *persona*, a máscara representativa no sentido hobbesiano. Pode ser sentido na revelação de Lilburne pendurando-se no prédio e arengando para o povo, na astúcia demagógica de um Pym empregando sentimentos religiosos sinceros para o aumento dos lucros, na canalhice mediterrânea de um Retz que transfigura a *aceleratezza* da conspiração num jogo de ambição e faz de uma eleição papal uma comédia que ultrapassa Molière, e agora na peça divina e real representada por Luís XIV. Esta já não é a corrupção pré-reforma, como Retz discerniu claramente, mas um novo estágio na dissolução das substâncias ética e religiosa europeias em que mesmo a sinceridade se torna um instrumento de ação cultivado cuidadosamente. Há uma linha reta e bem curta partindo dos parlamentares puritanos ingleses e do rei católico francês até o mito artificial de Georges Sorel e a mistura intrigante de sinceridade e técnica de consciência psicológica em Hitler.

Uma segunda passagem das *Mémoires* elucidará ainda mais este problema. O rei trata a fundo da função de sua própria pessoa e da corte como um espetáculo para o povo. "O povo gosta do espetáculo que é conduzido afinal com a finalidade de agradá-lo." O rei tem de entregar-se aos prazeres comuns e cultivar seus dons físicos porque os súditos em geral "ficam deliciados em ver que amamos o que eles amam e onde eles se saem melhor". Mas não se deve ir longe demais; um rei não deveria entregar-se muito a prazeres e ao exercício de talentos; deveria

---

[13] *Mémoires*, 24, 62 ss. Esta passagem foi escrita na época em que Bossuet tinha sido encarregado da educação do Delfim.

tolerar que nas artes do corpo e da mente ele seja ultrapassado pelos seus súditos, e apenas ver que nenhum se iguala a ele, se possível, na arte de governar. O rei, afinal de contas, é o mestre, e a excelência em outras artes poderia tirar a atenção de sua função real e prejudicar-lhe a reputação. As razões dadas para o espetáculo e pompa da corte aparecem nas *Mémoires* no estabelecimento de uma grande monarquia, mas essencialmente a atitude não difere da de Jan van Leyden em seu Reino Münster Anabatista. Que um novo estilo da representação do poder estava em execução, independente de Luís XIV, é indicado pela história do Superintendente Fouquet. Fouquet em seu castelo de Vaux tinha antecipado muito do futuro Versalhes. Seu arquiteto, Le Vau, seu pintor, Le Brun, seu desenhista de paisagens, Le Nôtre, e seu secretário, Pellisson, passaram para o serviço do rei. A queda de Fouquet, embora amplamente merecida pelos seus negócios financeiros, foi devida em parte ao espírito vingativo do rei, que se enfureceu com o luxo mostrado por um súdito – um luxo que ultrapassava em qualidade o estilo de vida do rei. O ponto de rompimento foi alcançado quando Fouquet tentou vencer Mlle. de La Vallière como a *maîtresse* de seu estabelecimento real sem saber que ela já era do rei.[14]

Ao criar o estilo real, o rei adotou o Sol como seu instrumento. "Sua qualidade de singularidade, o esplendor que o cerca, a luz que radia para as outras estrelas que formam para ele uma espécie de corte, a distribuição igual e justa de luz para os diversos climas do mundo, o bem que ele faz em toda parte, produzindo incessantemente em todos os lados vida, alegria e ação, seu movimento sem pausa, em que, no entanto, parece tranquilo, seu curso constante e invariável do qual nunca se desvia – é certamente a imagem mais cativante e bela de um grande monarca".[15] O símbolo cosmológico dos babilônios e egípcios, o Sol de Platão e os pensadores mediterrâneos posteriores, aparece, numa última transformação, como o símbolo heráldico de esplendor real.

---

[14] Ibidem, p. 122 ss. Acerca de Fouquet, ver Sainte-Beuve, *Le Surintendant Fouquet*. In: *Causeries du Lundi*, vol. 5.

[15] *Mémoires*, p. 124-25.

5. Espinosa

Spinoza ist ein gottrunkener Mensch.[1]
Novalis

§ 1. Orientalismo

Com Espinosa retornamos ao nível dos grandes pensadores políticos muito odiados. A razão geral para o boicote a Espinosa, que durou mais de um século, é a mesma dos casos anteriores: o pensador político profundo é desagradavelmente realista. Nos pormenores, entretanto, o caso de Espinosa tem suas peculiaridades que o colocam à parte dos de Bodin e Hobbes.

Dos capítulos precedentes deste estudo ficou suficientemente claro que o pensamento político ocidental não se move numa corrente larga, mas que as civilizações mediterrânea, europeia ocidental e central têm problemas próprios dentro de uma estrutura maior de civilização ocidental. Notamos a influência bizantina e outras influências orientais no sul da França, as influências no período escolástico, os efeitos de contatos orientais em Maquiavel e Bodin, o toque mediterrâneo em Harrington e Retz. Com Espinosa, o

---

[1] Espinosa é uma pessoa embriagada de Deus. (N. T.)

mediterrâneo irrompe de novo no pensamento ocidental. Sua filosofia emprega a linguagem do Barroco europeu – encontramos o inevitável direito natural, o contrato e o método geométrico –, mas o espírito que anima esses símbolos é, em sentido geral, oriental.

Disse oriental num sentido geral porque a conexão de seu pensamento com o de pensadores orientais específicos seria difícil de provar. O espaço não nos permite entrar em pormenores desta questão fascinante. Podemos apenas notar que a atitude mística de Espinosa mostra afinidades com as partes mística e especulativa da Cabala, particularmente o *Zohar*, e através do *Zohar* com o pensamento neoplatônico. A atitude da crítica e do racionalismo bíblicos pode ser remontada às tendências racionais na filosofia judaica, à crítica de Ibn Ezra e Maimônides no século XII e de Gersônides no século XIV. As raízes mais imediatas da heterodoxia de Espinosa devem ser procuradas, entretanto, no fado dos judeus marranos. Os primeiros marranos chegaram a Amsterdã por volta do século XVI a fim de retomar suas práticas religiosas no ambiente holandês mais tolerante. Esta retomada depois de um período estendido de criptoexistência foi obstruída por dificuldades que esses expressavam numa série de excomunhões no século XVII. De um lado, a comunidade judaica foi obrigada a observar uma ortodoxia rígida porque qualquer relaxamento levava a reclamações de seitas cristãs não ortodoxas de que os judeus em Amsterdã tinham mais liberdade do que os cristãos, como na reclamação dos Reclamantes de 1617; de outro lado, a quebra na continuidade da tradição e sua retomada não deixou de estimular as mentes jovens mais inteligentes à independência intelectual. O caso trágico de Da Costa nos anos de 1630 foi seguido da excomunhão de Espinosa, em 1656, e de Juan [Daniel] de Prato, em 1657. Fatores pessoais podem ter exercido um papel também. O rabino Morteira não parece ter sido a personalidade que impressionaria um jovem com a força de Espinosa; e o hábil Manasseh ben Israel, nos anos críticos, estava envolvido nas negociações com Cromwell para a readmissão dos judeus à Inglaterra.

§ 2. O programa da De Intellectus Emendatione

O centro do pensamento político de Espinosa é seu misticismo. No *De Intellectus Emendatione*, provavelmente antecedendo a Ética, desenvolveu seu programa. Depois que a experiência o ensinou que as cercanias habituais da vida social são vãs e fúteis, resolveu inquirir "se poderia haver algum bem real que tivesse poder de comunicar-se, o que atingiria a mente isoladamente, com a exclusão de tudo o mais".[2] Como resultado, aconteceu que o amor aos objetos perecíveis causa infelicidade e que apenas "o amor para com uma coisa eterna e infinita alimenta a mente completamente de alegria, e é em si livre de qualquer tristeza" (5). A "coisa eterna e infinita" é o todo da Natureza que evolve de acordo com sua "ordem eterna e leis fixas" (6). Neste todo de Natureza nada é bom nem mau, perfeito ou imperfeito em si; daí torna-se a tarefa do homem adquirir um caráter capaz de compreender a natureza em si, livre de atributos de valor, porque através da posse deste caráter, o homem chega ao bem principal, que é "o conhecimento da união existente entre a mente e o todo da natureza" (6). Como esta união tem de ser obtida dentro da vida humana, as condições que favorecem o fim têm de ser obtidas como bens determinantes. O homem deveria chegar à posse do caráter desejado "juntamente com outros indivíduos, se possível". "É parte de minha alegria dar uma mão que ajuda, para que muitos outros possam entender da mesma maneira que eu entendo, de tal forma que o entendimento e o desejo deles possam concordar inteiramente com o meu." Ademais, uma ordem social é necessária para que seja "mais conducente à realização deste caráter pelo maior número de pessoas com a menor dificuldade e perigo" (7). A filosofia moral e uma teoria da educação são necessárias; a medicina tem de ser cultivada porque um corpo saudável

---

[2] Benedict de Spinoza, *On the Improvement of Human Understanding* [Da melhoria da Compreensão Humana]. In: *The Chief Works of Spinoza* (As Princiapais Obras de Espinoza), vol. 2. Trad. R. H. M. Elwes. New York, Dover, 1955, p. 3.

precisa de assistência; a ciência da mecânica tem de ser desenvolvida porque as invenções tornam mais fácil a vida; e, acima de tudo, a compreensão tem de ser desenvolvida a fim de obter conhecimento do todo da natureza.

São dados os principais elementos da atitude de Espinosa: a união com a natureza como o bem supremo, Deus identificado com a natureza, sem atributos antropomórficos, a realização do caráter que torna a união com a natureza possível, a realização do caráter na companhia com outros homens, e a construção da sociedade política de tal maneira que a realização é possível para o maior número. Temos agora de preencher os principais pontos deste esboço com as ideias de Espinosa como desenvolvidas nas obras sistemáticas posteriores.

§ 3. Misticismo

O centro místico é o livro V da Ética.[3] A bem-aventurança consiste no amor para com Deus; este amor é uma atividade intelectual da mente humana, pelo que se considera como acompanhado pela ideia de Deus como causa; e como a mente humana é um modo da substância divina, o amor intelectual da mente para com Deus é parte do amor infinito com o qual Deus ama a si mesmo. A essência da mente consiste no conhecimento de seu começo e fundamento em Deus, e a realização deste conhecimento como uma consciência permanente que acompanha a vida pode ser chamada, portanto, uma aquiescência do espírito na ordem da natureza (Deus) de que ela é um modo. A realização deste estado liberta o homem do distúrbio da paixão e concentra sua vida na parte essencial. "[O] homem sábio [...] está pouco perturbado em espírito, mas, estando consciente de si, e de Deus, e das coisas, por certa necessidade eterna, não cessa nunca de ser, mas sempre possui verdadeira aquiescência de seu espírito" (Ética, V, prop. 42).

---

[3] Benedict de Spinoza, *The Ethics*. In: ibidem, vol. 2.

O misticismo da *acquiescentia* difere do misticismo contemplativo de Bodin, que deriva de Aristóteles. O problema de Aristóteles foi, como vimos, a construção do *bios theoretikos* como um tipo de atividade; e em Bodin a *fruitio Dei* foi enfraquecida a uma aproximação nesta vida enquanto a perfeita *fruitio in conspectu Dei* podia ser obtida apenas na morte. Em Bodin há obviamente um conflito entre seus sentimentos contemplativos e seus sentimentos de ativista. O místico contemplativo nele concebe a *fruitio* sob a imagem do homem que está face a face com Deus; mas, para o ativista, isso não pode ser mais do que um ponto culminante, um olhar momentâneo do qual ele retorna para a ação da vida do dia a dia. O sentimento espinosista tem raízes inteiramente diferentes. Nem o homem nem Deus é concebido como uma personalidade; o momento místico não é um olhar, o homem não está *in conspectu Dei*. A experiência mística é a consciência duradoura da mente humana como um modo de Deus e parte da ordem eterna. A personalidade do homem é extinta na experiência de ser uma pequena ondulação transiente no fluxo da necessidade natural. A *acquiescentia* é apresentada nas traduções em inglês simplesmente como *acquiescência*, mas acho que chegamos mais próximo da atmosfera de significado se lembrarmos que *aquiescentia* é sinônimo de *islam*.

§ 4. Esoterismo

A expressão desta atitude islâmica nos escritos políticos propriamente confronta o intérprete com uma tarefa desconcertante. Espinosa conduz seu argumento constantemente em dois níveis ao mesmo tempo, no esotérico e no exotérico. O resultado é que não possuímos a teoria política esotérica de Espinosa numa exposição clara, mas temos de desembaraçá-la, com o risco de equívocos, de uma terminologia que ele usou conscientemente a fim de obscurecer a teoria e, assim, torná-la mais palatável a seus contemporâneos. O plano de seu empreendimento é anunciado claramente em *De Intellectus Emendatione*; ali ele estabelece uma regra de vida como "provisoriamente boa": "Falar de uma maneira inteligível à multidão, e agir de acordo com cada costume geral que não estorve a realização de nosso propósito. Pois podemos obter da multidão não pequenas vantagens, contanto que nos esforcemos para acomodar-nos a seu entendimento tanto quanto possível: ademais, devemos, nesse ínterim, obter uma audiência amistosa para a recepção da verdade" (7). Neste último ponto ele estava enganado; a multidão, embora não entendendo a verdade, entendeu o bastante dela para tornar-se inamistosa; mas, ainda assim, ele fez uma tentativa.

Para ir ao cerne do problema, tomemos sua equação famosa entre direito e poder. Cada coisa natural, e o homem é uma coisa natural, está na existência através do poder de Deus; seu direito à existência e ação estende-se tanto quanto o poder que ela tem de Deus. Seria incorreto dizer, entretanto, com base nessas afirmações, que Espinosa tinha uma teoria que pode ser expressa na fórmula de que o poder faz o direito. A terminologia do *direito* é seu instrumento para capturar a multidão; é parte do vocabulário exotérico. A teoria esotérica simplesmente nega que o símbolo *direito* tenha qualquer significado; pertence à classe de noções inadequadas, supersticiosas. A realidade não mostra nenhuma estrutura de direitos, mas apenas uma estrutura de poder. Espinosa tem um capítulo sobre o *Direito Natural* (*Tractatus Politicus*, cap. II), mas não tem nenhuma teoria do direito natural. O mesmo se aplica à distinção entre estado civil e estado natural dos homens. O homem não deixa nunca o "estado natural" (*Tractatus Politicus* III.3), mas a natureza vomita constelações de poder, chamadas estados civis, que são mais conducentes ao desenvolvimento do caráter islâmico do que outras constelações de poder. A teoria política é a arte e a ciência de tais constelações de poder favoráveis, e é o primeiro passo nesta arte de esconder a realidade por trás de uma tela de terminologia aceitável.

§ 5. Hobbes e Espinosa

Embora haja pontos frequentes de contato entre as teorias de Hobbes e as de Espinosa, os dois filósofos diferem em suas atitudes básicas. Hobbes construiu o homem e a sociedade partindo da loucura poderosa e do medo da morte; a razão era impotente; apenas o medo poderia induzir o homem a romper sua corrida para o poder num comportamento de acordo com princípios morais; mas o próprio Hobbes era moralista. Espinosa estende a noção de poder (*potentia*) de tal modo que inclui a razão com as paixões. O homem, em seu desejo de autopreservação, pode seguir suas paixões, mas também, de vez em quando, sua razão; se seguirá mais frequentemente uma ou outra depende do barro de que é feito; de qualquer modo, suas ações serão naturais e nessa medida não são objetos próprios de julgamento moral. "A razão ensina alguém a praticar a piedade e a ser um espírito calmo e gentil" (*Tractatus Politicus* II.21), pois convém a um caráter que ultrapassou os impulsos da paixão e alcançou o estágio de aquiescência. Mas a calma e a gentileza não são percepções éticas; são o comportamento característico da razão islâmica. "A bem-aventurança não é a recompensa da virtude, mas a própria virtude". (*Ética*, pt. V, prop. 42). Quem não é calmo e gentil não comete um erro moral, mas mostra que ainda não alcançou a alegria do amor intelectual a Deus; está numa situação de imperfeição ôntica. Não há nenhum certo ou errado na ordem da natureza; o homem que emprega sua razão como um determinante de suas ações não é abarcado na ordem eterna mais do que o homem que segue suas paixões.

§ 6. A teoria do poder

O problema do certo ou errado só pode surgir quando centros de poderes humanos individuais reúnem suas forças num poder comum e criam regras concernentes às relações entre eles. Talvez o termo *reunião* traduza mais adequadamente o significado esotérico da união de poder que caracteriza uma sociedade civil. No *Tractatus Theologico-Politicus*, que foi publicado, a reunião é coberta por certa quantidade de símbolos "compactos" e "de acordo", ao passo que o *Tractatus Politicus*, não publicado, emprega as palavras menos exotéricas "chegar junto", "unindo sua força", "combinando". A existência do homem como uma unidade de poder isolada absorveria todos os poderes numa mera defesa contra inimigos; uma vida de razão é possível apenas num estado de segurança e conforto relativos. A reunião de poder tem a dupla função de proteger a comunidade coletivamente contra inimigos externos e os indivíduos singularmente dos ataques de outros indivíduos dentro da comunidade. O objetivo é alcançando pela criação de um domínio (*imperium*) pela transferência do poder individual a um agente coletivo que pode ser ou o todo da comunidade, ou alguns poucos, ou apenas um (democracia, aristocracia, monarquia). A transferência de poder não é mais do que implica o termo, ou seja, uma reunião e realocação de poder. O indivíduo é limitado doravante em seus "direitos", mas apenas à medida que a reunião de poder exercido pelo agente soberano limita *na verdade* o poder dos indivíduos. Se o governo é forte, o poder individual será fraco; se o soberano é fraco, o poder individual será correspondentemente mais forte. Nenhuma questão de um "direito" do indivíduo ou do soberano entra nesta relação. O soberano manterá seu "direito" apenas enquanto "possa manter seu poder de pôr em prática sua vontade; de outro modo ele vacilará em seu trono, e ninguém que seja mais forte do que ele será obrigado a obedecer-lhe contra a própria vontade" (*Tractatus Theologico-Politicus*, cap. XVI).

A teoria do governo é, em consequência, uma teoria não dos direitos respectivos do soberano e dos súditos, mas da distribuição de poder possível real dentro de uma sociedade política. A questão não é se este ou aquele direito foi ou deveria ser transferido, mas que poderes podem ser transferidos sem destruir o significado da existência individual; que poderes podem ser arrogados pelo soberano sem levar à resistência dos súditos que leva à sua ruína; e quanto o poder de domínio pode limitar as ações de súditos sem abafar os poderes mesmos que evitaram a comunidade de afundar na estagnação. Para Espinosa, o corpo político não é uma entidade rígida; é visto na fluência de sua existência, permanentemente sob a pressão de manter o equilíbrio apropriado entre todos os poderes individuais que ele abarca. Encontramos uma atitude similar em Bodin quando discutiu as limitações práticas que um soberano tem de tirar de si se quiser manter uma ordem doméstica harmoniosa. A técnica de Aristóteles e Maquiavel foi aplicada, neste caso, à monarquia francesa. O tratamento que Espinosa deu ao problema marca um avanço sobre Bodin, e até mesmo, talvez, sobre Maquiavel, porque de sua doutrina esotérica são eliminadas inteiramente as implicações éticas de tal maneira que ele tem a mente livre para uma análise metodologicamente honesta do *possível* e do *necessário* na organização interna de uma sociedade política. As seções na obra de Espinosa que lidam com a transferência de direitos individuais, com direitos dos soberanos e liberdade de expressão (particularmente os capítulos no *Tractatus Theologico-Politicus* que lidam com essas matérias) são obras-primas da análise realista. Não há nenhuma discussão contemporânea da liberdade de expressão, por exemplo, que não pudesse ser amplamente melhorada pelo recurso a Espinosa.

§ 7. Liberalismo

Da riqueza de observações pormenorizadas selecionamos uma linha de argumento que diz respeito à liberdade de pensamento e religião. Espinosa normalmente é saudado como um liberal – juntamente com Milton; somente isso já nos deveria fazer suspeitosos. E, na verdade, o liberalismo de Espinosa não é o que liberais modernos acreditam que seja. Espinosa foi o primeiro numa série de grandes pensadores que compreenderam a situação que tentamos analisar nas observações introdutórias da seção acerca de Hobbes no capítulo 1 desta parte. Vimos que o rompimento na civilização cristã não criara uma nova liberdade, mas libertara as paixões de sectários que queriam, cada um a seu turno, impor sua estreiteza pessoal como o padrão de pensamento e crença em qualquer outro. A defesa que Espinosa faz da liberdade de pensamento é uma defesa da liberdade de pensadores místicos, como ele mesmo, da perseguição por um furor sectário (*Tractatus Theologico-Politicus*, cap. XX). Tinha razões particulares para fazer esta defesa, pois seu misticismo islâmico livrou-se de símbolos dogmáticos a que mesmo os sectários mais radicais ainda se aferravam. A ideia de Deus como idêntico à natureza em sua ordem eterna, privado de todas as qualidades antropomórficas, o expôs à acusação de ateísmo, que é sempre feita aos místicos que chegaram à ideia de uma deidade despersonalizada, tais como o *En Soph* cabalístico, o *Ungrund*, de Boehme, ou a Natureza, de Espinosa. Ruíra o abrigo comparativamente seguro que a alta civilização cristã medieval oferecia a tais casos fronteiriços através de uma liderança da igreja culta nos níveis mais altos da hierarquia, e o pensador foi exposto às paixões de um ministério e laicado protestantes mais baixos postos em liberdade, assim como a um catolicismo pós-reforma lamentavelmente restrito, e a uma ortodoxia judaica. Podemos talvez calcular melhor a situação se nos dermos conta de que Espinosa cairia na classe de "Catolicismo romano, ateísmo e outras superstições" a que Milton negava sua tolerância na *commonwealth* nacional inglesa; e de que Milton era precisamente o tipo de mente contra a qual Espinosa apresentou sua defesa da liberdade de vida de razão.

§ 8. O projeto de governo

O problema se torna ainda mais claro mediante um exame das sugestões de Espinosa para uma organização governamental sob as condições peculiares holandesas. Depois da morte de

William II em 1650, a aristocracia sensata ganhara a ascendência de novo e podia mantê-la, sob Jan de Witt como o grande primeiro-ministro da Holanda até 1672, quando foram mortos os De Witts. Ao conflito político entre o partido aristocrático dos direitos do estado e as tendências centralizadoras da Casa de Orange correspondeu o conflito social e religioso entre as seitas liberais do tipo remonstrante e os pregadores populares calvinistas que apoiaram o governador. As ideias políticas concretas de Espinosa foram moldadas de tal forma para que fossem úteis ao governo aristocrático, religiosamente liberal dos De Witts e para tornar os calvinistas populistas o mais possível inócuos. A fim de chamar a atenção para o equilíbrio entre os poderes conflitantes, que daria, por um lado, uma brecha de respiração para o espírito e, por outro lado, não suprimiria brutalmente os sectários, Espinosa concebeu a ideia de um governo aristocrático que instituiria uma religião do estado como base de um dogma mínimo, mas deixaria a todo o mundo a liberdade de acrescentar tanto quanto quisesse ao mínimo, contanto que não tentasse impor aos outros seus acréscimos.

Encontramos antes a ideia do dogma mínimo: em Platão, e mais tarde em More e Hooker. A ideia de Espinosa é baseada em sua definição de fé como o conhecimento de Deus "sem o qual a obediência a Ele seria impossível, e que o mero fato da obediência a ele implica" (*Tractatus Theologico-Politicus*, cap. XIV). A fé não exige que sejam verdadeiros os dogmas, mas que sejam pios e despertem o coração para a obediência. Qualquer conjunto de dogmas que tenha este efeito satisfará Espinosa. À igreja universal da humanidade, entretanto, pertencem apenas dogmas que são *absolutamente* exigidos para produzir o efeito de obediência, ao passo que qualquer um pode adotar, em acréscimo, outros que possam auxiliá-lo, sem provocar nenhuma controvérsia a seu respeito. É óbvio que esta posição só pode ser mantida por um místico para o qual o simbolismo dogmático perdeu sua relevância e que não pode ser aceitável para o fiel que vive no mundo institucional e dogmático, pela boa razão de que sua alma não é forte e profunda o suficiente para enraizar-se na religiosidade mística.

A posição de Espinosa difere, ademais, da de seus predecessores, à medida que ele próprio não acreditava no dogma mínimo, mas apresentava-o como um conselho político exotérico para a satisfação da multidão. As ideias de Espinosa são, portanto, o primeiro ponto alto no novo desenvolvimento, indicado previamente, em direção ao manejo psicológico das massas em abusar-lhes das convicções a fim de mantê-las satisfeitas, ao passo que o jogador mesmo não compartilha delas necessariamente. Estamos diante dos sintomas de uma evolução, cujas consequências podemos observar hoje, no período de totalitarismo iniciante: que depois da ruína da civilização da igreja que podia integrar o primitivo adorador de imagens e o místico sem imagem em um todo espiritual, o estadista está-se tornando o diretor espiritual do povo.

As propriedades principais do projeto de Espinosa são as seguintes. A constituição tem de ser aristocrática. Os patrícios têm de ser partidários da "religião mais simples e universal" (como definida pelo dogma mínimo) e não devem repartir-se em seitas; de outro modo poderiam ser ameaçados pela superstição e ser inclinados a privar seus súditos de gozar da liberdade de suas respectivas superstições de estimação. Os súditos têm de acreditar no dogma mínimo e são livres, sob outros aspectos, para acrescentar o que quiserem, se não for logicamente incompatível com o conjunto básico. Podem organizar-se livremente em seitas e confissões contanto que sejam observadas certas regras: (1) cada seita pode dizer o que quiser, mas não são permitidas grandes assembleias com propósitos propagandísticos; (2) podem construir quantas igrejas quiserem, mas as igrejas têm de ser pequenas, somente para uso local, e devem ser colocadas a certas distâncias; (3) as igrejas da religião do estado – "e isso é importante" – têm de ser amplas e magníficentes; (4) nas igrejas do estado, apenas os patrícios têm funções sacerdotais (batismo, casamento, imposição das mãos); são os guardiães e intérpretes da religião universal; como pregadores podem indicar homens do povo que são responsáveis perante eles pela função deles (*Tractatus Politicus*, cap. VIII, particularmente 46).

§ 9. O juramento

O projeto é medíocre como tentativa de um místico construir uma civilização espiritual na moldura das comunidades políticas do século XVII. Inadvertidamente Espinosa revela a razão fundamental para a impossibilidade prática de seu programa. No capítulo do juramento (*Tractatus Politicus*, cap. VIII, 48), diz ele:

> Os que a lei obriga a fazer um juramento serão mais cautelosos de perjúrio, se lhes for mandado que jurem pela segurança e liberdade do país e pelo conselho supremo, do que se lhes disser que jurem por Deus. Pois o que jura por Deus dá como garantia alguma vantagem privada a si mesmo, de que ele é juiz; mas o que, por seu juramento, dá como garantia a liberdade e segurança de seu país, jura pelo que é a vantagem comum a todos, de que não é juiz, e se ele cometer perjúrio, declara-se assim inimigo de seu país.

Deus já não pode ser a garantia da palavra do homem; seu país é um garantidor mais seguro. Deus tornou-se uma pessoa privada; a vida pública já não pode ser construída em seu espírito, pois a nação tomou o lugar de Deus nos sentimentos políticos do homem. Este não é ainda o fim, mas, como dissemos, é o primeiro marco alto de uma evolução; o outro marco alto veio quando Nietzsche pôde dizer: Deus está morto.

6. LOCKE

> *Alimenta o que está morrendo de fome;*
> *Se não o tiveres alimentado, tu o mataste.*
> Santo Ambrósio

> *Ali Deus e a Natureza formaram a moldura geral,*
> *E ordenaram que o amor-próprio e o social fossem o mesmo.*
> Pope

Parece estar passando a época em que Locke era considerado pelos historiadores um grande filósofo político. Seu pensamento é hoje reconhecido como a expressão do estabelecimento social e constitucional da Restauração e da Revolução Gloriosa, embora tenha sido fixado em suas linhas essenciais antes de 1688, e a grande influência que exerceu ao longo do século XVIII na Inglaterra, nas colônias americanas e no pensamento político francês foi devida a suas próprias limitações. Sua descrição da monarquia limitada e sua teoria do consentimento e da propriedade pertencem às evocações subsidiárias de maior êxito.

§ 1. A teoria do contrato

Embora esteja em curso uma reavaliação de Locke, não acho que as qualidades peculiares de seu pensamento já se tenham feito suficientemente claras, porque ainda se dá atenção demasiada aos elementos incidentais de seu sistema que tiveram apelo popular. Primeira na fila dos acessórios está a fórmula do contrato. Sua teoria de que a sociedade política surgiu através do contrato entre pessoas previamente vivendo num estado da natureza não pretendia ser uma teoria da origem do governo, mas tem apenas função polêmica. Nas seções 100 e seguintes do *Tratado*, Locke luta valentemente com a realidade histórica, e embora remeta os céticos à fundação de Roma e Veneza, e, é claro, a Israel, como exemplos de começos contratuais da sociedade política, não pode falar sem parar da história, que, de maneira geral, não mostra tantas fundações contratuais.[1] Ele tenta manter um pouco as aparências ao supor que o registro dos primeiros contratos se perderam (seção 101; p. 166 ss), mas reconhece que, na maior parte dos casos, o estado original da sociedade era a monarquia, desenvolvendo-se da posição do pai. Esta "Idade de Ouro" só pôde durar, no entanto, enquanto o governo monárquico não foi abusado, seja pelo governante seja pelos súditos. Na Idade de Ouro "não havia nenhuma prerrogativa alargante de um lado para oprimir o povo, nem, consequentemente, do outro lado, nenhuma disputa acerca de privilégio, para diminuir ou restringir o poder do magistrado" (seção 111, p. 173). Apenas quando foi perturbada a harmonia através da discussão acerca dos direitos respectivos é que se achou necessário examinar "a origem e direitos do governo" e encontrar métodos de restrição. A origem do governo no contrato desaparece suavemente na seção 112 (p. 174) e é reduzida ao "consentimento", tácito ou explícito, deixando de lado o problema da conquista militar. Se remetermos esta linguagem abstrata aos modelos históricos que Locke obviamente tinha em mente, sua teoria do contrato significa apenas que até os Stuarts a monarquia existia mais ou menos incontestada, que sob Jaime I surgiu a

---

[1] Referências ao *Tratado* são ao segundo dos *Treatises of Government*, 1690, com o subtítulo *An Essay Concerning the True Original Extent and End of Civil Government*. A edição empregada para a referência a páginas juntada ao texto é a da Everyman's Library, *Of Civil Government: Two Treatises*. Ed. William S. Carpenter. London, J. M. Dent. New York, E. P. Dutton, 1924.

questão da prerrogativa, e que agora a relação de governante e súditos tem de ser "examinada". O contrato como tal é sem nenhuma importância; o que importa são as relações verdadeiras entre o monarca e o povo, o que deve ser encontrado satisfatoriamente sob "exame"; se Locke, como porta-voz do povo, as examinou e as achou boas, diz-se que elas gozam do "consentimento" do povo.

§ 2. A teoria da monarquia limitada

O tipo de estrutura governamental que recebe a aprovação de Locke é a segunda característica incidental que distrai a atenção do essencial de sua teoria. Concorda-se geralmente que as preferências de Locke concernentes a uma monarquia limitada são inteiramente sem originalidade. Locke gostava do estabelecimento de 1688, que consolidou a Revolução e fez a monarquia inglesa dependente do Parlamento. A expressão de seus gostos não pode ser relegada, entretanto, a algo privado, pois sua exposição simples e sem precisão excessiva e racionalização da nova estrutura foi largamente lida no século XVIII por colonos inocentes e estrangeiros, e determinou, com consequências revolucionárias, a ideia deles de como era o governo inglês mesmo no momento em que mudara consideravelmente. A estrutura desejável consiste, de acordo com Locke, numa assembleia que é o principal órgão legislativo e num rei em quem estão investidos os poderes executivos, o federal e de prerrogativas. A assembleia reúne-se intermitentemente para negócios legislativos e faz leis ou sozinha ou com o consentimento do rei. O poder legislativo é o poder supremo da *commonwealth*, mas o monarca pode "num sentido muito tolerável" ser chamado supremo também, quando participa da elaboração da lei e não tem, portanto, nenhum legislador superior a ele, assim como porque é o chefe do executivo. O poder executivo como tal, incluindo o judiciário, é inferior ao legislativo porque é confinado à execução fiel da lei.

Os poderes executivo e legislativo estão pessoalmente separados, e devem ser separados, porque não é sábio colocar nas mesmas mãos o fazer e executar as leis. O poder executivo tem de, por razões práticas, funcionar permanentemente, em contraste com a atividade legislativa intermitente, e a permanência do monarca é ainda necessária porque ele mantém o poder federal, ou seja, o poder de guerra e paz, ligas e alianças, e relações internacionais em geral, todas as quais precisam de atenção permanente e contínua. O poder de prerrogativa, finalmente, é o poder do monarca de "fazer o bem público sem uma regra"; é um poder de equidade que pode funcionar sem prescrição legal ou mesmo contra a lei se sua execução estrita levasse a dificuldades imerecidas. As experiências da Guerra Civil são refletidas no direito de resistência contra um rei que emprega seu poder de reunir o Parlamento com o propósito de não o reunir; tal ação seria "guerra contra o povo" no sentido da acusação contra Carlos I. O próprio Parlamento, que mantém sua confiança legislativa do povo, pode enunciar medidas em violação dela, e de novo o povo tem o direito de rebelião.

Este é um quadro do governo constitucional, mas não contém uma única ideia que não tivesse sido evocada no curso da Revolução. Tal importância de que goza a filosofia política de Locke não deve ser procurada neste plano de governo, mas nas partes da obra em que ele desenvolve seus princípios de natureza humana sobre a qual a superestrutura governamental é baseada.

§ 3. A relação com Richard Hooker

O terceiro fator incidental na obra de Locke é sua conexão com a *Ecclesiastical Polity*, de Richard Hooker. Este ponto é sempre cuidadosamente registrado pelos historiadores, e não pode ser desprezado, porque algumas seções do *Tratado* de Locke estão cercadas de notas de rodapé, citando Hooker em apoio do texto. A conexão tem certo interesse porque mostra a extensão a que a tradição da teoria medieval do governo é preservada por intermédio de Hooker no pensamento político inglês posterior. Em particular a teoria do consentimento como base da sociedade civil pode ser traçada em linhagem direta de Locke, passando por Hooker e Tomás de Aquino, até chegar a Sêneca e Cícero. Mas isso é tudo, penso eu. Não devemos, por causa do número anterior de citações de Hooker no *Tratado*, deixar de notar que algumas delas, se examinadas mais cuidadosamente, têm pouca importância no texto de Locke e mostram, ao contrário, que Locke compreendeu muito mal Hooker. Ademais, embora abundem as citações de Hooker em certas seções do *Tratado*, estão flagrantemente ausentes do capítulo decisivo acerca da propriedade. E, finalmente, deve-se considerar que há uma diferença entre as teorias políticas de Locke e as de Hooker no ponto importante de que a derivação de Hooker da sociedade civil funciona no quadro da teoria de uma *commonwealth* cristã e deve ser entendida em conexão com a organização política eclesiástica, ao passo que a sociedade civil de Locke deixou de lado tal conexão.

§ 4. O puritano vitorioso

Somente quando o volume considerável de matéria incidental é removido é que se torna possível apresentar o núcleo da teoria de Locke. Como nos casos de Hobbes e Espinosa, este núcleo é a nova antropologia pós-medieval. A concepção de Locke do homem não tem um centro sistemático, entretanto, como a dos dois outros filósofos, mas é, ao contrário, comparável em sua redundância à de Grotius. Estudiosos de Locke notaram a inconsistência entre sua crítica de ideias inatas no *Essay Concerning Human Understanding* [Ensaio sobre o Entendimento Humano] e sua crença em ideias inatas de razão no *Tratado*. A incompatibilidade lógica das duas posições não precisa, entretanto, ser tomada necessariamente como uma falha no sistema, mas, ao contrário, como um sintoma dos hábitos filosóficos descontraídos de Locke que não prejudicam seriamente a consistência de sua atitude básica. Locke não era um pensador fanático como seus dois grandes contemporâneos; não tentou penetrar os elementos da natureza humana, mas se satisfazia com uma descrição do homem tal como aparecia a ele e à média das pessoas de seu grupo social. Comparando seu tratamento com o de Hobbes, poderíamos dizer que Hobbes tentou penetrar através das raízes existenciais deste novo animal estranho, o homem moderno, ao passo que Locke fez um quadro de uma variedade importante da espécie. Aqui, penso eu, está a força e a importância real de Locke: seu homem do *Tratado* é a evocação do burguês puritano vitorioso na política; de uma afinidade pessoal e ambiental (seu pai, advogado, lutou no exército de Cromwell) ele apanhou a essência do tipo que determinou os séculos seguintes da política inglesa. O que pode parecer ao filósofo como uma banalidade intolerável de Locke é o segredo de sua eficácia: ele pintou o novo homem da maneira que este queria ver-se. Seu *Tratado* é, portanto, talvez a mais importante das grandes fontes para a compreensão da sociedade comercial inglesa e dos fenômenos paralelos em outras nações.

§ 5. Os escritos de Locke acerca da tolerância

A análise da ideia de Locke acerca do homem segue melhor a cronologia de sua obra, pois coincide com a ordem sistemática dos problemas. O primeiro problema diz respeito à personalidade religiosa do homem e da igreja. Indecisos na qualificação, podemos dizer que Locke era defensor da tolerância. Um dos seus primeiros pronunciamentos acerca do problema é o *Essay Concerning Toleration* [Ensaio Concernente à Tolerância], fragmentário, de 1667, um ano após ter entrado como médico a serviço de Lord Ashley, o último conde de Shaftesbury. As ideias do ensaio reaparecem em 1669 nas *Fundamental Constitutions for the Government of*

Carolina, e acredita-se que suas provisões quanto à liberdade religiosa assim como outras provisões foram introduzidas no esboço por Ashley e os outros proprietários sob a influência de Locke. As provisões relevantes eram que não deveria ser um homem livre, nem sequer habitante da colônia, quem não reconhecesse e adorasse publicamente um Deus; mas que quem quer que fizesse isso deveria receber proteção para o exercício de sua crença, independente da denominação. As *Constituições Fundamentais* não entraram em vigor, mas sua autoridade conferiu um liberalismo religioso à Carolina que a distinguiu de Massachusetts e Pensilvânia. As ideias anteriores desenvolveram-se completamente nas *Cartas sobre a Tolerância* (Primeira Carta de 1689, Segunda e Terceira Cartas de 1690), da qual a Primeira Carta contém os materiais que são relevantes em nosso contexto. A Primeira Carta[2] dá a definição de *commonwealth* e igreja que também está subjacente no *Tratado*. "A *commonwealth* parece-me ser uma sociedade de homens constituída apenas para obter, preservar e apresentar seus próprios interesses civis." Os interesses civis são: a vida, a liberdade, a saúde, a "indolência do corpo" e a posse de coisas corpóreas como dinheiro, terras, casas, móveis e coisas assim (9). É função do magistrado civil assegurar a posse segura a cada um dos membros da *commonwealth* dos itens enumerados. A igreja é "uma sociedade voluntária de homens, que se juntam por seu próprio acordo, a fim de adorarem publicamente a Deus, de tal maneira que julguem aceitável a Ele e válida para a salvação de suas almas" (13).

§ 6. *Tolerância e o novo padrão de revolução*

A ideia da igreja como uma organização privada dentro do quadro da sociedade civil é o último estágio de uma evolução cujo começo pudemos discernir em Lutero e Calvino.

---

[2] Em *The Works of John Locke*, 10 vols. London, 1823, vol. 6, p. 1-58; doravante citada no texto pelas referências de páginas do sexto volume.

A quebra do grande compromisso pela Reforma expressou-se na insistência sectária na esfera de uma igreja purificada e numa negligência correspondente do braço secular. O resultado não foi a subordinação desejada da esfera secular à organização eclesiástica, mas, ao contrário, a liberação da esfera secular das restrições que o compromisso religioso tinha imposto. A Reforma começou com o programa de submeter a esfera secular ao controle dos santos e terminou com o relegar dos santos ao canto de uma "sociedade livre e voluntária". Os sectários em movimento ganharam sua liberdade de consciência ao preço de manter quieta e não importunar a comunidade política com seus negócios.

Este caráter da ideia de tolerância, na forma que recebeu através de Locke, é ainda tristemente confundido por um público mais largo. Nosso louvor incondicional moderno da tolerância em abstrato despreza o fato de que, na situação histórica concreta da civilização ocidental, foi criado um novo padrão de sociedade que é repleto de perigos revolucionários formidáveis. Um desses perigos tornou-se tão óbvio que ninguém o questionará: mediante a privatização da religião, a sociedade ocidental privou-se dos instrumentos públicos formais de resistência contra a ascensão de crenças que são incompatíveis com a cristandade e, além disso, com o corpo de civilização que foi construída nos fundamentos dela. O que não é de maneira nenhuma claro para muitos é o fato de que este perigo (isto é, o crescimento de crenças anticristãs) é apenas um caso especial de um *tipo* geral de perigo revolucionário evocado pela tolerância. A privatização da igreja significa, à luz de efeitos sociais, que a esfera política perdeu sua autoridade espiritual e que a esfera religiosa, contanto que seja coextensiva às igrejas toleradas, é condenada a uma impotência pública. A sociedade de tolerância perdeu não apenas seus órgãos públicos de resistência contra crenças inimigas, mas também se privou de órgãos de vida espiritual pública em geral. Já que o homem não cessa de ser homem, e o espírito não desiste de seu desejo por *status* público simplesmente porque

Locke ou outro alguém disse que fizesse assim, as pessoas que são de temperamento espiritual e ao mesmo tempo político encontraram novos caminhos pelos quais alcançar o público. Vemos a ascensão do intelectual fora da igreja, passando, de acordo com o temperamento e a circunstância, do erudito, através do publicista, até o revolucionário profissional que tenta obter *status* público político para sua crença. Que as pessoas que entram nessa e em outras ocupações depois da privatização da igreja sejam, em grande escala, as mesmas que, de outro modo, teriam encontrado seu caminho numa hierarquia espiritual parece provável quando consideramos o fato de que um número considerável de eruditos e filósofos alemães dos séculos XVIII e XIX tinham ministros protestantes como pais, ou que três estadistas russos importantes – Stálin, Zdanov e Mikoyan – tenham sido alunos de teologia. O desejo de *status* público, é claro, não é confinado a líderes intelectuais, mas é compartilhado pelas amplas massas de pessoas em sua própria maneira mais primitiva e selvagem. Nossa compreensão de revoluções modernas seria melhorada imensamente se nos déssemos conta de que suas causas não são exclusivamente econômicas e confrontássemos o fato de que crenças como o comunismo ou o nacional-socialismo dão às massas algo de que elas precisam seriamente: uma forma pública da personalidade espiritual delas. Podemos não gostar do espírito, mas não podemos culpar as pessoas por pegarem o que podem obter; se não gostamos dele, devemos oferecer algo melhor. A não ser que rapidamente preencham a lacuna entre a esfera pública desespiritualizada e o espírito privado, mesmo as democracias anglo-saxãs podem bem achar o futuro cheio de surpresa. Até agora, como consequência de uma cristianização mais ampla de seus cidadãos (ela mesma um resultado do puritanismo, quakerismo, wesleyanismo, etc.), esses países pareceram imunes às religiões políticas. Um triunfo militar sobre o nacional-socialismo e comunismo não aliviará as tensões revolucionárias existentes nem tornará o mundo seguro para uma doce normalidade sem vida.

§ 7. Facetas da tolerância no século XVII

Podemos agora apreciar melhor as facetas de tolerância que aparecem em Milton, Espinosa, Roger Williams e Locke. Milton representa o tipo de sectário que quer dar *status* nacional público, com um toque de compulsão, à vida do espírito na base comparativamente larga que descrevemos como nacional escrituralismo; a tolerância significava para ele a melhoria das formas públicas do espírito nacional, à medida que este se move dentro de uma certa gama, e a supressão radical, não apenas privatização, dos fenômenos espirituais que saíssem desta gama. Espinosa, o místico, não poderia satisfazer-se com este tipo de tolerância porque ela não daria *status* público às formas de espírito que ele acreditava serem as mais importantes; compartilha da intelecção de Milton no problema do *status* público e exige uma religião estatal que imunize contra o perigo de sectarismo, dando a ela o *status* dos níveis mais baixos de uma hierarquia pública. A ideia de tolerância de Roger Williams era bem ampla, mas desviava a questão do *status* público através do mecanismo prático da evasão colonial. A solução de Rhode Island estava, na prática, próxima dos primeiros reformadores que colocaram a substância da comunidade na igreja e consideraram o braço secular como auxiliar. Os limites desta posição tornaram-se claros mesmo em Rhode Island, como vimos, quando a consciência, que tinha importância primordial para Williams, conflitou com a organização do governo. Locke evita as dificuldades de William ao classificar em primeiro lugar o estado civil, dando a ele o monopólio do *status* público, e ao limitar a tolerância desde o início pelas exigências do estado.

Todos os credos podem, de acordo com o programa dele, organizar suas sociedades de culto, com certas exceções. Não devem ser tolerados (a) antinomianos (uma das fontes de problema para Roger Williams); (b) religiões que impliquem a submissão a um potentado estrangeiro como cabeça espiritual, como, por exemplo, o Islã; (c) a Igreja Católica, à medida que exige um direito de interferência nos negócios públicos com base em sua autoridade espiritual; (d) seitas escatológicas que exigem domínio sobre bens mundanos para o povo de Deus; (e) ateus (46 e seguintes). Se examinarmos cuidadosamente esta lista, poderemos descobrir que, na prática, a tolerância de Locke não foi muito maior do que a de Milton, mas há a diferença decisiva de que Milton definia positivamente o espírito que deveria ter *status* público, ao passo que Locke definia negativamente os fenômenos que tinham de ser suprimidos totalmente e excluía todas as outras manifestações espirituais para a esfera pública.

§ 8. O rateio à mesa do Senhor

Dentro dos limites há pouco esboçados, as igrejas podem organizar e banir, admitir membros e excluí-los, sem recurso a sanções civis. A disciplina da igreja tem de confiar inteiramente nos meios espirituais, passando da admoestação à excomunhão. O magistrado civil não tem ocasião de interferir, pois sua tarefa é a proteção da propriedade, e nenhumas relações de propriedade estão envolvidas no reino puramente espiritual da igreja. A única violação concebível de um direito civil poderia surgir por ocasião da excomunhão, mas esta possibilidade é descartada como não importante: "Pois não há nenhuma lesão feita à pessoa excomungada pelo fato de o ministro da igreja recusar a ela o pão e o vinho, na celebração da Ceia do Senhor, que não foi comprada com o dinheiro dela, mas com o dinheiro de outras pessoas" (17). Esta interpretação encantadora da Ceia do Senhor como um rateio à mesa do Senhor, a que alguém pode ter direito porque pagou antecipadamente pelas vitualhas, é a contribuição sem par de Locke à doutrina cristã, partindo da então recente posição tolerante obtida.

§ 9. Deus: o proprietário do homem

Tendo assim liberado a personalidade espiritual do homem, privando-a do *status* público, Locke voltou-se para aqueles elementos da natureza humana que constituem a esfera pública. Como o espírito é tabu, a substância da comunidade não pode ser nenhuma variação de um corpo místico, seja cristão, ou nacional, ou, como com Hobbes, uma fusão de personalidades. O homem entra na sociedade não com a personalidade espiritual, mas como forma humana, possuindo inteligência pragmática e poder de raciocinar, mas (no que diz respeito à *commonwealth*) nada mais. Podemos distinguir três estágios no processo pelo qual Locke constrói a unidade – homem – a que ele está preparado a conceder *status* político público.

No primeiro estágio, o homem é definido como o produto do trabalho divino. Deus fez os homens; eles são sua propriedade e têm o dever de manter-se vivos e não prejudicar uns aos outros porque qualquer ação deste tipo significaria danificar a propriedade de Deus. Deus é uma pessoa séria. Não faz homens por divertimento; se ele os faz, quer que durem tanto quanto possível (*Tratado*, seção 6; p. 119). Esta primeira fórmula contém a chave para a compreensão da política de Locke. Se indagarmos qual a fonte da regra de que ninguém deve danificar a propriedade de Deus, somos remetidos a Deus, Natureza, Razão e Equidade Comum; nenhuma dessas fontes é definida ou explicada de maneira nenhuma. Podemos, portanto, desconsiderar esta enumeração de fontes como uma coleção de meros hieróglifos. Locke era simplesmente muito otimista para ver que aqui estava um problema, e ele se satisfez em jogar na cabeça do leitor qualquer autoridade que tivesse um bom nome. A suposição do trabalho de Deus permite obviamente não apenas a regra de que a propriedade de Deus não deve ser danificada, mas também a regra de que relações positivas de amor, respeito e assistência mútua deveriam prevalecer entre os homens. Poder-se-ia bem obter do axioma da criação divina um sistema de obrigações sociais, deixando de lado a questão de que a criação de Deus não deve necessariamente ser interpretada à luz da *common law*.[3] O *Tratado* não mostra o

---

[3] É bíblica a ideia de que o mundo e todo o seu conteúdo é posse de Deus porque é sua criação; cf. Salmo 24, 1: "Do Senhor é a terra, e tudo o que a enche; a redondeza da terra e todos os seus habitantes". Para a obtenção de um sistema de ética social partindo desse axioma, com a obrigação do rico para

menor traço de tal ideia; nunca ocorreu a Locke que as obrigações sociais positivas poderiam pertencer à esfera pública.[4] A regra de não causar prejuízo não tem nada que ver com razão, natureza, nem com outros hieróglifos, mas tem como sua fonte as convenções éticas de Locke e da sociedade da qual ele é o representante respeitado. O homem é um proprietário que toma conta de sua própria propriedade e reconhece seu dever de não prejudicar ninguém, e Deus é formado à imagem dele. O século XVII produziu uma curiosa classificação de Deuses. Para Grotius, Deus era um mercador errante que deseja que todos os homens mantenham relações comerciais ao longo dos sete mares; para Hobbes, ele era o Leviatã assentado no orgulho; para Luís XIV, um rei com uma corte; para o Locke profundamente religioso, ele é um fabricante que não quer que sua propriedade seja danificada.

§ 10. O homem: o proprietário de si mesmo

Logo, porém, a parafernália religiosa é descartada e o capítulo acerca da propriedade (*Tratado*, cap. V; p. 129 e seguintes) desce até os negócios. Se Deus é um proprietário ou não, o que realmente importa é que o homem é o proprietário de si mesmo. Nenhum pretexto de derivação se faz para esse segundo

---

com os irmãos pobres como regra principal, na literatura bíblica e rabínica, ver S. Schechter, *Notes of Lectures on Jewish Philanthropy* [Notas de Preleções acerca da Filantropia Judaica]. In: *Studies in Judaism. Third Series.* Philadelphia, Jewish Publication Society of America, 1924, p. 243 ss. Ver particularmente a história cabalística relatada a p. 248 ss: "Um homem pobre, grande erudito, na cidade de Safed, quebrou seu cântaro com que costumava apanhar água. Não tendo condições de comprar um novo, reclamou contra Deus, dizendo que não tinha merecido ser tão pobre assim. Como ninguém se apresentou para reparar-lhe o prejuízo, Deus estava prestes a castigar a cidade com gafanhotos. Por sorte, R. Isaac Luria, o grande cabalista daquela cidade, ouviu um *Bat Kol* dizendo-lhe da calamidade iminente e da sua causa. Ele arrecadou imediatamente um soma de dinheiro adequada e a apresentou ao pobre homem, salvando assim a cidade da invasão dos gafanhotos".

[4] Pode-se questionar a correção desta afirmação, considerando-se o desenvolvimento que Locke deu às regras restritivas para a aquisição de propriedade no estado da natureza, o que pode ser interpretado como obrigações sociais. Ver, para uma elucidação deste ponto, *Of Civil Government*, 13, n. 3.

passo; o homem simplesmente "tem uma propriedade em sua própria pessoa" (seção 26; p. 130).[5] Nesta fase da teoria, os homens são proprietários iguais; é a fase que Locke chama "o estado de natureza". O aparecimento do homem como o proprietário de sua pessoa teria fascinado Hobbes se tivesse vivido para presenciá-la. Poderia tê-la classificado como uma variedade de loucura similar à do homem que acredita ser Deus. A história do pensamento político não oferece um ataque à dignidade do homem comparável a esta classificação da pessoa humana como um bem de capital, a cujo emprego econômico imperturbado se tem um direito natural. A divisão antiga de homens em homens livres e escravos naturais, ou a distinção moderna de raças superiores e inferiores, ao menos admite a dignidade de uma parte da humanidade e justifica o descaso para com o resto, sob o argumento de que consiste em uma raça inferior de homem. Mas a asserção brusca de que o homem é um instrumento de produção econômica, que o homem tem um direito de propriedade em seu corpo vivente assim como no "trabalho de seu corpo" e no "trabalho de suas mãos" (seção 26, p. 130) de novo é uma ideia peculiar como a do Almoço do Senhor. É uma asserção difícil de conciliar com a pintura tradicional que se faz de Locke – feita por muitas autoridades excelentes – como não apenas profundamente religioso, mas também particularmente sensível à dignidade humana.

No estado de natureza, os autoproprietários humanos têm o direito de associar sua força de trabalho com a natureza, que Deus fez comum a todos. A esfera de propriedade pode ser estendida para além do corpo humano pela apropriação e transformação de materiais naturais para o uso humano, pela limitação de trechos de terra para a cultura de frutos, etc. Qualquer objeto natural em que o trabalho foi investido torna-se, destarte, a propriedade do investidor. As únicas limitações são que ninguém

---

[5] Pode-se contrapor, entretanto, que a primeira parte da teoria, a propriedade de Deus, não desapareceu completamente, já que as pessoas que se têm a si mesmas têm o dever de respeitar os direitos umas das outras; devido a seu *status* criatural, são todas iguais, e cada uma delas é proprietária de sua pessoa. Mas a terceira fase da teoria, como veremos, livra-se principalmente da igualdade, de tal forma que o argumento criacionista passa a ser muito tênue.

deve apropriar-se de objetos que se tornaram, pelo trabalho gasto neles, propriedade de outras pessoas, e que ninguém deve estocar, confinar, etc., mais do tesouro comum do que se pode usar. Este é um estado verdadeiramente idílico, algo reminiscente até do que os cavadores sonharam. Mas não é o tipo de sociedade que Locke quer, embora ele a descreva com terna alegria.[6]

§ 11. O estado civil – O dinheiro e a diferenciação de propriedade

A fim de fazer a propriedade de uma pessoa realmente útil e tirar seus cidadãos respeitáveis da situação absurda em que

---

[6] As restrições à aquisição de propriedade são a aproximação maior de Locke de uma concepção de obrigações sociais na esfera pública. Seria injustificado, entretanto, atribuir muita importância a esta fase da teoria de Locke já que estamos envolvidos numa análise da própria obra de Locke, porque a descrição do estado de natureza não é para Locke mais do que uma pedra de apoio da qual ele ascende para os níveis mais altos de seu sistema político. As obrigações da esfera natural não influenciam a construção em outros níveis e podem ser negligenciadas no que diz respeito às intenções últimas de Locke. A teoria das obrigações sociais naturais torna-se importante, porém, quando é isolada do contexto do *Tratado* de Locke, como o foi por pensadores políticos posteriores. A teoria do investimento de trabalho pessoal como o limite da propriedade pessoal pode desenvolver-se, se arrancada do sistema de Locke, numa ideia altamente explosiva; encontramos-lhe os traços na doutrina revolucionária do século XIX até Marx. Para esse desenvolvimento ver C. H. Driver, "John Locke". In: *The Social and Political Ideas of Some English Thinkers of the Augustan Age A. D. 1650-1750*. Ed. F. J. C. Hearnshaw. London, G. G. Harrap e Co., 1928; reedição: New York, Barnes and Noble, 1967, p. 91. A mesma opinião do autor (92) de que a nobreza Whig não poderia obter muito conforto da teoria de Locke parece, no entanto, ser ainda menos bem fundada, pois Locke tomou muito cuidado, como veremos, em tornar claro que as obrigações *naturais* não eram obrigações *civis*. As brechas entre os diferentes níveis da teoria de Locke são a tristeza de todo intérprete. Com o risco de ferir sentimentos, confesso que não posso ver nenhuma outra explicação para essas brechas do que uma triste falta, em Locke, daquela responsabilidade intelectual que é a primeira exigência da grandeza de um filósofo. Outros intérpretes expressam a mesma crítica, falando de Locke como de "um pensador concreto" (o que quer que signifique isso), ou elogiando-lhe a "Moderação" ou "o bom senso". Essas fórmulas são certamente mais educadas, mas pergunto-me se uma análise séria de ideias pode ser conduzida por meio de tal terminologia. Elogiar Locke, atribuindo-lhe qualidades que podem ser virtudes num político, é igual a dizer que ele não pode ser medido pelos padrões de um filósofo.

todos devem cavar igualmente, ele precisa de um terceiro estágio de sua teoria. Como Deus, razão e natureza não ajudam nesta situação, o homem tem de fazer algo ele mesmo. O estado de natureza é precário porque cada homem é seu próprio juiz e executor e cada um é exposto à invasão de outrem. A fim de evitar essas "inconveniências", os homens consentem em incorporar-se como uma comunidade e criar um governo que assume a tarefa de fazer regras imparciais para a proteção da propriedade e executá-las sem discriminação como entre iguais (seção 95, p. 164 e seguintes). As três vantagens da sociedade política sobre o estado de natureza são: (1) lei estabelecida; (2) um juiz imparcial; (3) poder de aplicação. Uma vez que o pacto de incorporação é concluído, todas as resoluções concernentes à instituição de governo devem ser feitas pelas maiorias, e levam no caso razoável ao tipo de governo previamente esboçado. A criação do estado civil como tal, embora aliviando grandemente certas "inconveniências", ainda deixaria o cidadão respeitável cavando.

Mas o estado civil agora revela seu significado real como a fonte de desigualdade. Locke alarga a noção de *consentimento* para além de seu significado no contexto do pacto de incorporação. O consentimento não significa apenas o consentimento à proteção governamental de direitos iguais, ou, em outras palavras, a uma *máquina formal* para a segurança mais perfeita de um *status* que é essencialmente o estado natural. Ao contrário, o consentimento é estendido para significar consentimento à *instituição material* de sociedade capitalista. O significado do consentimento é então esmaecido até a existência factual da estrutura social capitalista sem revolta desde baixo; enquanto não houver revolta, haverá consentimento. A mudança decisiva do estado totalitário de natureza para a *diferenciação* (não *proteção*) da propriedade da sociedade civil vem com a "invenção do dinheiro e a concordância tácita dos homens em colocar um valor nele" (seção 36, p. 134). O reconhecimento do valor de coisas duráveis, que são usáveis por dinheiro, põe um fim à economia de valor de uso. Permite aos homens armazenar valor e adquirir através do valor de troca do dinheiro armazenado maiores posses a que "por consentimento" (seção 36) o homem tinha o mesmo título de propriedade quanto aos produtos de seus trabalhos corporais (seção 50; p. 140 e seguintes). A propriedade desigual não é um direito natural, mas um direito por consentimento no sentido de falta de revolta. Mas por que os homens consentem na diferenciação da propriedade? A resposta envolve uma mudança surpreendente no sistema conceptual; os homens consentem porque têm "o *desejo* de ter mais do que precisam" (seção 37; p. 134). O sistema de hieróglifos legais começa a cair com estrondo e estamos de volta às paixões sólidas hobbesianas: a sociedade aquisitiva de propriedade é o produto não do direito, mas da paixão. Se quisermos preservar algo do vocabulário respeitável, podemos fazê-lo apenas na fórmula; os homens consentem em dar o predomínio a suas paixões.

§ 12. A proteção igual da desigualdade

Demos o essencial da doutrina de Locke, mas alguns pormenores acrescentarão cor. A despeito do final feliz, houve um pouco de falatório demais acerca da igualdade para o conforto dos leitores de Locke. Na seção 54, ele lhes alivia as inquietações, assegurando-lhes: "Embora eu tenha dito acima 'Que todos os homens são iguais por natureza', não se pode entender que eu me refira a todos os tipos de igualdade" (p. 142). Enumera então como fontes de desigualdade legítima "idade e virtude", "excelência de partes/e mérito", nascimento, benefícios recebidos, etc. A igualdade é confinada à "liberdade natural" de não se sujeitar à autoridade sem consentimento. A autoridade governamental, entretanto, tem o fim único da "preservação da propriedade" (seção 123; p. 179). Ao longo do *Tratado*, vige o princípio de ferro de que os homens podem ser desiguais a cada ponto concebível, mas que eles são iguais na proteção que recebem para sua desigualdade. O governo preservará com parcialidade divina a pobreza do pobre e a riqueza do rico. A Marx normalmente se credita a crítica apontada contra a ordem legal do sistema burguês por ser a superestrutura que serve aos fins de diferenciação de classe. Na verdade, não é necessário fazer essa afirmação na forma de uma crítica que traz à tona uma falha até então não observada; a preservação da desigualdade de propriedade é, ao contrário, o propósito confesso do sistema lockiano de governo. Locke foi quase um gênio inventivo na produção de frases que se prestaram a críticas futuras. Para dar apenas um exemplo: na seção 142 (p. 189) determina os limites que a lei de Deus e da Natureza estabeleceram para o poder legislativo de toda *commonwealth*, em todas as formas de governo; o primeiro deles é "ter uma regra para o rico e o pobre; para o favorito da corte, e para o camponês no arado". Quem não se lembraria, ao ler esta sentença, do elogio de Anatole France à lei que, em sua majestade eterna, pune, com igual severidade, o roubo do pobre e do rico e permite a eles, imparcialmente, dormir debaixo de uma ponte?

§ 13. Doença espiritual – O elemento de criação da revolução

Tal relatório das ideias de Locke deixa uma impressão curiosa: a personalidade espiritual do homem é banida da esfera pública e condenada à impotência; a pessoa pública do homem é humilhada a um objeto de direitos de propriedade juntamente com a terra, a mobília e outros bens móveis; o governo é reduzido a um instrumento de preservação de um estado social de justiça dúbia. Se um inimigo da sociedade burguesa desenhasse seu pior quadro dela, que justificasse uma revolução, juntaria características assim. Mas Locke evoca este quadro com ênfase de valor positivo; recomenda-o como a sociedade ideal. Se consideramos esta perversão grotesca de valores humanos, se nos lembramos ainda de certos pormenores tais como Deus, o proprietário, as observações profanas acerca do Almoço do Senhor, a admissão terna da paixão como fator determinante da ordem social, a recusa de introduzir quaisquer princípios éticos positivos na esfera pública para restringirem a paixão, e se considerarmos a inconsciência irresponsável de Locke da enormidade de seu desempenho, chegaremos à conclusão – a que o leitor atento provavelmente já chegou agora por si mesmo – de que Locke estava sofrendo de uma perturbação espiritual grave.

Digo deliberadamente de uma perturbação *espiritual*, não de uma *mental*; Locke não era um caso clínico, e sua doença não aparece sob as categorias da psicopatologia. O caso dele é de doença espiritual no sentido do *nosos* platônico; ela pertence à pneumopatologia do século XVII do qual Hobbes foi o diagnosticador consumado. Em Locke, a loucura deprimente da ganância puritana perde a cabeça. A fúria do misticismo pessoal acalmou-se. Desapareceram os elementos de uma ordem pública moral que vem da tradição bíblica. Está praticamente ausente uma moralidade pública baseada na crença na substância espiritual da nação. O que é deixado, como um resíduo desagradável, é a paixão da propriedade.

Mencionamos Karl Marx e indicamos que sua teoria da ordem legal burguesa, que quer ser reveladora, é apresentada abertamente por Locke como uma qualidade positiva. Podemos generalizar este ponto e dizer que Locke teve sucesso em criar uma caricatura da sociedade burguesa que corresponde traço por traço à imagem negra que os revolucionários socialistas posteriores fizeram dela. Quando uma sociedade cria sua própria caricatura revolucionária e lhe presta sincera homenagem, não precisamos de mais prova da profunda desordem espiritual em que ela vive. Seria, é claro, ridículo tomar a teoria de Locke como a descrição adequada da realidade burguesa. Mesmo quem tenha uma opinião baixa da humanidade poderia estar disposto a reconhecer que nenhuma sociedade que seja baseada nos princípios de Locke, com exclusão de todos os outros, poderia sobreviver uma geração. Mas Locke, embora não represente as características mais desejáveis da sociedade burguesa, certamente é uma parte dela e há milhões como ele que lhe aceitam os princípios como padrões de ordem política. A esse respeito Locke é o símbolo notável do elemento de criação de revolução dentro da ordem capitalista, pressagiando os acontecimentos dos séculos XIX e XX.

7. Intervalo

§ 1. O primeiro ciclo: ordem contra espírito

Com Locke chega ao fim o primeiro ciclo do pensamento político moderno, e pode ser conveniente um momento de reflexão acerca do resultado. A criação da nova ordem começou com a restrição da guerra legítima às unidades políticas soberanas. A teoria de Grotius amplia ainda mais o círculo dessas unidades, mas exclui da cena internacional a facção religiosa como uma unidade guerreira; doravante apenas as unidades de poder não religioso deverão ter *status* público. A contraparte deste princípio é, ao final do século, a teoria da tolerância de Locke, que remove a igreja da cena pública doméstica e dá *status* público apenas ao elemento não espiritual do homem. O entusiasmo religioso sectário despedaçara o compromisso civilizacional; a sociedade europeia dos estados nacionais nascentes tinha, depois de convulsões terríveis, finalmente dominado o perigo anticivilizacional que a igreja se mostrou incapaz de digerir ou suprimir, com a consequente perda enorme de prestígio para as organizações religiosas e sua subordinação aos interesses das novas comunidades políticas.

Temos de dar-nos conta inteiramente do desespero da luta, que chegou a mais de um século, e o perigo real de destruição anticivilizacional a fim de apreciar a força do novo sentimento de ordem que se expressa desde o final do século XVII na crença de que foi ganha, não perdida, a civilização, na grande crise que começou com a Reforma. Desse período data o padrão de história que ainda tem ampla aceitação popular, mesmo entre os leigos na profissão, da idade das trevas da religião e teologia que foi seguida pela Civilização, com maiúsculas, baseada na Natureza e na Razão. A nova época é a liberadora do espírito, a igreja é seu inimigo mortal; o Iluminismo do século XVIII e o "*Ecrasez l'infame!*"[1] de Voltaire fixaram profundamente o sentimento até hoje. A ascensão de novas religiões, o aparecimento de um novo Corão no *Capital*, de uma literatura patrística com Lênin como o grande pai da igreja, do heresiarca Trotsky, de uma nova inquisição, são ou simplesmente negados pelos defensores do credo como fenômenos religiosos ou reconhecidos como tais a ponto de serem chamados reincidências bárbaras dos padrões de Civilização em formas medievais que o progresso deixou para trás para sempre. Estão na natureza dos sonhos ruins e passarão; essas coisas *realmente* não acontecem no século XX.

O sentimento de que um grande estabelecimento e um grande recomeço se tinha feito é a nota dominante em direção ao final do século; o sentimento e as evocações míticas que produziu são tão fortes que as realidades da situação são obscurecidas para o fiel.

A ideia de Locke de ordem política é uma caricatura revolucionária; que pudesse não ser notada como tal, e ainda não seja notada pela maioria dos alunos, foi devido à profunda desordem espiritual. Mas até mesmo uma desordem espiritual tem de aparecer como uma ordem relativamente ou se torna insuportável, e o Mito da Ordem na destruição é fornecido pelos símbolos do estabelecimento, que são os mesmos para Grotius e Locke: Razão e Natureza. O homem é um ser racional; sua razão permite que ele, através de seu conhecimento e experiência, controle as deficiências da paixão e progrida

---

[1] Destruam a infame! (N. T.)

ainda mais em direção a uma vida razoável, uma vez que seja domado o entusiasmo da religião (Locke).

Embora a nova ordem se apresentasse como rósea no Mito da Razão e Natureza para Grotius e Locke, os maiores contemporâneos deles não estavam felizes. Hobbes, o psicólogo moralista, penetrou no nível da existência humana em que o denominador comum do anticivilizacionismo sectário e do antiespiritualismo civilizacional pode ser encontrado: a paixão de poder. Sob o verniz da religiosidade sectária aparece a "loucura" da autoglorificação e a intolerância de consciência; sob o verniz da Razão e da Natureza aparece em Grotius a exploração de oportunidades comerciais a expensas de nações menos desenvolvidas, e em Locke, em seu deslize perfeito, o desejo de expansão de propriedade impelido por obrigações sociais. Espinosa, o místico, luta valentemente pela Vida de Razão, mas não pode fazer mais do que provar que a Vida de Razão é incompatível com a vida razoável ao ponto de exclusão mútua.

§ 2. O segundo ciclo: a reafirmação do espírito

Ganhara-se uma ordem, mas o espírito estava perdido. O próximo ciclo de pensamento traz a reafirmação do espírito – e junto com ela uma nova estrutura muito complicada da história do pensamento. O pensamento político move-se doravante ao menos em três caminhos diferentes. O primeiro caminho é o da Nova Ciência, inaugurada por Giambattista Vico. É em princípio motivada pela experiência da decadência ocidental. Suas figuras mais importantes notam com preocupação crescente os sintomas da catástrofe civilizacional e política que em nosso tempo alcançou seu clímax sangrento. Tentam heroicamente despertar o sentimento de perigo; descrevem os sinais de decadência e, a fim de os reconhecerem como tais, restauram a consciência dos padrões de uma civilização espiritual em suas próprias pessoas, algumas delas, como Vico, ou, mais tarde, Nietzsche, com a esperança de encontrar um eco de ação salvadora – que, é claro, não surge porque a tolerância que a sociedade oferece iguala a oportunidade para todos, para o grande homem de sua época, de fala não ouvida, e para o baixo caluniador de capturar o público. Os dois séculos desde Giambattista Vico até Max Weber são sem paralelo na história do pensamento humano pelo número de mentes capazes que se ocuparam da política, fascinadas pelo espetáculo de decadência, assim como por seu sucesso em estabelecer uma ciência da política – um esforço pessoal e uma realização que, no todo, chegou ao desperdício, à luz do efeito público.

Num segundo caminho encontramos homens que algumas vezes são excelentes diagnosticadores da crise, mas, além disso, são ativistas espirituais que montam a revolução contra a sociedade decadente, homens como Marx, Lênin, Mussolini e Hitler. Formam um grupo intermediário entre os homens da Nova Ciência e os pensadores do estabelecimento burguês à medida que diagnosticam corretamente a decadência, mas trazem, para a solução da crise, uma estreiteza de espírito que despedaça ainda mais a civilização ocidental trêmula e, ao mesmo tempo, trai sua origem da própria decadência que queriam superar.

E então há um terceiro caminho, o caminho do estabelecimento do século XVII, do Mito da Razão, do Progresso, e do sucesso da Civilização que é seguido por mentes de qualidade secundária. Se deixarmos de lado o grupo dos ativistas que dão sua marca ao século XIX e depois, poderemos dizer que Hobbes e Locke são simbólicos de duas atitudes que determinam a separação dos caminhos.

Como temos de proceder por seleção, a linha de pensadores secundários será tratada bem sumariamente, ao passo que se dará atenção especial aos homens da Nova Ciência. Surge certa dificuldade na apresentação mediante diferenças de tempo dos fenômenos de pensamento nos diferentes níveis. A decadência real e a revolta ativista contra ela movem-se devagar em comparação com a evolução de ideias na Nova Ciência, de tal modo que os fenômenos de decadência são discutidos e descontados com base em seus sintomas anteriores na esfera da ciência antes de atingirem seu desenvolvimento pleno na esfera da decadência. Para dar alguns exemplos: Vico reagiu contra o Progresso e a Razão no começo do século XVIII, ao passo que a ideia em si de Progresso alcançou sua estatura plena apenas na metade do século seguinte e dominou alguns dos grandes sistemas sociológicos do século XIX. Kant desenvolveu a teoria da evolução biológica e estabeleceu por que ela não explica o que deveria explicar no final do século XVIII, ao passo que alcançou sua preponderância completa na esfera decadente apenas quando Darwin a tornou popular, ao transferir a luta pela vida na sociedade competitiva burguesa para o reino animal, dando-lhe, assim, um novo recomeço na vida política porque agora tinha obtido o prestígio de uma lei de ciência natural. Vico estabeleceu a tese da fundação da ordem social num mito social; a ideia foi continuada por Schelling e se tornou a base de sua *Filosofia da Mitologia*, mas apenas no final do século XIX é que penetrou na esfera ativista e se tornou socialmente eficaz em Sorel e mais tarde em Mussolini. A interpretação elitária da ciência política foi bem estabelecida por Renan, Nietzsche, Mosca e Pareto antes de os ativistas a empregarem como instrumento técnico de revolta contra a democracia. A psicologia de massa foi desenvolvida incidentalmente à análise da decadência democrática quando o sufrágio geral, aclamado como a vitória da democracia, mal tinha surgido, e decai antes de ser empregada como o instrumento de destruição dirigido contra a democracia, etc. Em praticamente todos esses casos, os partidários do Mito da Razão não reconhecem ainda os resultados da ciência. Há na verdade histórias recentes do pensamento político em que Vico não é mencionado e Nietzsche é tratado como um fascista menor com ideias estranhas acerca da Besta Loira. Na prática da apresentação, isso significa que na análise da Nova Ciência temos de tomar como certos os fenômenos de decadência que se revelam a outros olhos além daqueles dos grandes cientistas, décadas e séculos depois; algumas dessas fases antecipadas ainda não ocorreram.

O ciclo de pensamento que começa com Vico chega a um fechamento com Hegel. É politicamente o período do estabelecimento da democracia nacional, produzindo, na esfera de evocações, o espírito nacional, e o estado de Hegel como moralidade objetiva. O ano da morte de Hegel é o ano do Projeto de Reforma Inglesa; sua análise como a cunha de abertura para a democracia de massa foi a última obra de Hegel. Com Marx começa a linha das atividades espirituais com eficácia de massa.

§ 3. Mau humor e ceticismo

Depois do poderoso ataque de Vico e do primeiro matiz grandioso da Nova Ciência, os passos hesitantes tomados na Europa do Norte para sair do Mito da Razão parecerão algo ultrapassados. No entanto, não devem ser desprezados. A obra de Vico não se tornou eficaz na Inglaterra e na França; a resistência tinha de desenvolver-se independentemente das forças dessas sociedades. Embora os resultados sejam modestos comparados com a obra de Vico, a mudança de sentimento que os tornou possíveis merece atenção, ao menos em alguns exemplos notáveis.

a. O ceticismo de Hume

Na Inglaterra, o rompimento decisivo veio através de David Hume (1711-1776). O *Tratado da Natureza Humana* (1739-1740)[2] traz o ataque à Razão com o propósito de revelar a fundação verdadeira da moral e da política na esfera dos sentimentos. É um tratamento curiosamente hesitante, não particularmente claro, seja quanto aos princípios de crítica, seja quanto aos resultados obtidos. Hume não é um pensador

---

[2] David Hume, *A Treatise of Human Nature*. Everyman's Library Edition, 2 vols. London, J. M. Dent; Toronto, E. P. Dutton, 1911, 1920; as citações por número de página no texto serão desta edição.

revolucionário, ao menos no que diz respeito à ordem política. Aceita os estabelecimentos de 1688, considera como desejável o equilíbrio de poder entre rei, lordes e comuns, e defende o regime de Walpole porque a ascendência do Parlamento, temperada pela corrupção, oferecerá a forma encantadora mista de governo polibiana, que é a mais propícia à liberdade para todos. É um conservador, nadando numa determinada sociedade; não tem princípios, exceto o desejo de manter o estado agradável de coisas, sem perturbação. É um conservador, mas é inteligente e reconhece que sua simpatia pela ordem existente e seu gozo dela são equivalentes à ausência de princípios; esta ausência de princípios é o que ele chama seu ceticismo. A sociedade, tal como existe, é agradável, ao menos para ele, e ele analisa os motivos que determinam sua concordância com a ordem da propriedade assim como a ordem constitucional de sua sociedade. Os motivos revelam-se como um conjunto complicado de sentimentos, crenças e convenções, mas não como um consentimento fundamentado num contrato.

b. *Razão e sentimento*

O principal mérito de Hume é ter mostrado que uma sociedade política que corresponde aos ideais de Locke pode ser construída teoricamente, partindo dos sentimentos. Sua teoria dos sentimentos pode não se manter muito bem se for tida como uma análise exaustiva da sociedade política, mas ainda tem suas qualidades como uma descrição-tipo do comportamento político da considerável massa de homens cuja única relação com a política é o desejo de serem deixados em paz e de procurar seus negócios privados com o mínimo possível de perturbação de sua esfera política. Embora este resultado não possa ser uma grande contribuição para a ciência da política, foi bem consequente através de suas implicações assim negativas como positivas. Negativamente, Hume empreendeu grandes esforços para demonstrar a absurdidade da teoria do contrato como uma teoria da origem da sociedade. Sua crítica à razão, que era apenas preparatória à sua filosofia política, ofuscou o que ele considerava sua obra principal. Quando hoje se menciona o nome de Hume, pensamos nele não primeiramente como um filósofo político, mas como um epistemologista que afirmou que a categoria de causalidade era uma crença. Este foi um passo importante na teoria da ciência natural e determinou a contrateoria de Kant da estrutura apriorística da compreensão, mas foi apenas de importância secundária para a teoria da política. No que diz respeito à ciência, Hume não fez mais do que restabelecer a posição de Grotius. A razão é a função de raciocínio formal que tem seu lugar na matemática, na retirada de conclusões, e na coordenação correta de meios para um fim; mas a matéria a que o raciocínio se aplica tem de vir de algures, no campo da política, das "propensões" humanas. No entanto, o caráter abrangente da crítica da razão, eliminando a razão inexoravelmente como uma fonte de conhecimento material da ciência natural assim como da religião, moral e política, deixou uma impressão profunda e pode-se dizer que deu o golpe de misericórdia na teoria do contrato na ciência política. Positivamente, sua teoria dos sentimentos teve a consequência de mostrar que os princípios do governo poderiam ser encontrados algures do que na razão; estava aberto de novo o caminho para uma análise da personalidade humana como o centro da teoria política, embora a própria contribuição de Hume para este fim tenha ficado algo restrita.

c. Propensões do mau humor de um cavalheiro

As restrições são autoimpostas; são determinadas pela atitude política de Hume e sua ideia da função da filosofia na sociedade inglesa. A filosofia de Hume não está radicada no misticismo, como a de Bodin e a de Espinosa, mas nas "propensões" de um cavalheiro inglês do século XVIII. Ele descreve admiravelmente o dilema de sua posição na última seção do livro I do *Tratado* (pt. IV, sec. 7, 1:249 e seguintes). A busca pelos princípios últimos, que permitiria uma orientação da vida, tem como seu resultado a intelecção de que não há tais princípios objetivos. As respostas a tais perguntas como "Onde estou, ou o que sou? De que causas obtenho minha existência, e a que condições deverei retornar? Devo cortejar o favor de quem, e que ódio devo temer?", etc. (1:253), aparecem na reflexão como determinantes subjetivos da mente, adquiridos pelo costume. A empresa derrota a si mesma. A reflexão posterior penetra, à medida que as perguntas se tornam mais inquietantes e irrespondíveis, até "que sou cercado da treva mais profunda, e privado completamente do uso de qualquer membro e faculdade" (1:254). A razão não pode dissipar essas nuvens, mas, por sorte, a Natureza oferece um remédio contra "esta melancolia filosófica e delírio" relaxando a propensão da mente. "Janto, jogo gamão, converso, e alegro-me com meus amigos; e quando, depois de três ou quatro horas de diversão, retorno a estas especulações, elas parecem-me tão frias, e afetadas, e ridículas, que não tenho coragem de voltar a elas novamente." Neste humor, ele ainda sente tais remanescentes da disposição anterior que está pronto para jogar ao fogo todos seus livros e notas e determinar-se "a nunca mais renunciar aos prazeres da vida por causa do raciocínio e da filosofia". Entretanto, não é final o sentimento de "mau humor e indolência". A filosofia não pode combatê-lo, mas a Natureza retoma seu curso, e quando ele está cansado da companhia e faz uma caminhada, sua mente de novo se recolhe a si, a curiosidade desperta novamente e se ele resistisse ao sentimento filosófico "sinto que seria como um perdedor no momento do prazer; e essa é a origem de minha filosofia" (1:255).

d. *A função social da reflexão cética*

A mudança indiferente entre o humor filosófico e o humor social não é, entretanto, uma matéria inteiramente de propensão. A fraqueza humana teria de levar a inquirições especulativas, porque sem a reflexão o homem se entregaria a fantasias populares e superstições que poderiam tornar-se perigosas para a paz social. Já que é impossível para a mente do homem "descansar [...] naquele círculo estreito de objetos, que são a matéria da conversação e ação diárias" (1:256) só há uma escolha entre crenças supersticiosas e a filosofia. Nessa situação, a filosofia é preferível. Pois as superstições apanham mais fortemente a mente e perturbam a conduta e as ações, ao passo que a filosofia, "se justa, pode apresentar-nos apenas sentimentos amenos e moderados". Raramente ocorre de os filósofos incidirem em extravagâncias de conduta como os cínicos. "Falando de maneira geral, os erros na religião são perigosos; os na filosofia, apenas ridículos."

A última observação dá a chave para a atitude filosófica de Hume. A religião é ainda um perigo público e deveria ser banida; a filosofia, uma forma mais serena de ocupação da posição do homem no universo, é mais segura, embora às vezes também possa tornar-se ardente. A "maneira negligente" da filosofia é a mais desejável; a reflexão deveria ir ao ponto onde as crenças correntes numa estrutura objetivamente verdadeira do universo, do homem e da sociedade fossem destruídas e os perigos que surgem da fé (que é um sinônimo de superstição) fossem neutralizados. A melancolia que se segue será aliviada pelo emprego dos "negócios domésticos" e a diversão em "recreações comuns". É uma filosofia muito higiênica, equilibrando uma dieta de melancolia especulativa com prazeres mais terrenos, de tal maneira que, no todo, uma sociedade estabelecida seguirá seu curso suavemente.

e. Simpatia e convenção

Que a sociedade possa andar suavemente quando, por uma reflexão um pouco cética, as bolhas perturbadoras das superstições são furadas é devido à estrutura da natureza humana. O elemento no homem que contribui para a coerência da sociedade é a *simpatia*. "Nenhuma qualidade da natureza humana é mais notável, tanto em si como em suas consequências, do que aquela propensão que temos para simpatizar com outros e receber por comunicação suas inclinações e sentimentos, por mais diferentes que sejam ou mesmo contrários aos nossos" (Livro II, sec. XI; 2:40). É difícil para os homens seguir sua própria inclinação ou julgamento na oposição a seu ambiente social; a pressão psicológica é forte o bastante para operar, através da empatia, na direção da uniformidade geral. O efeito da simpatia é tanto mais assegurado porque a natureza humana em geral é uniforme, e o que dá prazer a um dá prazer ao outro. Se um homem segue apenas seu interesse próprio, logo descobrirá que estará mais seguro na posse de sua vida e propriedade se evitar atacar os outros, e os outros verão o mesmo. Uma compreensão mútua de que aquela autorrestrição é o melhor curso a longo prazo estabelecerá regras de conduta social baseadas não em contratos, mas no que Hume chama *convenções*. Uma convenção é uma regra de conduta que é observada não por razões morais, ou por causa de uma promessa que foi dada, mas porque, por compreensão mútua, sua observação é do interesse de todos os envolvidos. Não é necessário ir mais fundo nos pormenores: autointeresse, uma generosidade limitada e a simpatia são as forças que permitem a construção da sociedade política. O mérito da construção está, como disse antes, no fato de que ela descreve empiricamente e de maneira razoavelmente correta a atitude de grandes massas de pessoas que estão integradas na sociedade pela pressão social, autointeresse, uma vaga simpatia, e a má vontade de opor-se à ordem estabelecida contanto que a propriedade e a esfera de conforto da vida seja toleravelmente segura; em suma, o estrato a-histórico da sociedade.

A atitude e teoria de Hume são em essência uma confirmação de Locke. Às seções periféricas da personalidade humana é dado o monopólio de constituir a sociedade política. O espírito é privado do *status* público, e acrescenta-se a filosofia como um salvo-conduto contra a perturbação que emana do entusiasmo de qualquer tipo. O "congelamento" da história alcançou seu clímax. Por outro lado, aconteceu uma mudança decisiva. A sociedade a-histórica já não é construída por meio de hieróglifos legais, mas é apresentada realisticamente como uma estrutura de sentimentos, por mais defeituosa que seja a análise dos pormenores. Hume escreve ocasionalmente uma sentença que lembra a atmosfera de Vico: "A Natureza Humana é a única ciência do homem, e, no entanto até hoje foi a mais negligenciada" (Livro I, sec. VII; 1:257).[3] Certamente ele não pretende abrir o caminho para a posterior filosofia antropológica de Kant e Hegel, mas sua crítica da razão e sua análise realista ao menos da periferia da personalidade teve, em verdade, este efeito.

§ 4. Montesquieu

a. Atmosfera de Montesquieu

A revolta francesa ao lado da crítica de Hume à razão veio através de Montesquieu (1689-1755). Novamente, um novo conjunto de problemas se abriu, o qual não poderia ter sido coberto pelo Mito da Razão ou pela teoria do contrato de governo. Mas aqui termina o paralelo, pois o tratamento de Montesquieu difere tão amplamente do de Hume quanto a situação política francesa diferia da inglesa. Hume era o filósofo de uma sociedade estabelecida que tinha passado por uma revolução. Um humor hipocondríaco está-se aproximando, temperado em Hume por uma complacência natural; mas pelo verniz de seu conformismo e ceticismo podem-se sentir outras possibilidades: o século de Hume é o século de Beckford e de sua *Vathek*. A França de Montesquieu está cheia de inquietação pressagiando uma revolução; a expectativa do

---

[3] Entretanto, não se devem superestimar tais afinidades; estou dando a Hume o benefício da dúvida. Na verdade, a sentença citada pode não ser mais do que uma platitude de conversa, corrente à época; cf. as linhas de Pope, *Essay on Man*. London, 1734, p. 23, Epístola II, linhas 1-2.
   Conhece então a ti mesmo, não ouses sondar Deus,
   O estudo próprio da humanidade é o Homem.
Seria também bom para a melhor compreensão da mudança anterior de Hume entre a especulação comparar, de [Richard] Steele, "The Club at the Trumpet", *Tatler*, n. 132 [11 de fevereiro, 1709-1710], onde os prazeres da companhia estúpida como uma transição entre o pensamento e o sono são descritos deliciosamente quase nos mesmos termos de Hume.

movimento, o cheiro de horizontes desconhecidos, é uma característica de Montesquieu assim como certo cheiro rançoso de estagnação é peculiar a Hume.

Pode surpreender o leitor ver Montesquieu e Hume comparados à luz de atmosfera, mas não estou entregando-me a uma licença poética. É necessário ter um sentimento da atmosfera se quisermos entender de algum modo o significado da obra de Montesquieu. O grande tratado *De l'Esprit des Lois* (publicado em 1748) é uma curiosidade na literatura de política, pois não há nenhuma outra obra de dimensões físicas similares, de uma gama similar de problemas, de uma reputação comparável, e de um investimento de cerca de vinte anos de trabalho que, se procurarmos resultados tangíveis, não ofereça nenhum. Podemos juntar com dificuldade algumas ideias menores, como a sugestão para a reforma do código penal, ou a posição de Montesquieu contra a escravidão, seu entusiasmo pessoal pela liberdade, ou sua divisão tripartida de poderes governamentais em legislativo, executivo e judiciário, todas elas, embora não sem importância, não estão em proporção razoável com a magnitude de sua obra. Mas seu nome não está associado a nenhuma contribuição surpreendente que toque os princípios da teoria política. Os resultados do *Esprit des Lois* claramente não valem a pena de serem reportados, como os de Maquiavel, Bodin, Hobbes ou Vico.

A importância da obra de Montesquieu está inteiramente em sua reformulação da gama de problemas de um sistema de política numa época quando esta gama tinha sido deploravelmente reduzida através do provincialismo intelectual da razão e das teorias do contrato. É uma restituição do complexo de problemas em princípio. Os problemas em si não são integrados num sistema. Fragmentos incompatíveis de teoria estão lado a lado porque Montesquieu não tinha a capacidade filosófica de construir um sistema, e a aplicação de sua teoria a amplas massas de materiais históricos é irrelevante porque ele não tem o poder de penetrá-las criticamente. O *Esprit des Lois* é em seus aspectos assim teoréticos como empíricos a obra de um diletante, mas de um diletante com entusiasmo, com ambição, com um grande horizonte, e com um faro para as coisas essenciais.

b. A questão antropológica

Montesquieu era claro quanto ao problema que estava diante dele. O centro da política é o homem, e o que sua época precisava era de uma ciência do homem. No prefácio do *Esprit des Lois* ele se glorifica como feliz se sua obra pudesse ajudar na destruição de "preconceitos", e por preconceitos ele quer dizer "o fato de o homem não conhecer-se a si mesmo". A ideia humana de simpatia é evocada quando diz que o homem é maleável à impressão de outros a ponto de ser capaz de conhecer sua própria natureza se alguém lha mostrar e de perder todo senso dela se for mantida escondida dele. A questão antropológica é introduzida como o tópico sistemático central.

Entretanto, tão logo começa a execução do plano, passamos a ter as dificuldades de uma terminologia tecnicamente incompetente que articula mal os problemas. O espaço não permite um desenrolar passo a passo do confuso livro I, *Das Leis em Geral*. Remeterei o leitor ao original e darei apenas a substância do argumento. O homem pertence estruturalmente a vários reinos: é um objeto físico, um animal, tem intelecto, personalidade moral, e uma personalidade espiritual capaz de experiências religiosas. Esta estrutura determina suas relações com o ambiente no sentido mais amplo da palavra, abrangendo a natureza, os companheiros e Deus. As relações entre o homem e seu ambiente são governadas por regras que foram fixadas pelo Criador e que são acessíveis ao conhecimento humano. A este conjunto de regras Montesquieu chama as "leis da natureza", abrangendo as leis da física assim como as regras naturais que governam relações sociais e as regras naturais que governam as relações com Deus. Assim como o homem é falível, fraco e influenciado por paixões, é capaz de abandonar algumas dessas regras. As regras do mundo físico estão para além de seu alcance, mas em religião, moral e política, ele pode violar as regras naturais de Deus. A fim de prevenir a violação, ou ao menos minimizá-la, o homem deve ser permanentemente relembrado delas, e este fim serve às leis de religião pelas quais Deus relembra ao homem seu estado natural, as leis morais pelas quais os filósofos mantêm viva a consciência moral, e as "leis políticas e civis" pelas quais os legisladores mantêm os homens em suas relações naturais sociais. A última classe mencionada de leis é a matéria do *Esprit des Lois* (I.1-2).

c. O povo – Esprit des Lois

Até aqui a exposição das leis políticas e civis desejáveis poderia levar a outra construção de direito natural. Mas neste ponto o novo fator do *povo* é introduzido. O povo é concebido nas mesmas linhas estruturais do homem, de sua psique, passando por seu temperamento e *moeurs* [costumes], até chegar a sua religião. Dentro do quadro da natureza humana geral, as nações diferem. Não são simplesmente réplicas umas das outras, mas têm cada uma sua individualidade. É arte do legislador adaptar as leis políticas e civis às circunstâncias do caso. O todo das variações por que passa a lei geral no processo de sua adaptação aos elementos estruturais de um povo individual é o que Montesquieu chama o *esprit* de uma ordem legal (I.3).

As características estruturais que têm relação com o *esprit* das leis dividem-se em duas classes. A primeira classe consiste nos elementos estruturais do governo. Um povo pode ser organizado como república, monarquia ou despotismo. A questão de qual deveria ser preferido é determinada pelo tamanho de um povo. Pequenos países são mais favoravelmente organizados como repúblicas (democrática ou aristocrática); territórios de tamanho médio como monarquias; grandes territórios, como o asiático, como despotismos. A segunda classe consiste nos elementos "mais particulares", indo do clima e do solo até a religião de um povo. A organização do *Esprit des Lois* segue no geral este programa. Não se justificam acusações frequentes de que a obra é em grande parte desorganizada. É organizada quase tão bem que se pode considerar que os problemas teoréticos são saltados com despreocupação serena. O seguinte índice do *Esprit des Lois* pode trazer a ordem sistemática dos tópicos que o arranjo de Montesquieu em 31 livros coordenados deixa no escuro, e deve apresentar o catálogo de problemas que Montesquieu reintegrou.

d. Sumário do Esprit des Lois

I. Elementos estruturais gerais (Livros 2-8)
1. Os três tipos de governo (2)
2. Os princípios dos três tipos de governo (3)
3. A influência dos princípios
   a. Nas leis educacionais (4)
   b. Nas leis políticas (5)
   c. Nas leis civis e penais (6)
   d. Nas leis concernentes ao luxo e às mulheres (7)
4. A corrupção dos três princípios de governo (8)

II. Elementos estruturais particulares (Livros 9-25)
1. Segurança
   a. Ofensiva (9)
   b. Defensiva (10)
2. Liberdade do Homem
   a. Liberdade política, a constituição (11)
   b. Liberdade civil, escravidão (12)
   c. Lucro, taxas (13)
3. Clima e solo
   a. Influência do clima no homem e nos seus costumes (14)
   b. Clima e escravidão (15)
   c. Escravidão doméstica; posição das mulheres (16)
   d. Servidão política (17)
   e. Natureza do terreno; influências topográficas (18)
4. O espírito nacional (19)
5. A economia
   a. Comércio; natureza e distinções (20)
   b. Evolução do comércio (21)
   c. Uso do dinheiro (22)

6. Tamanho da população (23)
7. Religião (24-25)

III. Técnica legislativa

1. Relações entre as leis civil, política, moral, religiosa e natural (26)
2. Composição das leis (29)

IV. Digressões históricas

1. O direito romano de sucessão (27)
2. As leis civis dos francos (28)
3. A lei feudal dos francos e a monarquia (30-31)

e. Um novo sentido da história – Destino nacional

Uma análise minuciosa do sumário mostra sua fraqueza sistemática, mas, ao mesmo tempo, a mudança total de atmosfera desde o tempo de Hobbes e Locke. A obsessão de construir um sistema ideal de governo deu ocasião ao reconhecimento da variedade infinita de povos que exigem ordens governamentais de acordo com suas individualidades históricas. Se um sistema de instituições é bem adaptado ao espírito geral de um povo, ele se tornou tão fortemente individualizado, na opinião de Montesquieu, que é imprestável para qualquer outro povo. (Montesquieu poderia ser lido com proveito pelos provincianos incuráveis que acreditam que um sistema de governo que funcionou em um país é uma panaceia para os males do mundo.) O sentimento de que as nações são indivíduos está presente de uma hora para a outra. O sentimento é reforçado por um grande alargamento dos horizontes histórico e geográfico. A obra de Montesquieu abunda em referências a China, Japão, Pérsia e sociedades primitivas. Pode-se sentir-lhe o entusiasmo no descobrimento da multidão de povos e civilizações, a rica diversificação da humanidade. Há ainda remanescentes da brutalidade do homem razoável, que acredita que seus próprios padrões definem o homem ideal e que todo o mundo tem de ser transformado segundo a sua imagem, mas o sentimento prevalecente é de um respeito profundo pela variedade e o sentimento de que deveria ser deixada em paz. Montesquieu chega ao ponto de reconhecer que o Islã é a religião apropriada para as regiões do Oriente Próximo e que a extensão atual da cristandade corresponde a seu ambiente natural. Acredita ainda que novas religiões não devem ser introduzidas frivolamente num país porque isso poria em perigo a solidariedade do espírito nacional. Quando, entretanto, os críticos lhe chamaram a atenção para a conclusão de que este princípio excluiria a atividade missionária cristã, ele se retratou e reconheceu que a verdadeira religião estava, é claro, isenta da regra. O incidente revela o seu embaraço. Ele sente que a civilização ocidental cristã é em si uma individualidade histórica e não obrigatória para outros povos, mas não tem a liberdade interior para reconhecer o fato, nem o poder intelectual de construir uma filosofia da história que pudesse lidar com este problema.

Está até mesmo presente em Montesquieu o sentimento de fatalismo que aparece em sua inteireza apenas no final do século XIX como fruto do historicismo. No livro XI.5 do *Esprit des Lois*, ele diz que cada estado tem, além de seu fim geral de manter-se na existência, um "fim particular", sua missão histórica peculiar. Em seu ensaio sobre a história romana, a "ideia" de Roma, sua tendência para a grandiosidade, é o princípio guia para a dissecação do destino romano. Uma vez que a missão, a finalidade, tomou forma, o curso da história é inevitável para um povo, e o escopo não será descartado mesmo se levar à destruição. Os estadistas assim como as nações são impotentes contra seu destino: "Se César e Pompeu tivessem pensado como Catão, outros teriam pensado como César e Pompeu, e a República que estava destinada a perecer teria sido precipitada no abismo por outra mão".[4] O sentimento de destino e decadência está presente em Montesquieu assim como em Vico.

---

[4] Montesquieu, *Considérations sur les Causes de la Grandeur des Romains et de leur Décadence* (1734). Paris, Éditions Garnier Frères, 1954, p. 60.

Reflexões deste tipo mostram quão longe Montesquieu estava de realizar seu programa de restaurar a ciência do homem. A racionalidade do homem tornou-se um elemento estrutural entre outros; a ciência política tem de incorporar em seu sistema a estrutura completa do homem e lidar com a política em toda a complexidade que resulta da estrutura complexa do homem. O corpo político não é um reino de razão, mas uma esfera de vida em que o clima e os fatores temperamentais exercem sua influência tanto quanto as experiências religiosas. A teoria do espírito geral e sua força determinante acrescentou o fato da existência histórica do homem.

f. A ideia de um governo livre

Os fatores estão reunidos na obra de Montesquieu, mas não estão ligados num sistema. O sentimento de fatalidade histórica aparece de vez em quando, mas não interfere na atitude mais otimista de reforma governamental que aparece em outras passagens. É necessário uma palavra final deste lado de Montesquieu porque foi, na esfera das evocações auxiliares, a mais eficaz. As três formas de governo que Montesquieu distingue são menos importantes como tipos científicos do que como ideias políticas controversas. A república, democrática ou aristocrática, caracterizada pela virtude cívica é modelada segundo Roma; Montesquieu considera-a uma forma de governo adequada a comunidades políticas pequenas, de nenhuma importância séria, na política corrente. O despotismo, um regime arbitrário de um monarca, baseado no princípio do medo, é modelado segundo a França de Richelieu e Luís XVI; é a forma que substituiu a outra constituição francesa, muito em detrimento do povo francês. A monarquia, um regime real sob lei fixa, baseado no princípio de honra, moderado pela nobreza e por uma magistratura que funciona como a "guardiã da lei", é o tipo desejável que deveria ser restaurado na França.

A constituição inglesa atrai seu interesse como uma forma de governo que assegura a liberdade e o império da lei e pode servir como um modelo para a reforma francesa. Neste contexto, Montesquieu deu o que pode ser chamado a ideia racional clássica de liberdade em contraste com nossa ideia emocional de liberdade. "Liberdade política", define ele, "é a tranquilidade de mente que resulta da convicção de que todo o mundo tem sua proteção" (XI.6); mas esta liberdade não é uma liberdade de fazer o que se quer. Sob o império da lei, a liberdade consiste no "poder de fazer o que se deve fazer, e não ser compelido a fazer o que não se gostaria de fazer" (XI.3). Ou, para trazer à luz o contraste com a ideia moderna: para Montesquieu um governo livre é dado quando todo o mundo pode em segurança fazer o que deveria fazer de acordo com regras morais, ao passo que hoje concebemos um governo livre como um estado onde as pessoas podem fazer o que querem, devam ou não fazê-lo. A fim de assegurar a liberdade neste sentido, parece necessário distribuir os poderes legislativo, executivo e judiciário em diferentes pessoas: o princípio da separação de poderes.

§ 5. O alargamento do horizonte geográfico: A diversificação biológica da humanidade

a. Conhecimento de novos mundos – Começo do sentimento de relatividade

Há certas características na obra de Montesquieu que não podem ser totalmente entendidas em sua importância, sem algum conhecimento do clima intelectual circundante. A pintura convencional de Montesquieu exagera os elementos de tradição; é fácil apontar o toque obviamente aristotélico na catolicidade de problemas, e pode-se apontar eruditamente a teoria dos climas de Bodin como precedendo a de Montesquieu. As relações históricas deste tipo realmente existem, e é necessário expô-las. Mas a peculiaridade da obra de Montesquieu não vai ser encontrada neste nível de características tradicionais. O que é novo em Montesquieu é o calafrio de relatividade histórica, a leve suspeita de que a civilização ocidental não é o centro do mundo e não é a obrigação padrão para toda a humanidade. Notamos os começos desta inquietação na ideia de Maquiavel da *virtù* que vagueia de uma nação para outra, dando a cada uma seu grande dia de história e, depois, deixando-a afundar de volta em sua escuridão. São várias as fontes da inquietação. No Mediterrâneo, os contatos físicos com a civilização árabe, com os turcos e com o império mongol mantiveram vivo o sentido de mundos para além do Ocidente. Uma fonte permanente de fermentação é, desde a Renascença, o conhecimento renovado da ascensão e queda do império romano; notamos seus efeitos em Maquiavel assim como em Vico e Montesquieu. A *Römisches Gespräch* [Discussão Romana] é sempre um antídoto eficaz contra uma dose excessiva de enfatuamento otimista. Mais um dissolvente foi o conflito da Reforma, que destruiu o abrigo da igreja ocidental. E a época de viagens e descobrimentos geográficos finalmente rompeu os limites do horizonte ocidental e abriu novas dimensões, assim espacial como etnograficamente. Como reação imediata notamos uma debandada para o abrigo no *cosmion* mais restrito da nação. Na França, na Inglaterra e na Itália, as nações começam a desenvolver o mito do *omphalos*; o *cosmion* nacional assume a função do *sacrum imperium*. Mas a ascensão dos novos abrigos nacionais não consegue obscurecer a consciência da fragmentação. A particularização da humanidade ocidental em sociedades nacionais não pode senão aumentar o sentimento de tensão que surge do contraste entre uma comunidade nacional limitada e a vastidão espacial e temporal da humanidade.

b. A literatura de viagem – a Histoire Naturelle de Buffon

O sentimento desta tensão está claramente presente em Montesquieu. São amplas as referências às sociedades asiáticas e primitivas, mas por causa de seus modos assistemáticos, a massa dos materiais que causou a tensão não surge com todo o seu peso. Temos de considerar brevemente, portanto, a *Histoire Naturelle* de Buffon, que dá em seus primeiros volumes um levantamento sistemático do problema do homem em sua variedade somática, baseado, com cuidado científico, na enorme literatura de viagem.[5]

O principal ponto de relevância para nosso contexto é o volume do material. O capítulo "Variedades da Espécie Humana"[6] cita mais de oitenta títulos de viagens, coleções de viagens e relatórios de povos europeus e não europeus. Selecionei da ampla bibliografia alguns itens que podem dar uma impressão da gama do material. O mais antigo relatório de viagem empregado por Buffon é o de Marco Polo, no século XIII. Fontes do século XVI são *India Orientalis*, de Pigafetta, a viagem brasileira de Jean de Lery, e as observações sobre a Turquia, de Pierre Belon. No século XVII cresce o material. Entre os citados estão: o *Genio Vagante* del conte Aurelio degli Anzi, as viagens de Pyrard, Thevenot, Villamon, uma *Nouvelle Relation du Levant* anônima, de 1667, *Atlantica*, de Olaii Rudbekii, uma viagem espanhola e duas russas, uma coleção de *Voyages Historiques de l'Europe*, a *Histoire de la Conquête de la Chine par les Tartars*, de Palafox, as viagens de Johann Albrecht von Mandelslo na Pérsia, Índia Oriental, Madagascar. Mas a grande massa de material vem com a primeira metade do século XVIII, acima de tudo as grandes coleções: o *Recueil des Voyages, qui ont Servi à l'Établissement et au Progrès de la Compagnie des Indes Orientales, Formée dans les Provinces-unies des Pais-Bas*, o *Recueil de Voyages au Nord, Contenant Divers Memoires très Utiles au Commerce et à la Navigation*, e as *Lettres Édifiantes et Curieuses, Écrites des Missions Étrangères, par Quelques Missionaires de la Compagnie de Jésus*, cujos volumes começaram a aparecer em 1703. Itens citados frequentemente da literatura do século XVIII são as viagens de Jean Struys, Le Gentil, Chardin, Ovington, além da *Histoire Générale des Voyages* de 1746, relatórios

---

[5] Buffon, *Histoire Naturelle, Générale et Particulière, avec la Description du Cabinet du Roy*. O primeiro volume apareceu em 1749, um ano após o *Esprit des Lois*.
[6] *Oeuvres complètes de Buffon*, 12 vols. Ed. M. Flourens. Paris, Garnier, 1853-1855, vol. 2, p. 137-221 ("Varietés dans l'Espéce Humaine").

sobre Formosa, as Marianas, Ceilão, Guiné, uma história de São Domingos, Nova França, uma história dos Incas.

c. *O sistema de raças humanas*

A obra de Buffon tem uma posição decisiva na história das ideias políticas. Uma massa de materiais que se tinham acumulado por séculos, mas que até então só tinham exercido influências incidentais, estava agora sistematizada numa classificação das variedades das espécies humanas, e a classificação das variedades não se estendeu apenas às características físicas, mas incluiu o que Buffon chamou de "naturel des différens peuples". Grupos humanos eram distintos em seu sistema pela compleição e forma do corpo, mas também por suas instituições, costumes, religiões, etc. O sistema era razoavelmente abrangente; a antropologia natural posterior acrescentou muito aos pormenores, mas os grandes esboços da diversificação biológica da humanidade estavam completos. O sistema de Buffon está como uma rocha sólida; a questão da raça entrou na história moderna do pensamento. Blumenbach, Herder e Kant desenvolveram o problema ainda mais no século XVIII. Klemm, Gobineau e Carus acrescentaram no século XIX os novos materiais que tinham sido acumulados pela estupenda ascensão da história desde Buffon. No meado do século XIX a teoria de raça foi desenvolvida na forma que a conhecemos hoje.

d. *A diversificação racial e a unidade da humanidade*

O sistema de Buffon é de mais interesse em alguns aspectos do que o de Montesquieu porque sua antropologia foi mais bem desenvolvida e, portanto, mostrou mais claramente os novos problemas. Ele coordenou, como dissemos, elementos somáticos e espirituais em sua descrição dos subtipos da humanidade, mas não desenhou uma linha de determinação desde a estrutura do corpo até o mental. As diferenças climáticas da terra determinam na sua teoria assim as características somáticas como as mentais. Uma mudança no ambiente climático traria mudanças no tipo. O tempo exigido para mudanças Buffon, o estima em oito a vinte gerações. Os negros transplantados para a zona temperada se tornariam brancos nesse ínterim; os brancos na África ficariam pretos. Podemos entender agora a função da teoria de climas no pensamento do século XVIII: quando diferenças raciais são devidas a influências climáticas, a unidade da humanidade está salva diante do horizonte inquietador de diferenças. O determinismo racial moderno poderia desenvolver-se apenas depois de a biologia ter mostrado que diferenças somáticas têm seu fundamento na estrutura genética do homem e são ou pouco ou nada influenciadas pelo ambiente. É possível a Buffon afirmar a ideia do homem padrão como a forma que se desenvolve sob condições favoráveis da zona temperada ao passo que as outras variedades mantêm o caráter de curiosidades exóticas e deformidades, que estão abaixo do europeu ocidental. A posição poderia ser mais facilmente preservada por Buffon do que por Montesquieu porque os materiais de Buffon incluíam toda a gama de sociedades primitivas, ao passo que a obra de Montesquieu estava carregada na direção das grandes civilizações não cristãs, como a romana e a árabe, o que podia fazer nascer alguma dúvida concernente à superioridade clara do tipo ocidental cristão.

e. Os horizontes geográfico e histórico

A diferença nas atitudes de Buffon e Montesquieu permite uma distinção clara entre os dois fatores e causou o movimento para fora do Mito da Razão na direção de novos sistemas de pensamento político: o biologismo e o historicismo. No *Esprit des Lois* os dois elementos não estão suficientemente separados. A *Histoire Naturelle* de Buffon isolou o fato somático e então tornou possível definir precisamente a natureza de um dos novos elementos de pensamento assim como sua origem no alargamento do horizonte geográfico que foi trazido pela era dos descobrimentos e viagens. O isolamento do fator somático a seu turno provoca mais claramente o alargamento do horizonte histórico como o segundo fator independente.

OITAVA PARTE

A ÚLTIMA ORIENTAÇÃO

OBSERVAÇÕES INTRODUTÓRIAS

Numa época de desintegração civilizacional, a história intelectual não segue uma linha reta. Não podemos distinguir, de um lado, entre a evolução contínua de um complexo predominante de problemas, e, do outro, complexos subinstitucionais que pressionam para a superfície, como pudemos distinguir na Idade Média entre o complexo dominante de maturação espiritual e o complexo ascendente de problemas que tratamos sob o título "A Estrutura do *Saeculum*".[1] Numa época de desintegração, o campo de problemas está aberto socialmente: as questões que dominam a cena pública serão precisamente as que revelam desorientação e confusão, ao passo que as tentativas exitosas de orientação espiritual e intelectual são relegadas a cantos socialmente obscuros. Considerando esta situação, a análise da crise depois de Hegel encontraria dificuldades se simplesmente seguíssemos uma ordem cronológica de pensadores e ideias; perder-nos-íamos num deserto de materiais com poucos fios de significação para guiar-nos. A fim de lidar com esta dificuldade metodológica, decidimos o curso de isolar na presente parte, sob o título de "A Última

---

[1] Ver *History of Political Ideas*, vol. II, *The Middle Ages to Aquinas*. Ed. Peter von Sivers. Columbia, University of Missouri Press, 1997, p. 105-204. (CW, vol. 20) [Em português: *História das Ideias Políticas*, vol. II, *Idade Média até Tomás de Aquino*. Trad. Mendo Castro Henriques. São Paulo, É Realizações, 2012, p. 121-238.]

Orientação", um complexo de ideias que consideramos sistematicamente centrais e, portanto, aptas a fornecer um ponto estável de orientação na confusão crescente do século de crise.

Para o corpo principal deste complexo orientador de ideias, poderíamos recorrer à interpretação da época dada por Schelling. A exposição da filosofia histórica e de existência política de Schelling formará a parte central da seguinte "Orientação". Esta autointerpretação da época através da pessoa e obra de Schelling tem de ser precedida, entretanto, por uma análise dos problemas do "Fenomenalismo". Nesta análise, formando o Capítulo 1 da presente "Orientação", pretendemos fornecer as perspectivas históricas em que os problemas de Schelling devem ser vistos. Foi necessário acrescentar a perspectiva dessa forma pela razão antes mencionada de que a evolução contínua dos problemas sistematicamente centrais é quebrada na época da desintegração. Como consequência, a posição de Schelling não se enquadra cronologicamente num *continuum* de pensamento precedente e subsequente. As ideias de Schelling podem ser um ponto de orientação para a compreensão da crise porque não estão submersas na crise elas mesmas. Pertencem ao nível da *philosophia perennis*. Depois de séculos, Schelling retoma o grande problema de Giordano Bruno, o problema de interpretar o universo pela projeção, nos reinos da natureza e da história, do significado que deve ser encontrado na experiência imediata da natureza do homem. A distinção de Bruno entre uma ciência de fenômenos como a ciência dos "acidentes dos acidentes" e uma ciência de substância foi retomada por Schelling depois de séculos de predominância de ciência matematizada e de uma filosofia que se desenvolveu numa epistemologia crítica da física. A retomada deste problema por Schelling e sua solução através de uma filosofia do inconsciente não rompeu, entretanto, o *momentum* do "cientificismo". A destruição da especulação acerca da substância sob o impacto do modelo de ciência matematizada continuou até alcançar novas baixas de devastação nos campos da biologia, da economia e da psicologia. Daí no capítulo intitulado "Fenomenalismo" vamos reafirmar primeiro o problema de Bruno, e então proceder a uma exposição dos princípios de fenomenalismo, e concluir com um breve exame das variantes de fenomenalismo nos séculos XIX e XX. Neste pano de fundo, o esforço grandioso de Schelling para restabelecer uma filosofia de subsistência ganhará sua significação completa, e também se tornará claro por que este esforço falhou em transformar-se no ponto de partida de uma restauração civilizacional.

O capítulo sobre Schelling, finalmente, será seguido por uma "Nota acerca de Hölderlin". O renascimento de um simbolismo pagão da natureza e a nova compreensão do mito antigo através de Hölderlin tinham de ser pressupostos como determinantes da obra de Schelling. E para além do relacionamento imediato entre o poeta e o filósofo, a nova evocação do mito tem importância como o sintoma portentoso da ascensão de sentimentos míticos pós-cristãos no século de crise.

1. Fenomenalismo

§ 1. Fenomenalismo e ciência

a. Cientificismo

Temos de lembrar ao leitor que no final do século XVI Giordano Bruno tinha formulado claramente a questão entre a especulação acerca da substância infinita do cosmos e uma ciência matemática dos "acidentes dos acidentes". A especulação de Bruno, por um lado, não encontrou sucessão imediata. Os "acidentes dos acidentes", de um lado, tinham-se tornado o interesse absorvente de eruditos assim como de um público mais vasto nos séculos de ascensão das ciências naturais. O espetáculo impressionante de avanço da ciência e o sistema newtoniano criaram atitudes e sentimentos que se tornaram um ingrediente decisivo no homem e na civilização moderna. Um elemento deste novo complexo de sentimentos já tivemos de mencionar ocasionalmente, e o chamamos de *cientificismo*: a crença na ciência matematizada como a ciência modelo para os métodos com que todas as outras ciências devem conformar-se.[1] Temos

---

[1] Acerca do cientificismo, ver F. A. von Hayek, "Scientism and the Study of Society" [Cientificismo e o Estudo da Sociedade]. *Economica* 9, n. 32, 1942, p. 267 ss; 10, n. 37, 1943, p. 34 ss; 11, n. 41, 1944, p. 27 ss.

agora de lidar com o complexo como um todo, e chamá-lo-emos *fenomenalismo* a fim de indicar a preocupação do homem com os aspectos fenimênicos do mundo, como aparecem na ciência, e a atrofia de consciência da substancialidade do homem e do universo. O fenomenalismo não tem nada que ver com os métodos de avanço da própria ciência; o termo deve designar sentimentos, imaginações, crenças, ideias e especulações, assim como padrões de conduta determinados por eles, o que se origina *por ocasião* do avanço da ciência matematizada. Ademais, temos de evitar a suposição de que o avanço da ciência é a única causa da ascensão do fenomenalismo. Os novos sentimentos e atitudes, embora dificilmente concebíveis sem o avanço prodigioso da ciência, não são exigidos por ela. Que o fenomenalismo poderia ganhar a importância que tem atualmente é primeiramente devido à atrofia da espiritualidade cristã e ao crescimento de sentimentos intramundanos. O avanço da ciência é um fator contribuinte no processo, à medida que seu sucesso é adequado para fortificar sentimentos intramundanos, e à medida que o fenomenalismo, enxertado na ciência, se tornou um instrumento importante para sua expressão.

b. *Fenomenalismo e materialismo*

Temos de evitar especialmente confundir o fenomenalismo com o materialismo. É considerável o perigo deste erro; ambos os problemas em geral não são distinguidos terminologicamente, e sentimentos e ideias que, na verdade, são fenomenalistas em seu caráter foram nomeados erradamente como materialistas no século XIX. A confusão surgirá facilmente porque o fenomenalismo, no sentido de uma substituição de fenômenos por substâncias, ocorrerá frequentemente, na natureza do caso, por ocasião da ciência de fenômenos materiais, ou seja, da física; daí poder ocorrer que a substância pela qual os fenômenos são substituídos pode ser matéria e, como consequência, o componente fenomenalista da crença pode ser desprezado, embora seu conteúdo materialista seja enfatizado. No entanto, um materialismo puro que assume ele mesmo a matéria, e não seus fenômenos, para ser a substância fundamental e real em todas as formas ônticas, leva a suposições metafísicas, diferindo amplamente das noções fenomenalistas. Um materialismo não fenomênico puro chegará algumas vezes à verdade, muito perto de um espiritualismo não fenomênico puro.

Podemos talvez entender melhor esta questão refletindo por um momento na relação entre a especulação espiritualista de Giordano Bruno acerca do infinito do universo e na especulação materialista de Lucrécio acerca do mesmo problema. Aceitando o cosmos no sentido helênico (terra, céu, ar circundante) como uma entidade fechada, o poeta romano especulou acerca da infinidade do espaço para além "dos muros do mundo" em que o pensamento se estende por um *animi jactus liber*, por uma projeção livre da mente. O resultado desta projeção foi a conclusão de que o infinito do espaço tem de ser preenchido com um infinito de matéria, e que para além de nosso cosmos tem de estar um infinito de *cosmoi* como o que conhecemos; pois o cosmos não é exceção à regra que governa outras produções da matéria, como animais e plantas, que existe deles uma multidão infinita de exemplos. A concepção de Lucrécio, a despeito da especulação acerca do infinito, não transcende, entretanto, os limites da visão sensível helênica; o cosmos continua uma esfera fechada com sua concha de estrelas fixas, e as estrelas fixas não são consideradas como os outros mundos infinitos. O cosmos não se abre e expande no infinito como em Bruno, apenas se multiplica. No entanto, a concepção deve ter influenciado fortemente Bruno, pois os princípios de especulação quanto ao infinito substancial são atingidos pela escolha da substância, seja ela espírito ou matéria. A escolha do espírito ou da matéria é, antes, determinada pelos sentimentos e pelas experiências espirituais do filósofo. Para Bruno, a matéria poderia ser, e tinha de ser, um princípio animado porque a sensibilidade era o *realissimum* que ele experienciou e afirmou em si mesmo. Para Lucrécio, a substância que se manifesta no infinito dos *cosmoi* tinha de ser a matéria porque a animação do cosmos implicava para ele a existência dos deuses helenos. Apenas se a substância fosse uma matéria sem alma é que os deuses poderiam ser abolidos e com eles os medos e esperanças no homem, causados pela existência deles e pela reflexão humana acerca da sua ação provável. O mais íntimo motivo para a suposição de um infinito de mundos materiais é para Lucrécio a conclusão que pode tirar disso: que nenhum deus pode ser imaginado que pudesse ser o moderador de um infinito de mundos. O esforço pela ataraxia determina Lucrécio em sua suposição de matéria, assim como a exuberância "bacante" da imaginação e da especulação determina Bruno em sua suposição do espírito como a substância cósmica.[2]

É raro o verdadeiro materialismo, e os filósofos que se voltam para ele estão entre as mentes mais distintas de sua época. Em nosso tempo, os grandes materialistas são George Santayana e Paul Valéry, ambos fortemente sob a influência de Lucrécio. O materialismo não implica uma negação nem sequer um desprezo ao espírito. Ao contrário, apenas uma grande sensibilidade espiritual pode induzir a fatiga da existência espiritual, a desilusão com seus símbolos como substância, e sua aceitação como expressões estéticas do mistério substancial da vida. Podemos até suspeitar que o materialista que espera e deseja que a vida termine na despersonalização, que o místico que vive na intelecção de que "Tout va sous terre et rentre dans le jeu!"[3] e, no entanto, pode aceitar o jogo da vida com coragem e um sorriso – "le vent se lève! [...] Il faut tenter de vivre!"[4] – sentiu mais agudamente a tensão de substância e acidente na vida do espírito do que muitos espiritualistas.[5]

---

[2] Lucrécio, *De Rerum Natura*, II, vv. 1045 ss.
[3] Tudo vai sob a terra e reentra no jogo! (N. T.)
[4] O vento sopra! [...] É necessário tentar viver! (N. T.)
[5] Paul Valéry, "Le Cimitière Marin". *Nouvelle Revue Française* 81, 1920, p. 781-87; ver também Paul Valéry, *Oeuvres*, 2 vols. Ed. Jean Hytier. Paris, Gallimard, 1957, vol. 1, p. 147-51.

c. Definições

Distinguimos o fenomenalismo do crescimento de sentimentos intramundanos a cuja expressão ele pode servir, assim como do materialismo, com o qual pode ser facilmente confundido. Temos agora de definir, de uma maneira preliminar, o próprio fenomenalismo como o complexo de sentimentos e ideias que se reúnem em torno da tendência de interpretar as relações fenomenais que são o objeto da ciência como uma ordem substancial de coisas. Sempre que fenômenos forem tomados como substâncias, designaremos o resultado da substancialização como "realidade fenomenal". Uma vez que símbolos e relações de ciência são aceitos como substâncias, a realidade fenomênica resultante pode ser feita objeto de especulação como se fosse uma realidade substancial; a este tipo de especulação designaremos como "especulação fenomênica" e ativismo fenomênico. Na realidade fenomênica, ademais, podem ser projetadas esperanças e medos, e o homem pode entrar em relações experienciais com ela como se fosse a realidade substancial; a projeções deste tipo designaremos como "projeções fenomenais" e seus efeitos no homem, como "obsessões fenomenais". Quando, finalmente, o homem atua com base em especulação fenomênica e sob a influência de obsessões fenomenais, designaremos os padrões resultantes de conduta e atitudes como "ação fenomênica". O complexo de fenomenalismo nunca foi isolado como um fator componente na vida intelectual e espiritual do homem moderno, tanto quanto sabemos, e não existe nenhuma monografia acerca da matéria a que pudéssemos remeter o leitor. Já que o contexto do presente estudo não é o lugar para fornecer tal monografia, prosseguiremos apresentando o primeiro caso em que o problema atraiu a atenção de um filósofo, e então daremos uma breve enumeração dos principais fenômenos que devem ser classificados sob este título.

d. Pascal e a especulação fenomênica

O fenomenalismo tornou-se um problema por volta do meado do século XVII. O avanço da astronomia e da física tinha juntado impulso suficiente para apelar a seções mais amplas do público letrado e para fascinar homens, ao abrir, aparentemente, horizontes ilimitados de conhecimento do mundo externo. O apelo e a fascinação parecem ter sido acompanhados imediatamente pela crença de que a nova ciência não era simplesmente um instrumento de exploração de fenômenos, mas que oferecia uma chave para uma nova dimensão da realidade; que, como resultado desta nova ciência, nosso conhecimento do homem e de seu lugar no cosmos seria materialmente atingido; e que, como resultado adicional, a compreensão do homem que tinha sido adquirida na antropologia cristã seria decisivamente invalidada. O problema atraiu Pascal. Em seus *Pensées* encontramos um longo fragmento em que ele tenta diminuir o orgulho e a exuberância inspirados pelos sucessos da ciência e persuadir o leitor de que a visão fenomênica do mundo deveria, ao contrário, fazê-lo consciente de sua insignificância e finitude, e que precisamente as perspectivas fenomenais infinitas deveriam jogá-lo de volta a uma conscientização de sua criaturalidade no sentido cristão.[6]

A especulação substancial de Giordano Bruno acerca do infinito parece ter-se tornado inteiramente fenomênica ao tempo de Pascal. O infinito que foi criado por Bruno numa projeção livre do espírito e tinha seu significado como uma projeção que asseguraria ao homem, não seu conhecimento fenomênico do universo, mas da realidade de seu próprio espírito e suas raízes na Unidade divina se tornou agora externalizado até a exploração infinita de rudimentos. Porque Pascal, em seu fragmento, convida o leitor a contemplar o sol e a insignificância relativa da terra, e então a proceder a uma contemplação das estrelas fixas e da insignificância relativa do sol: se sua imaginação então tentasse proceder adiante, logo ele descobriria que o infinito das coisas ultrapassaria o infinito da imaginação. "Podemos inflar nossas concepções para além de espaços imagináveis, e nunca produziremos

---

[6] Pascal, *Pensées de Pascal*. Ed. Leon Brunschvicg. Paris, Garner, 1925, n. 72, p. 80-86.

nada, mas átomos ao preço da realidade das coisas." Como Giordano Bruno, ele sugere que o centro da esfera infinita está em toda parte e que sua circunferência, em parte alguma. "Que nossa imaginação se perca neste pensamento, é o maior caráter sensível (*le plus grand caractère sensible*) da onipotência divina." A tentativa da imaginação fenomênica e sua falência deveriam, portanto, jogar o homem de volta a si mesmo e fazê-lo ponderar a questão: "O que é um homem no infinito?". Esta meditação encontrará mais alimento se o homem passar a contemplar o infinito que se estende abaixo dele até as menores partículas, aproximando-se do Nada (*le néant*). No átomo, sua imaginação encontrará "um infinito adicional de universos, cada um com seus firmamentos, seus planetas, sua terra, nas mesmas proporções que o mundo visível". Como uma consequência de sua imaginação nas duas dimensões do universo, ele se encontrará suspenso entre os abismos do máximo e do nada; sua curiosidade se transformará em admiração, e estará mais disposto a contemplar em silêncio do que com presunção.

O homem, entretanto, não toma este curso meditativo. Ele entrega-se com temeridade à exploração da natureza, como se fosse proporcionado a ela. "É uma coisa estranha que ele queira entender os princípios das coisas e, com base nisso, conhecer tudo, por uma presunção tão infinita quanto seu objeto." Se nos dermos conta da natureza de nossa finitude, suspensa entre o nada e o infinito, entenderemos que os princípios estão escondidos de nós porque eles sobem do nada e que o infinitamente grande está escondido de nós pelas limitações de nossa existência. O mundo não para para nós: "Queimamos com o desejo de uma posição firme e uma base constante última a fim de erigirmos nela uma torre para o infinito, mas nossa fundação racha e a terra se abre em sua profundeza".

São claras a posição de Pascal e as implicações de sua crítica. A concepção da finitude humana em suspense entre o máximo e o mínimo de especulação está na tradição de Nicolau de Cusa e Giordano Bruno.⁷ Seu ataque à busca de princípios e sua observação ocasional acerca da fatuidade de livros que têm o título *Des Principes de la Philosophie* são direcionados contra a nova física e o sistema de Descartes. E o diagnóstico do novo mal que acompanha o avanço da ciência – "Voilà où nous mènent les connaissances naturelles"⁸ – vai direto ao cerne da atitude com que temos de lidar: a atitude que transforma a ciência dos "acidentes dos acidentes" numa ciência da ordem "real" de natureza, numa função de conhecimento concernente ao homem e ao universo, conhecimento esse que deveria substituir o conhecimento da substância, que se origina na experiência espiritual.

e. Fenomenalismo biológico

A exposição sumária do fenomenalismo pode ser aberta melhor, quiçá, com um problema que é fonte de desorientação para o historiador de ideias: ou seja, o sucesso da teoria da evolução no século XIX. A evolução das formas de vida, como observamos, foi tratada minuciosamente na teoria biológica do século XVIII. A teoria criacionista das espécies foi abandonada; foi concebida a ideia de uma sucessão cronológica de formas viventes, desde as primitivas até as mais complicadas. Reconheceu-se o crescimento do conhecimento fenomênico concernente a seu desenvolvimento, mas ganhou-se também a intelecção de que a ideia de uma evolução de formas viventes não nos trouxe nenhum passo mais próximo da compreensão do mistério da substância que estava evoluindo através da cadeia de formas. A cadeia de formas evolucionárias como um todo era apenas um dado último na ontologia como previamente tinha sido a espécie simples. Nenhum prolongamento especulativo da cadeia na matéria inorgânica e nenhuma apresentação da pergunta de se formas orgânicas

---

⁷ No Quinto Diálogo de *De la Causa, del Principio et Uno*, de Bruno, não apenas o princípio da especulação do máximo e do mínimo que se encontram em Deus, mas também alguns dos exemplos são tirados diretamente da *Docta Ignorantia* do Cusano.

⁸ Eis aonde nos levam os conhecimentos naturais. (N. T.)

que se originavam na matéria inorgânica poderiam mudar o problema. Tais especulações simplesmente significavam empurrar o mistério da potencialidade que se desenrolava morfologicamente no tempo um passo a mais para trás, sem compreendê-lo melhor. No final estaríamos sempre diante das duas perguntas ontológicas fundamentais de Leibniz: Por que há algo, por que não o nada? e: Por que algo é como é? Ao tempo de Kant, o problema da evolução foi reduzido a suas proporções fenomênicas. E agora, no século XIX, como se nada tivesse acontecido, uma nova teoria fenomênica de evolução, operando com as concepções da luta pela vida, da sobrevivência do mais apto, das seleções naturais, etc., tinha sucesso popular e tornou-se uma crença de massa para os semieducados. Uma teoria que, supondo que era empiricamente sustentável, poderia, na melhor das hipóteses, fornecer uma intelecção da mecânica da evolução sem tocar-lhe na substância foi aceita como uma revelação concernente à natureza da vida e como uma reorientação irresistível de nossas visões concernentes à natureza do homem e de sua posição no cosmos.

A reabertura, no novo nível de um movimento de massa, de um problema que foi estabelecido na teoria é importante geralmente como um sintoma da divisão crítica na história da mente ocidental entre a linha principal estreitante em que se movem os problemas da substância e os movimentos de massa fenomenais que dominam cada vez mais a cena pública e produzem a confusão moral e intelectual de nosso tempo. O caso da teoria biológica é, além disso, especificamente importante porque revela com grande clareza o problema peculiar do fenomenalismo. Uma teoria que em si mesma pudesse contribuir com nosso conhecimento do desenrolar fenomênico como uma substância é pervertida numa filosofia da substância; a relação causal de fenômenos (sempre supondo-se a correção da teoria) é compreendida como uma explanação no nível da substância da vida.

As causas principais desta transformação de relações fenomênicas numa realidade fenomênica são bem conhecidas.

Darwin foi um grande biólogo empírico que ordenou convincentemente os materiais em defesa de sua teoria; a contextura maciça de dados empíricos abriu uma visão num novo reino de conhecimento ordenado. Ao mesmo tempo, nem Darwin nem seus seguidores foram os melhores teóricos, de tal modo que a questão entre conhecimento fenomênico e substancial pôde ficar relativamente obscura. Estamos diante do problema do século XIX de que, com a especialização crescente das ciências, os eruditos que eram impecáveis como mestres de seu campo tornaram-se incapazes de ver os problemas teóricos de sua ciência especial na relação condizente com os problemas de ontologia e metafísica. Ademais, a vontade de criar uma realidade fenomênica a partir das proposições de uma ciência do fenômeno era um fator independente na ocasião do desenrolar magnífico da biologia, assim como era por ocasião do desenrolar da astronomia e da física no século XVII. O movimento evolucionista tem um sabor nitidamente anticristão e secularista através da suposição de que a interpretação do homem como o elo final na cadeia da evolução tem uma relação na compreensão do homem como uma existência espiritual; a vontade de compreender o homem como tendo sua posição numa ordem imanente ao mundo revelada por uma ciência de fenômenos, em vez de uma ordem transcendental revelada pela *cognitio fidei*, é o fator dinâmico na transformação.[9]

---

[9] De novo gostaríamos de enfatizar que a aceitação da evolução de formas vivas, com sua culminação no homem, não induz necessariamente a uma interpretação fenomênica intramundana do homem; nem daí resulta necessariamente um conflito, tão querido ao coração de fundamentalistas, com a doutrina cristã. Pois no século XVI, na antropologia de Paracelso, encontramos uma interpretação biológica do homem com base no Gênesis que resolve o problema levantado pela teoria da evolução no nível de uma teoria de substâncias. Paracelso supõe a criação como tendo acontecido em dois estágios. Primeiro Deus criou todas as coisas do nada por sua "palavra", então, num segundo estágio, criou o homem da substância "que foi extraída de todas as criaturas no céu e na terra". "De todas as criaturas, todos os elementos, todos os corpos astrais, no céu e na terra, de toda qualidade, essência, natureza, espécie, modo, etc., ele extraiu o que era mais sutil e melhor, e o contraiu numa *massa*: da *massa* o homem é feito. Disso se segue que o homem é o pequeno mundo, ou seja, o microscosmo". Nesta evocação do homem não se inclui apenas a ancestralidade animal, mas também os elementais, vegetativos e siderais. Entretanto, a inclusão não é

No que diz respeito aos resultados, de novo o movimento revolucionário pode ser usado como o protótipo dos problemas de especulação, obsessão e ação fenomênicas. As concepções biológicas da luta pela vida, a sobrevivência do mais apto, etc., foram absorvidas pela interpretação da sociedade e da política. Dentro da ordem de sociedade competitiva, a ideia de seleção natural pôde fortificar a crença de que o homem de sucesso é um homem melhor, que o sucesso está determinado na ordem da natureza e que a ordem criada pelo sucesso é uma ordem correta porque é desejada pela natureza – independente dos problemas morais e espirituais envolvidos. Em combinação com a teoria da diferenciação racial, as concepções biológicas tornaram possível uma reinterpretação da história e da política quanto a raças inferiores e superiores, destinadas a governar ou ser governadas – de novo, independente de problemas morais e espirituais envolvidos. A substância do homem e da sociedade é recoberta por uma camada de fenômenos biológicos que abafa a consciência espiritual e moral e tende a substituir a ordem espiritual da sociedade por outra ordem de sobrevivência

---

fenomênica no sentido de derivação morfológica, mas substancial no sentido de absorção de uma substância destilada por um Deus alquimista. Os termos *extração* e *contração* referem-se aos processos pelos quais a primeira substância é transformada na "quintessência", ou seja, a substância natural do homem. A ideia da "quintessência" é de importância metodológica decisiva para uma antropologia filosófica porque os extratos não espirituais do homem (inorgânicos, vegetativos, instintivos, associativos, etc.) não podem ser explorados exaustivamente em isolamento fenomênico como se, na verdade, não fossem nada, senão vegetativos, animais, etc. No composto humano, os estratos ônticos mais baixos passam por mudanças funcionais que fazem deles especificamente humanos em virtude de sua integração na vida do espírito. O homem não é simplesmente um animal mais razão ou espírito, mas uma unidade de existência que é ordenada inteiramente do nível espiritual. Esta transformação das naturezas mais baixas em compostos humanos é designada pela ideia paracelsiana da "quintessência". Paracelso ainda não está a par do desenvolvimento das formas de vida no tempo, mas está presente o princípio de especulação pelo qual nosso conhecimento da cadeia evolucionista deve ser construído numa antropologia que está preocupada com a substância do homem. O alargamento do conhecimento fenomênico pode exigir uma divisão de trabalho e a diferenciação de uma ciência dos fenômenos da vida, mas não toca no problema fundamental (Citações de Paracelso, *Erklärung der ganzen Astronomey* [Esclarecimento de Toda a Astronomia]. In: *Werke* [Obras]. Ed. Karl Sudhoff, primeira série. München-Berlin, R. Oldenbourg, 1928, vol. 10, p. 648 ss.

biológica. A ordem fenomênica de vida torna-se uma obsessão fenomênica quando é erigida numa regra de ação.[10]

f. Fenomenalismo econômico

Tendo estabelecido o tipo, agora lidamos mais sucintamente com os problemas paralelos em economia e psicologia. O problema da economia já está envolvido numa teoria de evolução à medida que as categorias biológicas de sobrevivência do mais apto, etc., absorveram as obsessões fenomenais de sociedade competitiva que cresceram nos séculos XVIII e princípio do XIX. No caso da teoria econômica temos de novo uma ciência de fenômenos operando com certas suposições tais como um indivíduo econômico e racional, guiado pelo interesse próprio, e a suposição posterior de que das ações econômicas racionais da multidão de indivíduos numa sociedade resultará o máximo equipamento de mercadorias para toda a sociedade. Supondo que sejam válidas as suposições, nada se segue delas no que diz respeito à desejabilidade de uma sociedade com uma ordem legal que favorece ação econômica racional sem estorvos. Os problemas da ordem substancial seriam se há ou não algumas coisas mais importantes para o homem e sua vida na sociedade do que o equipamento máximo com mercadorias e se uma ordem econômica que produz um máximo de riqueza vale o custo nos valores que tiveram de ser sacrificados a fim de mantê-la.

A teoria de fenômenos econômicos muito legitimamente não lida com essas questões. O elemento de obsessão fenomênica entra apenas quando as leis desenvolvidas por uma teoria de ação econômica são erigidas em padrões de ação, quando o sistema teórico de relações econômicas é considerado uma ordem justa de sociedade que não deve ser perturbada por intervenções. Como consequência, de novo temos de observar a atrofia da consciência moral, assim como a disposição

---

[10] Para uma discussão exaustiva dos problemas tocados nesta seção, ver *The History of the Race Idea* (1997). Trad. Ruth Hein, ed. Klaus Vondung. Columbia, University of Missouri Press, 1999. (CW, vol. 3)

a aceitar os males que podem surgir da tradução de relações fenomenais numa ordem substancialmente obrigatória como inconveniências de curto prazo para serem compensadas pelos ganhos últimos a longo prazo. O argumento dos prazos curto e longo é particularmente revelador para o fenomenalismo econômico. Na ordem da substância humana, o curto prazo é a existência concreta dos seres humanos; o longo prazo, por outro lado, não existe de maneira nenhuma, pois, quando o ponto do tempo que, na perspectiva da presença concreta, aparece como o longo prazo se torna ele mesmo presente através do lapso de tempo, é o curto prazo dos indivíduos que vivem concretamente num ponto futuro do tempo. Ao substituir a ordem fenomênica pela substancial, os fenomenalistas desprezam o fato de que o homem não é simplesmente um absorvente de mercadorias, mas um ser cujo *status* é determinado em relação a toda a sociedade. O assim chamado equipamento real de um indivíduo com bens, que, na verdade, pode ascender de acordo com as predições da teoria econômica, é, de fato, fenomênico, ao passo que a pobreza ou a riqueza substancialmente real, que é determinada pela relação com a pobreza ou riqueza de outros membros de uma sociedade pode não mudar de maneira nenhuma. A desconsideração pela ordem substancial do homem na sociedade engendra, em princípio, a mesma brutalidade de ação fenomênica como no caso do fenomenalismo biológico.

A brutalidade de ação não é sequer quebrada pelas revoluções que tentam restabelecer uma ordem substancial de sociedade. As revoluções totalitárias, assim comunistas como nacional-socialistas, têm como seus componentes o desejo de quebrar a obsessão econômica liberal e evolver uma nova ordem substancial. Mas a revolução de uma substância é obscurecida em vários graus pelos fenomenalismos de planejamento. O "plano" seria, como o mecanismo de economia liberal, um sistema de relações econômicas espalhadas por uma ordem substancial da sociedade. Uma ideia de ordem substancial seria a pré-condição sem a qual a ideia de planejar é vazia. Na prática política, entretanto, encontramos a mesma tendência que no liberalismo para erigir o plano numa ordem absoluta e para tratar o indivíduo como uma função do plano, com uma brutalidade ainda maior do que o liberalismo fenomênico tratava o indivíduo como um elemento funcional na interação de ações econômicas.

O fenomenalismo econômico na política do século XIX foi sentido intensamente por Marx. Sua consciência do problema entrou em sua interpretação econômica muito equivocada da sociedade burguesa. A ideia de que a ordem legal e civilizacional de uma sociedade é a "superestrutura" sobre a ordem econômica fundamental, ou de que a ordem substancial da sociedade é uma função da ordem econômica seria em si mesma uma interpretação equivocada da sociedade nas mãos de um fenomenalista. Contém, entretanto, uma verdade empírica sólida porque, quando Marx concebeu a ideia, o fenomenalismo liberal estava no ápice de seu desenvolvimento, e a ordem de relações econômicas tinha na era da Revolução Industrial adquirido de fato o caráter obsessional que a fez determinante efetivo da sociedade. No capítulo acerca de Locke, vimos como mesmo no fim do século XVII a proteção procedimental da propriedade tinha-se tornado uma obsessão ao ponto de que o problema das obrigações sociais tinha desaparecido completamente do *Tratado de Governo Civil* de Locke. Que a pobreza do pobre fosse protegida pela lei com a mesma imparcialidade que a riqueza do rico podia ser defendido por Locke como o valor da sociedade civil sem causar ridículo e repulsa, porque em sua obra a sociedade política inglesa substancialmente existente é tacitamente pressuposta. No século XX, o louvor da proteção procedimental com a exclusão de qualquer ideia substancial de ordem tinha-se tornado dúbio, diante da questão dos trabalhadores, mesmo na Inglaterra. Considerando a ausência de uma sociedade politicamente articulada na Alemanha, deve ter parecido quase disparatado a um alemão daquele período. Os próprios argumentos que Locke empregou na defesa da sociedade da propriedade aparecem com Marx como instrumentos do ataque a uma ordem que se tinha tornado amplamente fenomênica e, portanto, destrutiva da substância moral e espiritual da sociedade. O conceito marxista de ideologia, inútil como categoria básica para a interpretação da sociedade, apanhou, no entanto, para o caso especial, com grande perspicácia empírica, a atrofia da substância sob pressão da obsessão econômica.

g. Fenomenalismo psicológico

O fenomenalismo psicológico penetrou nossa civilização tão completamente, que o problema pode ser tido como bem conhecido. Será suficiente relembrar o leitor de algumas variedades de psicologia fenomênica e então de algumas das consequências. Temos uma psicologia experimental, fisiológica que perdeu inteiramente a substância espiritual do homem; temos ainda uma psicologia comportamentalista em que as ações de mente se tornaram "comportamentos de linguagem" e as ideias são "materiais de pensamento"; e temos uma psicologia profunda em que a alma é reduzida a uma economia de quantidade de sexo e suas sublimações. Sob o impacto de psicologias deste tipo, a vida do espírito, com sua operação de substância em substância, tende a tornar-se dissolvida em inúmeras relações causais manobráveis; o "administrador psicológico" toma o lugar do *directeur de l'âme*.[11] A administração psicológica tornou-se um elemento completamente penetrante em nossa civilização e criou um mundo fantasmático de obsessões fenomênicas, falto de realidade substancial, por meio de propaganda comercial, propaganda política, o reportar de "notícias", a crítica literária em jornais e revistas, etc. Vivemos num mundo de marcas de nomes, sabonetes, cigarros, homens de autoridade e distinção que bebem marcas escolhidas de uísque, de leituras obrigatórias, *best-sellers*, odores de corpos e perfumes irresistíveis para ocasiões especiais; de líderes, estrelas de cinema, manda-chuvas, educadores e criminosos de guerra; de terceiros reinos, pazes perpétuas e rendições incondicionais; de Três Grandes, e Quatro Grandes, e Cinco Grandes; de carregamento de bombas e discursos sem

---

[11] Diretor espiritual. (N. T.)

precedentes; de encontros históricos; de ajustes, condições, educação e reeducação; de propaganda e contrapropaganda; de complexos, disposições frustradas, frustrações e gratificações; de séculos de progresso, da criança, do homem comum e não sei mais quê. Em suma: criamos uma demonologia moderna diante da qual um catálogo medieval de anjos e demônios parece uma bagatela desprezível.

h. Combinação de tipos

Em conclusão, reflitamos por um instante sobre alguns fenômenos de nosso tempo em que os vários tipos de fenomenalismo se entrelaçam. O fenomenalismo da física, e das ciências naturais em geral, produziu no século XIX e depois um gênero peculiar de literatura: a exploração ficcional da obsessão cientificista. Com o *Frankenstein* da Sra. Shelley abre-se um mundo de monstros científicos e aventuras, de personalidades divididas, de máquinas do tempo, de viagens à Lua e a Marte, de viagens ao redor do mundo e ao fundo do mar e ao centro da Terra. Os portadores deste movimento são autores famosos como Edgar Allan Poe, Robert Louis Stevenson, Jules Verne, Curt Lasswitz, H. G. Wells. Em nossa época, fez-se comercializada a produção em massa de histórias em quadrinhos e "ficções científicas". O movimento é de relevância em nosso contexto porque parece que se alcançou um ponto onde a imaginação ficcional se esfuma em obsessão fenomênica verdadeira. No caso de *Admirável Mundo Novo*, de Aldous Huxley, pudemos observar que a recepção que o público deu à obra oscilou entre compreendê-la como uma sátira ao fenomenalismo e confundi-la com uma perspectiva nas potencialidades da ciência e seu efeito no futuro da sociedade humana.[12] A fusão de imaginação ficcional e obsessão

---

[12] Quanto à dificuldade crescente, se não impossibilidade, de escrever sátira numa época de fenomenalismo, ver Karl Kraus, particularmente sua reação em trezentas páginas ao nacional-socialismo, publicada sob o título *Warum die Fackel nicht erscheint* [Por que a Tocha não Aparece] como números 890-905 em *Die Fackel 36* (julho de 1934). Além disso, ver a principal obra de Karl Kraus, *Die letzten Tage der Menschheit* [Os Últimos Dias da Humanidade],

fenomênica foi finalmente alcançada por ocasião da transmissão de Orson Welles da invasão vinda de Marte. Rebentou um pânico entre os ouvintes porque acreditavam que era real a invasão ficcional, e puderam acreditar nela porque viviam num mundo fenomênico em que invasões vindas de Marte são algo de esperar da mesma maneira que o aparecimento de um demônio com garras e rabo era algo de esperar no mundo de um demonologista medieval. Entre os que acreditaram nisso estavam dois geólogos de Princeton que saíram heroicamente para investigar a invasão, ao risco de suas vidas, como é próprio de verdadeiros cientistas.[13]

Por outro lado, vemos as potencialidades da ciência desenvolverem-se num reino de magníficas realizações técnicas. Este reino técnico está-se tornando cada vez mais fenomênico e adquirindo características obsessivas à medida que tenta o homem a traduzir em realidade o que pode ser feito por meios técnicos sem consideração pelas consequências no reino de uma ordem substancial. O reino dos meios técnicos torna-se uma ordem legitimante no mesmo sentido em que a ordem teórica da biologia ou da economia se tornou um padrão: o que pode ser feito deve ser feito. Como consequência, temos de observar a transplantação e destruição de populações inteiras, o metralhar de civis em fuga, o bombardeio terrorista e a pulverização de cidades, e os horrores dos campos de extermínio. As ferramentas deixam de ser simples instrumentos de execução a serviço de propósitos substanciais e ganham um *momentum* próprio que dobra os propósitos

---

Wien-Leipzig, "Die Fackel", 1922, onde o horror é alcançado não pela exageração satírica, mas pela citação direta dos jornais e outras fontes.

[13] Não tinha seguido de perto o acontecimento quando ele ocorreu e vivera sob a impressão de que os ouvintes tinham confundido a invasão vinda de Marte com a reportagem de uma invasão militar real por alguma potência estrangeira. Isso já teria sido louco o bastante. Mas lembro-me ainda do horror frio que me tomou quando li a análise do pânico feita por Hadley Cantril (*The Invasion from Mars: A Study in the Psychology of Panic*) [A Invasão Vinda de Marte: Um Estudo na Psicologia do Pânico], Princeton, Princeton Unversity Press, 1940, e me dei conta de que os ouvintes tinham entendido muito bem a invasão vinda de Marte como vindo de Marte, e agiram seguindo essa convicção. Compreendi nesta ocasião a profundeza da loucura em que vivemos.

para as possibilidades técnicas. Se o próprio reino dos propósitos está secando em substância, como o faz em nossa época, e obsessões biológicas, econômicas e psicológicas movem-se para o lugar de propósitos, a combinação dos vários fenomenalismos ameaça extinguir os últimos vestígios de substância. Os extermínios nacional-socialistas são a manifestação mais forte da vitória da obsessão fenomênica sobre a ordem espiritual. Há uma conexão mais íntima entre a revista em quadrinhos e o campo de concentração. O homem que foge da invasão vinda de Marte porque a revista em quadrinhos e a emissão de rádio lhe decompuseram a personalidade e o homem da SS que estrangula um prisioneiro sem compaixão porque está morto ao sentido de sua ação na ordem da realidade espiritual são essencialmente os mesmos. O fenomenalismo foi muito além na transformação de nossa sociedade na combinação de um matadouro com uma chocadeira estúpida do que se podem dar conta muitos contemporâneos que são ainda saudáveis o bastante.

P.S.: Este capítulo foi terminado seis semanas antes de a bomba atômica ser lançada em Hiroshima – a data que nos trouxe um passo adiante para o ponto onde a realidade e a revista em quadrinhos se tornaram indistinguíveis.

2. SCHELLING

§ 1. O realista numa era de desintegração

a. O isolamento social do realista

Quanto ao fenomenalismo biológico, notamos a peculiaridade de que, no nível de um credo de massa, reapareceu um problema que tinha sido estabelecido como tal na especulação do século XVIII. O acontecimento é o sintoma grave do abismo a que a brecha se ampliou, o que é característico da história ocidental desde 1300: a brecha entre os conservadores do espírito, os realistas espirituais, assim como os filósofos que vivem na tradição deles, de um lado, e as pesadas tendências de massa em direção a um campo de poderes e movimentos secularizados e desespiritualizados. A ampliação da brecha é devida à desaparição gradual de comunidades cujo espírito o realista pode expressar de uma maneira representativa, e que, a seu turno, preservam os padrões e as tradições criadas por ele. Santo Tomás, como observamos, tinha ainda a Ordem Dominicana para preservar-lhe e manter viva a obra; embora não tivesse efeitos imediatos na cena europeia mais ampla para a qual foi destinada, permaneceu um quadro de orientação filosófica até os pensadores neotomistas de nosso tempo. Uma geração depois, Dante já estava só. Ainda assim, *majestate genii*[1]

---

[1] Pela grandeza do gênio. (N. T.)

sua obra manteve uma medida de autoridade na vida da nação italiana até nossos dias, e sua influência é muito notável em Mazzini. A real grandeza de Bodin como místico intelectual, e como autor do *Heptaplomeres*, não está nem um pouco morta; ainda assim, sua evocação do estado nacional real entrou, no século XVII, na vida política da nação francesa. E mesmo o misticismo e a tolerância de Espinosa não estavam ainda completamente isolados, mas tinham seu pano de fundo comunitário na aristocracia holandesa de seu tempo. Apenas com o século XVII começa a expandir-se o grande deserto de posições partidárias em que o espírito com dificuldades cada vez maiores encontra o oásis de uma comunidade receptiva de alguma forma. As comunidades e movimentos de relevância social realmente existentes afastaram-se tanto da ordem espiritual ocidental e dos remanescentes de sua tradição que a voz do espírito já não podia alcançá-los em seu curso cego.

b. Diletantismo filosófico

O caso de fenomenalismo biológico revela, ademais, um novo elemento agravante da situação. Os homens podem diferir profundamente em seus sentimentos e atitudes e ainda assim viver no mesmo universo de discurso. A evocação de Dante de uma monarquia temporal não parou a tendência europeia para o estado nacional, mas suas técnicas filosóficas e argumentação foram compreendidas pelos *docti* de sua época. Nos séculos XVIII e XIX, a brecha espiritual e a decadência começam a corroer o aparato conceitual racional que deve servir à expressão adequada de ideias. A linguagem filosófica comum começa a romper-se, e com ela a possibilidade de os homens se entenderem uns aos outros ao longo das diferenças de sentimentos e atitudes. Além disso, com as dificuldades de compreensão aumenta a má vontade de discutir racionalmente, e as várias comunidades de credos começam a mover-se cada uma em seu próprio vácuo de discurso. A ruína da linguagem comum tem várias causas, e a causa que estamos isolando neste contexto é apenas uma delas, mas é importantíssima: queremos dizer o aumento do diletantismo filosófico.

Até aqui caracterizamos o fenomenalismo como a substituição da realidade substancial por um campo de relações fenomenais, sem refletir nas implicações filosóficas técnicas da substituição. Agora temos de enfatizar o aspecto técnico, e temos de dizer que a compreensão de uma teoria de fenômenos biológicos como uma teoria que atinge nossa compreensão da existência espiritual do homem é um erro técnico grosseiro em metafísica. E da mesma maneira teríamos de caracterizar outros fenomenalismos, tais como, por exemplo, o materialismo econômico: a aceitação do credo em escala de massa não pode abolir o fato de que a teoria é metafísica diletante. Uma parte não desprezível da confusão intelectual de nosso tempo, com suas amarguras e ódios irreconciliáveis entre democratas e fascistas, comunistas e liberais, é devida ao fato de os diletantes filosóficos terem perdido a cabeça.

c. Racionalismo

A desespiritualização e o diletantismo metafísico, ou irracionalismo, estão inter-relacionados, pois o racionalismo do discurso filosófico é dependente de uma ontologia saudável. Se os reinos do ser não forem distinguidos adequadamente, se não forem reconhecidos cada um em sua substância peculiar e estrutura, se o espírito for constituído como um epifenômeno de matéria, ou de matéria e espírito, se as operações do espírito forem reduzidas a relações psicológicas ou explicadas como a sublimação de instintos, ou como os efeitos de uma situação social ou econômica, de determinantes raciais, o discurso deixa de ser racional, porque, pelo princípio da construção epifenomenal, os vários reinos ônticos são distorcidos em sua própria estrutura assim com em suas relações com cada um, e porque, em consequência, as coisas não serão chamadas por seus nomes, mas pelos nomes das coisas de outro reino. O racionalismo, no sentido em que empregamos o termo neste estudo, implica a aceitação de uma ontologia que reconhece a estrutura da realidade em todos os seus estratos desde a matéria até o espírito, sem tentativas de reduzir causalmente os fenômenos de um reino do ser àqueles do outro; e, além disso, implica a representação da realidade pelos símbolos de linguagem que seguem a estratificação do ser, sem nenhumas tentativas de aplicar os símbolos dos fenômenos de um reino de ser aos fenômenos de outro reino. Quando entramos na era do fenomenalismo, entramos numa era de rápida desintegração do racionalismo no sentido há pouco definido.

O primeiro grande golpe no racionalismo foi dado pela própria Era da Razão. Pois vimos no capítulo "Apostasia"[2] que a Razão (em maiúscula) como um padrão absoluto pressupõe o não reconhecimento do reino do espírito. A consequência imediata de tal decapitação ontológica é a confusão de terminologia ao ponto de que o "racionalismo" se torne o nome de uma atitude que é verdadeiramente irracional. Os "racionalistas" cometem o pecado capital de destruir a estrutura da realidade ao negar a ordem de espírito que em si mesmo não é uma força viva. No entanto, na ausência de um princípio espiritual de ordem, não há nenhum limite para a desordem espiritual em que o "racionalista" pode cair, quando no curso do tempo histórico ele se distancia do ponto em que ocorreu o rompimento, e quando o conteúdo espiritual que foi incorporado nas instituições, hábitos de pensamento e padrões de conduta na época do rompimento morre de atrofia. A "racionalidade" de conduta vem então a significar nada mais do que a coordenação correta de meios e fins, por mais desordenados que possam ser os fins. Neste sentido perverso de "racionalidade", qualquer tipo de ação fenomênica sob a influência de obsessões fenomênicas terá de ser chamada "racional" – e, na verdade, é chamada "racional" hoje em dia – contanto que a ação seja orientada corretamente na relação de meio-fim dentro do horizonte de obsessões.

Para o historiador de ideias, tais destruições ontológicas e terminologias irracionais criam dificuldades enormes. É comparativamente simples representar as ideias de Santo Tomás, pois o sistema tomasiano se apoia numa excelente ontologia

---

[2] Ver *History of Political Ideais* vol. VI, *Revolution and the New Science*. Ed. Barry Cooper. Columbia, University of Missouri Press, 1998, cap. 1. (CW, vol. 24) [Em português: *História das Ideias Políticas*, vol. VI, *Revolução e a Nova Ciência*. Trad. Elpídio Mário Dantas Fonseca. São Paulo, É Realizações, 2016, cap. 1.]

e é desenvolvido por um mestre da técnica filosófica; pois as ideias de Santo Tomás têm em si mesmas um padrão de racionalidade e podem ser apresentadas em seus próprios termos, dando desconto pela diferença de atitudes fundamentais entre o pensador e seu historiador assim como pelos defeitos que surgem da fraqueza humana. É muito difícil, por outro lado, representar as ideias de um Voltaire, pois Voltaire era um pensador tecnicamente péssimo e as implicações de suas ideias podem ser elucidadas apenas referindo-as a um padrão racional para além de seu próprio pensamento. Tal referência a um padrão transcendente, no entanto, exige a elaboração de um aparato terminológico para a descrição mais ou menos adequada do irracionalismo de Voltaire. Num caso como o de Voltaire, o historiador tem de operar, portanto, com três conjuntos de linguagem: (1) a linguagem de Voltaire, (2) a linguagem do padrão racional, e (3) uma linguagem descritiva das relações entre (1) e (2).

d. Parcialidade e inversão

Se nos dermos conta das dificuldades que surgem na interpretação histórica, será mais fácil entender o problema encontrado pelo realista espiritual numa era de fenomenalismo e racionalismo dissolvente. A grande técnica filosófica medieval, como preservada nas Escolas, estava perdendo sua autoridade sob o impacto de sentimentos e atitudes que não conseguiam encontrar seu lugar numa organização eclesiástica intelectualmente restritiva, assim como dos novos problemas que surgem do avanço da ciência. Uma nova filosofia secular estava-se desenvolvendo desde a Renascença, fora das tradições do escolasticismo, e tinha de elaborar e preservar sua própria técnica sem as salvaguardas da continuidade oferecidas pelas ordens e escolas. O século XVIII marca de novo uma época revolucionária porque por essa época tinha-se estabelecido a decisão de que o mundo ocidental doravante não teria uma tradição de técnica filosófica, para ser desenvolvida em continuidade como o instrumento de expressão de uma substância espiritual comum, mas que as escolas filosóficas e os filósofos individualmente seguiriam seu caminho divergindo amplamente na expressão de matérias da comunidade paroquial, de aspectos particulares do mundo como apareceram com o avanço da física, química, economia, biologia e psicologia, e das visões idiossincráticas de pensadores "originais".

A paroquialização do pensamento de acordo com comunidades e a fragmentação do pensamento de acordo com perspectivas parciais de interesse contemporâneo, com a concomitante decadência inevitável da técnica filosófica, são as grandes tendências de massa do século XVIII e posterior. Entramos num período de confusão em que qualquer um pode facilmente estar certo porque quase todo o mundo está errado, à medida que é suficiente enfatizar o oposto do que alguém mais diz a fim de estar ao menos parcialmente certo quanto o oponente. Esta inversão de posições tornou-se um traço difuso de ideias e movimentos políticos modernos. E é característico não apenas do nível inferior de opostos: para o anarquismo e o totalitarismo, o individualismo e o coletivismo, a liberdade e a autoridade, a democracia igualitária e a ordem hierárquica, o homem comum e a elite, o liberalismo econômico e o planejamento, valores feudais e burgueses, valores burgueses e proletários, a segurança da classe média e o *vivere pericolosamente*, etc., mas estende-se também aos níveis mais altos da filosofia moderna. O exemplo clássico de inversão é a relação entre os sistemas de Hegel e Marx. Mesmo Hegel estava tão profundamente envolvido nas parcialidades de seu tempo que Marx pôde executar em sua dialética a operação fascinante de colocá-la "de pé". E a dialética de Hegel virada de cabeça para baixo era ainda um produto de certos interesses com pontos meritórios. É uma operação que dificilmente poderia ter sido executada num Platão, ou num Santo Agostinho ou num Santo Tomás.

e. Ineficácia do realista

Então o realista se encontra num ambiente intelectual e social que já não é receptivo ao pensamento racional, tecnicamente competente de uma personalidade espiritualmente bem-ordenada. Na desordem de irracionalismos opostos uns aos outros, ele frequentemente encontrará rompida a continuidade de problemas. Questões que de há muito foram estabelecidas serão retomadas como se ninguém tivesse tratado delas antes. Erros filosóficos elementares podem ser apresentados com sucesso e dominam uma cena pública que perdeu os padrões racionais de crítica. Se o realista se lançasse no combate geral como um dos combatentes, ele venceria seu propósito filosófico. A fim de ser ouvido, teria de tornar-se um partidário ele mesmo e, a fim de se tornar um partidário, teria de abrir mão dos padrões de racionalidade. Se, por outro lado, ele tem força espiritual suficiente assim como consciência filosófica para tomar sua posição para além da desordem da era, onde, como filósofo, ele deve tomá-la, permanecerá socialmente ineficaz a ponto de não poder sequer ser mal-entendido. Isso mais uma vez é um novo elemento na era da revolução e da crise. Os espiritualistas medievais de um tipo não ortodoxo foram perseguidos com grande consideração. Bodin e Espinosa ao menos foram condenados por bons cristãos como ateus sinistros. E Giordano Bruno recebeu a atenção social de ser queimado numa estaca. Agora, entretanto, o realista não encontra nenhuma reação de maneira alguma numa escala socialmente relevante. Ataques incompreendidos são seu quinhão e elogio igualmente incompreendido, e, na melhor das hipóteses, algum mau uso pragmático de seus argumentos para propósitos partidários, e para o resto, o oblívio.

f. A influência de Schelling

Temos de estar conscientes do clima espiritual e intelectual desolado da época quando tratamos da pessoa e da obra do homem que é um dos maiores filósofos de todos os tempos, Friedrich Wilhelm Joseph von Schelling (1775-1854). As qualidades de Schelling como filósofo dificilmente foram notadas por seus contemporâneos, e quando Jacobi o atacou em 1811, acusando-o de panteísmo, ele confinou sua publicação para o resto da vida a uns poucos artigos menores. O grande corpo de sua obra foi publicado postumamente e o tratado que ele considerava a formulação representativa de sua filosofia, *Idades do Mundo*, não foi nunca encerrado. Sua primeira crítica do idealismo transcendental não ficou sem influência na Alemanha assim como no exterior, mas a influência exauriu-se pelo meado do século XIX quando a crítica de Schelling deixou de ser útil na luta anti-hegeliana porque esta luta amainou por si mesma. O materialismo econômico, o darwinismo, a teoria econômica liberal, a epistemologia neokantiana, o historicismo, a sociologia empírica e a psicologia eram os movimentos fortes, não deixando espaço para o desenrolar do espírito de Schelling. A filosofia positiva de Schelling não se tornou nunca o ponto de partida e o núcleo de uma "escola" ainda que modesta. No entanto, um filósofo da estatura de Schelling pode ser afastado da cena pública quando os movimentos que a ocupam são espiritualmente decadentes, mas não se pode evitar que exerça uma influência na contracorrente que se dilatará em importância com o tempo. A própria tensão entre o realista e sua época que exclui uma eficácia imediata será dissolvida num efeito retardado quando as forças espiritualmente cegas tiverem feito seu curso na confusão impotente. Por baixo da tendência de superfície em direção à desordem espiritual, temos de observar, portanto, a estimulação pela obra de Schelling que pode ser sentida em Schopenhauer e Kierkegaard e mais tarde em Eduard von Hartmann e Lotze; e podemos ver a corrente aumentar em Bergson e Tillich, em Jaspers e Heidegger, em Ortega y Gasset e Berdiaev. No século XX, a ocupação com Schelling ganhou tal impulso que se pode falar de uma "Renascença de Schelling".[3]

---

[3] Para a extensão da ocupação com Schelling, ver a introdução de Frederick de Wolfe Bolman Jr. a sua tradução de *Ages of the World* de Schelling. New York, Columbia University Press, 1942, p. 8. A tradução em si é um sintoma do interesse crescente, assim como a tradução que James Gutman fez de *Of Human Freedom* de Schelling. Chicago, Open Court, 1936. Da rica literatura podem ser mencionadas como de particular interesse, de Paul Tillich, *Mystik und Schuldbewußtsein in Schelling's philosophischer Entwicklung* [Mística e Consciência da Culpabilidade no Desenvolvimento Filosófico de Schelling]. Gütersloh, C. Bertelsmann, 1912; de Kurt Leese, *Von Jakob Böhme zu Schelling: Zur Metaphysik des Gottesproblems* [De Jacó Böhme a Schelling: Da Metafísica do Problema de Deus]. Erfurt, K. Stenger, 1927); de Vladimir Jankélevitch, *L'Odyssée de la Conscience dans la Dernière Philosophie de Schelling* [Da Odisseia da Consciência

A eficácia de Schelling então mal começou. Sabemos ainda menos acerca dele do que de Nietzsche ou Kierkegaard. Mas podemos ver sua obra surgir como um dos pontos importantes de orientação para uma filosofia moderna da existência humana.

§ 2. Elementos da posição de Schelling

Não é nossa tarefa neste contexto apresentar as ideias de Schelling na inteireza de suas dimensões. Temos de limitar-nos a umas poucas linhas de pensamento que são relevantes para o desenrolar de uma antropologia moderna, e mais especificamente para a apresentação do problema de especulação substancial que foi inaugurado por Giordano Bruno. Vimos como Bruno restabeleceu uma filosofia natural que poderia penetrar até a substância do universo ao encontrar a substância na vivacidade espiritual do homem. Schelling retoma o problema de Bruno depois de dois séculos, e a primeira pergunta que devemos fazer é: o que aconteceu nesse ínterim e o que induziu à retomada?

a. Descartes e a especulação pós-cartesiana

O próprio Schelling tratou dessa pergunta. Sua resposta assumiu a forma de uma interpretação de sua própria posição como a conclusão sistemática do desenvolvimento filosófico entre Bruno e ele mesmo. Este desenvolvimento interveniente, no entanto, não é nada mais do que a época clássica da filosofia moderna, desde Descartes até Hegel, e temos de entender por que pareceu a Schelling como uma grande aberração que por essa época tinha feito seu percurso. A interpretação de

na Última Filosofia de Schellling]. Paris, F. Alcan, 1933; de Otto Kein, *Das Apollinische und Dionysische bei Nietzsche und Schelling* [Do Apolíneo e do Dionisíaco em Nietzsche e Schelling]. Berlin, Junker und Dunnhaupt, 1935; e, talvez mais importante, o excelente capítulo acerca de Schelling em Hans Urs von Balthasar, *Apokalypse der deutschen Seele* [Apocalipse da Alma Alemã], vol. 1, *Der deutsche Idealismus* [O Idealismo Alemão]. Salzburg e Leipzig, A. Pustet, 1937-1939. O leitor de inglês pode ser remetido às excelentes introduções de Gutman e Bolman nas traduções acima mencionadas.

Schelling é a tentativa mais interessante de construir as várias posições filosóficas desde Descartes como os estágios de decomposição de um sistema viciado desde o início. O vício inicial era a divisão de Descartes do universo em corpo e mente. De um lado temos a investigação meditativa do ego; de outro, uma teoria mecanicista da matéria. A unidade substancial do mundo é perdida num dualismo de mente e matéria. Espinosa queria reunir os dois, mantendo a sua identidade última numa substância fundamental (Deus) do qual elas são o pensamento e os modos extensos. Schelling tem o maior respeito pela tentativa de Espinosa porque ela aponta na direção certa. Ele a considera, no entanto, uma falha porque a identificação é apenas mecânica e não mostra matéria e mente como os momentos ou estágios no processo de uma substância viva (como o fez Bruno). Depois da tentativa insuficiente de Espinosa, começa a decomposição e manifesta-se, na primeira fase, nas posições oponentes de idealismo leibniziano e uma posição que Schelling chama hilozoísmo. Leibniz tentou estabelecer a unidade, abandonando totalmente o ser e interpretando a realidade como representação (*Vorstellung*). Não negou, entretanto, a realidade de um mundo corporal, mas preservou-a na ideia de que corpos são poderes representacionais (*Vorstellkräfte*) independentes de nosso conhecimento e pensamento. A posição oposta do hilozoísmo é um tanto suspeita. Schelling não a atribui a nenhum filósofo histórico, embora mencione, ocasionalmente, que foi inspirado por Bruno. Parece que construiu o hilozoísmo como uma posição contemporânea de Leibniz a fim de ter completo seu tipo ideal de decomposição filosófica. Tais coisas acontecem. De qualquer modo, o hilozoísmo deve ser uma posição metafísica que emprega um dos dois modos de Espinosa como a substância absoluta, mas preserva a mente, ao considerar a matéria como animada.[4] O estágio final é constituído pela eliminação

---

[4] [A conjectura de Voegelin de que Schelling pode ter construído o conceito de hilozoísmo como uma posição para completar seu tipo ideal de decomposição filosófica não nasce de fatos históricos. Hilozoísmo já era um termo empregado pelo platônico de Cambridge Ralph Cudworth em seu livro *The True Intellectual System of the Universe* [O sistema Intelectual Verdadeiro do Universo] (1678)

do respectivo elemento oposto das substâncias leibnizianas e hilozoístas de tal forma que agora estamos diante de posições opostas de materialismo francês e idealismo transcendental de Fichte. O materialismo concebe a matéria como uma "mera externalidade", uma "mera aglomeração de partes" das quais a natureza vivente assim como os pensamentos humanos, sentimentos e ações teriam de ser derivados. O idealismo de Fichte, por outro lado, restringe a substância ideal ao ego subjetivo: "um homicídio completo da natureza".[5] Todo o padrão pode ser apresentado da seguinte maneira:

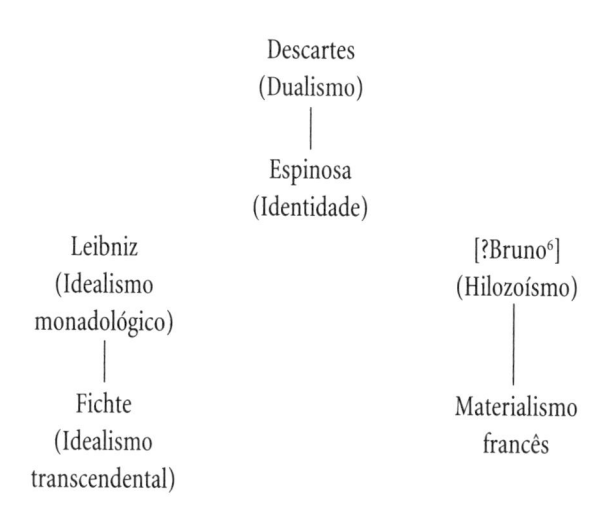

```
                    Descartes
                    (Dualismo)
                        |
                    Espinosa
                    (Identidade)
   Leibniz                          [?Bruno6]
  (Idealismo                       (Hilozoísmo)
 monadológico)                          |
      |                             Materialismo
   Fichte                              francês
  (Idealismo
transcendental)
```

em referência clara à noção de Bruno e Vanini da matéria com alma infundida. Cf. J. G. A. Pocock, "Thomas Hobbes: Atheist or Enthusiast? His Place in the Restoration Debate [Thomas Hobbes: Ateu ou Entusiasta? Seu Lugar no Debate da Restauração). *History of Political Thought,* 11, 4, inverno de 1990, p. 744 ss.

[5] A apresentação no texto é uma fusão de duas considerações feitas por Schelling: *Sttutgarter Privatvorlesungen* [Preleções Privadas de Stuttgart] (1810), em *Friedrich Wilhelm Joseph von Schellings sämmtliche Werke* [Obras Reunidas de Friedrich Wilhelm Joseph von Schelling], Sttutgart e Augsburg, Karl Schelling, 1856-, I, 7, p. 443 ss, e *Die Weltalter* [As épocas] (1812-), em *Werke,* I, 8, p. 339 ss (I e II referem-se às duas séries dos *Werke,* o número arábico ao volume dentro do *Abtheilung* [Seção]). Nova edição: *Historisch-kritische Ausgabe* [Edição histórico-crítica]. Ed. Hans Michael Baumgartner et al. Stuttgart, Fromann-Holzbog, 1976-1994.

[6] In: *Werke* I, 8, p. 342, Schelling chama "Jordanus Brunus" um representante do Hilozoísmo.

b. Crítica da época

Qual é a conclusão que tirar desta análise? O próprio Schelling indica algumas das implicações nas páginas que se seguem a suas observações acerca de Fichte em *Weltalter*. No idealismo de Fichte, vê tornar-se explícita uma tendência que tinha sido dominante por algum tempo nas ciências, nas artes e na vida pública. Qual foi o empreendimento de toda a teologia moderna, pergunta ele, senão o de idealizar e esvaziar gradualmente a cristandade? Como no caráter da vida e da opinião pública, a habilidade e a força contavam menos, e a assim chamada humanidade, que não é nada sem elas, contava como tudo; a era seria satisfeita apenas por um Deus de cujo conceito tivesse sido tirado tudo o que é poder e força – um Deus cuja expressão mais alta de vida é pensamento e conhecimento, e um mundo em que ele se esquematiza de maneira vazia; um mundo que é apenas imagem, e, na verdade, imagem da imagem, um nada do nada, uma sombra da sombra; homens que não são nada senão imagens e sonhos de sombras; um povo que em seu empreendimento bem-disposto para o assim chamado iluminismo tinha, na verdade, tido sucesso em dissolver tudo no pensamento, mas com a escuridão também perdeu toda força, perdeu aquele princípio *bárbaro* que tem de ser domado, mas não aniquilado a fim de preservar a fundação de toda a grandeza e beleza: "tais são os fenômenos necessariamente contemporâneos, como, na verdade, uma vez que os vimos contemporâneos".[7]

Este é o núcleo da crítica de Schelling à época. Os vários elementos nela contidos separam-se mais tarde e se tornam independentemente o ponto de partida para a grande crítica do século XIX. A cristandade tornou-se idealizada e vazia: a revolta contra este fato provoca a crítica de Kierkegaard à cristandade de classe média, assim como os seus esforços restauradores. Este fato é o ponto de partida para o ataque revolucionário de Marx contra o "ópio do povo"

---

[7] Schelling, *Weltalter*. In: ibidem, I, 8, p. 342 ss.

de que a cristandade ainda não se recuperou, e é ainda o irritador do ódio de Nietzsche à cristandade. A cristandade tornou-se vazia porque Deus perdeu seu "poder e força". Na perspectiva de Schelling, este ataque é dirigido contra as variantes de deísmo desde Descartes, Newton e Voltaire. Ao mesmo tempo, entretanto, é uma primeira formulação da asserção de Nietzsche de que "deus está morto". Na formulação de Schelling, o conteúdo histórico-empírico do reclamo torna-se mais claro: "Deus está morto" significa que Deus não está vivendo nos homens da época. Quando Deus, no entanto, já não é um Deus vivente, mas apenas um Deus pensante e conhecedor, então o homem e seu mundo serão uma "esquematização vazia" de Deus. No amontoado de formulações que Schelling fez como "imagem da imagem", "sombra da sombra", etc., somos lembrados dos "acidentes dos acidentes", e nos homens que, em consequência, são apenas "sonhos de sombras" reconhecemos os fenomenalistas em seu mundo de obsessão ações fenomênicas. A humanidade, finalmente – ou seja, os sentimentos humanitários sem força e caráter –, é a força destrutiva que mina as fundações de grandeza e ordem. Temos de admirar a perspicácia de Schelling, pois apenas em nossa época é que a destrutividade da crença otimista na bondade dos homens se revelou completamente. Hoje sabemos: quando o "princípio bárbaro" é aniquilado fenomenalmente, em vez de domado, romper-se-á em sua nudez não conquistada e destruirá o mundo dos povos bem-dispostos, iluminados, razoáveis e muito morais e civilizados – mas, lamentavelmente, não só o mundo *deles*. Podemos reconhecer como preformados no ataque de Schelling à humanidade os ataques posteriores de Nietzsche ao "último homem" e de Stefan George aos "lämmer" (cordeiros).

c. *Os aforismos acerca da Razão*

Qual é a alternativa positiva de Schelling para a evaporação da substância na Razão e Humanidade iluminadas?

Encontramos uma primeira resposta a esta pergunta em seus aforismos acerca da razão (*Vernunft*): "Nem nós, nem tu nem eu sabemos de Deus. Pois a razão, à medida que afirma Deus, não pode afirmar *nada* mais, e neste ato ela aniquila-se como uma particularidade, como algo que está *fora de Deus*". Não há, na realidade, nenhum sujeito e nenhum ego, e, portanto, não há nenhum objeto e nenhum não ego (contra Fichte), mas apenas o Uno, Deus ou o Universo, e, além disso, nada. "O 'penso', 'sou' é desde Descartes o erro fundamental de todo conhecimento (*Erkenntnis*); pensar não é meu pensar, e ser não é meu ser, pois tudo é apenas de Deus, ou do Tudo." "A Razão não é uma faculdade, nem ferramenta, e não pode ser empregada: na verdade não há nenhuma razão que tenhamos, há apenas uma razão que nos tem." "A Razão não é uma afirmação do Um, que em si mesma estaria fora do Um; é um conhecimento de Deus que em si mesmo está em Deus." "A Razão não *tem* a ideia de Deus, ela é esta ideia, e nada mais." "Não há nenhuma ascensão de conhecimento a Deus, mas apenas um reconhecimento imediato; não um reconhecimento imediato pelo homem, mas do divino pelo divino." De maneira nenhuma pode Deus ser um objeto de conhecimento; não estamos nunca fora de Deus, para que pudéssemos colocá-lo como um objeto. Igualmente repreensível é uma atitude em que o sujeito se afirmasse como sujeito: "Não há nenhuma crença em Deus como qualidade no sujeito. Querias apenas salvar o sujeito, não querias transfigurar (*verklären*) o divino". "Daí o Absoluto poder ser eternamente preservado apenas como identidade absoluta e indivisível do subjetivo e do objetivo, fórmula que é equivalente à autoafirmação infinita de Deus."[8]

Esses aforismos são o ponto final depois da Era do Iluminismo e da Razão.

---

[8] *Aphorismen zur Einleitung in die Naturphilosophie* [Aforismos de Introdução à filosofia da natureza] (1806), aforismos 42-54 e 65. In: ibidem, I, 7, p. 148 ss.

§ 3. A especulação de Schelling

A interpretação da época clássica da filosofia como a decomposição da especulação do Uno, a crítica à teologia e à antropologia do iluminismo, e os aforismos acerca da razão formam juntos uma reunião que nos permitirá analisar o problema da especulação de Schelling. Não pretendemos, no entanto, examinar a elaboração magnífica do sistema como um todo, mas limitar-nos aos princípios do método de Schelling.

a. Retorno a Bruno

Em primeiro lugar, o problema da especulação é jogado para trás, para trás de Descartes, para o estágio que alcançara com Giordano Bruno. Schelling não retorna a uma ontologia cristã, nem a uma antropologia pneumatocêntrica: retorna à empresa especulativa de construir o universo como um todo inteligível com os meios que podem ser encontrados na natureza do homem. Vimos como este problema se tornara agudo quando a coexistência precária de uma cristandade espiritual com uma filosofia astrológica e alquímica da natureza se decompôs sob o impacto da nova ciência da natureza. De um lado, o surgimento glorioso da ciência de fenômenos naturais não podia ser repelido; de outro lado, ficou claro que uma ciência de fenômenos não é uma filosofia de substância. Nesta situação, Bruno deu o passo decisivo de racionalizar a filosofia natural, abandonando a tradição alquímica e construindo a *anima mundi* que vive na matéria e se desenvolve através dos reinos de ser até sua culminação no espírito especulativo e reflexivo do homem. Ademais, pôde desenvolver esta ideia porque compartilhava com Copérnico o sentimento intramundano e a vontade de ordenar o mundo, submetendo-o à forma especulativa da mente humana. A aventura, finalmente, não foi um voo inconsequente de capricho, mas existencialmente justificado porque ele tivera a experiência de seu próprio espírito como uma natureza expansiva: pôde criar o análogo especulativo do universo infinito porque seu espírito especulativo era em si mesmo uma crista de onda na corrente de natureza animada que ascendia da matéria para o Uno. Este era o elemento na natureza de Bruno que Hegel caracterizou como "algo bacante", e encontraremos este elemento de novo em Schelling, numa metamorfose, como a existência prometeica.

Em contraste com a especulação de Bruno, a filosofia cartesiana tem de aparecer como um erro fundamental e até mesmo como uma obra de destruição. A identidade de espírito e natureza no filósofo especulativo é despedaçada em Descartes. Já que ele não pode voltar a uma ontologia cristã, o resultado do despedaçamento é a experiência, peculiar a Descartes, de que a natureza em sua imediatidade é aniquilada (um *Ausfallserlebnis,* se podemos empregar o termo psiquiátrico alemão). Torna-se duvidoso se o mundo externo é, de algum modo, acessível ao conhecimento verdadeiro, e a garantia só pode ser reconquistada pela contração existencial ao ponto cogitante, ao ego do filósofo; o mundo pode ser reconstruído quando o filósofo se assegurou de que a existência de seu ego implica a existência de Deus e de que Deus não pode querer enganá-lo. O assim chamado ceticismo metódico de Descartes, assim como as ideias de uma tabula rasa e um novo começo da filosofia, têm sua fundação existencial séria no desaparecimento de uma experiência imediata da natureza. Foi a grandeza de Descartes ter sobrevivido e posto em prática em sua obra esta possibilidade existencial, e o resultado foi a fundação de uma epistemologia crítica que culminou em Kant, mas temos de concordar com Schelling que esta posição cartesiana foi uma queda fatal do nível de especulação que tinha sido alcançada por Bruno.

b. *Retorno a Kant*

Uma vez que o problema criado por Descartes é compreendido, o padrão de Schelling de decomposição pós-cartesiana é autoexplicativo. Um ponto, entretanto, que o leitor terá notado, precisa de atenção: Kant não figura no esquema. Schelling tem, na verdade, o maior respeito por Kant porque este estava a par do problema da natureza na especulação. Embora não desse uma solução própria, deixou o problema aberto e não o interpretou erradamente. A ideia de Kant da *Ding an sich* [coisa em si], inacessível sob a superfície fenomênica de relações causais, mantém o problema no estado de fluxo que ainda tinha à época da controvérsia entre Kepler e Robert Fludd. A ideia de uma *Ding an sich*, dada em sua imediatidade na razão prática (*praktische Vernunft*), mas inacessível na natureza, permanece o aviso ao filósofo de que existe um problema de identidade substancial entre a natureza e a razão que pode ser desprezado, como o foi pela crítica neokantiana de métodos da ciência, mas não pode ser abolido. A especulação de Schelling não retorna para trás de Descartes e Bruno apenas, também retorna para trás de Fichte e Hegel até Kant.

c. Imersão na substância do universo

O resultado do retorno tornou-se parcialmente visível nos aforismos acerca da razão. Foi abandonada a posição cartesiana do *ego cogitans*. O ego não é uma entidade última com faculdades de raciocinar, mas um meio através do qual a substância do universo está operando em seus processos. No conhecimento de Deus, não há para Schelling nem sujeito nem objeto de conhecimento; há, em vez disso, a vida da substância divina, animando o mundo e o homem como parte do mundo. Neste sentido, o conhecimento de Deus está em Deus, a razão não *tem* uma ideia de Deus, mas *é* esta ideia, e o conhecimento de Deus pelo homem é uma autoafirmação de Deus. Para a relação especial razão-Deus, a identidade de substância no processo é reafirmada como a fundação de relações cognitivas. Esta imersão da diferenciação morfológica dos reinos de ser, assim como de relações cognitivas, na identidade do processo universal ou divino é o princípio geral da especulação de Schelling. Não apenas a relação razão-Deus, mas também as relações homem-natureza e Deus-natureza estão imersas no processo universal. Este princípio de imersão geral confronta Schelling com o problema de que Deus não pode ser um ser para além da natureza, como no deísmo do século XVIII, mas que Deus tem de estar na natureza e a natureza, em Deus. A especulação acerca do universo torna-se, portanto, de novo, como com Bruno, uma especulação acerca da revelação de Deus no universo – agora, entretanto, em um nível de consciência e racionalização.

Em Bruno, o problema especulativo tinha ainda permanecido num certo suspense porque ele operava com os símbolos tradicionais filosóficos cristãos e helenos sem integrá-los num sistema coerente. Como consequência, pode ainda ser debatido hoje se Bruno era ou não panteísta. Ele pode ser entendido como panteísta se se isolar sua ideia de alma do mundo e se presumir que ela seja idêntica a Deus. O próprio Bruno, é verdade, falava da alma do mundo como um ser divino, mas ele também tinha a ideia de um Deus que transcende o mundo animado e o criou com sua alma. Esta ideia de um Deus transcendente para além da *anima mundi*, que não é um Deus operando na natureza e, portanto, é praticamente sem função depois do ato da criação, leva a teologia de Bruno muito perto da ideia deísta de um Deus que criou a máquina do mundo, a qual, depois da criação, funciona de acordo com suas próprias leis. A Inquisição, que sabia algumas coisas de teologia, estava imensamente interessada neste aspecto da filosofia de Bruno, e o que poderia ser chamado seu unitarismo foi talvez o fator mais importante que levou à sua condenação. Devemos dizer, portanto, que não faz sentido classificar Bruno nem como panteísta nem como deísta unitário. Tal classificação destruiria precisamente o ponto que é relevante numa história das ideias: a inconclusividade de sua especulação e a conclusão dada a ela por Schelling. Pois Schelling, depois dos julgamentos e erros desde Descartes até Hegel, compreendeu o problema inteiramente e sabia que a fonte da inconclusividade de Bruno era a falta de uma terminologia adequada para distinguir a identidade substancial de Deus e os reinos de ser de sua diferenciação morfológica estática. Esta compreensão induziu

Schelling a criar o termo muito mal compreendido "potência" (*Potenz*) para os estágios do processo substancial. O alemão *Potenz* designa o grau de um membro numa série de potências matemáticas (por exemplo, $2, 2^2, 2^3, ..., 2^n$). Ao empregar esta terminologia formalizada e designar os estágios no processo do Uno como A^1, A^2, A^3, Schelling escapa da dificuldade de ter de identificar terminologicamente a substância fundamental com alguma das fases parciais em que o processo do todo é articulado. A substância fundamental não é, portanto, nem matéria nem espírito, nem um Deus transcendente nem uma natureza imanente, mas a identidade do processo em que o Uno se torna o universo articulado.

d. A Potenzenlehre[9]

Em que termos então devemos falar da substância fundamental e seu processo de articulação, se nenhuma das fases articuladas deve ser empregada, embora não seja dado a nosso conhecimento exceto na articulação de fases? Neste ponto temos de ser breves porque a *Potenzenlehre*, talvez a mais profunda obra de pensamento filosófico já elaborada, não é a nossa preocupação principal. Será suficiente indicar que Schelling fala dela à luz das tensões de uma psique: de liberdade e necessidade, de um desejo de expandir e um desejo agindo em contrário para confinar-se e fechar-se, de uma negação original e escuridão e uma necessidade de desenrolar a essência e trazê-la à luz, de uma luta cega entre tendências contraditórias e um rompimento, igualmente cego, da articulação, de um mais alto e mais baixo na natureza original e um desejo do mais baixo orientar-se para o mais alto, etc. O resultado da luta é a colocação da primeira potência, do princípio que resiste à revelação e à articulação, como natureza (A^1), do florescer da natureza no mundo articulado partindo das formas inorgânicas até o homem através da atualização na segunda potência (A^2) como "o salvador e liberador", e da elevação da natureza à liberdade na terceira

---

[9] Teoria das potências. (N. T.)

potência (A^3), a alma do mundo que é a linha de conexão entre o universo (o *Todo*) e o eu mais puro (o *lauterste Gott*).

São óbvias as vantagens da terminologia. A articulação da necessidade em Deus no universo e a consequente articulação da liberdade em Deus num "Deus mais puro" transcendente mostram talvez mais claramente a solução de Schelling do problema teológico que permanecera em suspense com Bruno. Para Schelling, "a natureza não é Deus"; pertence apenas ao necessário em Deus, pois Deus "falando estritamente pode ser chamado Deus apenas com relação a sua liberdade". E mesmo da necessidade, a natureza é apenas uma parte, ou seja, a primeira potência. Portanto, a natureza não pode ser chamada Deus porque é apenas uma parte. "Apenas o todo pode ser chamado Deus, e nem mesmo o todo, depois de ter crescido do Um no Todo e então ter como que brotado da divindade."[10] Essas passagens tornam claro que a classificação do sistema de Schelling como "panteísta" é tão inadequada quanto a classificação de Bruno como panteísta. A substância fundamental não é sequer Deus na terminologia filosófica convencional, porque o próprio Deus é uma diferenciação do processo fundamental, ocasionalmente chamado por Schelling A^0 a fim de indicar-lhe o posto fora da luta das potências. Por outro lado, devemos ver no caso de Nietzsche a ausência de tais distinções como uma fonte de dificuldades graves. A filosofia da existência de Nietzsche está sempre em perigo de escorregar para um naturalismo barato porque a distinção entre natureza como o "fundamento" da existência – a primeira potência de Schelling – e natureza como o reino articulado de ser não é nunca estabelecida claramente. A "vontade de poder" assim como a vontade de autorrealização do universo e a *libido dominandi* como a necessidade biológica de uma existência humana particular à autoasserção estão com Nietzsche num estado permanente de confusão.[11]

---

[10] Schelling, *Weltalter*. In: ibidem, I, 8, p. 244.

[11] Seguimos o texto da apresentação de Schelling da *Potenzenlehre* como dado em *Weltalter*. O leitor deve estar consciente, entretanto, de que nos últimos anos, depois de 1847, Schelling enfatizou mais fortemente outros aspectos

§ 4. Existência histórica: a chave para a especulação

Para os pormenores da *Potenzenlehre* temos de remeter o leitor ao próprio Schelling. Aqui temos mesmo de fazer a pergunta: qual é a fonte de conhecimento que nos permitiria construir o processo universal? O cerne da resposta de Schelling deve ser encontrado na passagem: "Há uma luz na escuridão. De acordo com o velho e quase totalmente gasto ditado 'o homem é o mundo numa pequena escala. Então os processos da vida humana desde a mais profunda até a mais alta consumação têm de estar de acordo com os processos da vida universal. É certo: quem quer que pudesse escrever a história de sua própria vida desde o fundamento, teria, ao mesmo tempo, concentrado a história do universo (*Weltall*) em uma breve sinopse".[12] A antropologia é agora sistematicamente transformada na chave da especulação; nada deve entrar no conteúdo de especulação que não possa ser encontrado na natureza humana, em suas profundezas assim como em suas alturas, na limitação de sua existência assim como na abertura para a realidade transcendente.

a. Existência histórica

A época clássica da filosofia deu fruto a despeito de sua decomposição, pois a atitude de Schelling, se comparada com a de Bruno, tornou-se crítica.[13] Schelling obteve uma consciência clara das fundações em que a especulação deve

---

das "Potências". Na *Einleitung in die Philosophie der Mythologie*, diz Schelling: "Wegen dieser natürlichen Ordnung haben wir auch von einer ersten, zweiten, dritten Potenz gesprochen, und ohne an eine Analogie with den mathematischen zu denken, sie auch also solche bezeichnet" (ibidem, II, 1, p. 391). [Por causa desta ordem natural, falamos de primeira, segunda e terceira potências, sem pensar numa analogia com os "poderes" (*Potenz*) matemáticos, chamamo-las "potências"]. Neste contexto, ele emprega frequentemente a formulação "Macht (Potenz)", enfatizando o elemento dinâmico mais do que o formal. Devemos voltar mais tarde a essas outras implicações do termo *Potenz*.

[12] *Weltalter*. In: ibidem, I, 8, p. 207.

[13] Para o reconhecimento de Schelling da façanha positiva da época clássica da filosofia, ver *Philosophie der Offenbarung* [Filosofia da Revelação]. In: ibidem, II, 3, p. 39 ss.

assentar-se. A própria suposição da natureza humana como a base de especulação é agora cuidadosamente justificada: "Para o homem deve ser concedido um princípio fora e acima do mundo; pois como poderia ele, sozinho entre todas as criaturas, traçar o longo caminho de evoluções do presente até a noite mais profunda do passado, como poderia ele, sozinho, ascender até o começo das eras, a não ser que houvesse nele um princípio do começo das eras". A alma humana foi tirada da fonte de todas as coisas e é semelhante a ele, e daí "tem um conhecimento conjunto (*Mitwissenschaft*) da criação". A alma não conhece, "ela, ao contrário, é em si conhecimento".[14] A historicidade do homem então é introduzida como um elemento constituinte da especulação. O filósofo não começa com uma tabula rasa, mas encontra-se existindo historicamente num reino de conhecimento que é coextensivo (na mitologia, na revelação, na especulação filosófica racional e nas ciências históricas empíricas, incluindo as da natureza) com o próprio universo até suas origens. A experiência existencial de Bruno da identidade de natureza e espírito e da coextensividade do universo infinito com a especulação substancial acerca do infinito é ampliada e aprofundada na experiência de Schelling da existência histórica humana como coextensiva com o processo histórico do universo. E assim como com Bruno, a especulação acerca do infinito pôde tornar-se a chave para uma compreensão do universo infinito com sua pluralidade de mundos, de tal modo que agora, com Schelling, mitologia e revelação tornam-se a chave para a dimensão histórica infinita do universo.[15] Politeísmo pagão, monoteísmo hebreu e cristandade são estágios de um processo teogônico em que a revelação divina e a criação humana de símbolos se interpenetram. Mito e revelação são os vasos da autoafirmação divina no mundo através do homem; são parte da história do universo assim como da história das formas viventes. E este processo ainda não chegou a um fim, mas está continuando através das almas do homem como meio

---

[14] *Weltalter*. In: ibidem, I, 8, p. 200.

[15] Ver Schelling, *Philosophie der Mythologie*. In: ibidem, II, 1-2; e sua *Philosophie der Offenbarung*. In: ibidem, II, 3-4.

de manifestação desse processo na criação de novos símbolos religiosos – tais como as *Potenzenlehre* de Schelling.

b. O diálogo anamnésico

A história tem, então, um significado duplo. É, em primeiro lugar, o curso real dos acontecimentos naturais e humanos no universo; e este curso de acontecimentos torna-se histórico no segundo significado se for entendido pelo homem como um desenrolar importante do universo. Esta internalização do curso de acontecimentos, esta imersão do processo externo num movimento da alma, é possível porque a alma internalizadora é em si parte do fluxo. Quando a alma dá sentido à corrente, descobre a corrente e seu significado em si mesma. Neste sentido, a alma é conhecimento, e a história é uma ciência da alma. Este conhecimento da alma, no entanto, não fica aberto como um reino de objetos que pudessem ser conhecidos por um sujeito. Ao contrário, a alma é polarizada num princípio de liberdade pelo qual pode compreender tudo e um princípio de escuridão e oblívio em que o arquétipo de todas as coisas dorme obscurecido e esquecido: "Há uma coisa no homem que tem de ser trazida em reminiscência e outra que traz a reminiscência; uma coisa que está pronta para responder a cada pergunta certeira, e outra que traz a pergunta a público". O princípio livre está preso e mantido pela escuridão no fundo e não pode manter nada verdadeiro sem o consentimento que testemunha a escuridão, enquanto a escuridão está liberta pelo princípio livre e se abre para ele: "Esta divisão, esta duplicação de nós mesmos, este intercurso em que há dois seres, [...] esta conversa silenciosa, esta arte íntima de persuasão é o segredo do filósofo". A conversação filosófica externa, e a arte de persuasão, é a "imitação" do diálogo interno e, portanto, é chamada *dialética*.[16] Podemos sumariar essas passagens na tese de que o processo do universo pode fazer-se inteligível mediante uma anamnese pela qual o significado do processo externo é extraído do inconsciente no homem.

---

[16] *Weltalter*. In: ibidem, I, 8, p. 201.

c. Anamnese e história

Nesta tese encontramos a formulação mais abrangente de um princípio que tinha animado a expansão do historicismo alemão, em oposição ao Iluminismo, desde Herder e Baader. Herder já concebera a história como "a história da alma humana" e reconhecera a alma do historiador como o instrumento de interpretação, pois "não podemos transplantar para outros nada senão nós mesmos", e "apenas por outra alma pode a alma ser descoberta"; e ele tinha também visto a importância da inconsciência nos acontecimentos históricos.[17] Schelling dá precisão a esses esforços anteriores e alarga o princípio a ponto de a filosofia tornar-se idêntica à história e a história à ciência da alma. Ademais, a fonte de "significado" não é claramente circunscrita como o diálogo anamnésico que está ocorrendo na alma. Esta anamnese não é nem completa nem será completada em breve, e não sabemos, portanto, o significado da história como um todo; o futuro está ainda aberto. É impossível uma história "objetiva" como ciência que poderia examinar o curso dos acontecimentos como um passado completo. "Não podemos ser narradores, mas apenas exploradores." Não podemos fazer mais do que ponderar os prós e contras de cada opinião até que o tempo tenha chegado a estabelecer o correto de maneira firme e indubitável.[18] Há uma promessa nessas palavras, mas nada mais. O realismo de Schelling impede qualquer complacência. O diálogo da alma está ainda em movimento, e a especulação ainda não se tornou uma "ciência", ou seja, o conhecimento de um passado; é apenas "dialética", ou seja, um esforço de consciência mediante anamnese (*Wiederbewußtwerden*).[19] Como consequência, a filosofia não pode ser estabelecida como ciência pela dialética porque "a própria existência e

---

[17] Ver Friedrich Engel-Janosi, *The Growth of German Historicism* [A Expansão do Historicismo Alemão]. Baltimore, Johns Hopkins Press, 1944, p. 19; e Friedrich Meinecke, *Die Entstehung des Historismus* [A origem do historicismo]. München, R. Oldenbourg, 1936.

[18] *Weltalter*. In: *Werke*, I, 8, p. 206.

[19] *Weltalter*. In: ibidem, I, 8, p. 201.

necessidade da dialética prova que a filosofia não é de maneira nenhuma uma ciência real".[20]

d. Schelling e Hegel

Essas últimas observações são dirigidas contra Hegel. Distinguem claramente entre a dialética de Schelling como a conceptualização do diálogo anamnésico e a dialética de Hegel como a transposição do diálogo para um movimento absoluto da Ideia. Na dialética de Hegel, o movimento chegou a seu fim e a filosofia alcançou seu fim sistemático com o fim do movimento objetivo; para Schelling, a elaboração dialética da anamnese é uma obra de arte que não causa dano a elaborações de futuros artistas.[21] A filosofia da história de Hegel ainda tem as marcas de Iluminismo à medida que a Ideia chegou a seu máximo autoentendimento reflexivo no presente; Schelling está para além do Iluminismo, à medida que o homem se torna uma existência histórica inesgotada. Para Hegel, não há nenhuma perspectiva de um futuro; para Schelling o inconsciente é repleto de tempo que ainda não se tornou passado. Assim a dialética de Hegel como a de Schelling são derivadas historicamente da tradição mística, em particular do misticismo de Jacob Boehme. Com Hegel, os movimentos da alma mística tornam-se objetivados no padrão dialético da

---

[20] *Weltalter*. In: ibidem, I, 8, p. 202.
[21] Schelling, *Philosophische Untersuchungen über das Wesen der menschlichen Freiheit* [Investigações filosóficas acerca do Ser da Liberdade Humana]. In: ibidem, I, 7, p. 414: "Jede Begeisterung äußert sich auf eine bestimmte Weise; und so gibt es auch eine, die sich durch dialektischen Kunsttrieb äußert, eine eigentlich wissenschaftliche Begeisterung. Es gibt darum auch eine dialektische Philosophie, die als Wissenschaft bestimmt, z.B. von Poesie und Religion, geschieden, und etwas ganz für sich Bestehendes, nicht aber mit allem Möglichen nach der Reihe eins ist, wie die behaupten, welche jetzt in so vielen Schriften alles mit allem zu vermischen bemüht sind" [Cada entusiasmo expressa-se numa forma particular; e então há também um que se expressa através do instinto criativo dialético, um entusiasmo científico, intrinsecamente um entusiasmo científico. Há, portanto, uma filosofia dialética que, definida como ciência, é distinta, por exemplo, da poesia e da religião, existindo totalmente por si mesma em vez de ser igual com todos os tipos de outras coisas, como afirmado por aqueles que, em muitos de seus escritos, se esforçam hoje em dia para misturar tudo com tudo].

tese-antítese-síntese, e este padrão pode ser empregado para a organização de materiais históricos e para a construção de significado. Schelling, por outro lado, dissolve até mesmo o elemento de objetivação que está presente na obra do místico à medida que a verdade que o místico estabelece é supostamente dada a ele como um objeto na "visão". Schelling insiste que "não vivemos na visão (*im Schauen*); nosso conhecimento é aos bocados, e isso significa que tem de ser produzido pedaço por pedaço em divisões e estágios, e que não pode ser feito sem nenhuma reflexão".[22] A verdade de especulação não é nem "dada" na visão nem acontece como se fosse automaticamente provinda do movimento de uma Ideia; é uma verdade reflexiva, elaborada, que tem de ser verificada permanentemente pelo recurso ao diálogo anamnésico.

§ 5. Existência orgiástica

Nessa conjuntura temos de introduzir um termo que se mostrará útil não apenas na interpretação de Schelling, mas geralmente para a filosofia da existência humana: *experiência protodialética*. Designará a experiência do aparecimento de um conteúdo do inconsciente, ainda no estado de fluxo e vaguidão antes de sua solidificação em símbolos de linguagem, juntamente com os "padrões" dinâmicos da alma que acompanham o aparecimento, tais como ansiedade, contração, necessidade, pressão, esforço, hesitação, inquietação, desassossego, libertação, alegria, etc. Precisamos do termo porque a experiência que acabamos de descrever de uma maneira preliminar, a experiência de transição da inconsciência à consciência e reflexão, é o modelo de Schelling para a interpretação do processo universal. Partes descritivas deste reino de experiência estão espalhadas pela obra de Schelling, normalmente no contexto de uma elaboração dialética que servem para apoiar. Um exame completo desses pedaços exigiria

---

[22] *Weltalter*. In: ibidem, I, 8, p. 203.

uma monografia considerável. Selecionaremos apenas uns poucos que são aptos a lançar alguma luz no desenvolvimento da antropologia depois de Schelling.

A experiência protodialética é a experiência do processo criativo. Temos de dizer "processo" porque "ato" já seria uma elaboração de uma experiência imediata em que o sujeito da ação não é ainda distinto de um objeto. Há tanta paixão neste processo como ação. É o processo que liga o consciente ao inconsciente. Schelling formulou a relação entre os termos do processo na sentença: "Toda criação consciente pressupõe um inconsciente e é apenas um desenrolar, uma explicação deste último".[23] Um primeiro estabelecimento de padrões permeando esta transição tem um matiz orgiástico. Seguindo Franz Baader, Schelling descobre que "a necessidade de conhecimento tem a maior analogia com a necessidade de procriação".[24] Devemos entender melhor a analogia seguindo a descrição de Schelling de tal processo: a potência ativa não se manifesta imediatamente em seu poder total, mas, ao contrário, como uma *contração gentil*, como a que precede o despertar de um sono profundo. Com força crescente os poderes de ser são excitados a uma *atividade lenta e cega*. *Nascimentos sem forma* começam a surgir. O ser que existe nesta luta *eleva-se como nos sonhos celestes* que surgem do ser, ou seja, do passado. Com conflitos crescentes, esses nascimentos da noite passam como *fantasias selvagens* através da alma, e experimentam nelas *todos os terrores* de seu próprio ser. O sentimento predominante neste conflito de tendências, onde não sabe que caminho tomar, é de *angústia* ou *medo* (*Angst*). "Enquanto isso o *orgasmo de poderes* cresce cada vez mais e torna o poder integrador do medo da alma uma *dissociação completa*, ou *dissolução total*." Nessa conjuntura, o poder integrador *liberta* ou *entrega* sua própria vida, ao reconhecê-la já como passado, e neste ato de *libertação* a *forma mais alta* de sua própria vida e a *pureza quieta* do espírito

---

[23] *Weltalter*. In: ibidem, 8, p. 337.
[24] Über das Wesen der menschlichen Freiheit. In: ibidem, I, 7, p. 414.

aparecem perante ela como num raio.²⁵ É inevitável este sofrimento orgiástico, pois "a dor é algo geral e necessário em toda vida, é a passagem inevitável para a liberdade". "Cada ser tem de aprender a conhecer sua própria profundeza; e isso é impossível sem sofrimento." Toda dor vem apenas do ser, e todo o vivente deve enclausurar-se no ser e vencê-lo, de sua escuridão para a transfiguração.²⁶

Com as últimas sentenças já passamos da mera descrição para uma interpretação generalizante. Schelling considera esta experiência como reveladora do caráter do processo universal em geral. "É um esforço fútil explicar a variedade de natureza como uma interpenetração pacífica e harmonização de diferentes poderes. Tudo o que vem a ser só pode fazê-lo no desassossego e descontentamento (*Unmut*), e como a angústia é o sentimento fundamental de cada criatura vivente, assim também é tudo que vive concebido e nascido em luta violenta."²⁷ A generalização, entretanto, é logo remetida à experiência imediata, pois "vemos na única instância em que nos é permitido ser testemunhas de uma criação original que a primeira fundação do homem futuro é formada apenas em luta de morte, desassossego terrível e uma angústia que chega ao desespero".²⁸ E então de novo a experiência imediata é projetada na própria natureza divina: "não devemos hesitar em representar mesmo que o ser primordial (a primeira potencialidade do Deus externamente manifesto) no estado de sofrimento que é peculiar ao processo do desenrolar. Sofrer é geralmente o caminho para a glória (*Herrlichkeit*), não quanto ao homem apenas, mas também quanto ao Criador [...] A participação em tudo o que é cego, escuro, e sofredor na natureza é necessária a fim de elevá-lo à consciência mais alta".²⁹ O Deus sofredor é uma suposição necessária para

---

²⁵ *Weltalter*. In: ibidem, 8, p. 336.
²⁶ *Weltalter*. In: ibidem, I, 8, p. 335.
²⁷ *Weltalter*. In: ibidem, I, 8, p. 322.
²⁸ *Weltalter*. In: ibidem, I, 8, p. 322 ss.
²⁹ *Weltalter*. In: ibidem, I, 8, p. 335.

compreender as fases da revelação divina na história: "Sem a concepção de um Deus humanamente sofredor, que é comum a todas as religiões de mistério e espirituais de tempos antigos, toda história tem de permanecer incompreensível".[30] E o terror e a angústia desta revelação procriadora estão ainda conosco no mundo; não chegou ainda a época quando "Deus está em tudo".[31] Para o momento, Deus está entronizado num mundo de terrores e "com relação ao que está escondido nele e através dele, pode ser chamado o terrível, o medonho, não apenas figurativa, mas literalmente".[32]

À luz dessas descrições e construções, podemos supor que mesmo o termo *potência* foi escolhido com uma consciência de sua implicação sexual. E, à medida que se funda neste aspecto da experiência protodialética, as *Potenzenlehre* seriam uma experiência do ato procriador.

§ 6. A existência prometeica

O homem não é uma existência absoluta, mas seu ser é parte de todo o sistema do universo. Sua natureza, seu inconsciente, não é colocada por ele mesmo como fundamento do ser, uma vez que a natureza divina, a primeira potência, é colocada em Deus, mas ele encontra-se com ela, como algo sob ele de que é dependente. Ao mesmo tempo, ele é um eu que existe como um centro claramente distinto no universo; não é uma mera luz vacilante num fogo universal, mas uma existência fundada em si mesma. Por proposições deste tipo, que pertencem à esfera dialética de Schelling, circundamos um complexo de "padrões" na experiência protodialética que são designados por termos como liberdade e necessidade, culpa,

---

[30] *Über das Wesen der menschlichen Freiheit* [Do Ser da Liberdade Humana]. In: ibidem, I, 7, p. 403.
[31] *Über das Wesen der menschlichen Freiheit* [Do Ser da Liberdade Humana]. In: ibidem, I, 7, p. 404.
[32] *Weltalter*. In: ibidem, I, 8, p. 268.

desafio, queda, melancolia, etc. Todo o complexo é focalizado para Schelling no símbolo de Prometeu. Que significa o símbolo de Prometeu?

"Prometeu não é um pensamento que foi inventado pelo homem; é um desses pensamentos primordiais que se introduzem à força na existência e como resultado se desenrolam caso encontrem o ambiente apropriado num espírito perfeito, como Prometeu em Ésquilo." "Prometeu é aquele princípio de humanidade que chamamos espírito (*nous*); ele coloca o entendimento e a consciência nas almas daqueles que antes eram espiritualmente fracos."[33] "Prometeu está do lado do princípio do próprio Zeus e algo divino em relação ao homem, um algo divino que se torna a causa de sua compreensão [...] Mas, em relação ao divino, Prometeu é *Vontade*, inconquistável, que não deve ser condenado à morte pelo próprio Zeus, e capaz, portanto, de resistir ao Deus."[34] "Zeus é a *nous*, a *nous basilikòs* de Platão, e Prometeu elevou a ela uma humanidade que antes não participava de sua atividade; o fogo celeste roubado de Deus (o *ignis aetherea domo subductus*) é o livre arbítrio."[35]

a. A vida dupla

Em linguagem mais técnica, Schelling formula o mito de Prometeu na tese da "vida dupla" (*gedoppeltes Leben*) do particular no Todo. O particular tem (1) uma vida no absoluto, ou seja, a vida na ideia, que, portanto, tem de ser descrita como a dissolução do finito no infinito, do particular no todo, e (2) uma vida *em si mesma*, que pertence a ela verdadeiramente, no entanto, somente à medida que se dissolve no Todo; se é separada da vida de Deus, torna-se uma vida de mera aparência. O absoluto da vida, o eterno na vida, é condicionado pela dissolução da vida no Todo. A vida particular não pode ser absoluta e ao mesmo tempo gozar de uma vida particular. "Na

---

[33] Schelling, *Einleitung in die Philosophie der Mythologie* [Introdução à Filosofia da Mitologia]. In: ibidem, II, 1, p. 482.

[34] *Einleitung in die Philosophie der Mythologie* . In: ibidem, II, 1, p. 481.

[35] *Einleitung in die Philosophie der Mythologie*. In: ibidem, II, 1, p. 484.

afirmação eterna de Deus, é num mesmo ato criada e aniquilada: criada como uma realidade absoluta, aniquilada porque não tem nenhuma vida que pudesse ser separada como particular do Todo." "Esta vida no Todo, esta *essência* de coisas, como fundada na eternidade de Deus, é a *ideia*, e seu ser no Todo é um ser de acordo com a *ideia*."[36]

A *vida dupla* é a chave para o complexo prometeico de experiências. O diálogo anamnésico e a transição orgiástica da inconsciência para a consciência estão preocupados com o processo em que a alma ascende da natureza para o espírito. Agora estamos preocupados com o conteúdo que vem da escuridão para a luz, ou seja, com a essência da alma, sua ideia que tem de ser extraída do inconsciente e elevada à manifestação espiritual. Por ocasião deste crescimento da vida humana a sua estatura espiritual, reflexiva, experimentamos as tensões de liberdade e necessidade, de culpa e harmonia. A ação livre é ação em harmonia com a necessidade; a ação culposa é ação em rebelião contra a necessidade. A culpa e a harmonia são "padrões" de base experiencial para elaboração dialética.[37] Ademais, a culpa e a harmonia são experiências de tensão e relaxamento, daí revelarem os polos de existência entre as quais a tensão é sentida. Na culpa é revelada a defecção da necessidade, e nesta defecção a própria necessidade é revelada assim como a liberdade de defecção.

Os termos *liberdade* e *necessidade* neste sentido obviamente não se aplicam à questão da liberdade de ação empírica. Na ação empírica, o homem é sempre necessário física e psicologicamente, não há nenhuma liberdade empírica. A necessidade empírica, no entanto, não abole a experiência de culpa se a ação não estiver em harmonia com a necessidade no sentido existencial. Liberdade e necessidade, portanto, têm de ser entendidas como estruturas da alma que se estendem na

---

[36] *System der gesamten Philosophie und der Naturphilosophie insbesondere* [Sistema de Toda a Filosofia e Principalmente da Filosofia da Natureza] (1804). In: ibidem, I, 6, p. 187.

[37] *System der gesamten Philosophie und der Naturphilosophie insbesondere.* In: ibidem, 1, 6, p. 553.

direção de uma origem no inconsciente. E já que o inconsciente, a natureza da alma, está embutido na natureza do universo que é proposto da eternidade, a liberdade e a necessidade são a estrutura do eterno na alma. A culpa e a harmonia são os portões experienciais para a compreensão da "vida dupla": o homem tem espírito e individualidade e pela virtude deles podem separar-se como uma vontade particular da vontade divina em que a necessidade e a liberdade estão em identidade eterna.[38]

b. O retorno interno

Até agora a descrição de Schelling está bem dentro do leque de experiência cristã. O homem é a imagem de Deus, mas não é Deus. Seu anseio vai para além da finitude e da criaturalidade até a comunhão última com Deus. "O escopo mais alto de toda ação livre é a identidade e a liberdade com a necessidade; e já que esta identidade existe apenas em Deus, o escopo é manifestar Deus em uma ação, ou seja, ser idêntico a Deus."[39] Esta identidade com Deus só pode ser atingida pelo eterno na alma. Já que o eterno na alma é atemporal, esta identidade não é compreensível empiricamente. A experiência de identidade abole todo tempo e coloca bem no meio do tempo a eternidade absoluta. "A paz com Deus, o desaparecimento do passado, o perdão do pecado. A incompreensibilidade de tal transição a um estado atemporal que ocorre no tempo sempre foi sentida."[40] A consciência que alguém tem de ter a eternidade em sua própria alma é "como um esclarecimento repentino e uma iluminação da consciência". Do ponto de vista empírico, esta irrupção de eternidade só pode ser expressa como graça.[41]

Esta restauração do significado cristão da vida na santificação determina a atitude de Schelling para com as ideias e

---

[38] *Wesen der menschlichen Freiheit.* In: ibidem, I, 7, p. 364 ss.
[39] *System der gesamten Philosophie.* In: ibidem, 1, 6, p. 562.
[40] *System der gesamten Philosophie.* In: ibidem.
[41] *System der gesamten Philosophie.* In: ibidem, 1, 6, p. 563.

atitudes políticas dominantes da época. A santificação exige retorno contemplativo à origem eterna; não pode ser obtida em cegueira de ação. Os que lutam pela liberdade de ação no mundo (no sentido cristão) a perderão; o ponto por que lutam, a harmonia de liberdade com necessidade, retrocede deles na ação. Este ponto não está à frente deles, está *atrás* deles. "A fim de encontrá-lo, terão primeiro de chegar a um fim. A maior parte das pessoas, no entanto, nunca chegam a um fim."[42] Este retorno é, além disso, o negócio mais pessoal de todo o mundo. A santificação da vida individual não tem nada que ver diretamente com a salvação da humanidade; o destino do homem não é absorvido no destino da humanidade. Cada homem tem de tentar ele mesmo representar o mais alto. "Nada é mais remoto deste sentimento do que o esforço incansável de melhorar ou avançar outros na ação direta, aquele vício filantrópico de tantas pessoas que falam permanentemente do bem-estar da humanidade e da vontade de acelerar-lhe o progresso, tomando assim o lugar da Providência; normalmente são pessoas que não sabem como aperfeiçoar-se e querem que os outros gozem do fruto de seu tédio." "As ideias filantrópicas de uma Idade de Ouro futura, de uma paz perpétua, etc., perdem muito de sua importância deste ponto de vista. A Idade de Ouro viria por si mesma se todo o mundo a representasse em si mesmo, e quem a tem em si não precisa dela fora de si." "A sabedoria dos antigos deixou-nos uma dica quando colocou a Idade de Ouro no passado, como a sugerir que não devemos procurar por ela pelo avanço sem fim e atuação no mundo, mas, ao contrário, pelo retorno ao ponto do qual todo o mundo partiu, ou seja, para a identidade inerente com o absoluto."[43]

c. Melancolia e graça

Esta ideia cristã do retorno interno a Deus é, no entanto, curvada por Schelling numa nova direção por "padrões" na

---

[42] *System der gesamten Philosophie*. In: ibidem, 1, 6, p. 553.
[43] *System der gesamten Philosophie*. In: ibidem, I, 6, p. 563.

experiência da vida dupla que abre a intelecção em outras dimensões da existência. O retorno é precário e o momento de graça é fugaz. O homem não pode escapar da finitude de sua existência particular. Sua vontade de perfeição na vida é frustrada à medida que a natureza sob ele não pode nunca ser completamente espiritualizada. O fundamento independente nele resiste à conquista. Este aspecto da existência é revelado experiencialmente no "tom" de *melancolia*. "A natureza mais escura e profunda é o anseio (*Sehnsucht*), como se fosse a gravitação interna da alma; daí em sua profundeza seja melancolia (em alemão *Schwerkraft* e *Schwermut*). Nesta melancolia é fundada a simpatia do homem pela natureza. O mais profundo na natureza é também melancolia; a natureza lamenta um bem perdido; e liga a toda a vida uma melancolia indestrutível porque tem algo sob ela que é independente dela."[44] Em Deus haveria um fundamento de escuridão também se não fizesse dessa condição em si mesmo, se ele não estivesse unido a ela em uma personalidade absoluta. O homem, entretanto, não traz nunca sua condição completamente para seu poder, mesmo se se esforça perversamente para fazê-lo; sua condição é independente dele; daí sua personalidade e individualidade não poderem nunca ascender ao *actus* perfeito. "Esta é a tristeza que se liga a toda a vida finita; e mesmo se em Deus esta condição é ao menos relativamente independente, ainda assim há em Deus mesmo uma fonte de tristeza embora ela nunca suba à atualidade, mas seja ultrapassada na alegria eterna. Daí o véu de melancolia que está espalhado por toda a natureza, a melancolia profunda, indestrutível de toda a vida."[45]

Da tristeza que se liga a toda a vida não há escapatória exceto num *momento* fugaz. O momento de alegria sobre o fundamento de tristeza é o máximo que pode ser alcançado; e surge apenas como a culminação de uma vida religiosa austera. A ideia de Schelling de religiosidade está intimamente ligada

---

[44] *Stuttgarter Privatvorlesungen* [Preleções Privadas de Stuttgart]. In: ibidem, I, 7, p. 465 ss.
[45] *Wesen der menschlichen Freiheit*. In: ibidem, I, 7, p. 399.

à experiência prometeica. "Não queremos significar por religiosidade o que uma época doente chama como tal, isso é cisma preguiçosa, pietização, suposição ou uma veleidade de sentir o divino." "A religiosidade é uma consciência, ou que alguém age como sabe e não contradiz a luz do conhecimento na própria ação." Um homem a quem tal contradição é impossível é religioso ou consciencioso no mais alto sentido da palavra. "Não é consciente quem, quando surge a ocasião, tem primeiro de lembrar sua regra de dever e então decidir fazer a coisa certa por respeito à regra."[46] A virtude neste sentido de consciência não tem de ser entusiástica; ao contrário, é a austeridade de sentimento do qual brotam a verdadeira graça e a bondade. Se, entretanto, na austeridade o princípio divino se rompe, a virtude se tornará entusiasmo, o heroísmo na luta contra o mal. A virtude entusiástica é fé. Schelling está reconquistando o significado existencial da fé contra a cristandade decadente da classe média iluminada. A fé não é uma crença de que algo é verdadeiro; essa era a concepção de fé de Voltaire, e esta fé sucumbiu ao ataque da crítica racional e histórica. Para Schelling, não há nenhum mérito em tal crença. A fé tem de ser restaurada a seu significado original (*fides*) como esperança e confiança no divino que exclui toda escolha. E apenas quando nesta seriedade sólida de sentimento, que sempre tem de ser pressuposta, "cairá um raio de amor divino, surgirá a transfiguração mais alta da vida humana na graça (*Anmut*) e na beleza divina".[47] A implicação deste momento de graça torna-se ainda mais clara na sentença: "O *apanhar firmemente* desta eternidade, reconhecida em alguém, pode aparecer do

---

[46] *Wesen der menschlichen Freiheit*. In: ibidem, I, 7, p. 392.

[47] *Wesen der menschlichen Freiheit*. In: ibidem, I, 7, p. 393 ss. Não é acidental a escolha dos termos *graça* e *beleza* nesta passagem. A alegria prometeica que pode ser agarrada firmemente apenas no "Momento" através da ação pode ser percebida de maneira duradoura na arte. Sobre a filosofia da arte de Schelling, ver *Über das Verhältnis der bildenden Künste zu der Natur* [Da Relação das Artes Plásticas com a Natureza] (1807). In: ibidem, I, 7, particularmente as páginas acerca de Michelângelo e Rafael, p. 318 ss; ademais, a seção acerca de arte em *System der gesamten Philosophie* [Sistema de Toda a Filosofia]. In: ibidem, I, 6, p. 569 ss. O leitor deverá ainda comparar a passagem acerca da "melancolia que permeia como uma droga doce as obras mais excelentes dos gregos". In: *Philosophie der Offenbarung* [Filosofia da Revelação]. In: ibidem, II, 3, p. 512.

ponto de vista da ação apenas como o efeito da *graça*, de uma alegria particular".[48] A ideia da graça que cai como um raio de amor divino, mas ainda é apanhada firmemente do fundo do inconsciente eterno revela o caráter não cristão da experiência prometeica. A tensão entre a finitude criatural e o infinito, a tensão entre a vida e a morte é dissolvida na experiência cristã pela graça que apanha firmemente o homem desde cima e o aniquila na alegria para além; a graça prometeica é apanhada firmemente pelo homem e liberta a tensão de vida e morte num raio de alegria imanente.[49]

§ 7. Existência política

a. A ordem inteligível do ser

As observações críticas ocasionais acerca da época, a ideia do retorno interno e as reflexões da Idade de Ouro já insinuaram o lugar sistemático que a existência política tem na teoria de Schelling. O homem não está sozinho no mundo; é parte da humanidade. O retorno interno é o caminho para a perfeição pessoal; não é o caminho da coexistência humana na comunidade. A ideia de homem, a ideia de sua identidade eterna em Deus, exigiria que Deus fosse a unidade de essências livres. Mas o homem caiu, a humanidade não existe em unidade verdadeira com Deus. O substituto para a eternidade perdida, assim como para o seu remanescente, é o estado: uma unidade de natureza, um tipo de segunda natureza sobre a primeira. O estado é "uma consequência da maldição que se assenta na humanidade".[50] Poderíamos dizer: "a ordem inteligível das coisas da qual o homem se afastou torna-se sua dívida para com o estado".[51] "Diante do mundo factual,

---

[48] *System der gesamten Philosophie.* In: ibidem, I, 6, p. 563.
[49] Ver acerca deste ponto Balthasar, *Apokalypse der deutschen Seele* [Apocalipse da Alma Alemã], vol. I, *Der deutsche Idealismus* [O Idealismo Alemão], p. 236.
[50] *Stuttgarter Privatvorlesungen.* In: *Werke*, I, 7, p. 461.
[51] *Einleitung in die Philosophie der Mythologie.* In: ibidem, II, 1, p. 547.

o estado é a ordem inteligível que se tornou factual."[52] Esta ordem inteligível é parte da constituição geral do ser. Os homens individuais que vivem simultaneamente e em sucessão não são espécies equivalentes que vêm do mesmo molde. Os homens diferem uns dos outros. Nem toda possibilidade da humanidade é preenchida em algum ser humano; apenas a humanidade como um todo realiza esta possibilidade através de variadas realizações diferenciadas em todos os homens. Aqui está a raiz da desigualdade individual dos homens no quadro de sua igualdade genérica, assim como a base para uma harmonia que surge do caráter complementar das diferenças individuais. A ordem entre os homens, portanto, é a ordem inteligível "que é mais antiga do que todos os homens atuais e não provém da realidade".[53] Na realidade histórica, esta ordem manifesta-se nas várias nações e impérios, no governo e na obediência, na revolta e na sujeição, e na guerra. Torna-se assim, na realidade histórica, a fonte do poder de estado assim como de sua legitimidade.

b. Estado e Igreja – A aliança dos povos

A existência humana é política no sentido de que o homem tem ontologicamente seu lugar no processo histórico-político. A constituição inteligível do ser que se tornou factual não é uma ordem criada pelo homem para ser formada de acordo com o padrão racional e ser mudada à vontade. É coeterna com a ideia de homem e um componente de sua existência. Diante da objetividade ontológica da ordem, a busca de um estado ideal deve ser fútil. O estado perfeito não é para este mundo, e qualquer tentativa de inventá-lo só pode terminar em caprichos apocalípticos.[54] Por outro lado, esta concepção existencial de política abre o entendimento para o estado como um fenômeno histórico.

---

[52] *Einleitung in die Philosophie der Mythologie*. In: ibidem, II, 1, p. 550.
[53] *Einleitung in die Philosophie der Mythologie*. In: ibidem, II, 1, p. 528.
[54] *Einleitung in die Philosophie der Mythologie*. In: ibidem, II, 1, p. 552.

Da riqueza de reflexões de Schelling sobre as instituições políticas na história, selecionaremos suas observações acerca do estado-poder e da igreja em *Stuttgarter Privatvorlesungen* (1810). O ponto de partida de Schelling nas *Vorlesungen* são os acontecimentos da Revolução Francesa. O problema constitucional da Revolução, e seguindo-se à filosofia política kantiana, foi a tentativa de mostrar como a unidade é compatível com a existência de indivíduos livres, como é possível um estado que serve como base para a liberdade mais alta do indivíduo. "Tal estado, no entanto, é impossível." Devemos acrescentar, para evitar confusões terminológicas, que tal estado é impossível como estado-poder. Quando o poder do estado é privado de sua força, um pequeno sonho de liberdade será seguido por um crescimento despótico de poder de estado, como mostrou o curso da Revolução. E a mesma consequência pode ser observada na teoria política. Depois de um período em que cada um falou de liberdade, os homens mais consistentes, quando desenvolveram a ideia do estado perfeito, chegaram às piores concepções despóticas, como, por exemplo, Fichte em seu *Geschlossene Handelsstaat*.[55] Schelling conclui que o estado-poder como tal não pode encontrar uma unidade verdadeira e absoluta de maneira nenhuma. Os estados-poderes são apenas tentativas de encontrar tal unidade, tentativas de tornar-se um todo orgânico – com o resultado de que compartilham o fado dos seres orgânicos, ou seja, florescer, maturar, envelhecer e morrer. Os maiores obstáculos para as tentativas unificadoras deste tipo surgem mediante as colisões dos estados. A manifestação sintomática de uma unidade não encontrada e que não se pode encontrar desta forma é a guerra – tão necessária e inevitável às relações entre estados-poderes como a luta dos elementos na natureza. Na guerra, os seres humanos são reduzidos abertamente ao nível de relações como entre seres naturais. A este quadro do estado-poder natural têm de ser acrescentados os vícios trazidos pelo próprio estado, ou seja, a

---

[55] Cidade mercantil fechada. (N. T.)

pobreza, o mal em grandes massas, uma humanidade reduzida à luta pela existência.⁵⁶

c. Ideal e ideia

A unidade meramente externa do estado-poder, no entanto, não é o único tipo de instituição unificadora que surgiu na história. Lado a lado com ela, vemos a igreja, estabelecida na base de uma revelação divina, como a tentativa de produzir uma unidade interna da mente entre os homens. Já que, no entanto, os mundos interno e externo se separaram na existência humana, a igreja não pode tornar-se um poder externo; a igreja será sempre guiada para a vida interior pelo poder do exterior. O grande erro da igreja não foi, portanto, o de interferir nos negócios de estado, mas, ao contrário, o de ter permitido à estrutura do estado entrar nela. A igreja não preservou sua pureza do exterior; entregou-se ao progresso pelo poder exterior. Quando começou a perseguir os heréticos, tinha perdido sua verdadeira ideia.⁵⁷

A história política da Europa Cristã pode ser interpretada como o movimento de uma igreja hierárquica feudal para um estado-poder secularizado e não espiritual. A primeira tentativa – a tentativa de produzir unidade interna através da igreja – teve de falhar porque a igreja se tornou externalizada. Somente depois da queda da hierarquia eclesiástica é que a segunda tentativa, o estado-poder, foi devidamente reconhecida. É caracterizada por um crescimento da tirania política à medida que se acreditava que a unidade interna dos homens poderia se descartada. E a tirania provavelmente crescerá até que atinja um máximo que talvez induza a humanidade a embarcar num curso menos parcial. O que serão essas tentativas futuras, não o sabemos. Mas é certo que uma unidade verdadeira pode ser atingida apenas através do desenvolvimento mais alto e mais abrangente da intelecção religiosa da qual a

---

⁵⁶ *Stuttgarter Privatvorlesungen*. In: ibidem, I, 7, p. 461 ss.
⁵⁷ *Stuttgarter Privatvorlesungen*. In: ibidem, I, 7, p. 463 ss.

humanidade é capaz. O estado não desaparecerá neste acontecimento, mas libertar-se-á gradualmente do poder cego e será transfigurado em inteligência. A igreja não deverá dominar o estado, nem o estado a igreja, mas o estado teria de desenvolver dentro de si o princípio religioso de tal maneira que a grande Aliança de todos os Povos (*Bund aller Völker*) pudesse assentar-se na base de uma convicção religiosa comum.[58]

Nos parágrafos precedentes, empregamos o termo *estado-poder* sempre que Schelling emprega simplesmente *estado*. Foi necessária esta precisão de terminologia porque, como terá observado o leitor, Schelling não desenvolve uma teoria do estado como uma forma política constante na história; ao contrário, desenvolve uma teoria de existência política que é inseparável do processo geral da história, compreendido como o processo teogônico em que Deus no universo se desenrola e retorna a si mesmo. O "estado" é uma diferenciação histórica específica da existência política que caracteriza o desenvolvimento político pós-medieval. O "estado" das *Stuttgarter Privatvorlesungen* não é nem a pólis, nem o império romano, nem o *sacrum imperium*; é um tipo de existência modelada de acordo com o estado nacional francês do período de Luís XIV.[59] O termo *estado* num sentido estrito é reservado a uma forma de existência política em que o estado é o receptáculo para o desenrolar orgânico livre da arte, da ciência e da religião. "A igreja não está fora de tal estado, está dentro. A igreja pode estar 'fora' apenas num estado de propósitos e instituições meramente profanos; mas tal estado já não é um estado."[60]

A construção de projetos para um estado ideal é considerada por Schelling uma empresa fútil porque tais construções – "e

---

[58] *Stuttgarter Privatvorlesungen*. In: ibidem, I, 7, p. 464 ss.

[59] Ver *Philosophie der Mythologie*. In: ibidem, II, 1, p. 546. Esta passagem é de importância porque nela Schelling opõe à construção francesa do estado-poder a Reforma Alemã como um contramovimento ao estado que por fim substituirá a teocracia medieval pela "teocracia verdadeira" – "die eine Herrschaft des erkannten, göttlichen Geistes selbst seyn wird" (que será a regra do Espírito divino reconhecido). Neste movimento, Schelling vê a missão histórica alemã.

[60] *System der gesamten Philosophie*. In: ibidem, 1, 6, p. 576.

particularmente as formas de governo construídas na ciência desde Kant"⁶¹ – lidam apenas com o estado-poder profano. Neste nível, a idealidade não pode ser encontrada. Esta impossibilidade de construir um ideal não significa, entretanto, que o filósofo da política é um relativista a quem uma forma de governo é tão boa ou má como a outra, já que não tem nenhum padrão de valor pelo qual medi-las. Ao contrário, apenas se a busca de estados ideais é abandonada é que uma interpretação realista da existência política se torna possível, porque agora a interpretação pode ser orientada não para o ideal, mas para a ideia do estado. A construção de um ideal é uma aventura subjetiva que destrói a estrutura da realidade, enquanto a suposição ontológica de uma ideia em existência se submete à realidade e permite ao filósofo entender a política como um componente existencial na vida de uma comunidade histórica.

Com este retorno da organização política à existência política, Schelling restabeleceu a teoria da política no nível de Platão e Santo Agostinho. A teoria da política não diz respeito à organização política diferenciada que surgiu no estado moderno secularizado; está preocupada com a forma política como parte da existência humana total na sociedade em qualquer tempo histórico dado. Os tópicos de uma teoria da política são estendidos de novo para os limites da *República* e da *civitas Dei*. Para o tratamento do estado moderno esta extensão significa que a teoria política não é exaurida pelas reflexões acerca da monarquia absoluta e constitucional, acerca da república e da democracia, acerca da administração e do estado de direito, acerca dos poderes executivo, legislativo e judiciário, etc., mas que o estado secular tem de ser entendido em sua própria secularidade, ou seja, em sua relação com a substância espiritual da comunidade. Não a organização interna do estado, mas a relação da unidade política diferenciada, secularizada, com a substância espiritual (com a ideia, na terminologia de Schelling) é o problema político principal. Nesta relação estão radicados

---

⁶¹ *System der gesamten Philosophie*. In: ibidem, 1, 6, p. 575.

os problemas de estabilidade e instabilidade, ascensão e queda política, mudança e evolução, revolução e crise. Se o estado secularizado não for colocado no contexto da história espiritual do mundo moderno, os fenômenos políticos de uma época de crise devem permanecer completamente incompreensíveis, e sua discussão tem de ser reduzida ou a uma descrição monótona de acontecimentos externos ou a desvarios acerca de povos malvados que não gostam da democracia iluminada, liberal e boa.

d. A pólis – O terceiro Dionísio

O problema central da ciência política é a ideia na existência. A tese pode ser mais bem elucidada por um exemplo. Esboçaremos, pois, brevemente a análise magistral de Schelling da consciência da crise na pólis grega como se manifestou na tensão entre a religião do estado politeísta e os mistérios. Os deuses olímpicos eram os deuses da pólis; seu governo do eão presente estava intimamente ligado à existência da pólis no presente histórico. Vimos em nosso estudo das ideias políticas gregas que com Xenófanes e Heráclito a ascensão de uma nova religião-logos se torna distinguível, em conflito com as instituições religiosas oficiais da pólis. O rompimento aberto com as substâncias espirituais tradicionais vem com a morte de Sócrates e o mito platônico da alma, e no final a ideia da pólis morre no apolitismo das escolas cínica, estoica e epicureia.[62] Schelling tenta descobrir por trás do curso público da crise a evolução da consciência da crise e a solicitude latente de entregar os deuses, e a pólis com eles, ao elemento dionisíaco dos mistérios. Não podemos entrar

---

[62] Ver *Order and History*, vol. II, *The World of the Polis*, e o vol. III, *Plato and Aristotle* (1957). Columbia, University of Missouri Press, 1999; ver também *History of Political Ideas*, vol. 1, *Hellenism, Rome, and Early Christianity*. Ed. Athanasios Moulakis. Columbia, University of Missouri Press, 1997. (CW, vol. 19) [Em português: *Ordem e História*, vol. II, *O Mundo da Pólis*. Trad. Luciana Pudenzi. São Paulo, Loyola, 2009; vol. III, *Platão e Aristóteles*. Trad. Cecília Camargo Bartalotti. São Paulo, Loyola, 2009; e *História das Ideias Políticas*, vol. I, *Helenismo, Roma e Cristianismo Primitivo*. Trad. Mendo Castro Henriques. São Paulo, É Realizações, 2012.]

na prova volumosa que corrobora esta teoria, mas temos de limitar-nos a uma apresentação do resultado. Schelling descobre que Dionísio tem três aspectos na mitologia grega: o Zagreu, o Baco e o Iaco. O Zagreu é o Deus selvagem da natureza e do mundo subterrâneo de tempos antigos; o Baco é o Dionísio que é celebrado nos festivais orgiásticos públicos, o governante do presente; o Iaco é o Dionísio dos mistérios de Deméter, o governante do eão futuro, para além do presente olímpico da pólis. Os deuses não reinam para sempre: Cronos precedeu Zeus, e Dionísio-Iaco será seu sucessor. O mistério de Dionísio é o conhecimento do processo teogônico e o pressentimento do fim do mundo politeísta. O deus passa pela metamorfose do governante das trevas para o Baco dos viventes e sua transfiguração final num deus espiritual, representada no mistério como a morte do deus e sua ascensão como Iaco. A consciência está ciente de que o processo teogônico não alcançou seu fim na existência presente da pólis, mas se move para uma existência espiritual para além da pólis.

Por que a consciência do fim do eão tem de assumir a forma do mistério? E por que foi a profanação do mistério o maior crime político? A resposta de Schelling é que havia um elemento no mistério que o tornava compatível com a pólis, ou o mistério não teria sido tolerado de maneira nenhuma, e que havia um segundo elemento nele que era incompatível com a existência da pólis e que, portanto, lhe foi recusado reconhecimento público. O elemento que fez o mistério tolerável foi a aceitação de Dionísio como o Baco do presente. O elemento que foi excluído da vida pública foi a expectativa da morte do Deus, e o desejo disso, e o advento do novo eão. Schelling encontra um sintoma revelador deste estado de consciência no acontecimento curioso de Ésquilo, que despertou com seu *Prometeu* o ódio das pessoas, porque sentiram que ele profanara o mistério. Ésquilo salvou-se ao afirmar que não poderia ter profanado o mistério porque não era iniciado. O caso de Ésquilo é ainda uma questão obscura, pois não sabemos com certeza que passagens deviam conter a profanação.⁶³ Schelling acha que são as linhas onde Prometeu expressa seu desprezo por Zeus: este pode reinar como quiser em seu curto tempo; não reinará muito tempo sobre os deuses;⁶⁴ e uma passagem posterior em que Prometeu se refere de novo à "estreiteza" da regra olímpica.⁶⁵ Em suma: a civilização helênica tardia tinha desenvolvido uma forte consciência escatológica, uma consciência do crepúsculo iminente dos deuses e, com eles, da pólis.

e. Mistério e escatologia

A expressão desta consciência foi confinada, no entanto, aos mistérios. Na superfície pública da pólis manifestou-se apenas no desenvolvimento da metafísica, na elaboração de noções de Deus e da alma que transcendem a esfera da religiosidade politeísta.⁶⁶ A separação institucional estrita entre a religião oficial do estado e a escatologia do mistério é o traço peculiar da existência política politeísta helênica. E não é necessário muito arrazoar para mostrar que a ideia de política grega dificilmente pode ser compreendida adequadamente sem a atenção devida a este traço fundamental. A civilização cristã medieval não baniu a escatologia da esfera pública porque a consciência escatológica é o cerne da religiosidade cristã manifesta. Como consequência, a tensão que ocorre na pólis entre a religião do estado e o mistério aparece na Idade Média como um campo amplamente diversificado de tensões entre a cristandade institucionalizada e os movimentos escatológicos que fizeram surgir exigências

---

⁶³ Ver Wernrer Jaeger, *Paideia: The Ideals of Greek Culture*, 3 vols. Oxford, B. Blackwell, 1939-1945, vol. 1, p. 235 ss. [Em português: Werner Jaeger, *Paideia: A Formação do Homem Grego*. Trad. Artur M. Parreira. São Paulo, Martins Fontes, 1995, p. 197 ss.]

⁶⁴ Ésquilo, *Prometeu*, vv. 936 ss.

⁶⁵ Ibidem, vv. 952 ss.

⁶⁶ Para os numerosos contatos entre os mistérios e a esfera pública, ver Schelling, *Philosophie der Offenbarung*. In: ibidem, II, 3, p. 411 até o fim do volume. Um contato interessante entre as esferas do mistério e a metafísica é sugerido por Werner Jaeger no capítulo acerca de Parmênides, em *Paideia*, 1, p. 176 ss.

rivais do *status* público. A espiritualização é acompanhada pelo fenômeno de subescatologias dentro da escatologia oficial e uma variedade de soluções para os conflitos que têm de surgir inevitavelmente: da integração de ordens como a franciscana até a perseguição e destruição de movimentos que parecem incompatíveis com a religião oficial. A tensão entre escatologias supõe a forma política pública de reforma e revolução até as revoluções reformadoras, seculares, da Era da Razão e depois. A consciência escatológica como fonte de revolução está notoriamente ausente da pólis grega. As revoluções são predominantemente sociais e econômicas e expressam-se espiritualmente em público apenas na mudança de *ethos* – embora a propagandização de cultos populares não seja desprezada como meio de romper os privilégios religiosos da aristocracia. Nenhures na política helênica encontramos um paralelo com a transformação interna de uma civilização através da escatologia do Terceiro Reino desde Joaquim de Fiore.

f. A terceira cristandade – Cristo e Dionísio

Não há nenhum Terceiro Reinado na especulação política helênica, mas Schelling encontra o Terceiro Dionísio nos mistérios. Esta ideia do Terceiro Deus leva-nos de volta à existência histórica do próprio Schelling. Lembramo-nos da ideia de história como a imersão dos materiais no significado que está brotando do inconsciente na alma do historiador. Na interpretação de Dionísio estão inextricavelmente interligados os materiais como estabelecidos pelos métodos filológicos críticos (no nível da filologia do tempo de Schelling), a teoria do processo teogônico através das potências, e a situação histórica, tanto pessoal quanto social, da qual é a expressão dialética. A evolução de Dionísio para a figura do Terceiro Deus, ainda dentro da experiência politeísta, mas pressagiando o Deus espiritual cristão de toda a humanidade, pôde ser vista por Schelling porque ele mesmo esteve na situação paralela da crise cristã: ainda dentro da experiência das igrejas, assim católicas como protestantes, tanto Petrina quanto Paulina, mas pressagiando a terceira cristandade, a Joanina. Embora a ideia da terceira cristandade espiritual talvez não tenha sido concebida sob a influência direta de Joaquim, Schelling estava familiarizado com suas ideias e estava a par da relação entre sua própria especulação e a joaquita.[67] Vimos a ideia ativa no prospecto de uma Aliança dos Povos, assentada numa nova cristandade espiritualizada de todos os homens.

Na discussão da existência prometeica vimos quão perto a experiência de Schelling estava da cristã e como, no entanto, no ponto decisivo, recebeu um novo tom através das experiências de melancolia e graça imanente. Temos de observar um rompimento similar na continuação aparente, da parte de Schelling, da especulação joaquita acerca do Terceiro Reinado. A perspectiva de uma terceira cristandade, joanina, não é sua última palavra. A espiritualização de Deus na terceira potência de sua revelação, assim como a ideia de humanidade unida no espírito, puderam estar de acordo com a existência de Schelling apenas com a condição de que o avanço para uma nova espiritualidade seja ao mesmo tempo um retorno à natureza. Esta tendência a uma nova naturalização é inerente na "escatologia dentro da escatologia" desde a especulação medieval do Terceiro Reinado. Os pensadores que querem ver o espírito tornar-se imanente na humanidade parecem não estar satisfeitos com o crescimento interno de espiritualidade em personalidades humanas individuais (isso seria um retorno interno que eles poderiam ter a qualquer tempo sem uma escatologia do Terceiro Reinado). Querem ver o espírito tornar-se carne de novo como no *dux* joaquita, num *Papa angelico*, no *veltro*, etc. O eão do espírito final suspira por um novo pessoal mitológico. Os sentimentos de Schelling a este respeito realmente se expressam na visão de um novo líder, seja espiritual seja temporal, mas precisamente numa compreensão mais profunda do problema existencial que está no fundo de tal exigência para a criação mítica.

---

[67] Ver a nota de rodapé de Schelling acerca de Joaquim de Fiore em *Philosophie der Offenbarung*. In: *Werke*, II, 4, p. 298.

A espiritualização através da cristandade suprimiu e destruiu parcialmente a criatividade da imaginação mitológica imanente ao mundo – uma destruição que é inevitável quando o "mundo" é um *saeculum senescens*, se não é uma natureza vivente que se expressa com finalidade, mas tem de encontrar a realização da vida para além da vida.

Com a onda ascendente de imanentismo desde o século XIII, cresce também a necessidade de criar símbolos míticos representativos da existência intramundana do homem em comunidade. Dentro das comunidades políticas particulares, a necessidade mitológica pode expressar-se no mito da nação, dos fundadores, dos protetores, dos salvadores, das missões nacionais e dos destinos manifestos, da heroização dos representantes de massa como Lincoln e Marx, Lênin e Hitler, etc. – tudo isso até há bem pouco tempo, sem romper decisivamente com a ideia do *corpus mysticum Christi* como a unidade compreensiva da humanidade. Estamos vivendo num sistema religioso misto de espiritualidade monoteísta cristã e um politeísmo de comunidades e movimentos particulares. O problema muda inteiramente de caráter se a humanidade, como um todo, em vez de comunidades particulares, for concebida como tendo um destino intramundano. Agora, em Schelling, uma inversão curiosa da evolução dionisíaca impõe-se. O Terceiro Dionísio do mistério é a imagem do Deus espiritual do futuro para além do politeísmo; as formas de Dionísio distanciam-se da natureza enfim para uma espiritualização. No eão cristão, a especulação acerca do Terceiro Deus tem de considerar um Deus que é transcendente ou que se torna imanente de novo. Na escala dionisíaca, isso significaria um retorno do Terceiro Dionísio para Baco.

Esta inversão é precisamente o que Schelling considera como a solução para a crise civilizacional. O problema é levantado caracteristicamente no contexto da filosofia da arte. Schelling reclama de que a época não tem nenhuma arte comparável à helênica, e particularmente não tem nenhuma tragédia. A causa deste estado não deve ser buscada numa atrofia de poderes individuais, mas no fato de que a arte pode florescer apenas se emprega um material que cessou de ser cru e elementar, e que seja em si orgânico. Tal material orgânico pode ser apenas material simbólico. Por que então a era não tem símbolos que possam ser empregados pelo artista? Porque "todo o simbolismo tem de começar da natureza e retornar à natureza. As coisas da natureza significam e são ao mesmo tempo [...]. Um material verdadeiramente simbólico deve ser encontrado apenas na *mitologia*; e a mitologia é possível apenas na ligação de suas imagens à natureza. É isso o que é glorioso acerca dos deuses da antiga mitologia, que não eram meros indivíduos, meros seres históricos como as estampas na poesia moderna – não aparências transitórias, mas essências eternas de natureza que intervêm e agem na história e ao mesmo tempo têm seu fundamento eterno na natureza, que são genéricos em serem individuais". "Daí o renascimento de uma visão simbólica da natureza seria o primeiro passo para a restauração de uma verdadeira mitologia."[68]

Uma mitologia deste tipo não pode ser produzida por indivíduos ou por uma raça que age em difusão. A pré-condição de uma nova mitologia é a reunificação da humanidade. No presente estado, "só é possível uma mitologia parcial que emprega os materiais da época, como em Dante, Shakespeare, Cervantes, Goethe, mas não uma mitologia universal e genericamente simbólica".[69] A mitologia e a arte de qualidade helênica "podem surgir apenas da totalidade de uma nação que existe em sua identidade como um indivíduo". "Apenas da unidade espiritual de um povo, de uma verdadeira vida pública é que pode emergir a poesia verdadeira e universalmente válida – assim como só na existência espiritual e política de um povo é que a ciência e a religião encontram sua existência objetiva." "Não existe tal vida política onde a liberdade pública é submergida na escravidão da vida privada."[70] A história não pode ser planejada, e Schelling não se entrega à futilidade de pormenores. No entanto, é claro

---

[68] *System der gesamten Philosophie*. In: ibidem, I, 6, p. 571 ss.
[69] *System der gesamten Philosophie*. In: ibidem, I, 6, p. 572.
[70] *System der gesamten Philosophie*. In: ibidem, I, 6, p. 572 ss.

que a ideia de Schelling de um Terceiro Reinado não é modelada de acordo com uma ordem de monges, assim como o reino de Joaquim de Fiore, mas de acordo com a pólis helênica. O reino do logos cristão deve ter suas raízes na natureza, e desta natureza deve surgir um novo mundo de deuses da existência presente imanente. Schelling sonha com um estado público sob o condomínio de Dionísio-Baco e o espírito de Cristo. Este não é um retorno à existência prometeica anterior em expectativa do final do eão; é a visão da existência em comunidade como um estado permanente daquela graça imanente que na existência prometeica transfigura apenas o momento fugaz de alegria.

§ 8. Nirvana

A grandeza de Schelling tem de ser medida por sua força em manter existencialmente em equilíbrio um composto explosivo de experiências e em traduzir dialeticamente o equilíbrio num sistema. Seu protestantismo não o impediu de ver a necessidade histórica da Igreja Romana nem o valor e significado de sua existência continuada. Sua cristandade não o leva de volta à igreja, protestante ou católica, mas para além da igreja no avanço joanino da Gnose. O retorno cristão à identidade com Deus não entorpece, mas afia a sensibilidade para a "vida dupla" e o momento prometeico de graça. Seu espiritualismo não o transporta para além da natureza, mas o obriga à evocação do Deus que sofre como homem na angústia do ato em que ele ascende de sua natureza para sua pureza. Seu amor à Hélade não o deixa cair num idealismo classicista, mas é equilibrado pela intelecção na crise do politeísmo. E sua consciência de crise cristã não o converte num ascetismo do espírito, mas é equilibrado pelo desejo de um novo mito de natureza. A especulação joaquita acerca do Terceiro Reinado, finalmente, não se expressa em benevolências escatológicas, mas é acionada pelo conhecimento sóbrio que uma substância de comunidade espiritual cultiva através de seu crescimento em indivíduos singulares.

O equilíbrio das contradições de existência é a assinatura do filosofar de Schelling. Temos de voltar agora para o ato final de equilíbrio em que o todo composto de existência com sua rede de tensões é equilibrado pela experiência de salvação através da realidade transcendental de um espírito sem natureza (*naturloses Geist*). O leitor lembrar-se-á da descrição de Schelling do processo universal como um movimento de Deus desde a natureza, que ele colocou como seu fundamento, até a articulação no universo com seu clímax no homem e na *anima mundi*, a terceira potência, que é a forma geral do universo. Este processo do universo tem uma direção à medida que se move da natureza para o espírito, e a direção é determinada pelo desejo de liberação e salvação do sofrimento da existência na quietude do ser sem desejo. Nesta experiência do desejo de salvação, abre-se para Schelling a intelecção no ser do Deus mais puro (o *lauterste Gott*) para além do processo das potências, do ser sem potência (*das an sich Potenzlose*). "Todas as doutrinas mais altas e melhores estão de acordo que o mais alto está acima do ser. Em todos nós habita o sentimento de que a necessidade arrasta a existência com seu fado [...]. Um sentimento muito íntimo diz-nos que apenas acima do ser habita a liberdade verdadeira, eterna."[71]

Para alguns que nunca experienciaram esta liberdade, a personalidade parecerá o mais alto, e perguntarão: o que poderia ser imaginado acima do ser, ou, o que é que nem é nem não é? E responderão com satisfação: Nada. Schelling concorda, mas não com satisfação. O Deus mais puro para além das potências é Nada, mas nada "como a liberdade mais pura é um nada, como a vontade que quer nada, e não deseja algo [...] e, portanto, não é movida por nada. Tal vontade é nada e tudo. É nada à medida que nem deseja tornar-se ativa em si mesma, nem deseja nenhuma atualidade. É tudo porque toda força vem dela como da liberdade eterna, porque tem todas as coisas sob si, regendo-as e não sendo regida por nenhuma". Este Nada é a divindade supratrinitária dos místicos, o

---

[71] *Weltalter*. In: ibidem, I, 8, p. 234.

"nada e o sobrenada" de Ângelo Silésio, o "subterrâneo" de Jacob Boehme. É a "noção afirmativa da eternidade incondicionada"; é "a eterna imobilidade [...] que é a finalidade de todo o movimento".[72] A dissolução da existência no Nada é "o verdadeiro escopo" da vida, mesmo em sua perturbação mais violenta de forças. Na descrição deste "escopo" tal como se revela nos esforços da existência, Schelling continua a grande tradição de Santo Agostinho até Pascal. "Cada criatura, e em particular cada homem, luta no fundo para retornar ao estado de não querer nada. E não apenas o homem que se retira de todos os objetos do desejo, mas também o homem, embora inconscientemente, que se deixa cair em todos os desejos. Pois até mesmo ele deseja apenas o estado em que não há nada deixado para ele desejar, embora este estado fuja dele e seja removido dele quanto mais avidamente ele o persiga".[73]

A passagem acerca da busca mundana da alegria é quase literalmente coincidente com algumas das observações de Pascal acerca dos *divertissements* em que, como numa reflexão escurecida, é espelhado o desejo pela alegria eterna. O "tom", entretanto, mudou em Schelling. O "escopo" de Schelling não é o *summum bonum* cristão da visão beatífica eterna; é, ao contrário, o desejo de despersonalização num nirvana. Esta possibilidade existencial é sempre inerente no misticismo ocidental, embora seja impedido de tomar um desenvolvimento independente comparável ao oriental pelos elementos cristãos ortodoxos no misticismo. Temos de estar conscientes deste desenvolvimento em Schelling porque aqui podemos observar, como um processo imanente à história espiritual ocidental, a transição da grande tradição mística – como representada por Eckhart, Cusa e Boehme – até a experiência de nirvana. Pouco depois, em Schopenhauer, a questão se torna obscurecida pela "influência" direta de fontes orientais. Ademais, em Schelling podemos discernir a experiência que desperta o desejo pelo nirvana: a

---

[72] *Weltalter*. In: ibidem, I, 8, p. 235.
[73] *Weltalter*. In: ibidem, I, 8, p. 235 ss.

experiência da Vontade em sua independência imanente ao mundo, em oposição a um Deus que arrasta a existência fatalmente com uma necessidade que não pode nunca ser conquistada dentro da vida. O sofrimento prometeico mediante a natureza é um padrão de existência que ascende *dentro* da história ocidental, mas transcende as tensões agostinianas cristãs do *amor Dei* e *amor sui*; está relacionado com a experiência de karma e torna-se a fonte, no século XIX, para a compreensão da abertura para afinidades orientais.

§ 9. Conclusão

a. O novo nível de consciência

A filosofia da ideia na existência, de Schelling, estabelece um novo nível de consciência na história intelectual ocidental em geral e na história do pensamento político em particular. Podemos caracterizar este nível timidamente, comparando a posição de Schelling na história europeia com a posição de Platão na história helênica. Em ambos os exemplos, a crise religiosa alcançou o estágio de iluminação e, em ambos os exemplos, a iluminação é seguida por um grande filósofo que restaura a ordem do pensamento por meio de uma nova visão da alma. A atrofia do politeísmo, a Era dos Sofistas e o mito platônico da alma têm seu paralelo na atrofia da cristandade, a Era do Iluminismo e a filosofia de existência, de Schelling. Podemos até dar um passo a mais e comparar a evocação de Platão da *politeia* da alma bem ordenada funcionalmente com a evocação de Schelling da Aliança dos Povos através do retorno interno.

Neste ponto, entretanto, começam a aparecer diferenças que tornariam imprudente forçar ainda mais a comparação. São diferenças de níveis de consciência. Para Platão, a vida e a morte de Sócrates foi a grande experiência que despertou a consciência da alma (com suas forças de Tânatos, Eros e Dikê) como a fonte de evocação metafísica; Platão teve de romper o mito e teve de descobrir a alma como a fonte de autoridade na especulação. Para Schelling, a alma como a fonte do filosofar não é nenhum descobrimento novo, pois ele está vivendo historicamente dentro dos reinos de significados que foram criados pelo descobrimento helênico; ainda mais, ele vive no eão de Cristo e no significado que a história e o mundo receberam através de sua alma. A filosofia da existência de Schelling tem de ser caracterizada, portanto, como um novo nível de consciência crítica dentro da história cristã. A diferença expressa-se numa maneira externamente tangível na técnica de filosofar. Platão ainda não tinha as dimensões cristãs na compreensão do universo e da história; onde quer que toque no significado da existência para além dos limites que são desenhados pelo tipo político da pólis, tem de recorrer, portanto, ao "mito" como seu instrumento de expressão – na *República*, no *Político*, e no *Timeu*. Para Schelling, a alma penetrou o universo e a história; ele não precisa do mito, mas pode traduzir completamente sua experiência da alma na dialética das *Potenzenlehre*.[74]

No entanto, Schelling tem de romper com o simbolismo do passado assim como Platão faz a fim de chegar a um novo nível crítico. O rompimento e sua direção podem ser reconhecidos em sua experiência de uma terceira cristandade. Enfatizamos a conexão da especulação de Schelling com a de Joaquim de Fiore, mas temos de enfatizar também a diferença decisiva entre sua ideia e a joaquita. As três cristandades não são os três reinos joaquitas do Pai, do Filho e do *dux* paracleto. São as fases de internalização da cristandade mediante o catolicismo e o protestantismo a uma cristandade espiritual para além da disciplina eclesiástica. As igrejas não são substituídas por uma nova igreja; ao contrário, são compreendidas como símbolos, comparáveis

---

[74] Ver, acerca deste ponto, Schelling, *Philosophie der Offenbarung*. In: ibidem, II, 3, p. 99 ss, onde ele enfatiza o caráter "profético" do mito platônico. O mito é profético à medida que traz à presente expressão um reino de experiências que ainda não está atualizado na história e, portanto, não pode ser expresso em linguagem que se refere à experiência imediata.

em seu nível à mitologia helênica, que devem ser suplantados pela cristandade livre das almas individuais. Schelling não é nem profeta nem o fundador de uma seita; é um realista que expressa em sua dialética o fato existencial de que ele, como indivíduo, está para além das igrejas porque o significado das igrejas atualizou-se na história ao ponto onde se tornou parte do passado em sua alma. Nem é um credo a Terceira cristandade que deva ser propagado ou organizado; de novo, é parte de sua existência, embora não de seu passado, mas com o índice de tempo do futuro. A perspectiva no futuro não é pragmática; não é mais do que a projeção em símbolos dialéticos de uma direção que deverá ser encontrada em sua existência.

b. Uma comparação: realismo e envolvimento escatológico

O realismo crítico da especulação de Schelling em comparação com o envolvimento escatológico de seus contemporâneos pode fazer-se mais claro por um exemplo. Por ocasião da questão se um sistema de regras morais pode ser estabelecido independentemente de experiência religiosa, Schelling critica a ideia de que Deus possa ser deduzido como um postulado necessário de moralidade. Em particular reflete acerca do povo "que tem um hábito de olhar para tudo de um ponto de vista econômico. Deus é para eles um remédio caseiro que todo o mundo pode usar por si para fortalecer a própria moral, o que dá muito trabalho para manter. Esta ideia não é de maneira nenhuma melhor do que a opinião mantida pelas pessoas colocadas nos altos lugares e chamadas estadistas de que a crença em Deus é uma boa coisa para dominar as pessoas e apoiar um mecanismo de governo podre e rachado".[75] Obviamente Schelling censura o mal que Marx provocou com sua fórmula de "ópio do povo". Mas o realista e o escatologista diferenciam-se profundamente em sua descrição assim como nas consequências que dela tiram. Para Scheling, a religião *não é* um ópio do povo, mas é *empregada* como um remédio

---

[75] *System der gesamten Philosophie*. In: ibidem, I, 6, p. 557.

caseiro por indivíduos assim como por estadistas. Marx, a seu turno, comete a gafe de confundir um mal emprego fenomênico com a substância da fé. Schelling passa, portanto, a um esclarecimento do problema. Primeiro nega que haja de algum modo algo assim como uma moralidade do homem, pela qual a religião pudesse ser mal empregada. "A própria palavra moralidade é um produto do iluminismo ultramoderno; na realidade há apenas virtude, *virtus*, uma qualidade divina da alma, mas nenhuma moralidade que o indivíduo pudesse dar a si mesmo como indivíduo, ou da qual pudesse orgulhar-se. Neste sentido reconheço de boa vontade a afirmação de quem quer que diga que a moralidade está excluída de meu sistema."[76] Em poucas sentenças não apenas o mal emprego é estigmatizado, mas também sua fonte é revelada na filosofia iluminista da ética que tenta estabelecer uma moralidade de bom senso e degradar Deus a uma ameaça útil no apoio de uma conduta moral. O fenomenalismo de uma ética substancialmente infundada destrói as raízes existenciais da conduta moral na identidade de necessidade e liberdade; e Schelling opõe a tal destruição a ideia de virtude existencial, sugerindo em sua versão cristã a *areté* helênica. Marx, por outro lado, tem de executar seu erro fenomenalista, atirando ao mar a substância da civilização cristã e envolvendo-se numa perspectiva de ação revolucionária que supostamente restauraria, por mudanças na esfera fenomênica de instituições, uma "bondade" do homem que só pode crescer através da *metanoia* da pessoa. O realista espiritual não é apenas o melhor filósofo, é também o melhor cientista empírico.[77]

---

[76] *System der gesamten Philosophie*. In: ibidem.

[77] Em vez de protelar um possível equívoco neste ponto, o leitor deveria estar consciente de que a filosofia e a ciência não são tudo na vida. Marx foi um filósofo duvidoso – e seu empirismo, embora perspicaz no foco, era limitado no horizonte –, mas foi um profeta de Israel que lançou sua maldição nos praticantes do mal, e alimentou uma nova fé no oprimido e criou um povo para si. A fórmula em questão também teria de ser considerada em sua função de "Maldição". Acerca desta questão o leitor encontrará mais coisas no capítulo acerca de Marx, em *History of Political Ideas*, vol. VIII, *Crisis and the Apocalypse of Man*. Ed. David Walsh. Columbia, University of Missouri Press, 1999, cap. 5. (*CW*, vol. 26)

c. Sumário

O novo nível de consciência é crítico à medida que a especulação é transformada de uma operação, com símbolos tirados da tradição, dentro de um universo tradicional de discurso, numa arte dialética que conscientemente legitima suas operações, ao remetê-las à esfera de experiências protodialéticas. A especulação, é claro, sempre nasce da alma – saiba o filósofo ou não, e mesmo se ele viver na ilusão de que sua especulação é uma ciência de dados externos obtidos através da intuição, intelecção, visão ou outra qualquer forma de experiência imediata. O que é novo em Schelling é a consciência crítica da fonte de especulação. Quanto à sua façanha a esse respeito, não há muito que tenhamos de acrescentar a nossa apresentação. Podemos apenas sumariar as principais questões. A necessidade de um novo nível crítico surgiu do avanço da ciência. A nova ciência crítica dos fenômenos da natureza tornou impossível o método não crítico de lidar com a substância da natureza. A filosofia clássica do tempo de Descartes até o de Schelling lutou em vão para reconquistar uma filosofia de substância defensável. Com Kant, ganhamos uma enorme intelecção crítica no problema, mas nenhuma solução; o estado do problema está em Kant, em princípio, no mesmo das controvérsias do começo do século XVII. O retorno à "natureza no espírito" de Bruno tornou-se para Schelling a base para a elaboração de uma filosofia do inconsciente como o fundamento natural da vida do espírito. A filosofia do inconsciente é a resposta histórica à busca por acesso às substâncias da natureza. Na fronteira entre o consciente e o inconsciente, além disso, encontramos as experiências protodialéticas, com seus "padrões" de existência, como a fonte de "significado" que pode ser projetado para o universo e para a história em particular, e a projeção traz resultados porque os materiais da existência humana na história são manifestações da mesma corrente de natureza inconsciente a que o filósofo que se projeta pertence.[78]

---

[78] Uma ótima formulação recente deste problema pode ser encontrada em José Ortega y Gasset, *El Tema de Nuestro Tiempo* (1923). 4. ed. Buenos Aires, Espasa-Calpe Argentina, 1942, p. 13: "Ideología, gusto y moralidad no son más que consequencias o especificaciones de la sensación radical ante la vida, de

Esta intelecção estabelece a história como a ciência da alma e abre-se em particular para a crítica da compreensão do campo vasto da mitologia. Ademais, torna o estudo da história a chave para a exploração do inconsciente. A projeção do significado e a estimulação por materiais se interpenetram de tal maneira que os materiais recebem seu significado da existência do intérprete, ao passo que a seu turno tocam o inconsciente e trazem ao nível da consciência significados que, de outro modo, teriam permanecido submersos. A história recebe seu significado da alma, ao passo que a alma descobre os significados históricos como estratos em sua existência. Sugerimos, finalmente, que a grandeza de Schelling consiste na amplitude de experiências que são tocadas e mantidas dialeticamente em equilíbrio. A esse respeito, temos de comparar a posição de Schelling com a de Santo Tomás: assim como o sistema de Tomás é o último esforço para harmonizar as tensões da alta civilização europeia antes de sua divisão na nova ordem das comunidades particulares intramundanas, assim é o sistema de Schelling o último esforço gigantesco para ligar num novo todo equilibrado as tensões da civilização europeia tardia, antes de se dividirem na crise de nosso tempo.

d. O final de uma época

Temos de ser claros quanto à posição de Schelling no final de um período, e quanto ao caráter de sua obra como uma harmonização antes da crise, a fim de evitar certos equívocos que se insinuam facilmente. Ao longo da obra de Schelling encontramos formulações e um tratamento de problemas que estamos acostumados a associar com pensadores posteriores do século XIX. Esta observação não deveria induzir à opinião de que Schelling

---

cómo se sienta la existencia en su integridad indiferenciada. Esta que llamaremos 'sensibilidad vital' es el fenómeno primario en historia y lo primero que habríamos de definir para comprender una época" ("Mas ideologia, gosto e moralidade, a seu turno, não são mais do que consequências ou demonstrações do sentimento radical que surge na presença da vida, as sensações de existência em sua totalidade indiferenciadas. O que vamos chamar 'sensibilidade vital' é o fenômeno primário na história e o primeiro que deveríamos ter definido a fim de compreender uma era particular"). José Ortega y Gasset, *The Modern Theme*. Trad. James Cleugh. New York, Harper and Row, 1961, p. 13.

"antecipou" este ou aquele. O emprego do termo *antecipação* teria de apoiar-se na suposição de que o pensador posterior ou a ideia posterior tem um presente autorizado ao passo que o pensador anterior era um anacronismo, talvez "à frente de seu tempo". É inadmissível tal interpretação. Schelling não antecipou um presente futuro, mas expressou o presente de sua própria existência. Depois dele vem a dissociação violenta dos elementos que são mantidos juntos pela força de sua alma, e como resultado vemos os *disjecta membra*[79] de suas experiências espalhados ao longo das gerações seguintes: as experiências da vontade e do nirvana em Schopenhauer; o desejo do retorno interno em Kierkegaard; a psicologia do inconsciente em Freud; as experiências de Dionísio e a graça imanente em Nietzsche; a crítica social da época e o desejo pelo Terceiro Reinado nos movimentos de massa do comunismo e nacional-socialismo; as experiências orgiásticas sinistras com sua angústia em Nietzsche, em Freud, e nos paroxismos de destruição e autodestruição das Guerras Gerais. Esta disseminação dos elementos é a marca característica da crise, como seu equilíbrio foi a marca característica da grandeza de Schelling. Ele não antecipou a dissociação, e menos ainda a causou: um grande pensador é o sismógrafo de um terremoto civilizacional, não sua causa – e um pensador alemão deve ser um sismógrafo particularmente sensível porque em seu composto de experiências está faltando a experiência estabilizadora de uma antiga sociedade política firmemente institucionalizada, como, por exemplo, a inglesa. Schelling marca assim o fim de um período, não o começo; ele marca um fim no mesmo sentido em que Platão, ou Santo Agostinho, ou Santo Tomás marcam o fim de uma época. Mas, embora marque um fim na sequência de épocas civilizacionais, sua obra estabelece um novo nível de consciência e crítica, e em razão desta façanha torna-se de importância crescente numa época de crise, agindo como o ponto de orientação para aqueles que querem ter um equilíbrio sólido na confusão circundante de tradições decadentes, escatologias conflitantes, especulações e obsessão fenomênicas, ideologias e credos, ódios cegos e destruições orgiásticas.

---

[79] Membros dispersos. (N. T.)

3. Nota acerca de Hölderlin

A ideia de Schelling de uma mitologia que seria baseada num simbolismo renovado da natureza, assim como sua evocação de uma imagem divina em que estão misturadas as características de Dionísio e Cristo, podem parecer estranhas, se tomadas como fenômenos isolados. Temos de lembrar o leitor, portanto, de que Schelling não se estava entregando a uma luta de capricho, mas que uma nova visão mitológica do mundo, e em particular a mistura de Dionísio e Cristo, tinha-se tornado realidade na obra de Hölderlin. O filósofo pôde basear suas ideias experiencialmente no milagre de um poeta que, na verdade, viveu no mundo politeísta do mito. A terceira potência de Schelling, a *anima mundi*, tornou-se realidade mítica através de *Seele der Natur* [Alma da Natureza], em *An die Natur* [À Natureza] (1795),[1] e os Deuses foram ressuscitados: o Sol, Hélio, em *Dem Sonnengott* [Ao deus-sol] (1797; 1:203); a Noite na primeira estância de *Brot und Wein* [Pão e Vinho] (1801; 1:285 e seguintes); o Oceano em *Der Archipelagus* [O Arquipélago] (1800; 1:253 e seguintes); o Mar, Tétis, como a deusa-mãe, em *Achill* [Aquiles] (1799; 1:213); e Necessidade, *heimarmene*, em *Das Schicksal* [O Destino] (1793-1794; 1:157 e

---

[1] Friedrich Hölderlin, *Sämtliche Werke und Briefe*, 3 vols. Ed. Jochen Schmidt. Frankfurt am Main, Deutscher Klassiker Verlag, 1992, vol. 1, p. 163 ss; doravante citada no texto pelo volume e pelo número da página.

seguintes). A divindade-pai aparece em *An den Aether* [Ao Éter] (1796-1797; 1: 182 e seguintes) em termos que lembram uma saga iônica pré-socrática:

> Und es drängt sich und rinnt aus deiner ewige Fülle
> Die beseelende Luft durch alle Röhren des Lebens.

> [E de tua abundância eterna o ar animador pressiona
> e passa por todos as flautas da vida.]
> (tradução [para o inglês] de T. A. Hollweck)

Ademais, o poema *Die scheinheiligen Dichter* [Os Poetas Hipócritas] (1798; 1:202) distingue entre evocação genuína, de um lado, e invocação dos Deuses e o emprego "poético", ornamental, de seus nomes na poesia barroca, de outro lado.

Ao reino olímpico dos Deuses corresponde na obra de Hölderlin a antropologia heroica, expressa de maneira mais enérgica em *Hyperions Schicksalslied* [A Canção do Destino de Hipérion] (1798; 1:207). O significado da vida deve ser encontrado no momento fugaz de graça, assim como com Schelling, e o momento se faz duradouro pela santificação na obra de arte. Este é o sentimento expresso em *An die Parzen* [Às Parcas] (1798; 1:197):

> Doch ist mir einst das Heil'ge, das am
> Herzen mir liegt, das Gedicht, gelungen:
>
> Willkommen dann, o Stille der Schattenwelt!
> Zufrieden bin ich, wenn auch mein Saitenspiel
> Mich nicht hinabgeleitet; *Einmal*
> Lebt' ich wie Götter, und mehr bedarf's nicht.

> [(Mas) se consegui outrora o que é sagrado e querido para mim,
>   o poema,
> Então, bem-vindo, ó silêncio do mundo das sombras! Contente
>   deverei ficar,
> Mesmo se minha lira não me acompanhar nessa jornada
>   descendente;

Outrora vivi como vivem os deuses, e isso é suficiente.][2]

A intensidade de vida e o momento de graça no relacionamento humano, o significado do Eros grego, finalmente, é apanhado em *Sokrates und Alkibiades* (1798; 1:205) com o verso soberbo:

Wer das Tiefste gedacht, liebt das Lebendigste.

(Quem pensou nas verdades mais profundas, ama o que é mais vivo; 21)

A interpretação da história nasce para Hölderlin das experiências de tempo, graça e arte. Em *Natur und Kunst oder Saturn und Jupiter* [Natureza e Arte ou Saturno e Júpiter] (1798; 1:297 e seguintes). Zeus é compreendido como o governante do presente, "um filho do tempo como somos". O tempo, entretanto, o governo do presente, é erigido sobre o abismo em que Saturno, o deus da Idade de Ouro, é banido juntamente com os "selvagens" dos tempos antigos. Assim a inocência como a selvageria são substituídas pela ordem do presente, mas o deus da paz sem compulsão tornou-se inocente muito tempo atrás em seu banimento, e a ordem presente de compulsão não é mais do que um análogo de uma ordem de ouro pacífica sem selvageria. O presente recebe seu significado como o análogo da ordem mais alta no momento fugaz quando o poeta "sente o vivo em seu coração", então mergulha na sombra o que Zeus formou, e a mudança incansável do tempo cai no sono em seu berço. Então, apenas, na fronteira entre o tempo e o eterno, está a ordem do presente transfigurada no poema e feita transparente para o segredo do "Crepúsculo Santo". Então ouvindo com atenção a ordem primordial da inocência antes da Queda, o poeta torna-se o sacerdote do Deus que ressuscitará como o governante do futuro.

---

[2] [Hölderlin, *Selected Verse*. Introdução e tradução em prosa de Michael Hamburger. Harmondsworth, Penguin Books, 1961, p. 13. Todas as traduções de Hölderlin, exceto quando indicado diferentemente, são deste volume.]

Brot und Wein (1801; 1:285 e seguintes) desenvolve o problema ainda mais na dimensão cristã da história. Este e os poemas relacionados de Hölderlin são de importância para a história das ideias porque aqui encontramos a tentativa sem par de construir um *continuum* de significado para a história ocidental, partindo de uma posição pagã. A filosofia cristã da história, começando com São Paulo, interpreta os períodos pré-cristãos como fases de revelação divina, culminando no aparecimento de Cristo. Na filosofia pagã de Hölderlin, o período cristão é um interlúdio depois da retirada dos olímpicos, o qual encontrará seu fim com o reaparecimento deles. Em *Brot und Wein*, vivemos na "Noite" dos deuses; estão ainda vivos, mas retiraram-se da terra (1: 289):

> Denn nicht immer vermag ein schwaches Gefäss sie zu fassen,
> Nur zu Zeiten erträg göttliche Fülle de Mensch.

> (Pois nem sempre um vaso frágil pode contê-los, apenas às
>   vezes podem os
> Os homens suportar a plenitude do divino; 111).

A vida é agora apenas um sonho dos deuses; mas a necessidade e a noite estão-se fortalecendo, e os deuses retornarão quando os corações dos homens de novo forem fortes o bastante para suportar-lhes a plenitude. Vivemos na noite dos deuses – mas eles deixaram um sinal de sua presença anterior. Pois quando se retiraram, quando o Pai tirou sua face da humanidade e a tristeza desceu à terra,

> Als erchienen zulezt ein stiller Genius, himmlisch
> Tröstend, welcher des Tags Ende verkündet' und schwand

> ([Q]uando finalmente surgiu um espírito quieto, confortador
>   divino, que
> Proclamou o fim do Dia e se retirou; 112)

Deixaram como seu sinal Pão e Vinho (1:290):

> Brot ist der Erde Frucht, doch ist's vom Lichte gesegnet,
> Und vom *donnernden* Gott kommet die Freude des Weins.

(Pão é fruto da terra, mas é abençoado pela luz, e do
Deus troante vem a alegria do vinho; 112)

No presente eão, o poeta é o sacerdote do deus do vinho, viajando de um país a outro através da Noite Sagrada, louvando o portador da tocha do Mais Alto, o Filho do Sírio, descendo às trevas até o Pai revelar-se de novo e restaurar-lhe a inteireza ao homem.

Em *Patmos* (1801; 1:350 e seguintes) o tema do deus do vinho é ligado à figura de São João, que viu a face de Deus:

Da beim Geheimnisse des Weinstocks sie
Zusammensassen zu der Stunde des Gastmahls,
Und in der grossen Seele ruhig ahnend den Tod
Aussprach der Herr und die Letzte Liebe.

([Q]uando, pelo mistério do vinho, se sentaram juntos,
na hora do banquete, e em Sua grande alma, pressagiando
    calmamente, o
Senhor pronunciou morte e amor último; 196 e seguintes)

O último dos deuses retirou-se, mas os discípulos

liebten unter der Sonne
Das Leben, und lassen wollten sie nicht
Vom Angesichte des Herrn
Und der Heimat.

(sob o sol amaram a vida e não quiseram afastar-se da
Face do senhor e do lar deles; 197).

Portanto Deus enviou-lhes o Espírito, ligando a comunidade de homens e lançando uma luz de esperança e promessa pela noite (1: 356):

Denn noch lebt Christus.
Es sind aber die Helden, seine Söhne,
Gekommen all, und heilige Schriften
Von ihm, und den Blitz erklären
Die Taten der Erde bis jetzt,
Ein Wettlauf unaufhaltsam,

[Pois Cristo ainda vive. Mas todos os heróis, Seus filhos, vieram, e
As escrituras sagradas acerca Dele e dos feitos do mundo até
   agora
Explicam seu brilho, uma corrida que não pode ser
   interrompida; 202),

até que a profecia seja realizada (*Die Bücher der Zeiten* [Os Livros dos Tempos], 1788, 1:65 e seguintes) e Cristo reapareça como o *dux* da nova Idade de Ouro.

Que a interpretação de Hölderlin da história seja determinada por sua consciência da crise civilizacional é claro. Em seu *Grund zum Empedokles* [Base para Empédocles] (2:428 e seguintes) ele tentou uma formulação teórica da questão. O sintoma da crise é o intelectualismo crescente, a *freigeisterische Kühnheit*, que se opõe ao "desconhecido", ao que está para além da esfera de consciência e ação. Tal intelectualismo – libertando-se do fundamento substancial inconsciente no homem – não é mau em si. Certo grau de consciência reflexiva é necessária a fim de formar a personalidade e escapar da imersão na "influência amiga e profunda do elemental" (2:435) a ponto do esquecimento de si mesmo. Mas o equilíbrio pode ser perturbado por uma reviravolta para o outro extremo, através "do raciocínio negativo, através do não pensar no desconhecido"; e quando este outro extremo, a crise, é alcançado, torna-se necessário reconquistar o nível do "aórgico", ou seja, do universal, do não organizado na natureza. O retrato de Empédocles, que tentou a harmonização na crise, algumas vezes dá a impressão de um autorretrato: "A natureza, que dominou seus contemporâneos intelectuais com seu poder e seu encanto ainda mais quando abstraíram dela para a não reconhecibilidade, apareceu com todas as suas melodias no espírito e canção deste homem tão ardentemente e tão íntima e pessoalmente, como se o coração dele fosse o coração da natureza e o espírito do elemental viveu novamente na forma entre os mortais" (2:436). Esta constituição elemental do homem teria feito dele o poeta de seu povo em épocas mais harmônicas; mas numa época de crise o poeta se torna uma figura trágica porque se desintegrou a substância objetiva do povo que deveria ser transfigurado pela arte dele. Poderíamos dizer que Hölderlin expressa o problema da crise em termos pré-socráticos de uma desintegração do *nomos* herdado e um recurso à *physis* como a ligação universal "aórgica" de toda existência. De Empédocles, Hölderlin diz que o "objetivo" nele "foi logo desviado de sua autoinconsciência tranquila através do hiperpolítico, sempre argumentando e avaliando os agrigentinos; e a sensibilidade do artista, seu poder de ordenar e organizar, de criar em sua esfera peculiar e apropriada, foi universalizada num espírito reformador através da selvageria anárquica que o circundava" (2:434).

Quando a era é estendida em extremos violentos, a canção está deslocada. A obra de arte é suspensa num equilíbrio precário entre o destino histórico da comunidade e as forças primordiais que vivem nela; quando a era está em desordem, ou seja, quando o homem, na comunidade, perdeu este equilíbrio, as pessoas já não são receptivas à externalização deste equilíbrio na obra de arte. Nem uma época deslocada permite uma "empresa genuína", pois a ação política pode ser uma intervenção de força nos problemas do tempo, e pode ser de valor terapêutico imediato, mas tem de permanecer inevitavelmente *parcial*. Numa era de crise, o homem total, substancial, não pode ser lançado numa empresa, pois uma empresa substancial e representativa exige uma substância de comunidade sã da qual ela surja e resulte. Nesta situação, um homem com a constituição elemental de Empédocles pode representar o destino de sua comunidade apenas mediante um "sacrifício": o indivíduo que tenta forçar a reunião dos extremos da era pelo fundamento "aórgico" de sua existência tem de ruir sob a tensão insustentável. Empédocles recusa o reinado de seu povo como fútil e simboliza a *renovatio* por que o povo terá de passar através de sua reunião sacrificial com a natureza aórgica nas flamas do Etna.

O problema da crise como desenvolvido por Hölderlin tem de ser pressuposto na compreensão de Schelling – e não apenas de Schelling. A forma peculiar que o problema assumiu nas mãos de Hölderlin é devida a uma experiência de natureza que é tão única na civilização cristã ocidental como a experiência franciscana da natureza. No caso de São Francisco, temos de procurar experiências comparáveis no Oriente; no caso de Hölderlin, na metafísica pré-socrática e helênica da natureza. Dentro da civilização ocidental, as duas experiências são complementares uma à outra: em São Francisco encontramos a experiência da natureza criaturalmente silenciosa, sofredora, humilde; em Hölderlin, a experiência de natureza principesca exuberante, enérgica – expressa magnificamente nas estâncias finais do *Bücher der Zeiten* (1:69 e seguintes):

> Da steht geschrieben –
> Menschliches Riesenwerk
> Stattlich einherzugehn
> Auf Meerestiefen!
> Ozeanswanderer! Stürmebezwinger!
> Schnell mit der Winde Frohn
> Nie gesehene Meere,
> Ferne von Menschen und Land,
> Mit stolzen, brausenden Segeln
> Und schaurlichen Masten durchkreuzend.
> Leviathanserleger
> Lachend des Eisgebirgs,
> Weltenentdecker,
> Nie gedacht von Anbeginn.
>
> Da steht geschrieben –
> Völkersegen,
> Brots die Fülle,
> Lustgefilde
> Überall –
> Allweit Freude,
> Niederströmend
> Von der guten
> Fürstenhand.

(Está escrito – / Trabalho humano, gigante / Caminhar em marcha majestosa / Sob as profundezas do mar! / Caminhantes do oceano! Conquistadores de tempestade / Rápidos com o trabalho dos ventos / Atravessando mares nunca dominados / Longe de homens e terra, / com velas orgulhosas e rosnantes / e mastros terríveis. / Matadores de Leviatãs / zombando das montanhas / descobridores de mundos, / Nunca pensados desde o começo.

Está escrito – / Bênção das nações, / Abundância de pão / Campos de bênçãos / Por toda a parte – / Alegria sempre / chovendo / da boa mão do príncipe; trad. [para o inglês] de Hollweck.)

Assim São Francisco como Hölderlin têm em comum a penetração na substância da natureza. Neste ponto está a importância de Hölderlin para a expressão assim como para o modelar da crise. Ele entende o fenomenalismo da natureza em seu tempo como o sintoma da crise. Os "agrigentinos" que dissolveram a substância do *nomos* através de seu intelectualismo hiperpolítico não ficaram livres da natureza, mas, ao contrário, são dominados por ela; a selvageria da natureza liberta-se se a interpenetração das forças primordiais com o espírito ordenante for quebrada – encontramos este problema no *Weltalter*, de Schelling. A solução cristã do "retorno interno" é impossível para Hölderlin, que – como Empédocles – gravitava existencialmente para o nível do "objetivo" na substância da comunidade do povo assim como no universalismo "aórgico" dos elementos. A existência pneumocêntrica do místico é impedida nesta posição. Igualmente impossível, porque sem sentido na era de crise, é a solução através da ação política. A recusa de Empédocles ao reinado é a rejeição da evocação platônica do rei-filósofo como o salvador da comunidade. O fim que Hölderlin planeja para a existência "aórgica" na era de crise é a morte sacrificial – que não resolve nada no que diz respeito ao destino da comunidade, mas é o símbolo trágico significativo do fim de uma civilização. Este "sacrifício" torna-se central duas gerações mais tarde na existência de Nietzsche.

4. NIETZSCHE E PASCAL

I

Numa nota de 1884, acerca do "Caminho para a Sabedoria", Nietzsche tentou uma interpretação de seu desenvolvimento pessoal como pensador. O Caminho para a Sabedoria tem de ser trilhado em três estágios. No primeiro estágio, o homem tem de respeitar, de obedecer, de aprender; é o tempo do ascetismo do espírito, da admiração terna e do triunfo sobre inclinações triviais. No segundo estágio, o coração terno tem de romper com sua ligação; é o tempo da independência, do deserto e do espírito livre. O terceiro estágio decidirá se o caminhante é apto para a ação positiva; é tempo do instinto criativo e da grande responsabilidade; é o tempo quando o homem tem de dar a si mesmo o direito de agir.[1] Os três estágios desta nota correspondem aos três períodos da obra de Nietzsche: o período inicial, que é dominado por Schopenhauer e Wagner; o segundo período, de 1876-1882, de seu positivismo, sua psicologia, e seu intelectualismo; e o terceiro período, de *Zaratustra* e da transvaloração.

---

[1] *Unveröffentliches aus der Umwerthungszeit* [Inéditos da Transvaloração], § 93. In: Friedrich Nietzsche, *Gesammelte Werke*, Musarionausgabe. Ed. Richard Oehler et al. München, Musarion Verlag, 1920-1929, vol. 14, p. 39 ss.

A divisão em três períodos tornou-se o padrão aceito para a interpretação da vida e da obra de Nietzsche. Não pode e não deve ser descartada, mas deve-se atentar que uma adesão muito exclusiva a ela pode obscurecer certos traços do pensamento de Nietzsche que são permanentes ao longo dos três períodos. Um desses traços, cuja importância – assim nos parece – ainda não foi totalmente apreciada, é o procedimento de Nietzsche de fixar sua própria posição, estabelecendo a relação dela com a de outros pensadores. Para o período inicial, este traço e sua expressão na obra são bem conhecidos. O retrato de Heráclito em *Filosofia na Era Trágica dos Gregos* é um autorretrato; e com relação a suas *Meditações Extemporâneas* acerca de Schopenhauer e Wagner, o próprio Nietzsche enfatizou que "fundamentalmente, falam apenas de mim mesmo".[2]

Retratos elaborados de outros pensadores, como um meio de autoexpressão, não são encontráveis na obra posterior a 1876, e a ausência do que pode ser chamado o gênio literário parece ter obscurecido de algum modo o fato de que a função que aqueles primeiros retratos tiveram na vida intelectual de seu autor é servida por outros meios. É claro o porquê de o retrato elaborado ter de desaparecer: o traçado, com cuidado terno, de outras personalidades em quem Nietzsche sentia uma substância relacionada à sua própria era o método adequado para chegar à clareza acerca de si mesmo no período de "veneração"; não era o método próprio no tempo da "independência" e "criação". Uma vez que a catarse de personalidade mediante o ascetismo, seguimento respeitoso e aprendizado tinham resultado na maturação da substância de Nietzsche, a relação com outras grandes personalidades tinha de ser estabelecida por meio de uma crítica que daria reconhecimento, como entre iguais, onde Nietzsche achava necessário. Isso distinguiria sua própria posição, algumas vezes com violência e ódio, de outros que ele considerava inimigos. A aceitação voluntária do período inicial é seguida da orientação crítica

---

[2] *Ecce Homo*. In: *Werke*, vol. 15, p. 72.

do posterior; o retrato cuidadoso e amplo é substituído pela observação breve e aguda à *propos*.

Começando em 1876, em conjunturas decisivas, Nietzsche orienta sua posição, relacionando-a à de Pascal. A importância de Pascal para o Nietzsche posterior não permaneceu despercebida. Todo período do meio, o período de independência intelectual, é marcado por uma rica influência dos *moralistes* franceses, de Pascal assim como de Montaigne e La Rochefoucauld, de Fontenelle e de Chamfort, e a exposição ampla de Charles Andler no primeiro volume de seu tratado acerca de Nietzsche mostrou de maneira conclusiva que a influência de Pascal é a de maior alcance porque se estende a concepções tão fundamentais como a vontade de poder.[3] Lamentavelmente, porém, o método histórico empregado por Andler não permitiu que o notável erudito revelasse muito mais do que influências doutrinais. Andler classifica Pascal como um dos *précurseurs* de Nietzsche. A categoria indica que Andler estava em busca de ideias que devem ser encontradas na obra de pensadores anteriores e que se tornaram integradas no pensamento de Nietzsche. A exposição de tais relações é válida em si mesma; mas o fato de que elementos de Pascal referentes à psicologia da paixão, da imaginação e costumes tenham sido adotados por Nietzsche não é mais do que um sintoma do significado mais íntimo que Pascal tinha por Nietzsche como modelo e como antagonista. Andler, é verdade, fala dos dois pensadores como *âmes fraternelles*, uma dica de que uma relação de personalidades forma o pano de fundo para as relações entre suas ideias; mas ele não desenvolve o problema para além desta frase.[4] Que, para a vida intelectual e espiritual posterior de Nietzsche, Pascal tenha uma função que, por sua determinação, pode ser comparada apenas à de Wagner

---

[3] Charles Andler, *Nietzsche, sa Vie e sa Pensée* [Nietzsche, sua Vida e seu Pensamento], vol. I, *Les Précurseurs de Nietzsche* [Os Precursores de Nietzsche]. Paris, Edition Bossard, 1920-1931). Ver livro II deste volume, "L'Influence des Moralistes Français", p. 157-259.

[4] Ibidem, p. 171.

e Schopenhauer anteriormente, não pode ser mostrado no nível de uma história de dogma.

O método que tem de ser empregado para uma compreensão completa do problema tem de ser adaptado à estrutura da obra de Nietzsche. Para um ponto de partida, a inquirição terá de fazer referências explícitas a Pascal, que são bem numerosas. Quando essas referências ocorrem nos fragmentos póstumos, na maior parte dos casos não se pode extrair muito delas para além de seu significado no contexto de um dos aforismos isolados. Quando ocorre, no entanto, nas obras preparadas por Nietzsche para publicação, seu ambiente de significação é muito maior. As obras de Nietzsche são escritas na forma de aforismos, mas os aforismos simples não são ilhas de significação; são escolhidos e ligados com o maior cuidado para formar complexos coerentes de pensamento e – como veremos – em instâncias decisivas as referências a Pascal radiam para além do contexto imediato do aforismo em que ocorrem. O nome de Pascal aparece em alguns casos como a culminação de uma tendência de ideias; está tão trabalhada na rede de aforismos circundantes que a referência identifica o todo complexo como orientado para Pascal. Uma vez estabelecido complexos tão amplos, será possível reconhecer outros complexos como pascalinos em sua orientação, mesmo quando o nome não ocorra, porque o conteúdo está intimamente relacionado aos complexos anteriores que são identificados por uma referência explícita.

Nietzsche não analisa nunca ideias de Pascal em pormenores; as observações são breves e pressupõem que o leitor conheça Pascal muito bem a ponto de apanhar imediatamente as implicações de uma dica. Esta concisão elegante introduz uma nova dimensão de complicações. Os *Pensées* de Pascal são uma coleção de notas póstumas para uma obra que deveria ser intitulada *Apologia*; conhecemos o plano da obra como imaginado por Pascal em seus últimos anos,[5] mas

---

[5] O plano, como desenvolvido por Pascal ante amigos, é mencionado por seu sobrinho, Étienne Périer, no *"Préface de l'Édition de Port-Royal"*. In: Blaise

não sabemos em que medida ele teria colocado notas simples na economia de toda a obra. O arranjo nas várias edições, a despeito do plano, é amplamente arbitrário, e como consequência o quadro de Pascal varia com os arranjos e com os julgamentos acerca do peso relativo que deve ser dado a um ou outro dos fragmentos. Daí surgem as perguntas: Que Pascal Nietzsche via quando orientava seu pensamento em direção a ele? Era ele o Pascal ortodoxo apresentado pelos editores de Port-Royal? Era o cético que emergia da edição de Condorcet de 1776? Era o Pascal apologeta da edição Havet, de 1851? Não há nenhuma resposta simples a essas perguntas. Certamente Nietzsche não via Pascal como o cristão ortodoxo. Mas é duvidoso que tampouco o visse como cético. Quando Nietzsche observa ocasionalmente que Pascal, se tivesse vivido trinta anos depois, teria zombado da própria cristandade como zombara dos jesuítas em seus anos de juventude,[6] não quer dizer que os argumentos de Pascal concernentes à impotência da razão em matérias religiosas, concernentes à incerteza racional da fé e concernentes às dificuldades na interpretação de profecias e milagres lhe teriam dissolvido a fé. A força motivadora para um desenvolvimento deste tipo teria vindo do que Nietzsche chama a "profundeza" de Pascal, uma categoria que é elucidada de algum modo no contexto ao mencionar outras personalidades que têm a mesma qualidade: Sócrates, César, talvez o Imperador Frederico II, certamente Leonardo da Vinci. O ceticismo de Pascal não é compreendido como um corpo de princípios filosóficos, mas como um sintoma de forças da alma que poderiam ser afirmadas elas mesmas num período posterior mais fortemente do que antes, com o resultado de uma constelação intelectual diferente no pensamento de Pascal. Para sua interpretação de Pascal, Nietzsche parece ter aplicado os princípios que desenvolveu

---

Pascal, *Pensées de m. Pascal sur la Religion et sur Quelques Autres Sujets*. L'Édition de Port-Royal (1670) et ses compléments (1678-1776). Saint-Étienne, Editions de l'Université de Saint-Étienne, 1971.

[6] *Unveröffentliches aus der Umwerthungszeit*, § 800 (1885). In: *Werke*, vol. 13, p. 327.

em *Para Além do Bem e do Mal*: a substância de um homem, e particularmente de um filósofo, é caracterizada pela "ordem de nível em que as forças (*Triebe*) mais íntimas de sua natureza são estabilizadas umas em relação a outras".[7] "Pensamento" é a resultante da relação entre as forças da alma.[8] A categoria de "profundeza", então, significaria a riqueza e a força das forças que por sua ordem de nível determinam uma personalidade e seu pensamento.

Se Nietzsche não estava interessado nas "doutrinas" de Pascal que poderiam mostrar-se úteis em sua própria empresa filosófica, mas, ao contrário, em seu "pensamento" como a resultante das forças da alma, a questão da ortodoxia de Pascal, ou jansenismo, ou pirronismo, perde em importância. As ideias não eram interessantes por causa de seu conteúdo, mas como expressões de uma personalidade, não como uma *oratio directa* preocupada com objetos, mas como a *oratio obliqua* que revelaria o homem.[9] Daí não devemos ficar surpresos em descobrir que outras obras de Pascal que são de menor graduação do que os *Pensée* eram de igual, se não maior, valor para Nietzsche como meio de sua orientação para a personalidade de Pascal. Infelizmente, estamos apenas insuficientemente informados quanto à extensão em que Nietzsche costumava empregar essas outras fontes. Uma das passagens citadas anteriormente mostra que ele conhecia as *Lettres Provinciales* e seu propósito; mas sua suposição de que uma posição antijesuíta das *Provinciales* deixaria mostrar-se possível uma posição anticristã posterior parece indicar que outras obras de Pascal acerca do mistério da Graça, como por exemplo a defesa da doutrina da Graça, como formulada pelo Concílio de

---

[7] *Jenseits von Gut und Böse*, § 6. In: ibidem, vol. 7, p. 15.
[8] *Jenseits von Gut und Böse*, § 36. In: ibidem, vol. 7, p. 56.
[9] Cf. uma nota com o seguinte: "O pensamento, assim como a palavra, é apenas um símbolo: não pode haver nenhuma dúvida acerca de uma concordância entre pensamento e realidade. Realidade é um movimento de forças (*Triebe*)" (*Aus der Zeit der Morgenröthe*, 1880/81, § 317. In: ibidem, vol. 11, p. 282). "Realidade", na primeira sentença, significa o objeto de pensamento na *oratio directa*; "realidade", na segunda sentença, significa a realidade de forças revelada na *oratio obliqua*.

Trento,[10] não fez nenhuma impressão em Nietzsche. Dos três documentos que revelam mais intimamente a vida religiosa de Pascal, apenas o *Mystère de Jésus* é mencionado expressamente.[11] Tocou profundamente Nietzsche e, como veremos, parece ter sido a influência principal na formação de sua concepção da personalidade de Jesus. Do *Mémorial*, por outro lado, não encontramos nenhum traço. A *Confession du Pêcheur*, entretanto, o terceiro documento, embora não mencionado expressamente, foi de grande influência na formação da concepção de niilismo de Nietzsche. Outras obras não são mencionadas, mas o pequeno *Discours sur les Passions de l'Amour* sugere tão fortemente certas formulações de Nietzsche que parece altamente provável uma influência direta. Uma fonte de primeira importância para Nietzsche foi, finalmente, a *Vie de Pascal*, escrita por Mme. Périer. É expressamente referida uma vez[12] e ao menos um outro aforismo da *Vontade de Poder* é inteligível apenas se a *Vie* for suposta como a fonte.[13]

O que fascinou Nietzsche foi a profundeza e a ordem da personalidade de Pascal; é a mesma fascinação que Pascal tinha por um espírito solitário que antecedeu Nietzsche uma geração: Alexandre Vinet.[14] Nos estudos de Vinet, cuja obra era desconhecida de Nietzsche, encontramos a mais perfeita expressão do nível em que o pensador posterior estabeleceu sua relação com Pascal. Vinet vê Pascal como o grande "indivíduo" que é capaz de cavar as camadas da tradição e penetrar nas ideias que podem ser propriamente chamadas suas. A investigação que abre essa fonte de sabedoria "é uma certa coragem do espírito, e talvez do caráter, pela qual nem sempre se distinguem os mais hábeis e os mais instruídos". Esta

---

[10] *Lettre sur la Possibilité d'accomplir les Commandemens de Dieu*; ver particularmente a primeira parte da carta.

[11] *Aus der Zeit der Morgenröthe*, 1880/81, § 425. In: *Werke*, vol. 11, p. 319 ss.

[12] *Wille zur Macht,* § 388. In: ibidem, vol. 15, p. 421.

[13] *Wille zur Macht,* § 252. In: ibidem, vol. 15, p. 328 ss.

[14] Alexandre Vinet, *Études sur Blaise Pascal*. Prefácio e notas de Pierre Kohler. Édition augmentée de fragments inédits. 2. ed. Paris, 1846; reimpressão Lausanne, Payot, 1936.

coragem é o mais valioso instrumento na busca da verdade porque "a fim de procurar bem, tem-se de ter encontrado o *ego* que é o agente da busca". Temos uma grande dívida aos que são capazes de ouvir a própria voz numa confusão de vozes estranhas, em que a nossa própria se perde tão facilmente que se torna a mais estranha de todas.[15] O orgulho feroz do espírito, a paixão da verdade, e a honestidade intelectual são os ingredientes da profundeza de Pascal, e este retrato que Vinet faz de Pascal poderia ser o retrato de Nietzsche. A fascinação exercida pelo "discurso" de um homem deste tipo foi descrita por Pascal nos *Pensées:* "Quando um discurso natural pinta uma paixão ou seus efeitos, encontramos em nós mesmos a verdade do que ouvimos, uma verdade que não sabíamos que estava ali. Amamo-lo porque nos faz perceber isso, porque ele não nos mostra sua posse, mas a nossa. Este benefício o torna louvável para nós; deixando de lado que a comunidade de entendimento que temos com ele inclina o coração necessariamente a amá-lo".[16]

II

Nietzsche era um místico. Mas a estrutura de suas experiências místicas difere tanto das da corrente principal do misticismo ocidental que dificilmente possuímos a terminologia que a expressaria de modo adequado. A vida espiritual de Nietzsche foi curiosamente defeituosa à medida que, parece, ele era incapaz das experiências transcendentais que formam o núcleo da *unio mystica* no sentido cristão. A fim de designar seu tipo de experiência, devemos empregar o termo *imanentismo*, sem maior definição nesta conjuntura; o significado do termo revelar-se-á por si só no curso deste estudo.

---

[15] *Pascal, non l'Érivain, mais l'Homme* (1845). In: ibidem, p. 304 ss, cap. 11, "Pascal non l'Écrivain, mais l'Homme".

[16] *Pensées.* Ed. Brunschvicg, nº 14. Todas as futuras referências aos *Pensées* de Pascal serão dadas com os números da edição de Brunschvicg.

Temos de proceder desta maneira antecipatória porque a obra de Nietzsche é em cada fase tão amplamente expressiva de sua vida espiritual que é impossível uma exposição gradual de sua atitude. Temos de colocar-nos em seu centro e explorá-lo, observando o pensamento de Nietzsche (no sentido definido anteriormente) em ação.

No último parágrafo de *Sentenças misturadas e Epigramas*, intitulado "Viagem ao Hades", Nietzsche formulou sua relação com os grandes mortos.[17] Estava no mundo dos mortos, como Odisseu, a fim de falar com os mortos, e sacrificou seu próprio sangue para fazê-los falar. Quatro pares de homens não se negaram a ele: Epicuro e Montaigne, Goethe e Espinosa, Platão e Rousseau, Pascal e Schopenhauer. Eles são os parceiros de seu discurso; por eles, ele está querendo provar que está certo ou errado; e a eles ele está disposto a ouvir quando eles se mostram uns aos outros certos ou errados enquanto discutem com ele. "O que quer que eu diga, meus olhos estão fixos nesses oito e vejo-lhes os olhos fixos em mim." O vivente algumas vezes parece ser sombras, lutando em vão pela vida, ao passo que os oito parecem tão vivos como se nunca se cansassem da vida agora que estão mortos. "E *a vivacidade eterna* é o que conta: de que vale a 'vida eterna' ou, quanto a isso, a vida!"

Certamente esta não é a atmosfera de história intelectual. Nem é um acidente que Nietzsche caracterize seus próprios sentimentos, colocando-os contra a cristandade, pois devemos ver este método empregado com grande deliberação em pontos decisivos. O Hades é o contrassímbolo do Céu; a experiência ctônica desta passagem é a contraexperiência à *intentio animi* agostiniana em direção a Deus; e a vivacidade eterna é o propósito de existência no mesmo sentido em que a beatitude eterna, como o *summum bonum*, é o princípio de ordem para a existência cristã. Embora a direção do movimento místico divirja amplamente do cristão, ambos os movimentos têm o *contemptus mundi*[18] como seu sentimento. A vida eterna não é

---

[17] *Vermischte Meinungen und Sprüche*, § 408. In: *Werke*, vol. 3, p. 183.
[18] Desprezo ao mundo. (N. T.)

o desejo de Nietzsche, mas a vida tampouco o é; e os viventes, "tão pálidos e descontentes, tão sem descanso e, oh!, tão desejosos de vida", como sombras. O imanentismo de Nietzsche precisa do emprego de categorias intramundanas, como "vivacidade eterna", "discurso" com outras mentes, "poder", etc., mas os termos não são empregados em seu significado empírico; ao contrário, denotam uma realidade transfigurada em que a alma se move quando suplanta o mundo em que o homem deseja a vida.

A estrutura desta experiência é explicada por alguns aforismos de *Aurora*. O aforismo acerca da "Fuga de si mesmo" descreve três modos em que a sede de reunião com o para além pode ser satisfeita: o cristão tem sede de *unio mystica*; um Shakespeare encontrará satisfação na união com suas imagens de vida arrebatada; um Byron tem sede de ação, pois a ação distrai alguém do próprio eu ainda mais eficazmente do que sentimentos e obras de arte.[19] "Deve a sede de ação ser, no fundo, a fuga de si mesmo? – Pascal nos perguntaria".[20] Mas nenhum dos três modos é o modo de Nietzsche. O aforismo acerca da "Vitória sobre a Força" critica a veneração pela façanha humana em trabalho objetivo. A força em si pode ser a causa de um grande desempenho, mas em que medida é venerável terá de ser determinado pelo nível da razão na força. Apenas se a mera força for suplantada por algo mais alto, se servir como meio para um fim, é que podemos falar de façanha verdadeira. Os olhos ainda estão cegos para a medida verdadeira do gênio, e a façanha mais bela não é compreendida: o espetáculo da força que um gênio aplica, não a sua obra, mas a si mesmo como obra, ou seja, ao domínio de si mesmo, à purificação de sua imaginação, ao ordenamento e seleção da corrente de tarefas e ideias. A maior coisa que compele a veneração a permanecer invisível como uma estrela distante: a

---

[19] *Morgenröthe*, § 549. In: ibidem, vol. 4, p. 358.
[20] Pascal tratou da fuga de si mesmo amplamente sob o título de *divertissement*. Dos inúmeros fragmentos acerca de *divertissement*, ver particularmente o grande que tem este título em *Pensées*, nº 139.

vitória sobre a força.²¹ O significado duplo de força é a chave para a compreensão desta passagem: força como o material bruto da vida humana, e força como o meio de suplantar a mera natureza disciplinando-a espiritualmente e transformando-a numa vivacidade eterna. A força neste segundo sentido tem uma função no pensamento de Nietzsche comparável à da Graça no sistema cristão. Entretanto, como permanece imanente no mundo a transfiguração, não se introduz nenhuma terminologia especial que denote uma realidade transcendental. O equívoco resultante é a fonte permanente de equívoco da parte dos intérpretes; e o próprio Nietzsche não manteve sempre as esferas de significado claramente separadas. Ao contrário, encontramos em sua obra numerosos "descarrilamentos", no sentido de que a disciplina espiritual é, por um circuito curto, traduzida em ideais empíricos, como, por exemplo, no mais famoso "descarrilamento" de Nietzsche, da "vitória sobre a força" até a "besta loira".²²

"Substituí o santo [...] pelo homem histórico da mais alta piedade. Substituí o gênio pelo homem que criará o homem para além de si mesmo."²³ O imanentismo da nova piedade exige que o homem se conceba como existindo historicamente e estabeleça suas relações "com todas as outras fases de cultura em amar apenas a compreensão".²⁴ Aqui tocamos os sentimentos mais profundos que tornam necessário para Nietzsche desenvolver seu próprio "pensamento" orientando-o para outras

---

²¹ *Morgenröthe*, § 548. In: *Werke*, vol. 4, p. 357 ss. Estou traduzindo como "força" o termo de Nietzsche *Kraft*. A tradução é inadequada porque não pega a nuança do significado entre o termo *Trieb*, que também foi traduzido como "força" anteriormente no texto, e o termo *Macht*, poder, que Nietzsche emprega consistentemente em sua obra posterior. *Trieb* tem a conotação de uma força biológica; *Kraft*, a conotação de força e vitalidade que se expressam numa obra; *Macht*, poder, designa a força que é permeada pelo espírito.

²² O termo *descarrilamento* é uma tradução do conceito de *Entgleisung* de Jaspers. Ver, sobre o problema dos descarrilamentos, Karl Jaspers, *Nietzsche: Einführung in das Verständnis seines Philosophierens*. Berlin-Leipzig, Walter de Gruyter and Co., 1936. Para uma lista especial de descarrilamentos a que os intérpretes nacional-socialistas têm hábito de entregar-se, ver p. 391 ss.

²³ *Aus der Zeit der Fröhlichen Wissenschaft*, 1881/83, § 452. In: *Werke*, vol. 12, p. 215.

²⁴ *Aus der Zeit der Fröhlichen Wissenschaft*, 1881/83, § 452. In: ibidem.

grandes mentes. A orientação em direção a Schopenhauer e Wagner foi necessária para seu amadurecimento, e à medida que tinha uma função educativa; mas era ao mesmo tempo o procedimento fundamental pelo qual Nietzsche encontrou seu lugar na companhia de seus iguais na história humana. O procedimento poderia ultrapassar sua fase educativa, mas o método não poderia ser abandonado, e a preocupação com as duas figuras dominantes está, mesmo na fase inicial, em paralelo com a relação com os filósofos pré-socráticos, a qual tem a mesma cor atmosférica que a relação posterior com os "Oito". A orientação nesse reino intramundano de espírito humano não é, além disso, considerada por Nietzsche como seu problema pessoal. É um problema que cada homem de qualidade superior, "cada homem mais alto" enfrenta em todo período histórico. As soluções, no entanto, mudam com a posição pessoal no processo da história. "Na antiguidade cada homem mais alto tinha o desejo de fama." A razão é que cada um acreditava que a humanidade começava em sua própria pessoa e que podia atribuir a si mesmo o sentimento de amplidão e duração na escala da humanidade apenas "imaginando a si mesmo na posteridade como o trágico coautor no cenário eterno". Em nossa época, o desenrolar da humanidade deixou uma longa trilha de passado. O orgulho de ser uma ligação na corrente de humanidade não precisa expressar-se mais no desejo de fama; pode manifestar-se hoje no orgulho de ancestralidade. "Tenho uma ancestralidade, é por isso que não preciso da fama." "No que moveu Zaratustra, Moisés, Maomé, Jesus, Platão, Bruto, Espinosa, Mirabeau, eu já estou vivendo. E em alguns aspectos, apenas em meu próprio eu chega maduramente à luz do dia o que era embriônico por alguns milênios. Somos hoje os primeiros aristocratas na história do espírito – o sentimento histórico começa apenas agora."[25] A ancestralidade é estendida muito generosamente nesta passagem para abarcar as grandes épocas do espírito. Mas vimos que Nietzsche faz sua seleção de uma ancestralidade, mais especificamente a sua própria, como

---

[25] *Aus der Zeit der Fröhlichen Wissenschaft*, 1881/83, § 456. In: ibidem, vol. 12, p. 216 ss.

na lista dos Oito; e, em outras ocasiões, a lista é ainda mais estreitada para Platão, Pascal, Espinosa e Goethe. "Quando falo deles, sei que o sangue deles está correndo em mim; fico orgulhoso quando posso dizer a verdade deles; a família é tão boa que não precisa de embelezamento ou esconderijo [...] *Estou orgulhoso da humanidade* e manifesto meu orgulho em minha fidelidade incondicionada".[26]

Um estreitamento final parece ter acontecido nos últimos anos. Em *Ecce Homo,* Nietzsche confessa que os poucos livros a que retorna de novo e de novo são de um pequeno número dos autores franceses mais antigos, acima de todos, Pascal. Neste contexto também afirma muito sumariamente seu interesse em Pascal: "Não *leio* Pascal, *amo*-o como a vítima mais instrutiva da cristandade; assassinado aos poucos, primeiro corporalmente, então psicologicamente; toda a lógica desta forma horribilíssima de crueldade inumana".[27] Pascal é "o mais instrutivo" porque na esfera cristã, ele é a contrapartida de Nietzsche, na provação apaixonada e intelectualmente honesta de sua alma. Em seu discurso com Pascal, o espírito fraterno, ele explica sua própria vida espiritual em oposição à cristã.

III

Nietzsche deu a seus estudos iniciais o título de *Meditações Extemporâneas.* A meditação é um método cristão fundamental, empregado para a orientação da alma em direção a Deus. As meditações de Nietzsche não são cristãs, pois servem a orientação da alma para a experiência mística de uma humanidade imanente ao mundo. Não são meios de ascender a uma realidade transcendental e, portanto, não percorrem a *via negativa* tradicional. Uma técnica específica foi desenvolvida por Nietzsche a fim de obter seus fins meditativos: o método aforístico.

---

[26] *Aus der Zeit der Fröhlichen Wissenschaft*, 1881/83, § 457. In: ibidem, vol. 12, p. 217.

[27] *Ecce Homo.* In: ibidem, vol. 15, p. 34.

O aforismo é para Nietzsche mais do que um gênero literário. Os editores das obras póstumas chamaram a atenção para o fato de que o aforismo era o modo de pensamento mesmo na fase inicial quando suas publicações ainda tinham a forma do ensaio organizado.[28] Depois de 1876, Nietzsche desenvolveu o aforismo conscientemente como o instrumento de pensamento do *moraliste* em oposição ao pensamento sistemático do filósofo. No aforismo de 1879, "O Pecado Original dos Filósofos", critica-os por terem sempre corrompido as sentenças de *moralistes*, dogmatizando-as e confundindo-as com uma verdade geral que não era mais do que uma dica.[29] Como grande exemplo de tal corrupção, ele analisa a generalização do conceito de "vontade" através de Schopenhauer num princípio metafísico e opõe este mal emprego ao emprego aforístico feito dele por Pascal.[30] Um aforismo do meado dos anos de 1880 leva o problema um passo adiante. É vaidade científica afetar um método para o qual o tempo não está maduro; a aplicação de dedução sistemática e dialética a uma matéria é "falsificação" à medida que a apresentação sistemática tende a cobrir a base experiencial de pensamento. Não devemos esconder a maneira em que nossos pensamentos chegaram até nós. A primeira regra para a apresentação de um pensamento é que ele tem de apresentar fielmente sua gênese. "Os livros mais profundos e inexauríveis terão talvez sempre algo do caráter aforístico e abrupto dos *Pensées* de Pascal."[31] As forças conducentes e as avaliações permanecerão por muito tempo sob a superfície, o que aparece acima da superfície é apenas o efeito. Se os "efeitos" são arranjados sistematicamente, são separados do solo em que crescem, e não podemos mais traçar as experiências imediatas que

---

[28] Ver o prefácio de Ernst Holzer. In: ibidem, vol. 9, p. xv.

[29] *Vermischte Meinungen und Sprüchen*, § 5. In: ibidem, vol. 3, p. 16 ss.

[30] Outro grande pensador aforístico, Henri Frédéric Amiel, dirigiu a mesma crítica contra Schopenhauer. Ver Amiel, *Fragments d'um Journal Intime*. Ed. revista, 2 vols. Introdução por Bernard Bouvier. Paris, Stock [Delamain et Boutelleau], 1927, vol. 1, p. 281 ss. [Em português: Henri-Frédéric Amiel, *Diário Íntimo*. Trad. Mário Ferreira dos Santos. São Paulo, É Realizações, 2013.]

[31] *Wille zur Macht*, § 424. In: *Werke*, vol. 15, p. 450.

o causaram. O aforismo preserva as raízes experienciais de uma *vita contemplativa* não cristã que tem orgulho em sua interpretação leal de experiências imanentes.

A concepção de uma nova *vita contemplativa* é o ponto central da primeira obra aforística de Nietzsche, *Humano, Demasiado Humano*. A "Lamentação" do Aforismo 282 considera possível que as próprias vantagens de nossa época tenham causado a subvalorização da *vita contemplativa*. Quaisquer que sejam as razões, nossa época é pobre em grandes moralistas. Pascal, Epicteto, Sêneca e Plutarco são pouco lidos. O trabalho e a indústria grassam como uma doença; odeiam-se opiniões divergentes, não são consideradas, porque estão faltando o tempo e a tranquilidade para o pensamento. Uma atitude independente e cautelosa é considerada quase como um tipo de loucura. O espírito livre está em descrédito, particularmente com eruditos; eles gostariam de bani-lo num canto, embora seja sua função apontar os caminhos e objetivos da cultura de sua posição mais alta. Mas Nietzsche espera que o caráter da época mude e que tal lamentação se torne desnecessária "uma vez que o gênio de meditação volte a vigorar".[32]

Os seguintes aforismos, 283-92, elaboram os motivos da "Lamentação"; ganham sentido completo apenas como corolários da ideia de uma nova *vita contemplativa* oposta à antiga, que Nietzsche exemplifica para o mundo greco-romano com Epicteto, Sêneca e Plutarco, para o mundo cristão, com Pascal. Esses aforismos constituem um dos complexos que são identificados pela referência culminante tal como orientada para Pascal. É rica a elaboração de conteúdo; o todo complexo é, na verdade, um dos mais reveladores autorretratos, e uma interpretação completa teria de alcançar até as ramificações da obra de Nietzsche. Teremos de restringir-nos, portanto, a algumas ideias principais.

O homem contemplativo é caracterizado mais claramente ao ser oposto ao ativo. O homem ativo é falto de

---

[32] *Menschliches, Allzumenschliches*, § 282. In: ibidem, vol. 2, p. 260 ss.

"superioridade"; ou seja, de atividade "individual"; eruditos, oficiais, mercadores são ativos como seres genéricos, mas não como homens concretos e singulares. "A este respeito são preguiçosos." Hoje, como sempre, os homens são divididos em escravos e livres. "Um escravo é o que não tem dois terços de seu dia para si mesmo, seja ele o que quer que quiseres: estadista, negociante, oficial, erudito."[33] O escravo é identificado com a vida ativa, o homem "superior" com a contemplativa. Boa parte dos equívocos graves quanto à interpretação de Nietzsche poderia ser evitada se suas várias referências a escravos e homens superiores, desde o primeiro fragmento de *O Estado Grego* até o último de *Vontade de Poder*, não fossem interpretadas à luz de instituições sociais, mas, ao contrário, à luz dessas identificações. Os aforismos 284 e 285 amplificam o significado de *otium* (tempo livre) e desassossego. *Otium*, não preguiça, é a pré-condição da vida contemplativa; o desassossego moderno, por outro lado, prenuncia um novo barbarismo de ação. O aforismo 286 fecha este tópico com algumas observações acerca da preguiça fundamental do homem de ação. A vida ativa é uma diversão no típico, no banal; a obrigação moral de formar a própria opinião acerca de cada matéria em que as opiniões podem ser formadas é evitada pela vida ativa. A preguiça afasta o homem de ação da tarefa nem sempre fácil de tirar a água de seu próprio poço.[34]

O aforismo "Censor Vitae" revela o "estado" da alma que deve ser obtido pela *vita contemplativa*, ao menos em um de seus aspectos. A independência de julgamento será, no começo, marcada pelas oscilações entre amor e ódio; por fim, quando a alma se tornou rica de experiência, o homem contemplativo estará para além da existência de ódio, desprezo e amor. "Ele estará acima disso, com os olhos às vezes de

---

[33] *Menschliches, Allzumenschliches*, § 283. In: ibidem, vol. 2, p. 261.

[34] *Menschliches, Allzumenschliches*, § 286. In: ibidem, vol. 2, p. 263. A redução da ação à preguiça não é a última palavra de Nietzsche acerca do problema, como vimos. Alguns anos depois ele adota a interpretação de "fuga de si mesmo", que está intimamente relacionada às concepções de Pascal de *ennui* e *divertissement*.

alegria, às vezes de tristeza, e, como ao estado da natureza, o seu será ora de verão ora de outono."³⁵ O estado peculiarmente sossegado da experiência mística de Nietzsche responde com grande sensibilidade a certos estados da natureza, especialmente do alto verão e outono, do Engadin, e do Mediterrâneo. Símbolos da natureza e referências a certas paisagens servem frequentemente como a expressão desse estado, como a experiência da paisagem é capaz de induzir. Na rivalidade com certos fenômenos da mente humana, a natureza é a fonte de experiências que no misticismo intramundano de Nietzsche correspondem às experiências transcendentais do misticismo cristão.³⁶

A vida contemplativa exige condições externas favoráveis. O quadro dessas condições no Aforismo 291 é praticamente um quadro das próprias condições de vida de Nietzsche. O espírito livre terá seu objetivo externo de vida facilmente satisfeito. Ele não é desejoso de uma grande posição no estado e na sociedade; são suficientes uma função ou competência modestas que permitam a ele viver. Organizará sua vida de tal modo que, se possível, não será tocada pelos acontecimentos na esfera econômica e política. A energia que ele não tem de devotar aos problemas externos será liberada para mergulhar nos elementos de conhecimento. Restringir-se-á quanto às ligações e não entrará muito profundamente com suas paixões no curso do mundo. Confiará que o gênio de justiça falará em defesa de seu discípulo se for acusado de pobreza de amor. Seu modo de vida e pensamento expressará um *heroísmo refinado* que não procura admiração da

---

³⁵ *Menschliches, Allzumenschliches,* § 287. In: ibidem, vol. 2, p. 263.

³⁶ O sossego do estado contemplativo é uma das constantes na vida espiritual de Nietzsche. Muitas das avaliações e preferências de Nietzsche que seriam intrigantes em si mesmas tornar-se-ão muito inteligíveis se forem vistas como expressões deste estado, tal como seu amor pelo Goethe tardio do período de Eckermann, por Adalbert Stifter, pela paisagem pintada de Claude Lorrain e Poussin, etc. Para uma excelente apresentação de toda essa classe de experiências, ver Ernst Bertram, *Nietzsche: Versuch einer Mythologie.* Berlin, G. Bondi, 1918, particularmente os capítulos sobre Weimar (p. 181 ss), Nachsommer (p. 238 ss), Claude Lorrain (p. 249 ss), Veneza (p. 261 ss) e Portofino (p. 271 ss).

massa como seu irmão mais vulgar; quietamente caminhará pelo mundo, e quietamente sairá dele.[37]

As descrições do estado e das condições externas da vida contemplativa são complementadas, no Aforismo 292, com a descrição de seu objetivo. O objetivo é a *unio mystica* com a humanidade tal qual ela se desenrola na história. O homem individual tem de transformar-se num epítome das experiências de humanidade até o ponto que o espírito historicamente desenrolante se torne encarnado por sua presença real em sua pessoa; sua pessoa tem de tornar-se o meio de transição do espírito para o futuro da humanidade. Nossa época é favorável a essa realização. Hoje experiências de religião e arte ainda são possíveis, das quais as gerações futuras talvez sejam privadas. Que o homem contemplativo, neste caso, Nietzsche, tenha tais experiências permite a ele penetrar com compreensão em períodos anteriores da história humana. Não se pode tornar-se sábio sem ter vivido através das manifestações culturais que são determinadas pela religião e pela arte, e é igualmente necessário estar familiarizado com a história de maneira ampla. Tornando a percorrer o caminho do passado, o homem aprenderá melhor aonde a humanidade no futuro deverá ir ou não. O ego, revivendo a experiência de humanidade, compreenderá a necessidade do curso que leva até o presente, e o reviver levará o indivíduo ao ponto onde a necessidade de sobrepujar o presente e alcançar o futuro impor-se-á por si mesma. "Quando teu olho se tornar forte o bastante para ver o fundo de tua natureza e conhecimento, então, talvez, tornar-se-ão visíveis em seu espelho as constelações distantes de culturas futuras." Totalmente deverás fundir-te neste objetivo: com teus erros, desacertos, ilusões, paixão, teu amor e tua esperança. E quando tua vida tiver sido consumida nesta tarefa, descobrirás que com o clímax de tua época terás alcançado o clímax de sabedoria "naquele brilho suave de uma alegria espiritual constante [...] que é como a natureza o quis".[38]

---

[37] *Menschliches, Allzumenschliches*, § 291. In: *Werke*, vol. 2, p. 264 ss.
[38] *Menschliches, Allzumenschliches*, § 291. In: ibidem, vol. 2, p. 266 ss.

Esta descrição do contemplativo tem o caráter de um prelúdio. Nietzsche formulou claramente seu problema, mas o tom pessoal de sua expressão ainda não se desenvolveu inteiramente. O problema talvez possa ser mais bem esclarecido com a fixação de sua relação com a concepção de Hegel da história como a revelação dialética da Ideia. Nietzsche compartilha com Hegel a concepção de história como uma manifestação do espírito, mas abandonou o desenrolar dialético da Ideia. Os remanescentes cristãos transcendentais na concepção de Hegel desapareceram, e o processo se tornou completamente imanente. A "humanidade" intramundana é o sujeito que se desenrola, e a "natureza" funciona como a fonte e o determinante do movimento. Nietzsche compartilha, ademais, com Hegel a consciência de época; estão ambos os pensadores convencidos de que um grande período da história alcançou seu fim. Mas a filosofia de Hegel é dominada pelo sentimento de fim com exclusão de quaisquer prospectos de um futuro; o processo dialético da Ideia chegou à sua realização e se assenta no presente. A história tornou-se totalmente passado. Nietzsche, embora consciente do fim de um período, está dominado pelo sentimento de transição para um futuro. Seu protesto contra o "sistema", contra "deduções e dialética" é dirigido contra a sistematização da história na obra de Hegel. Ele, a seu turno, recorre à experiência imediata do indivíduo como a substância do futuro. A vida contemplativa é o meio de suplantar o passado, penetrando até suas raízes de existência humana da qual crescerá a cultura do futuro.

A "humanidade" realiza-se historicamente mediante o instrumento da existência humana individual. Daí a filosofia da existência tornar-se o centro da nova filosofia da história pós-hegeliana. O problema é claro, mas sua expressão, como dissemos, tem ainda o tom de um prelúdio. Pode-se sentir a provisoriedade da expressão em sua assonância com estados epicureus e espinosistas; há ainda certa superficialidade na redução muito exclusiva de ativismo à preguiça. A tarefa árdua de suplantar o passado revivendo-o está ainda nos estágios iniciais de realização, e a fonte profunda de existência ainda não espelha o futuro. Somente os anos seguintes, ao tempo de *Aurora*, mostram Nietzsche num debate mais próximo de seu problema.

IV

Dos anos de planejamento que deram origem a *Aurora*, estão preservados muitos títulos que Nietzsche pretendia empregar seja para livros, seja para subdivisões: "Vita Contemplativa"; "Passio Nova, ou: Da Paixão de Honestidade (*Redlichkeit*)"; "Religião de Coragem"; "O sentimento de Poder". Esses títulos indicam um núcleo de pensamento em torno do qual os complexos periféricos de uma análise de conhecimento, de cristandade, de moralidade, da ordem de estados na sociedade, etc., teriam de crescer.[39] Os "Planos" do mesmo período revelam as direções em que o pensamento de Nietzsche ia evolver. Um dos "Planos" descreve admiravelmente o movimento da alma que leva ao descobrimento da paixão como força condutora mesmo na vida contemplativa: "Acreditamos que seja o oposto da paixão: mas agrada, e então começamos a luta *contra* a paixão pela razão e justiça. Nós, inocentes! Descobrimos que ela tem todas as marcas da própria paixão. Sofremos neste conhecimento; esforçamo-nos pela luz, clara e quieta da manhã, do sábio. Mas nós, divinos: mesmo esta luz é *movimento passional*, embora sublimado e irreconhecível para o grosseiro [...]. Descobrimos como se originam as paixões, como se podem sublimar. Então começa a repercussão de fora: todos os argumentos pelos quais tentamos liberar-nos, todos os nossos erros se voltam contra nós, de fora [...]. É uma paixão nova e desconhecida".[40] Outro desses "Planos" revela como completamente desenvolvidas mesmo agora as perspectivas sociais da vida contemplativa que são mais tarde expostas em *Vontade de Poder*: "Vejo os corpos socialistas formando-se, inevitavelmente! Tomemos cuidado

---

[39] Para os títulos, ver, dos editores, *Nachbericht*. In: ibidem, vol. 11, p. 408, 411.
[40] *Plan*. In: ibidem, vol. 11, p. 409.

que os *cabeças* comecem a germinar para esses *corpos*! Essas organizações juntamente com todos os seus líderes formarão o futuro estado de escravos – mas acima deles surgirá uma aristocracia, talvez de *eremitas*! *O tempo do erudito já passou*, o qual vivia e cria como qualquer outro (como instrumento da igreja, das cortes, dos partidos comerciais, etc.)! *O grande heroísmo tornou-se novamente necessário!*".[41] A paixão condutora é expressa mais concisamente num terceiro "Plano" com o objetivo "de restaurar a honra da alma individual"![42] Essas concepções e planos condutores servirão como pontos de orientação no labirinto de aforismos de 1880/1888.

A ideia mais profunda da *vita contemplativa* está implícita num aforismo intitulado "Comparação com Pascal": "*Nós* não temos nossa força na conquista de nosso eu (*Selbstbezwingung*), assim como ele? Ele, a favor de Deus; nós, da honestidade? Certamente: um ideal de cortar o homem do mundo e de si mesmo representa a mais inaudita das tensões; é uma *autocontradição permanente até as raízes da existência (im Tiefsten)*, um descanso beatífico *sobre si mesmo*, no desprezo de tudo o que é chamado 'ego'. Somos menos amargos e menos vingativos contra o mundo; nossa concentração de força é menor, mas então não nos consumimos tão rapidamente como velas, mas temos a força de durar".[43] A autocontradição inerente na vida contemplativa é o novo problema. O estado contemplativo é o resultado de paixão suplantando paixão, e tem de ser mantido por uma tensão permanente do ego contra si mesmo. O desprezo de tudo que é chamado "ego" não pode suplantar o fato fundamental de que o "descanso beatífico" é obtido por um esforço do mesmo ego que é deixado abaixo. Nem mesmo na *vita contemplativa* pode o homem escapar da vida de paixão; pode apenas viver na ilusão de que escapou.

Com a *vita contemplativa* como um fenômeno na vida de paixão vamos lidar mais pormenorizadamente na seção

---

[41] *Zum Plan*. In: ibidem, vol. 11, p. 410.
[42] *Zum Plan*. In: ibidem, vol. 11, p. 409 ss.
[43] *Aus der Zeit der Morgenröthe*, 1880/81, § 277. In: ibidem, vol. 11, p. 271.

seguinte deste estudo. Para o momento estamos preocupados com o emprego que Nietzsche faz desta concepção a fim de distinguir sua própria posição da de Pascal: "O estado de Pascal é uma paixão; tem todos os sintomas e consequências de felicidade, de miséria, e de seriedade profunda e duradoura. Daí é muito risível vê-lo tão orgulhoso contra a paixão – é um tipo de amor que despreza todos os outros e lamenta os homens em que não está presente".[44] A insensibilidade de Nietzsche a experiências transcendentais torna impossível para ele aceitar o fenômeno da Graça que é o fator indispensável na "felicidade" de Pascal; as experiências contemplativas em que ele *transcende* o ego têm para ele o caráter de experiências inteiramente *dentro* da vida de paixão. Esta deficiência obriga Nietzsche a interpretar a solidão de Pascal com Deus como "egoísmo" e permite a ele, em consequência, distinguir sua própria atitude da pascalina como historicamente produtiva. Pascal, diz ele num aforismo do mesmo período, "tinha em vista não o amor útil, mas totalmente perdido; com ele tudo é um caso privado egoísta. Que dessa cumulação de ação seja produzida uma nova geração, com suas paixões, costumes e meios (ou falta de meios) para satisfazê-los – isso é o que ele não vê. Sempre o indivíduo só, não o processo (*das Werdende*)".[45] Deve-se notar nesta passagem a caracterização da vida contemplativa como uma "acumulação de *ação*". A diferença entre contemplação e ação não é abolida por esta identificação, mas a necessidade de

---

[44] *Aus der Zeit der Morgenröthe*, 1880/81, § 278. In: ibidem, vol. 11, p. 271. A formulação mais explícita da concepção de Pascal de "felicidade verdadeira" a que Nietzsche opõe sua própria posição nesses aforismos pode ser encontrada nos fragmentos acerca de "Les Grandeurs et les Misères de l'Homme" em *Pensées*, n°s 425 e 430. Cf. também a nota de Pascal acerca de seu próprio estado: "Voilà quels sont mes sentiments; et je bénis tous les jours mon Rédempteur qui les a mis en moi et qui, d'un homme plein de faiblesse, de misère, de concupiscence, d'ambition, d'orgueil, a fait un homme exempt de tous ces maux par la force de sa grandeur à laquelle toute la gloire est due, n'ayant de mois que la misère et l'erreur [Eis quais são meus sentimentos; e bendigo todos os dias meu redentor que os colocou em mim e que, de um homem cheio de fraqueza, de miséria, de consupiscência, de ambição, de orgulho, fez um homem isento de todos esses males por força de sua grandeza a que toda a glória é devida, não tendo de meu senão a miséria e o erro] (*La Vie de Pascal par Mme Périer*. In: *Oeuvres Complètes*. Ed. Jean Mesnard, 3 vols. Paris, Desclée de Brouwer, 1964, p. 595.
[45] *Aus der Zeit der Morgenröthe*, 1880/81, § 279. In: *Werke*, vol. 11, p. 271.

interpretar a vida contemplativa, enfim, à luz de ação revela a rigidez do imanentismo de Nietzsche. A contemplação é ação histórica no sentido de que o suplantar do passado histórico no processo de contemplação libera os recursos da existência contemplativa individual de tal maneira que se tornarão os determinantes do futuro.[46]

Na interpretação de Nietzsche, a ação cumulativa da vida de Pascal produz a geração futura, o que quer que ele pense estar fazendo. A corrente da história tem uma estrutura imanente. As duas atitudes de Pascal e Nietzsche não são simplesmente opostas como dois tipos no nível de classificação científica; estão relacionadas uma à outra pela necessidade do movimento histórico, tendo o primeiro contribuído por sua ação para a ascensão do segundo. Num aforismo acerca do "desejo de oponentes perfeitos", Nietzsche faz uma sugestão concernente à relação entre os tipos franceses de cristandade e do intelectualismo secularizado, que é importante como chave para a maneira que ele entende sua própria relação com Pascal. Investiga as principais figuras da cristandade francesa desde o século XVII: Pascal, "em sua combinação de ardor, espírito e honestidade, o primeiro de todos os cristãos", Fénelon, Mme. de Guyon, o fundador da ordem trapista, e os eruditos de Port-Royal, e então ele conclui que os povos do tipo perfeito de cristandade foram obrigados a produzir também o contratipo perfeito de pensamento livre não cristão.[47] A relação entre os tipos perfeitos de cristandade

---

[46] Este comportamento deve ser comparado a outras interpretações da vida contemplativa que têm uma semelhança superficial com a de Nietzsche. Aristóteles, por exemplo, também concebe o *bios theoretikos* como uma forma de ação, mas como uma ação em que a autossuficiência é obtida, na possibilidade humana, a fim de tornar a existência humana um análogo da existência divina. A orientação da vida contemplativa não é intramundana, tem um propósito transcendental, como o cristão. Um problema similar surgiu para Bodin, que adotou a concepção aristotélica de vida contemplativa. Mas, para Bodin, a culminação da vida contemplativa é o momento fugidio, a-histórico, como a antecipação da completa *fruitio Dei* na vida depois da morte. Para a doutrina cristã, cf. Santo Tomás, *Summa Theologica*, pt. II-II, qu. 180, particularmente arts. 1 e 2.

[47] *Morgenröthe*, § 192. In: *Werke*, vol. 4, p. 182 ss.

e o pensamento livre dentro da sociedade francesa é o modelo de Nietzsche para a relação, na escala europeia mais larga, entre a cristandade perfeita, como representada por Pascal, e o espírito livre perfeito, como representado por ele mesmo. A cristandade do "povo mais cristão da terra" e particularmente de Pascal, é significada quando Nietzsche orienta seu misticismo não cristão para o passado europeu. Pascal, "o primeiro cristão", é designado como "o tipo" quando Nietzsche se refere à "corrupção cristã" a que ele se opõe.[48]

O "tipo" pascalino é ainda esclarecido por Nietzsche quando o distingue como o primeiro tipo de cristandade de um segundo que é representado principalmente pelo protestantismo alemão. O protestantismo é para Nietzsche "aquela forma espiritualmente suja e enfadonha de *décadence*, em que a cristandade conseguiu conservar-se até agora no Norte medíocre".[49] "O que o espírito alemão fez com a cristandade!" A este protestantismo alemão médio "chamo cristandade modesta"; e sua ira particular é dirigida contra o "protestantismo *imodesto* dos pregadores da corte e especuladores antissemitas".[50] Um aforismo de 1884, finalmente, traz o confronto de Pascal e Lutero: "Para uma maneira de pensar como a cristã tem-se de imaginar o homem ideal que é completamente adequado a ela como, por exemplo, Pascal. Para o homem médio, não haverá nada senão uma cristandade substituta, e isso aplica-se mesmo a uma natureza como a de Lutero – ele engendrou para si uma cristandade ralé e camponesa".[51] O fato de que o catolicismo francês seja o protótipo de cristandade para Nietzsche deveria lançar alguma luz no por que a história intelectual francesa geralmente tem um lugar importante em seu pensamento.[52] Pascal torna-se

---

[48] *Wille zur Macht*, § 51. In: ibidem, vol. 15, p. 177.
[49] *Wille zur Macht*, § 88. In: ibidem, vol. 15, p. 203.
[50] *Wille zur Macht*, § 89. In: ibidem, vol. 15, p. 203 ss.
[51] *Umveröffentlichtes aus der Umwerthungszeit*, § 752. In: ibidem, vol. 13, p. 306.
[52] Ver também *Wille zur Macht*, § 87. In: ibidem, vol. 15, p. 203. "O declínio do protestantismo: teoreticamente e historicamente compreendido como uma indecisão (*Halbheit*). A preponderância verdadeira do catolicismo; o

tão firmemente identificado com o tipo ideal de cristandade que sempre que Nietzsche fala em sua obra posterior de cristandade, sem maiores indicações, a presunção terá de ser que é o tipo pascalino que ele tem em vista. Pascal adquire na obra posterior uma função tipicamente similar à de outras grandes figuras: Pascal é muito frequentemente significado quando Nietzsche diz "o cristão", assim como "o filósofo" significa Schopenhauer, "o artista" significa Wagner, e o "estadista" significa Bismarck.[53]

V

Em "Comparação com Pascal", a autocontradição da vida contemplativa aparece como o novo problema. A paixão que suplanta a paixão em autoconquista é o novo objeto de inquirição cujos aspectos são denotados pelos termos *orgulho, poder, crueldade, honestidade* e *heroísmo*. A reunião deste conjunto de sentimentos parece ter sido sugerida por Pascal. Na ausência de referências diretas e citações, não é possível mais do que este julgamento cauteloso. Mas considerando a presença totalmente penetrante de Pascal na obra de Nietzsche, como mostrado na seção precedente; considerando, ademais, os paralelos óbvios nas análises de Pascal e Nietzsche; e considerando, finalmente, a ausência de qualquer outra influência de força comparável, uma conexão direta com os *Pensées* de Pascal parece quase fora de dúvida. A busca da origem deste complexo de ideias não deveria obscurecer, no entanto,

---

sentimento de protestantismo tão evaporado que os movimentos antiprotestantes mais fortes já não são sentidos como tais (por exemplo, do Percival, de Wagner). Todo o espiritualismo superior na França é católico por instinto; Bismarck compreendeu que o protestantismo já não existe.

[53] A função de Pascal como contratipo cristão ao espírito livre de Nietzsche recebe uma confirmação formal em *Jenseits von Gut und Böse* (1886). Os capítulos 2 e 3 lidam respectivamente com "o Espírito Livre" e "Religiosidade" (ibidem, vol. 7, p. 39 ss e p. 67 ss). Os aforismos dominantes, concludentes desses dois capítulos, desenvolvem o tipo de espírito livre, como representado por Nietzsche, e o tipo de europeu cristão, como representado por Pascal.

as experiências imediatas que, por Pascal assim como por Nietzsche, são interpretadas como meios de um aparato terminológico que cresceu historicamente.

Um núcleo de experiências, e de símbolos para sua expressão, pode ser encontrado numa citação da Primeira Epístola de São João que abre um fragmento dos *Pensées:* "porque o que há no mundo é concupiscência da carne, e concupiscência dos olhos, e soberba da vida". Pascal acrescenta uma tradução latina deste passo: *libido sentiendi, libido sciendi, libido dominandi.*[54] A tradução tem sua importância como a linha de transição numa cadeia de termos e sombras de significado que se estendem da *alazoneía tou bíou* grega através da *superbia vitae* da Vulgata e da interpretação patrística até a terminologia psicológica moderna e por fim até a vontade de poder, de Nietzsche. A redução dos três elementos do "mundo" ao denominador comum de *libido* torna possível para Pascal desenvolver uma teoria sistemática da natureza humana e dos principais tipos de caráter. Às três *libidines* correspondem "três ordens de coisas": a carne, o intelecto (*esprit*) e a vontade. A esses três fatores correspondem três tipos humanos que são dominados por um ou outro deles: o carnal, ou seja, o rico e os reis, cuja finalidade é o corpo; o curioso e os eruditos, cuja finalidade é o intelecto; e o sábio (*sages*) cuja finalidade é a justiça. Os três tipos, finalmente, são caracterizados pelas paixões dominantes de concupiscência, de curiosidade e de orgulho.[55] Se juntarmos os terceiros termos dessas séries, descobriremos as experiências de Pascal intimamente relacionadas aos problemas de vontade, dominação, orgulho, sabedoria e justiça. Os fenômenos de vontade e poder estão associados

---

[54] I João 2,16; Pascal, *Pensées*, nº 458. Charles Andler, que também cita esta passagem de Pascal (em seu *Nietzsche*, 1:179), acrescenta uma nota de rodapé: "E. Havet a démontré que Pascal songe à un passage de l'*Augustinus*, où Jansen commente Saint Jean" [E. Havet demonstrou que Pascal considera uma passagem de *Augustinus* onde Jansênio comenta São João]. Não tenho à mão nem o estudo de Havet nem o *Augustinus* de Jansênio; a vagueza nobre da nota de rodapé de Andler torna impossível formar uma opinião concernente à relação precisa entre o latim de Pascal e a citação de Jansênio.

[55] *Pensées*, nº 460.

aos fenômenos do espírito, e ambos são opostos à esfera da "carne", ou seja, da política e da economia. Esta classificação de paixões – concupiscência de um lado, poder e sabedoria de outro – deve ser notada particularmente porque encontramos da mesma maneira na psicologia de Nietzsche. Uma quantidade considerável de equívocos quanto às ideias de Nietzsche é devida ao fato de que em nosso clima materialista de ideias a grande tradição da psicologia medieval e renascentista está totalmente perdida; como consequência, é muito facilmente tido por certo que o termo *poder* tem de ter uma conotação de violência e política institucional.[56]

A análise do orgulho e da dominação é ainda refinada pela inclusão dos aspectos sociais de vaidade e autoconquista. "A vaidade está tão profundamente ancorada no coração do homem" que mesmo aqueles em posições humildes – soldados, cozinheiros, porteiros, etc. – querem seus admiradores. "E mesmo os filósofos os querem; e os que escrevem contra ele querem a glória de terem escrito bem; e os que o leem querem a glória de o terem lido; e eu que escrevo isto tenho talvez este desejo; e talvez aqueles que o leiam." "Chegamos a perder nossas vidas com prazer, contanto que alguém fale disso."[57] E, finalmente, pode-se procurar a dor e sucumbir a ela deliberadamente e encontrar glória nesse procedimento. Sucumbir à dor não é ignominioso, como seria sucumbir ao prazer. " A razão é que a dor não nos tenta nem atrai; escolhemo-la voluntariamente e queremos que ela nos domine; de tal maneira que de fato somos os mestres da situação; daí é o homem que sucumbe a si mesmo, ao passo que no prazer é o homem

---

[56] Para o problema tradicional da *superbia*, que forma o pano de fundo dos *Pensées* de Pascal, ver o tratamento de Santo Tomás, *Summa Theologica*, pt. II-II, qu. 162; particularmente art. 1, *ad secundum*, com as citações de Santo Agostinho; e art. 3, *ad primum*, concernente à *superbia* da sabedoria. É uma das curiosidades da história intelectual que na obra de Nietzsche não se encontre nenhum traço de nenhuma influência de Hobbes. A análise hobbesiana do orgulho e do poder (ver particularmente *Leviatã*, I, 11, "Da diferença de maneiras") é uma continuação direta da análise de Santo Agostinho da *superbia* como uma *perversae celsitudinis appetitus* e como uma imitação perversa de Deus; é intimamente paralela à psicologia da paixão de Pascal.

[57] Pascal, *Pensées*, n°s 150, 153.

que sucumbe ao prazer. E não há nada, senão destreza e dominação para trazer glória, e nada, senão servidão para trazer vergonha."⁵⁸ Nessas reflexões autobiográficas, a *libido dominandi* é procurada nos recessos mais íntimos do *contemptus mundi* e das práticas de automortificação a que Pascal se entregava. Esta sublimação de crueldade na mestria do próprio ego, que ocupava Pascal, forma também uma parte essencial da análise de Nietzsche do complexo de poder.

O aforismo de Nietzsche acerca do "Esforço pela distinção" é como a continuação dos fragmentos pascalinos. Os vários aspectos da *libido dominandi* reaparecem, mas são submetidos agora a um tratamento mais sistemático. A vaidade de Pascal, o desejo de admiração, torna-se despojado de seu caráter comparativamente inócuo. Nietzsche interpreta isso como uma das subformas em que o homem se esforça para fazer *sofrer* seu vizinho. O homem que se esforça por distinção quer imprimir sua própria personalidade no outro; é um esforço para submeter o outro homem, mesmo se o desejo devesse expressar-se em formas sutilmente mediatas. É um desejo aberto ou secreto ter a própria vontade superior à vontade do outro. As séries de formas em que o desejo se expressa vão da violência bárbara até o idealismo refinado e doentio. No que diz respeito ao vizinho, nosso esforço por distinção significa para ele o começo das séries da forma mais primitiva: tortura, pancadas, terror, surpresa terrível, espanto, inveja, admiração, elevação, prazer, alegria, riso, derrisão, zombaria, desprezo, então aplicação de pancadas e, finalmente, de tortura em nós. O asceta e mártir que, no topo desta escada, provoca tortura, experimenta a satisfação mais alta em receber, como reconhecimento de sua distinção, o que seu contratipo no final da escada, o bárbaro, inflige no vizinho a fim de distinguir-se.⁵⁹ "A alegria, entendida como o sentimento mais

---

⁵⁸ Ibidem, nº 160.

⁵⁹ Para a forma mais alta de martírio e seus abismos, deve-se comparar Søren Kierkegaard, "Does a Human Being Have the Right to Be Put to Death for the Truth?". In: *Kierkegaard's Writings*. Ed. Howard V. Hong e Edna H. Hong, 26 volumes. Princeton, Princeton University Press, 1978-, vol. 18, p. 51-89.

vívido de poder, talvez nunca tenha sido maior na terra do que nas almas de ascetas supersticiosos."[60]

As implicações desta passagem são ricamente elaboradas em outras ocasiões. Temos de traçar duas ou três das ideias principais. Acima de tudo, o aforismo implica uma explanação das formas "mais altas" de distinção através da autoconquista. A questão é tratada explicitamente no aforismo acerca da "Origem da *Vita Contemplativa*". Nietzsche faz uma linha de evolução desde as expressões primitivas de pessimismo nas atividades violentas de caça, roubo, ataque, tortura e assassínio, até a expressão em "julgamentos malévolos" que têm de substituir "ação malévola" quando por várias razões, o homem individual é mais fraco, ou cansado, ou doente, ou melancólico, ou intemperante. "Neste estado de mente ele se torna um pensador ou profeta, ou elabora mais as invenções de sua superstição e excogita novas observações, ou zomba dos inimigos." Os que fazem permanentemente o que a princípio indivíduos fazem apenas em certos estados – ou seja, os que julgam malevolamente e vivem melancolicamente e com pouca ação – são chamados poetas, ou pensadores, ou sacerdotes, ou feiticeiros. Tais pessoas teriam de ser expulsas da comunidade por causa de sua vida inativa, a não ser que fossem temidas porque se suspeita de que estejam na posse de meios desconhecidos de poder. "Em tal reputação ambígua, com um coração malévolo e frequentemente com uma cabeça perturbada por medos, a contemplação fez seu aparecimento pela primeira vez na terra."[61]

Mas o que causa respeito pelo homem contemplativo e medo dele? Nietzsche dá duas respostas. O que fascinou no fenômeno de um santo foi, primeiro de tudo, o milagre aparente na transição de um estado de alma para o outro que parecia diametralmente oposto: um acreditava ver como "um homem malévolo" de repente se tornava um "bom homem", um santo. O milagre é apenas aparente porque, na verdade,

---

[60] *Morgenröthe*, § 113. In: *Werke*, vol. 4, p. 110 ss.
[61] *Morgenröthe*, § 42. In: ibidem, vol. 4, p. 47 ss.

não ocorreu tal mudança. O esforço por distinção mudou sua forma, mas não tem fundamento a crença de que a forma civilizacionalmente "superior" é moralmente "melhor". Ainda assim, a crença é mantida e produz a impressão do milagre moral.[62] A segunda resposta é um complemento da primeira. Pondo de lado a questão do milagre moral, o fenômeno do santo fascina porque representa o enigma da autoconquista. Como tal, sempre comandou o respeito do poderoso no sentido social da palavra. Sentiram que o santo é a força superior que se coloca à prova em tal conquista, e na força de vontade do santo reconheceram sua própria força e vontade de dominação. Respeitaram no santo o que encontraram em si mesmos: "A 'vontade de poder' os compeliu a parar em respeito diante do santo".[63]

Traçamos um complexo de ideias dos fragmentos pascalinos até as ramificações dos aforismos de Nietzsche. Mas avisamos no começo desta seção que não se devia crer que as relações deste tipo pudessem ser descritas exaustivamente no nível da história da doutrina. Temos de retornar agora ao nível de experiências imediatas a fim de reconhecer que os paralelos de doutrinas são baseados em paralelos de experiência. O aforismo de abertura do capítulo "Religiosidade" em *Para Além do Bem e do Mal* define a caça em torno do psicólogo como "a alma humana e seus limites, os extremos alcançados até hoje de experiências humanas íntimas, as alturas, as profundezas e as dimensões dessas experiências, toda a história da alma até esta época e suas possibilidades até agora não provadas".[64] Mas o que um caçador solitário pode procurar numa floresta virgem? E onde ele deve encontrar ajudantes? "A fim de, por exemplo, descobrir e estabelecer a história que o problema de conhecimento e consciência (*Wissen und Gewissen*) teve nas almas dos *homines religiosi*, um homem teria de ter sido talvez tão profundo, tão ferido e tão monstruoso

---

[62] *Jenseits von Gut und Böse*, § 47. In: ibidem, vol. 7, p. 72 ss.
[63] *Jenseits von Gut und Böse*, § 51. In: ibidem, vol. 7, p. 76.
[64] *Jenseits von Gut und Böse*, § 51. In: ibidem, vol. 7, p. 76; *Drittes Hauptstück: Das Religiöse Wesen*, § 45. In: ibidem, vol. 7, p. 69 ss.

como foi a consciência intelectual de Pascal." E mesmo com esta vantagem, teria sido necessário, além disso, "o alto céu de tendas de uma espiritualidade maliciosa e leve que inquiriria do alto deste enxameamento de experiências dolorosas e perigosas, que poderiam ordená-la e pressioná-la em fórmulas". Quem tem tempo para esperar por tais ajudantes? "No final tem de fazer tudo sozinho a fim de conhecer ao menos algo." Nietzsche reconhece em si o ferimento e a monstruosidade de Pascal – e, além disso, a força e a crueldade de espírito que permitirá a ele encontrar a fórmula para suas experiências.

Num contexto posterior de *Para Além do Bem e do Mal*, oferece esta fórmula: "Quase tudo que chamamos 'alta cultura' é encontrado numa espiritualização e aprofundamento da *crueldade* – esta é minha tese".[65] Sempre que o homem permite a si mesmo ser persuadido a atos de autonegação e automortificação, a contrição e a convulsões de penitência, até a vivisseção da consciência ou do sacrifício pascalino do intelecto, é tentado e impelido "por esses calafrios perigosos de crueldade voltados contra ele próprio". E mesmo o moralista que compele seu espírito a inquirir e conhecer *contra* a inclinação do espírito é um artista e glorificador da crueldade. Cada penetração é uma violação; trai uma vontade de ferir a "vontade fundamental do espírito" que incessantemente se move em direção à ilusão e à superfície; "em cada vontade de conhecer há uma gota de crueldade".[66]

Chegamos ao cerne do problema que é apresentado pela interpretação que Nietzsche dá à *vita contemplativa* como uma paixão que deve suplantar a paixão. O aforismo 230 de *Para Além do Bem e do Mal* traz a formulação final da "vontade fundamental do espírito" e sua conquista pela "crueldade intelectual da consciência". O conflito de paixões é aguçado por fim a um conflito entre duas vontades do espírito. É a primeira dessas vontades que Nietzsche chama a vontade "fundamental" do espírito. Fundamentalmente o espírito é um

---

[65] *Jenseits von Gut und Böse*, § 229. In: ibidem, vol. 7, p. 186.
[66] *Jenseits von Gut und Böse*, § 229. In: ibidem, vol. 7, p. 187.

caráter reinante, dominante e coercitivo, similar a esse respeito a tudo o que vive e cresce fisiologicamente. A primeira dessas características "fisiológicas" do espírito é sua tendência a simplificar. Nova matéria é assimilada pela velha, as várias experiências são reduzidas a classes, o que é radicalmente contraditório é deixado de lado ou expelido; a distorção e a tipificação são os instrumentos de domínio e incorporação do mundo exterior. A simplificação é suplementada por um fechamento voluntário do espírito contra novos materiais, por uma decisão de continuar ignorante, uma atitude defensiva contra o conhecível, um contentamento com a escuridão e um horizonte seguro. Uma terceira característica é a vontade do espírito de ser enganado, talvez com um conhecimento secreto da decepção e um prazer na arbitrariedade da perspectiva, um contentamento alegre com desproporções e uma satisfação provinda do exercício arbitrário do poder. E, finalmente, podemos notar a vontade questionável do espírito de enganar outros, assumir um disfarce, um prazer na máscara e suas qualidades defensivas. A "vontade fundamental" é uma vontade de simplificação, aparência, ilusão, de máscaras; é uma vontade de "superfície".

Esta vontade fundamental é oposta pela "tendência sublime" do pensador de penetrar as coisas profunda e totalmente: "um tipo de crueldade na consciência intelectual e gosto, que todo pensador corajoso reconhecerá dentro de si mesmo". Alguns se inclinarão a esconder esta paixão, dando a ela nomes de virtudes brilhantes tais como honestidade, amor da verdade, amor da sabedoria, autossacrifício pelo conhecimento, heroísmo do verdadeiro, etc. "Há algo nisso que te faz inchar-te de orgulho" – mas "nós ermitões" descobrimos que sob tais cores agradáveis ainda pode ser lido "o texto fundamental terrível: *homo natura*". Para transferir o homem de volta à natureza, para penetrar as interpretações que escondem este texto eterno e conquistar-lhes a vaidade, para enfrentar o homem com o homem em disciplina sem descanso, para tornar surdos a nós mesmos contra as vozes tentadoras – "Sois de origem superior!" – esta é a nova tarefa. Mas por que devemos escolher esta tarefa curiosa e louca? Ou, em outras palavras, por que deve haver conhecimento? "Todo o mundo nos perguntará e nós, pressionados desta maneira, nós que fizemos esta pergunta a nós mesmos centenas de vezes, nós não encontramos então e não encontramos agora uma resposta melhor" – do que a satisfação da crueldade.[67]

A teoria de Nietzsche da *vita contemplativa* está aberta a equívocos sérios. Algumas poucas observações serão convenientes a fim de nos prevenirmos contra eles. Primeiro de tudo, Nietzsche não é um materialista. A interpretação da vida do espírito como uma vida de paixão não significa que os fenômenos do espírito têm de ser reduzidos, por explanação causal, à esfera fisiológica. O termo *sublimação* foi criado por Nietzsche, mas foi empregado mais tarde por psicólogos materialistas a fim de explicar os fenômenos do espírito como devidos a uma deflexão da libido, compreendida como um *quantum* de energia do instinto sexual, de objetos humanos a objetos de uma natureza não sexual.[68] Uma explanação deste tipo, no entanto, não é intenção de Nietzsche. O espírito é para ele um elemento independente na estrutura das paixões humanas, assim como os instintos mais baixos, e a *libido dominandi*, a vontade de poder, não é um instinto que possa ser identificado com qualquer esfera parcial do homem, mas é a força que permeia todas as manifestações da vida humana, a sexual e a digestiva, assim como a espiritual. *Toda* força efetiva, mesmo não humana, é para Nietzsche vontade de poder. "Vontade de poder" é o mundo, determinado a seu "caráter inteligível".[69]

A concepção de Nietzsche do espírito como poder tem uma semelhança muito próxima da de Pascal em seu *Discours sur les Passions de l'Amour*. Pascal distingue as *passions de feu*

---

[67] *Jenseits von Gut und Böse*, § 230. In: ibidem, vol. 7, p. 187-90.

[68] Ver particularmente Sigmund Freud, *Three Contributions to the Theory of Sex*. In: *The Basic Writings of Sigmund Freud*. New York, Random House, 1938, p. 625 ss (Modern Library Edition); ver também a introdução a *Basic Writings*, de A. A. Brill, p. 16 ss.

[69] *Jenseits von Gut und Böse*, § 36. In: *Werke*, vol. 7, p. 58.

das paixões mais baixas; as *passions de feu* são as do espírito: "Quanto mais espírito (*esprit*) tem um homem, tanto maiores são suas paixões. Pois as paixões não são nada, senão os sentimentos e pensamentos que pertencem apropriadamente ao espírito, mesmo se fossem ocasionados pelo corpo. Obviamente não são nada, senão o espírito em si mesmo, e nele penetram completamente em todas as suas faculdades".[70] No entanto, Nietzsche vai além de Pascal. Não concebe apenas uma paixão de espírito (as *passions de feu* de Pascal) como distintas de outras paixões, mas também levanta a hipótese metafísica de uma "vontade" da qual todas as paixões empíricas são apenas manifestações particulares. Os estratos "superiores" da natureza humana não são reduzidos aos mais "baixos", como são na metafísica materialista freudiana da libido, pois por trás de todas as manifestações mutuamente irredutíveis está suposta a vontade não empírica, "inteligível" como *Weltgrund* [Fundamento do mundo].

A elaboração especulativa da vontade de poder é um melhoramento da *libido dominandi*, e não é encontrada da mesma maneira em Pascal. No entanto, a ideia do "caráter inteligível" do mundo está relacionada funcionalmente com as ideias pascalinas. O "caráter inteligível" de Nietzsche corresponde funcionalmente à ideia cristã do "mundo" em que tudo é concupiscência da carne ou dos olhos ou orgulho da vida. O "mundo" como o reino da Queda é a suposição omniabrangente por trás da concupiscência manifesta, empírica, da mesma maneira em que a "vontade" de Nietzsche é a suposição não empírica por trás de muitas das paixões manifestas. Se reconhecermos o paralelo funcional entre o "mundo" e a "vontade", poderemos determinar mais precisamente o significado do "texto fundamental: *homo natura*" como um símbolo místico. A *natura* de Nietzsche não é a natureza da ciência natural. É um símbolo que indica que, para Nietzsche, a vida do homem é metafisicamente transparente na direção

---

[70] Pascal, *Discours sur les Passions de l'Amour* (*Oeuvres de Blaise Pascal*. Ed. Prosper Faugère. Paris, Hachette, 1886-1895, vol. 2, p. 50.

das raízes das quais cresce e não em direção dos propósitos rumo aos quais ela surge. A fórmula *homo natura* é introduzida em oposição à voz tentadora de que o homem poderia ter uma "origem superior". O "mundo" cristão, embora aceito como sua estrutura, é reinterpretado com relação a seu significado: na concepção de Nietzsche, a luxúria e a crueldade dele não são a negação de uma perfeição original, mas a substância positiva que o permeia até os mais altos picos da "vontade de poder mais sutil, mais disfarçada e mais espiritualizada".[71] O *homo natura* é, no misticismo imanente de Nietzsche, o contrassímbolo do homem caído.

Um último equívoco pode surgir da presença de elementos pragmáticos na caracterização da "vontade fundamental do espírito". Os elementos pragmáticos certamente estão aí, mas Nietzsche não é um pragmático. As tendências pragmáticas em direção a uma classificação conveniente, em direção às máscaras e, em geral, à "superfície" são opostas pela "crueldade intelectual da consciência", e não devem ser isoladas desta tendência que se opõe. Apenas na interação das duas vontades que se opõem é que o fenômeno integral do espírito se revela. A vontade fundamental cria, como que candidamente, a "forma" da existência pessoal. Estabelece firmemente o centro de poder individual em sua relação com a estrutura de poder circundante do mundo. Determina as "perspectivas" da existência individual que investigam o mundo, assim como as "máscaras" que ele apresenta à contemplação do mundo. A consciência intelectual, por outro lado, é a instância que destrói as perspectivas e as máscaras, revelando-as em sua relatividade pragmática, e pela obra de destruição que leva os indivíduos da superfície até o cerne de sua existência.

De novo, a estrutura dessa concepção se tornará mais clara se a relacionarmos com o paralelo funcional no pensamento de Pascal. A criação de Nietzsche da superfície pragmática corresponde à busca da felicidade, de Pascal. "Todos os homens, sem exceção, lutam pela felicidade, sejam quais forem

---

[71] *Jenseits von Gut und Böse*, § 227. In: *Werke*, vol. 7, p. 182.

os meios que empregam, este é sempre o objetivo." Eles buscam sua busca de felicidade a despeito do fato de ninguém a ter alcançado. "O que esta avidez e esta impotência revelam, se não que formalmente o homem conhecia uma felicidade verdadeira da qual hoje ele nada tem, senão as marcas e traços vazios?" O desejo de felicidade, que não pode nunca dar verdadeira satisfação, em direção a Deus.[72] A busca de alegria imanente ao mundo é a "doença do orgulho" que afasta o homem de Deus,[73] uma doença que pode ser curada apenas pela Graça que une o homem com Deus.

Ambos os pensadores lidam com o caráter finito de façanhas do espírito imanentes ao mundo e ambos concordam na relatividade ligada a tais façanhas, levando o homem de uma alegria ou posição a outra. Desviam-se apenas quando passam a interpretar o fenômeno idêntico à luz de suas respectivas experiências religiosas. Para Pascal, cuja alma está aberta para a realidade transcendente, a busca persistente de alegria reflete o conhecimento anamnésico de um bem infinito; a tranquilidade pode ser encontrada através da renúncia à busca fútil e de uma mudança do desejo para a direção correta, pois "há luz suficiente para os que têm o desejo sério de ver".[74] O imanentismo de Nietzsche não permite uma tranquilidade permanente. A construção de posições finitas com suas perspectivas e máscaras não deve ser renunciada, pois não é uma "doença", mas a manifestação sadia da vontade de poder do espírito. No entanto, as perspectivas e as máscaras obtidas são apenas transitórias porque não conseguem resistir à destruição através da consciência intelectual. Esta autoridade severa e destrutiva obriga a rendição de cada posição temporária, mas não lança nenhuma luz na direção do infinito. Quando sua crueldade destruiu a "superfície" e levou o indivíduo de volta à fonte de sua existência, o indivíduo consegue reemergir de seu centro apenas para criar posições igualmente transitórias;

---

[72] Pascal, *Pensées*, nº 425.
[73] Ibidem, nº 430.
[74] Ibidem.

a condenação da consciência intelectual é sem graça.[75] Para Nietzsche, a realidade de sua consciência intelectual torna impossível o circuito curto e barato até o absolutismo de uma posição filosófica naturalista ou pragmática; para o intérprete, deve ser um aviso para não confundir o misticismo imanente de Nietzsche com um sistema deste tipo.

VI

Da fatalidade da vontade fundamental não há nenhuma salvação; apenas suas manifestações específicas podem ser quebradas pela crueldade dissolvente da consciência intelectual. A tensão entre fatalidade e liberdade de destruição no espírito marca as contraposições de Nietzsche à concepção cristã da *vita contemplativa*. Desta posição Nietzsche empreende sua crítica da civilização. Os instrumentos principais empregados na crítica são os conceitos de *ressentimento e niilismo*; têm seus paralelos funcionais nos conceitos de Pascal de *ennui* [tédio], *ressentiment, divertissement* e o *moi haïssable* [O eu destestável]. Devemos novamente seguir o procedimento de apresentar primeiro o complexo de ideias pascalinas e então determinar as transformações que ele experimenta na antropologia imanentista de Nietzsche.

A dinâmica de sentimento é determinada, para Pascal, pela impossibilidade de um estado de completa quietude ou repouso (*repos*). "Nada é tão insuportável para o homem como estar completamente em repouso, sem paixão, sem negócios, em distração, sem aplicação a algo." Em tal estado de repouso, o homem se torna consciente de "sua nulidade, seu abandono, sua insuficiência, sua dependência, sua impotência, seu vazio". Incontinente surge da profundeza de sua alma "o *ennui*, a escuridão, a *tristesse*, a contrariedade, o

---

[75] Para o problema das máscaras de Nietzsche, ver o capítulo "Maske" em Bertram, *Nietzsche*, p. 157 ss; além disso, Jaspers, *Nietzsche*, p. 359 ss.

rancor, o desespero".⁷⁶ O que Pascal tenta descrever com este conjunto de termos que denotam as facetas de um estado de ânimo fundamental é o que é chamado na filosofia moderna da existência desde Kierkegaard a "angústia da existência." A intoxicação de atividade enubla a realidade da existência humana; quando diminui a paixão, a experiência de um vazio fundamental e de um abandono metafísico emerge não obscurecida. A angústia da existência surge, impondo que seja suavizada, e o método "cotidiano" ordinário é o *divertissement* por uma nova atividade. Pascal diagnostica que "nunca estamos em busca de coisas, mas sempre em busca da busca",⁷⁷ porque por trás de todas as misérias da vida humana está a miséria fundamental de nosso "estado fraco e mortal". Este estado é tão miserável "que nada pode confortar-nos se pensarmos nisso cautelosamente". A angústia da existência não tem nenhuma causa específica; se o homem se sentisse salvo em todos os aspectos, ainda assim o *ennui* surgiria por sua própria conta da profundeza do coração. O *ennui* que surge livremente, sem causa, é devido à constituição de existência do homem (*par l'état propre de sa complexion*).⁷⁸

O *ressentiment* contra a miséria contínua leva o homem para longe de si mesmo em ocupações externas. Os esforços deste "primeiro instinto secreto" não são reconhecidos pelo homem como fúteis porque "um segundo instinto secreto" – discutimos isso na seção precedente – que é fundado na memória da "grandeza de nossa primeira natureza" transforma o objetivo finito de tal ocupação na miragem de um objetivo infinito que, se obtido, daria repouso eterno. O radicalismo de Pascal neste ponto deve ser entendido claramente porque a aversão profunda de Nietzsche à cristandade é fundamentalmente uma aversão à atitude de Pascal. Pascal não condena inteiramente os *divertissements* da vida de paixão; considera-os parte da natureza do homem. "Seria

---

⁷⁶ Pascal, *Pensées*, nº 131.
⁷⁷ Ibidem, nº 135.
⁷⁸ Ibidem, nº 139.

injusto culpá-los (os homens); sua falta não é procurarem a perturbação, se a vissem apenas como uma diversão; o mal é que eles a procuram como se a posse das coisas que procuram os tornasse realmente felizes." Se os homens admitissem que procuram uma ocupação violenta a fim de se esquecerem de si mesmos, o crítico deles não teria nada que responder. Mas os homens não admitem o caráter escapista de seus *divertissements*, e, portanto, demonstram que não se conhecem.[79] A esfera da atividade mundana é então privada de qualquer valor independente. Embora Pascal admitisse seu valor diversório, ele não quer admitir que o reino de realização pode ser transparente para a realidade transcendental. Nem criações civilizacionais objetivas, como obras de arte e pensamento,[80] nem um estilo de comportamento ou uma relação pessoal pode ser algo, senão uma diversão escapista. Nietzsche ficou particularmente revoltado com a maneira de Pascal tratar a irmã com uma frieza reservada: a pobre mulher, que era devotada a ele, não sabia o que fazer, até que depois da morte de Pascal, se encontrou uma nota em que Pascal fixara para si a regra de que não mostraria afeição pessoal a ninguém a fim de impedir que a outra pessoa se apegasse a ele, pois o apego então formado seria um apego a um ser mortal e, então, afastaria a outra pessoa do apego que deveria ter para com Deus.[81]

A fuga para a vida de paixão é causada pelo *ressentiment* contra a angústia da existência. Mas o consolo de nossas misérias que é fornecido pelos *divertissements* é em si a maior de nossas misérias, pois é precisamente esta consolação que nos impede de pensar em nós mesmos e nos leva para o caminho da perdição. "Sem ele estaríamos no *ennui*, e o *ennui* nos levaria a procurar um meio mais sólido de emergir dele. Mas as diversões nos entretêm e nos levam insensivelmente para a morte."[82] Na dinâmica mundana de sentimento, o homem é

---

[79] Ibidem.
[80] Cf. Ibidem, nº 425.
[81] Ver para este e outros exemplos a *Vie de Pascal*, escrita por sua irmã, e *Pensées*, nº 471.
[82] *Pensées*, nº 171.

então apanhado entre o desespero, quando visualiza sua corrupção e fraqueza, e o orgulho da façanha, quando visualiza suas possibilidades e considera sua natureza incorrupta.[83] A saída deste dilema é apontada pela realização do *status* sobrenatural da alma em sua relação com Deus. Os sentimentos desta classe, entretanto, não podem ser tratados numa psicologia das paixões. É transcendental a dinâmica desses sentimentos. "A primeira coisa que Deus inspira na alma que ele escolhe tocar verdadeiramente é um conhecimento muito extraordinário e visão em virtude da qual a alma considera as coisas e a si mesma numa maneira inteiramente nova."[84] Esta "nova luz" muda a aparência dos *divertissements*: os objetivos perecíveis aparecem como perecíveis e mesmo como perecidos; o mundo de paixão é aniquilado como um reino da verdadeira alegria a esta luz. E a ansiedade no cerne da existência (*la crainte*) também toma uma nova cor. A alma experimenta seu nada último e, ao penetrar no abismo deste nada, encontra-se em sua criaturalidade em relação com o infinito de Deus, o Criador.[85] Como resultado desta realização, a alma será possuída de uma humildade sacra que Deus deixa suplantar o orgulho; a alma "começará a elevar-se sobre a corrida comum dos homens; condenar-lhes-á a conduta, detestar-lhes-á os princípios e deplorar-lhes-á a cegueira"; e embarcará em busca do verdadeiro bem supremo, que é Deus.[86]

Na perspectiva da existência que foi tocada por Deus, o ego natural com sua paixão aparecerá como odioso. "*Le moi es haïssable*" é a doutrina de Pascal quanto ao ego mundano.[87] O ego é odioso porque é injusto; é injusto com a estrutura da existência porque, sob a pressão da experiência de morte, erige-se num "mundo todo", uma totalidade de significado que obscurece o significado de tudo mais no

---

[83] Ibidem, nº 435.
[84] Pascal, *Sur la Confession du Pêcheur*. In: *Oeuvres*, vol. 2, p. 37.
[85] Ibidem, vol. 2, p. 39.
[86] Ibidem, vol. 2, p. 38.
[87] *Pensées*, nº 455.

mundo. "Cada coisa é um todo para ele, pois quando está morto, tudo está morto para ele. E daí decorre que todo o mundo se considera tudo para todos."[88] Esta injustiça fundamental pode ser temperada superficialmente através de uma diversão de concupiscência no serviço público. Mas o sistema de ética e a conduta moral que resultam desta diversão são "uma imagem falsa da verdadeira caridade". O orgulho assume na conduta ética e social uma nova forma; não é extirpado. No fundo, há ainda o ódio com o qual o homem odeia o ego do outro homem como o rival de seu próprio ego que preenche o mundo.[89] Não se odeia no ego apenas seu perigo potencial, mas a injustiça fundamental que é apenas coberta pela conduta justa. "Cada ego permanece o inimigo e gostaria de ser o tirano de todos os outros."[90]

O problema central da teoria de Nietzsche sobre os sentimentos morais é indicado pela afirmação de que é uma transformação do complexo pascalino de ideias há pouco esboçadas. A concepção de moralidade de escravo como um sistema de ética que se origina no *ressentiment* do fraco contra o forte e designada para desvalorizar as manifestações da forte vontade de poder foi compreendida na interpretação mais popular de Nietzsche como uma perversão dos verdadeiros valores morais e como uma tentativa de estabelecer "novas tábuas". A interpretação é apoiada por tais termos como revalorização dos valores e pela presença nas obras de Nietzsche de formulações que têm o toque distintivo de um *épater le bourgeois*. O caráter "chocante" da revalorização de Nietzsche e a indignação ao ataque aos princípios tradicionais se mostraram como obstáculos para uma compreensão de por que foi empreendido. As explanações fáceis que encontram a razão na imaturidade pessoal e filosófica de Nietzsche, ou na torpeza do caráter germânico, têm de ser mencionadas porque adquiriram relevância social através de sua persistência

---

[88] Ibidem, n° 457.
[89] Ibidem, n°s 451, 453.
[90] Ibidem, n° 455.

quantitativa na literatura, mas, quanto ao mais, podem ser descartadas. A principal razão que precisava de uma reinterpretação de valores não está, de maneira nenhuma, no nível de ética; o conflito entre dois conjuntos de valores é apenas incidental a uma reinterpretação da existência humana à luz de uma antropologia imanentista não cristã. A análise da existência de Pascal mostrou o dualismo cristão da existência dentro do "mundo", que tem de ser reinterpretado por meio de uma psicologia de paixões, e a existência religiosa, que tem de ser interpretada à luz da graça e do nada criatural. Podemos agora definir o problema nietzschiano mais precisamente como a tentativa de interpretar a existência humana por meio de categorias imanentes ao mundo exclusivamente e abolir a categoria da graça.

Nem para Pascal nem para Nietzsche, entretanto, é a graça um problema puramente teológico. No que diz respeito à filosofia da existência, a questão doutrinal é de importância subordinada. Pascal era conservador e aceitou teologicamente os cânones do Concílio de Trento; para Nietzsche, não havia nenhuma questão doutrinal porque ele negava a graça. Ambos os pensadores, entretanto, estavam profundamente interessados no significado experiencial da graça, assim individual como histórica. Pascal estava preocupado com os primeiros sintomas claros de uma crise na cristandade que alcançou um clímax na época de Nietzsche e em nossa época; Nietzsche estava interessado no método de Pascal de lidar com uma crise que era também sua. Pela crise da cristandade queremos dizer que após a ruptura da instituição da igreja no século da Reforma, tornou-se claro que não apenas acontecera uma ruptura organizacional, mas que – em parte causando a ruptura, em parte causada por ela – ocorrera uma desorientação religiosa do homem num nível socialmente relevante. O século XVII testemunhou a ascensão magnífica de uma nova psicologia de paixões porque seu objeto – o homem religiosamente desorientado – tinha aparecido na cena em massa. A psicologia dos moralistas na França, de Hobbes, na Inglaterra, lida com o homem cuja vida não é orientada para um *summum bonum* transcendental, mas, ao contrário, é motivada em suas ações pelo impulso das paixões.[91]

Na antropologia do século XVII, a natureza e a graça começam a ser dissociadas; cessam de ser consideradas como os dois estados determinantes de cada homem como são no alto período da civilização medieval e começam a ser identificadas com tipos empíricos de homens. Na *Confession du Pêcheur* pudemos observar a formulação reveladora de que o homem que é tocado pela graça de Deus ganhará uma visão de existência que o eleva acima da "corrida comum de homens". A "corrida comum de homens", cuja existência é apenas natural, é aparentemente no julgamento de Pascal o caso "normal", ao passo que o cristão, no estado de graça, é algo como uma curiosidade. Se empregarmos as categorias ticono-agostinianas, poderemos dizer que Pascal vê o *corpus diaboli* ao redor dele, ganhando prodigiosamente, ao passo que a igreja invisível está diminuindo deploravelmente. A situação histórica da cristandade em que ele se encontra já não é a de um Santo Tomás no alto da penetração militante do espírito cristão em todas as fendas da sociedade ocidental e de sua expansão nas Cruzadas. A *Summa Contra Gentiles* foi escrita como o instrumento de atividade missionária contra o Islã; os *Pensées* de Pascal são uma apologia da cristandade destinada a persuadir os infiéis dentro do mundo ocidental dos méritos da cristandade e de guiá-los para a verdadeira fé.

Em questão não está a doutrina da graça, mas o fato histórico, de causar perplexidade, de que o número dos que não são tocados pela graça de Deus é tão avassaladoramente grande. Pascal, como cristão, não consegue ousar uma explanação, pois são impenetráveis os planos da Providência; mas ele está visivelmente perplexo. Objeta o ateu: "Mas não temos nenhuma luz",[92] e pode apenas dizer: "Isto é o que vejo e o que me confunde. Para onde quer que olhe, vejo apenas obscuridade. A natureza não oferece nada, senão causa

---

[91] A nova posição é formulada explicitamente em Hobbes, *Leviatã* 1.11.
[92] *Pensées*, nº 228.

de dúvida e intranquilidade. Se não visse nada que pudesse ser uma marca de Divindade, eu me decidiria pela negativa; se visse as marcas do Criador por toda a parte, não poderia ficar na paz da fé. Mas como não vejo suficientemente para uma negação e não vejo suficientemente para assegurar-me, sou fiel à piedade; e quisera centenas de vezes: se Deus mantém esta natureza, ele deveria ter feito sua marca nela, sem equívoco; e se as marcas que a natureza mostra são enganadoras, a natureza deveria suprimi-las totalmente, oh!, que a natureza dissesse tudo ou nada de tal modo que eu pudesse ver por que caminho deveria seguir".[93] Deus é um Deus escondido que se revela apenas àqueles que o procuram com todo o coração; o *deus absconditus* é o problema que determina as tentativas apologéticas de Pascal.[94] A impressão que os vários enunciados de Pascal causam no agregado foi sumariada excelentemente por Nietzsche: "Acerca do *deus absconditus* e acerca das razões pelas quais ele deveria manter-se tão escondido e revelar-se apenas em sugestões, ninguém foi mais eloquente do que Pascal, como um sintoma de que ele nunca se sentiu satisfeito nesse ponto; mas sua voz é tão confiante como se ele tivesse sentado atrás da cena. Ele farejou uma imoralidade no *deus absconditus*, e ficou envergonhado e tímido para reconhecê-lo; e então falou tão alto quanto podia, como um homem que está com medo".[95]

A própria posição de Nietzsche é a de um homem a quem a graça de Deus não tocou. Ele experimenta – como pronunciou em *Zaratustra* – que "Deus está morto". A fórmula pode ser facilmente equivocada como a expressão de uma posição francamente antirreligiosa materialista, ainda mais porque Nietzsche enfatiza fortemente seu ateísmo. Pode ser entendida corretamente apenas no contexto de experiências que foram a preocupação de Pascal quando ele relatava o argumento ateu de que "não temos nenhuma luz". Na fórmula

---

[93] Ibidem, nº 229.
[94] Acerca do *deus absconditus* ver *Pensées*, nºˢ 194, 195, 229, 230, 242, 430, 434, e geralmente o Artigo III da edição de Brunschvicg, *De la Nécesité du Pari*.
[95] *Morgenröthe*, § 91. In: *Werke*, vol. 4, p. 87 ss.

de Nietzsche, o argumento pessoal é generalizado para o julgamento histórico de que Deus está, na verdade, silente para tantas pessoas como se já não falasse de maneira nenhuma, como se estivesse morto. Em um aforismo: "Por que ateísmo hoje?" Nietzsche enumera as razões principais para a crescente descrença em Deus. Tendo examinado os elementos antropomórficos na concepção de Deus, continua ele: "O pior, no entanto, é que ele parece incapaz de comunicar-se distintamente; é ele obscuro? Essas são as razões que encontrei em muitas conversas [...]. como as razões para o declínio do teísmo europeu; parece-me que o instinto religioso está crescendo poderosamente, mas que recusa a satisfação teísta com profunda desconfiança".[96] Ele se refere, ademais, ao ceticismo epistemológico desde Descartes até Kant como um ataque às pressuposições da doutrina cristã, particularmente à concepção da alma, e de novo enfatiza que esse ceticismo, embora anticristão, não é antirreligioso.[97] Nietzsche nunca nega a realidade de experiências religiosas; ao contrário, vê na força delas uma das causas do declínio de uma cristandade que já não pode satisfazer um instinto religioso poderoso; mas entende a história de experiências religiosas e símbolos como um processo teogônico no curso do qual podem nascer deuses e deuses podem morrer. Ademais, está perfeitamente consciente do caráter teogônico de sua própria obra.[98] Com grande cuidado insiste, portanto, na acumulação de provas empíricas de que a cristandade está, na verdade, morrendo, se não morta. O aforismo "No Leito de Morte da Cristandade", por exemplo, contrasta os "homens realmente ativos" de hoje, que estão no cerne sem cristandade, e "a classe média intelectual" (*geistiger Mittelstand*), que possui uma "cristandade curiosamente simplificada". Esta "classe média" tem um Deus "que em seu amor provê que tudo ocorra da melhor forma possível no final; um Deus que dá e toma nossas virtudes assim como

---

[96] *Jenseits von Gut und Böse*, § 53. In: ibidem, vol. 7, p. 77.
[97] *Jenseits von Gut und Böse*, § 54. In: ibidem, vol. 7, p. 78.
[98] Ver, por exemplo, em *Jenseits von Gut und Böse*, § 56, a confissão no final: "Por que, e não seria – *circulus vitiosus deus?*".

nossa alegria de tal forma que o todo inteiro está certo e bom e não há nenhuma razão para levar a vida muito seriamente ou acusá-la; em suma, resignação e modéstia divinizada". Neste tipo de religiosidade, entretanto, a cristandade tornou-se "um moralismo doce"; é "a eutanásia da cristandade".[99] Observa que antes se tentava demonstrar a existência de Deus, ao passo que hoje se tenta explicar por que a crença em Deus pôde originar-se; como consequência desta evolução, torna-se desnecessário demonstrar que não há nenhum Deus.[100]

Uma evolução similar aconteceu quanto ao problema de Pascal acerca da aposta. Pascal afirmava que seria prudente no sentido mais alto ser cristão, mesmo se a cristandade não pudesse ser demonstrada pela razão, por causa da possibilidade *terrível* de que poderia ser a fé verdadeira e a descrença levasse à danação. Hoje encontramos a outra tentativa como uma justificação: que mesmo se a cristandade fosse um erro, a pessoa ainda teria por toda a vida o benefício do erro. "A tendência hedonista, a demonstração pelo *prazer*, é um sintoma de declínio: substitui a demonstração *pela força*, por aquilo que na ideia cristã causa o tremor, pelo *temor."* A pessoa satisfaz-se com uma cristandade opiácea, "porque a pessoa não tem nem a força para ficar sozinha, para procurar e arriscar, nem a força do pascalismo, daquele autodesprezo enfadonho, daquela crença na indignidade humana, da angústia do 'talvez-condenado'".[101]

A anticristandade não significa antirreligiosidade. Como Pascal, Nietzsche reconhece a crise da cristandade, mas não a enfrenta como um cristão. Da posição de sua religiosidade imanentista tenta uma solução não cristã para o problema da Graça. A apresentação desta solução, com suas consequências para a teoria da moralidade, tem suas dificuldades peculiares, pela razão discutida anteriormente de que o misticismo imanente de Nietzsche não desenvolveu uma terminologia para a

---

[99] *Morgenröthe,* § 92. In: *Werke,* vol. 4, p. 88.
[100] *Morgenröthe,* § 95. In: ibidem, vol. 4, p. 89.
[101] *Wille zur Macht,* § 240. In: ibidem, vol. 15, p. 318 ss.

designação dessas forças que correspondem ao sobrenatural cristão. Dissemos que Nietzsche não tem nenhuma concepção de graça, e isto é muito verdadeiro se por graça queremos dizer "toque" pascalino, ou "inspiração", ou "luz" pela qual Deus transforma a existência natural do homem decaído. No entanto, Nietzsche conhece um fenômeno de graça, imanente ao mundo, sem criar um símbolo para denotá-lo. Tornamo-nos conscientes deste problema na análise de suas ideias de uma *vita contemplativa* imanente, da paixão que supera a paixão, da vitória sobre a força, da disciplina espiritual, e do caráter infranatural, se não sobrenatural da "vontade" e do "texto fundamental *homo natura*". Podemos sentir o problema numa observação ocasional, como no louvor da definição de Alcuíno da "vocação verdadeiramente real do filósofo": *prava corrigere, recta corroborare, sancta sublimare.*[102] Mas há uns poucos aforismos nesta obra em que ele agarra com firmeza diretamente a concepção cristã do *corpus mysticum* e do estado de Graça. Esses aforismos, de novo, parecem orientar-se para certos fragmentos de Pascal. Para Pascal o ego natural é odioso, o próprio e o dos outros. Como então é ainda possível o amor de si mesmo e dos outros no sentido cristão?

A resposta de Pascal é a cristã, segundo a qual o ego pode tornar-se amável a si mesmo e aos outros como o membro do corpo místico; ao amar o espírito que anima o corpo, podemos amar cada membro à medida que participa no corpo. "Temos de amar um ser que está dentro de nós ao mesmo tempo que não é nós; e isso é verdadeiro de cada indivíduo. Mas apenas o Ser Universal é desta natureza. O Reino de Deus está dentro de nós."[103] Nietzsche concorda com esta condição do amor do homem. "Amar o homem por causa de Deus – este é o mais nobre e o mais remoto sentimento que já se alcançou entre os homens. O amor do homem sem alguma intenção santificadora é mais uma estupidez e animalidade; apenas de uma inclinação superior é que esta inclinação em direção ao amor do homem

---

[102] *Wille zur Macht,* § 977. In: ibidem, vol. 16, p. 351. [Corrigir as coisas depravadas, corroborar as corretas, sublimar as santas. (N. T.)]
[103] *Pensées,* n⁰ˢ 483, 485.

recebe sua medida, sua sutileza, seu grão de sal." Quem quer que tenha expressado este sentimento pela primeira vez deveria ser venerável para todo o sempre "como o homem que voou mais alto e que errou mais belamente".[104] O sentimento é, para Nietzsche, um erro à medida que introduz a realidade transcendental como a ordem em que a santificação deve ser atingida; não é um erro à medida que não encontra justificação para o amor do homem na ordem natural empírica.

Se o problema da graça for então aceito em princípio, e se o recurso à realidade transcendente como a fonte da ordem da graça for proibido, uma fonte intramundana para a transfiguração da natureza deverá ser aberta, e a única fonte acessível é o próprio homem. Esta é, na verdade, a solução adotada por Nietzsche. Num aforismo em *Aurora* refere-se a Pascal e sua concepção do *moi haïssable*. Se o ego é odioso, como podemos permitir ou aceitar que alguém o ame, mesmo que seja o próprio Deus? A sentença seguinte revela o cerne da resistência de Nietzsche contra a ideia de graça sobrenatural: "Seria contra toda a decência (*allen guten Anstand*) permitir que sejamos amados e saber ao mesmo tempo muito bem que não *merecemos* nada, senão ódio – para não falar de outros sentimentos repugnantes".[105] E se alguém deveria responder que isto é precisamente o significado do Reino da Graça, Nietzsche sugeriria: "Então teu amor a teu vizinho é pela graça? Tua piedade, pela graça? Bem, se isso é possível para ti, dá apenas mais um passo: ama-te pela graça – então já não precisarás de teu Deus, e poderás representar todo o drama da Queda e da Redenção até o fim em ti mesmo".[106] A passagem, se isolada, pode soar como uma piada verbal, mas no sistema do pensamento de Nietzsche é a chave da tentativa desesperada da alma fechada demonicamente de conferir graça a si mesma. É um ato de desespero profundo, tornado necessário pela inabilidade de penetrar o "abismo do nada" em que para Pascal é constituída

---

[104] *Jenseits von Gut und Böse,* § 60. In: *Werke*, vol. 7, p. 85.
[105] *Morgenröthe,* § 79. In: ibidem, vol. 4, p. 79.
[106] *Morgenröthe,* § 79. In: ibidem.

a relação entre a criatura e seu Criador. O imanentismo de Nietzsche é qualificado essencialmente pela consciência vívida da alternativa cristã, não como uma impossibilidade, mas como uma possibilidade inacessível.

Uma relação com Deus que não fosse uma relação como a entre cavalheiros, preservando a distância e as propriedades, não é aceitável para Nietzsche. Mas tal relação é impossível; temos de aceitar Deus em seus próprios termos. A recusa de descer ao abismo do nada não protege um homem da sensibilidade religiosa de Nietzsche contra o tremor da numinose; o tremor religioso é onipresente em sua obra. Mas "o orgulhoso odeia tremer e vinga-se do que o faz tremer: esta é a origem de sua crueldade".[107] Aquele que confere graça a si mesmo tem de descer ao abismo não menos profundo do que o nada. Em *Aurora*, na proximidade imediata do aforismo sobre a graça, encontramos a nota acerca da "Humanidade do Santo". "Um Santo tinha caído entre os crentes e já não podia aguentar o ódio deles ao pecado." Finalmente ele disse a eles: Deus criou todas as coisas, exceto o pecado; não é de admirar que não goste dele. Mas o homem criou o pecado, e deve ele deserdar seu único filho porque ele desagrada a Deus, o avô do pecado? "Honra a quem é devida a honra! – mas o coração e o dever devem falar em primeiro lugar pelo filho, e apenas em segundo lugar pela honra do avô!"[108] O problema é desenvolvido mais tarde em *Aurora* em uma das passagens mais "russas" da obra de Nietzsche. Essa passagem continua a análise anterior de "Esforçando-se por Distinção" até o ponto do martírio. A análise psicológica do triunfo ascético na contemplação do próprio sofrimento é seguida por algumas reflexões acerca de uma concepção hindu da criação do mundo como a operação ascética de um deus. "Talvez o deus quisesse banir-se numa natureza vivente como num instrumento de tortura a fim de sentir assim dobrados sua felicidade e poder!" E se fosse um deus de amor: "Que deleite teria ele

---

[107] *Aus der Zeit der Fröhlichen Wissenschaft* (1881-82), § 173. In: ibidem, vol. 12, p. 88.
[108] *Morgenröthe*, § 81. In: ibidem, vol. 4, p. 80.

experimentado em criar uma humanidade *sofredora*, e sofrer divinamente e super-humanamente à vista de sua tortura contínua, e então tiranizar a si mesmo". Não seria impossível que almas como as de São Paulo de Dante ou de Calvino penetrassem nesses mistérios voluptuosos de poder. Dessas reflexões Nietzsche retorna à pergunta de se o asceta representa, na verdade, o grau mais alto que pode ser alcançado no esforço por distinção, ou se o estado fundamental do asceta não poderia ser unido ao do deus compassivo. "Ou seja: ferir outros a fim de ferir-se", de tal modo que por essa dor autoinfligida se pudesse triunfar de si mesmo e da própria piedade e então gozar o extremo de poder.[109]

Este degrau último na especulação acerca do poder vai muito além de uma psicologia de paixões no sentido empírico; não pode tampouco ser considerado parte de uma filosofia sistemática da existência humana, pois Nietzsche é muito claro no ponto de que experiências desse tipo não são geralmente humanas, mas, ao contrário, o privilégio, ou maldição, de indivíduos raros.[110] Estamos nessas especulações diante da construção teológica de uma rebelião religiosa, e, mais especificamente, de uma rebelião anticristã. A tensão entre a finitude do homem e a infinitude de Deus é abolida mediante a transposição do problema transcendental da graça e teodiceia para a esfera de existência humana imanente. O drama da Queda e da Redenção é, na verdade, representado até o fim dentro da alma individual mediante a divinização do ego.

---

[109] *Morgenröthe*, § 113. In: ibidem, vol. 4, p. 111 ss.

[110] A relação da posição de Nietzsche com uma filosofia sistemática da existência aparece da maneira mais clara na interpretação de Karl Jaspers (ver Jaspers, *Nietzsche*, particularmente no capítulo "Der Mensch", p. 105 ss). Em sua interpretação, Jaspers emprega seu próprio sistema de filosofia como o quadro de referência. (Para o sistema, ver Jaspers, *Philosophie*, 3 vols. Berlin, J. Springer, 1932). Sua interpretação tem vantagem sobre a presente porque elucida o conteúdo sistemático do pensamento de Nietzsche. Está, entretanto, em desvantagem porque Nietzsche não orientou seus problemas em direção a uma filosofia genérica da existência do tipo desenvolvido por Jaspers, mas em direção à concepção cristã-pascalina. Como consequência, as motivações históricas de Nietzsche são obscurecidas na apresentação de Jaspers. O fato fundamental, por exemplo, de que Nietzsche tenta uma solução anticristã do problema da graça não aparece de maneira nenhuma naquela interpretação.

Os sentimentos que sublinham esta operação não são fáceis de descrever por causa da repetidamente mencionada falta de uma terminologia desenvolvida; no entanto, é possível reunir um quadro comparativamente claro de algumas notas amplamente espalhadas. O gozo do "extremo de poder" – a frase que apareceu no § 113 de *Aurora* – está no cerne desses sentimentos. Mais tarde, em *Vontade de Poder*, Nietzsche encontrou para a designação deste apelo a fórmula "a magia do extremo". É essa magia "que fascina e cega até mesmo nossos oponentes [...]. Nós, os imoralistas, somos o extremo".[111] O extremo, quanto à sua substância, é um extremo de "poder" ou "reino" que substitui o poder ou reino de Deus: "Reinar – e não ser mais o servo de Deus – este é o último meio remanescente para o propósito de enobrecer o homem".[112] O caminho deste poder extremo está cheio de perigos. "Entre dois perigos corre meu caminho estreito: uma altura é seu perigo, e seu nome é 'hubris'; um abismo é seu perigo, e seu nome é 'piedade'."[113] O caminho estreito entre hubris e piedade é o caminho do "vigor": "Amo quem é tão compassivo que faz do vigor sua virtude e seu Deus".[114] As dificuldades de terminologia são quase intransponíveis em passagens como a citada há pouco; se "vigor" fosse associado com "inflexibilidade" ou "indiferença" em seus significados comuns, a intenção de Nietzsche seria completamente equivocada. O termo *vigor* neste contexto não carrega as conotações que carregaria num sistema de ética humana finita; seu significado tem, ao contrário, de ser determinado no nível de interpretação da existência humana e divina que é indicada pela nota seguinte: "Hoje eu me amo como amo meu Deus: quem hoje poderia acusar-me de um pecado? Conheço pecados apenas em meu Deus, mas quem conhece meu Deus?".[115] O amor divino com o qual o ego se ama levantou-o a um estado de graça sem pecado,

---

[111] *Wille zur Macht*, § 749. In: *Werke*, vol. 16, p. 194.
[112] *Sprüche und Sentenzen*, (1882-1884) § 250. In: ibidem, vol. 12, p. 282.
[113] *Sprüche und Sentenzen*, (1882-1884) § 261. In: ibidem, vol. 12, p. 283.
[114] *Sprüche und Sentenzen*, (1882-1884) § 262. In: ibidem, vol. 12, p. 283.
[115] *Sprüche und Sentenzen*, (1882-1884) § 263. In: ibidem, vol. 12, p. 284.

e os pecados, cuja realidade não é negada, são aliviados neste Deus salvador. Tal "vigor" pode ser duro de suportar, e o sofrimento em superar a piedade pode tornar-se muito forte; para Nietzsche, isso significaria uma recaída na posição cristã: "Do que sofre muito, o diabo se tornará invejoso e o jogará para fora do céu."[116] E, finalmente, temos de considerar as definições de *crueldade* e *heroísmo* neste nível de especulação religiosa. "A crueldade é o gozo na piedade; alcança seu ápice quando a piedade é a maior, ou seja: se amamos a quem torturamos".[117] Supondo que somos *nós* a quem amamos mais, então o gozo mais alto e a piedade seriam encontrados na crueldade *para com nós mesmos*. O esforço de extinção absoluta através da transição em seu oposto: "a transcriação do diabo em Deus" – isso seria o grau *heroico* de crueldade.[118]

Seria meia verdade caracterizar os sentimentos revelados nessas notas como uma divinização do ego. O caso de Nietzsche não é o de um místico panteísta do tipo amauriano ou ortliebiano que se sente possuído do Espírito de Deus, portanto, divinizado. Neste tipo de experiência, "o homem pode tomar a qualidade divina sem a menor perda de sua humanidade [...]. O Espírito Santo circula dentro e carrega a santidade através da vida de tal maneira que não pode haver nenhum pecado. O pecado é a vontade de ofender Deus, e aquele cuja vontade se tornou a vontade de Deus não pode ofender Deus. Um homem pode tornar-se tão completamente divino que seu corpo é santificado, e então o que este faz é um ato divino".[119] No caso de Nietzsche, não se alcança nenhuma santificação assim fácil. No misticismo panteístico, a divinização é experienciada como uma infiltração da criatura pelo Espírito de Deus; a tensão entre a criatura finita e a divindade infinita é a

---

[116] *Sprüche und Sentenzen* (1882-1884), § 270. In: ibidem, vol. 12, p. 285.
[117] *Aus der Zeit der Fröhlichen Wissenschaft* (1881-82), § 179. In: ibidem, vol. 12, p. 90.
[118] *Aus der Zeit der Fröhlichen Wissenschaft* (1881-82), § 178. In: ibidem, vol. 12, p. 90.
[119] Rufus M. Jones, *Studies in Mystical Religion*. London, Macmillan, 1936, p. 193 ss.

pressuposição da experiência. No imanentismo de Nietzsche, o infinito é abolido e a estrutura da realidade transcendental é superposta sobre a estrutura da existência finita. Isso, entretanto, significa que não apenas existem aqueles elementos da estrutura superposta que correspondem na concepção cristã à ideia de Deus, mas também os que corresponderiam à concepção de um Diabo. Daí a transformação do ego finito é tanto uma diabolização como uma divinização. Na ausência de um termo mais adequado, poderíamos falar do "maniqueísmo imanente" de Nietzsche. Um aforismo póstumo formula o problema: "Não seriam os *melhores* homens os *piores*? Aqueles em quem o conhecimento e a consciência (*Wissen und Gewissen*) são desenvolvidos mais sensível e fortemente, de tal maneira que experimentem como injusto o que quer que façam, e a si mesmos, como consequência, como os sempre-maus, sempre-injustos, necessariamente maus? Mas quem experimenta a si mesmo como tal, ele é isso realmente!"[120] Este aforismo soa autobiográfico, e devem-se ouvir com atenção seus exageros. A sensibilidade da consciência intelectual é certamente um traço pessoal de Nietzsche; para o homem que possui esta consciência *cada* ato *inevitavelmente* parece mau, e a aparência não é enganosa. O Bem e o Mal são os componentes da ação da personalidade forte, criativa. "O mais alto mal é ligado ao mais alto bem: isto, entretanto, é o criativo."[121] A coexistência de bem e mal na ação criativa e a aceitação de ambos como necessários tornam impossível para Nietzsche falar de uma divinização do ego. Ele tem de empregar um termo neutro – "para além do bem e do mal" – para a designação da estrutura transcendental que é superposta sobre o finito, e adota para este propósito o termo *fado*. Numa fórmula que parafraseia a cristã do "Deus que se faz homem", ele fala do "Fado que se faz homem", e aceita este fado como tendo-se feito homem nele mesmo. Sua "natureza dionisíaca não sabe como separar a negatividade da ação da positividade da

---

[120] *Aus der Zeit der Fröhlichen Wissenschaft* (1881-82), § 169. In: *Werke*, vol. 12, p. 86.
[121] De *Zarathustra*, citado em *Ecce Homo*. In: ibidem, vol. 15, p. 117.

aprovação (*Neitun-Jasagen*)".[122] A vontade de poder é o caráter inteligível do mundo; a ação é a forma que ele assume no homem; nenhum bem pode existir que não seja devido à ação criativa; nenhuma ação é possível sem ser mal.

Nietzsche chama a si mesmo um "imoralista" à medida que em sua própria personalidade ele desenvolveu a consciência suprema do fado de existência diabólico-divina.[123] O imoralista está para além do bem e do mal. Isso não significa que suas ações sejam nem boas nem más. O código de ética aplica-se às ações do imoralista assim como as ào moralista, se quisermos aplicá-lo.

O "para além" significa apenas que para o homem em quem o fado se tornou carne, é irrelevante a questão do bem e do mal no sentido moral. O imanentismo de Nietzsche é um estado religioso, não um estado ético, e sem seu "para além" não há mais nenhum espaço para problemas de ética do que na *unio mystica* cristã. Um aforismo latino formula este problema de maneira muito sucinta: "Omnia naturalia affirmanti sunt indifferentia, neganti vero vel abstinenti aut mala aut bona".[124] Os problemas de moralidade não são absolutos, mas podem surgir apenas em relação com um estado do homem, de "negativa ou de abstenção"; no estado "afirmativo", o mal não se tornou ainda bem, mas a distinção é irrelevante. Obviamente este misticismo imanentista dá ocasião para abusos similares àqueles que surgiram no misticismo panteístico. Os sectários deste último tipo foram capazes de ter um flanco extremo que afirmaria que crimes não eram crimes se cometidos por homens que estão permeados pelo Espírito porque Deus não pode cometer crimes. O misticismo de Nietzsche corre o mesmo perigo. A ideia de vigor criativo em ação afirmativa contém como seu componente essencial a autoridade crítica

---

[122] *Ecce Homo*. In: ibidem, vol. 15, p. 118.

[123] *Ecce Homo*. In: ibidem.

[124] *Aus der Zeit der Fröhlichen Wissenschaft*, § 181. In: ibidem, vol. 12, p. 91. Não há nenhuma indicação de que o aforismo seja uma citação. [Todas as naturezas que afirmam são indiferentes, as que negam verdadeiramente ou que se abstêm são más ou boas. (N. T.)]

de consciência intelectual; não é o propósito da ação praticar o mal, mas o mal é o acompanhante do bem, e revela-se em toda a sua extensão apenas ao que é criativo no bem. Daí um homem não estar "para além" do bem e do mal por simplesmente atacar o sistema estabelecido de valores, que chama bem o que até então foi chamado mal, ou que se entrega a ações implacáveis com o propósito de realizar fins dúbios. "Esses são meus inimigos: eles querem abandonar o que existe e não querem construir eles mesmos."[125] "Atacam as imagens e dizem: não há nada sublime e venerável – porque eles próprios não conseguem criar uma imagem e um Deus."[126] Do fato de que pela mais sensível das consciências o mal é experimentado como o ingrediente inevitável mesmo da melhor ação, nenhuma justificação de ação imoral pode ser tirada; ao contrário, da concepção de que o mal em ação é inevitável, seguir-se-ia que apenas ao bem criativo mais alto pode justificar a ação, com seu mal inevitável. O ponto tem de ser enfatizado fortemente porque a fraqueza de Nietzsche em chamar imagens empíricas das ações do imoralista nutriu os equívocos que tornaram possível ver em Nietzsche um filósofo do nacional-socialismo.[127] Tão logo a posição mística é deixada e se faz a

---

[125] *Sprüche und Sentenzen* (1882-1884), § 237. In: ibidem, vol. 12, p. 279.
[126] *Sprüche und Sentenzen* (1882-1884), § 236. In: ibidem.
[127] Mesmo para o observador mais casual deveria ser claro que os nacional-socialistas não são os tipos que são atormentados pela sensibilidade de Nietzsche de consciência intelectual, nem ninguém até hoje afirmou que os nacional-socialistas estão sofrendo em superar sua piedade quando torturam e matam seres humanos. Esses fatos mais óbvios sozinhos tornam impossível ligar o nacional-socialismo com o misticismo de Nietzsche, exceto à medida que ambos os fenômenos são sintomas da crise da cristandade. A conexão, entretanto, mantém-se com dificuldade pela razão sistemática de que o nacional-socialismo desenvolveu um misticismo próprio que difere estruturalmente de maneira ampla do cristão. Não é aqui o lugar para uma prova documental extensa; bastará uma referência ao texto de direito constitucional de Ernst Rudolf Huber (*Verfassung*. Hamburg, Hanseatische Verlagsanstalt, 1937). No capítulo acerca do plebiscito, o autor explica que a vontade do povo é encarnada no líder. Quando o líder ordena um plebiscito, ele não se rende ao poder de decisão do voto do povo; o plebiscito tem apenas a função de evocar no povo uma vontade de apoio e o estabelecimento de concordância com relação a um líder. A "vontade objetiva" é encarnada no líder; o povo tem apenas uma convicção "subjetiva" (p. 95). A ideia de uma "vontade objetiva do povo" que se torna "encarnada" no líder caracteriza a posição nacional-socialista como uma variante do

tentativa de imaginar os padrões de ação que preencheriam as exigências, o misticismo se torna tolice. A posição mística só pode ser explicada à luz dos movimentos religiosos da alma. O que a alma fará em ação dependerá da circunstância e de sua substância como aparece imprevisivelmente na história. No caso de Nietzsche, se tornou um professor de filosofia e escreveu livros.

A transformação imanentista do problema cristão da graça é pressuposta na genealogia da moral, de Nietzsche. Esta matéria altamente complexa nunca foi esclarecida completamente, tanto quanto sei. Uma cunha de abrir para sua compreensão é oferecida com a sentença: "Para Além do Bem e do Mal – de *maneira nenhuma* significa Para Além do Bom e do Mau."[128] "Para Além do Bem e do Mal" designa a posição religiosa do místico pós-cristão, imanentista; "Bom e Mau" são as classificações de sentimentos e ações que emanam de uma classe reinante que designa seu próprio modo de vida como bom, e o do povo, da população de súditos que não reinam, como mau. Os valores reinantes, no entanto, não são de apenas um tipo; temos dois conjuntos de valores reinantes, de acordo com o aparecimento dos dois tipos humanos reinantes que aparecem historicamente, o aristocrático e o sacerdotal. Daí a genealogia da moral operar com três pares de conceitos: Bem-Mal, Bom-Mau, Aristocrático-Sacerdotal. Os três dualismos são ligados sistematicamente pela teoria do *ressentiment*.

O *ressentiment* é um conceito pascalino. Com Pascal significava o estado da alma que se ressente do *ennui*, mas não

---

misticismo panteísta. Substitui a "vontade objetiva do povo" pelo Deus cristão, mas a tensão entre o indivíduo e o Deus finito é a mesma que nos tipos sectários mencionados no texto. Outros movimentos desenvolveram símbolos similares para a expressão de seu misticismo. Mussolini apresenta a mesma teoria de E. R. Huber em seu *Dottrina del Fascismo*, 1, p. 9. A doutrina russa evita a encarnação do líder. A ideia dialética objetiva é encarnada nos "trabalhadores" que são chamados "proletariado industrial" e ainda mais eficaz na "vanguarda" do proletariado, ou seja, no Partido Comunista. Nenhuma dessas concepções tem nada que ver com a superimposição da estrutura transcendental sobre a existência individual humana finita.

[128] *Zur Genealogie der Moral*, I.17. In: *Werke*, vol. 7, p. 338.

suplanta ou não pode suplantar o *ennui* na busca de Deus, mas apenas na "busca da busca", nos *divertissements*. O homem de força espiritual será capaz, pela graça de Deus, de descer até o nada em que a relação entre a criatura e o Criador é constituída; o *ressentiment* é o sintoma de uma fraqueza fatal que não permite nada, senão a fuga em diversões. O termo tem a mesma função no sistema de Nietzsche como no de Pascal, embora o significado tenha mudado de acordo com a transformação imanentista. Com Nietzsche, o *ressentiment* de novo designa um estado de fraqueza que precisa da fuga em satisfações fictícias; mas a fraqueza não tem o mesmo sentido para Nietzsche como o tem para Pascal. A força e a fraqueza são agora distintas como o poder de agir e a falta de tal poder. O homem forte é o homem que em qualquer situação é capaz de *reagir*; o homem fraco é o homem que pode apenas *re-sentir-se*.[129] No sistema imanentista, a ação não tem a ênfase pascalina negativa de uma diversão; ela é, ao contrário, a manifestação positiva de existência. A impotência de agir, por outro lado, compele à fuga nas imaginações de *ressentiment*. Daí a ação e o *ressentiment* se tornam categorias da história, ao passo que no sistema pascalino as categorias correspondentes do estado de graça e dos *divertissements* determinados por *ressentiment* dizem respeito à orientação da alma em direção a Deus.

O ponto de partida para a análise de Nietzsche dos vários dualismos e da função de *ressentiment* é a suposição de um estado social pré-cristão "antes" do bem e do mal. Os valores do bem e do mau são criados neste estado histórico primário pela classe reinante. O nível político de uma aristocracia reinante expressa-se na designação como boas daquelas qualidades que caracterizam o grupo reinante. As principais qualidades que aparecem no catálogo positivo das classes reinantes principais são: o homem poderoso, o comandante, o rico, o de propriedades, o homem que é fiel (porque sua posição permite a ele não recorrer a subterfúgios), o corajoso e o guerreiro que pode defender-se. O homem que possui essas qualidades

---

[129] *Zur Genealogie der Moral*, I.10. In: ibidem, vol. 7, p. 317.

é "bom"; o plebeu ou escravo que não as possui é "mau".[130] A aristocracia guerreira, no entanto, não é apenas o tipo reinante principal; de igual importância é a casta dos sacerdotes. O dualismo de bom e mau refletindo a posição de uma casta sacerdotal é, em princípio, o mesmo do aristocrático. Não há apenas diferenças de conteúdo, à medida que o dualismo de limpo-sujo prevaleça e à medida que não as qualidades de guerreiro, mas os elementos de disciplina sacerdotal-ascéticos sejam classificados como "bons".[131]

A presença de um tipo reinante sacerdotal lado a lado com o aristocrático é uma força de tensões. O sacerdotal é considerado por Nietzsche o tipo mais "interessante"; nele a alma humana adquiriu "profundidade" e ao mesmo tempo se tornou "má"; e a profundidade e a maldade são "as duas características fundamentais pelas quais até então o homem é superior a todos os outros animais".[132] Esta superioridade humana e civilizacional é contrabalançada, no entanto, pela "falta de saúde" de um modo de vida inativo, absorto, que é dado a explosões emocionais e dificuldades psicológicas. O tipo mais "interessante" é também o mais "ameaçado". Da coexistência desses dois tipos podem resultar consequências desastrosas quando as invejas surgem entre eles. O tipo superior civilizacionalmente é o inferior no mero poder físico. Entretanto, a impotência é produtora de ódio e, no caso de sacerdotes, de um ódio espiritual particularmente venenoso. "Os realmente bons odiadores na história do mundo sempre foram sacerdotes, e foram também os odiadores mais espirituais (*geistreichsten*) – contra o espírito da vingança sacerdotal, todo outro espírito é praticamente desprezível. A história humana seria muito rasa sem o espírito que os fracos injetaram nela".[133] Este *ressentiment* sacerdotal pode recorrer à "vingança mais espiritual" de inverter a escala de valores e

---

[130] *Zur Genealogie der Moral*, I.5. In: ibidem, vol. 7, p. 307-09.
[131] *Zur Genealogie der Moral*, I.6. In: ibidem, vol. 7, p. 309 ss.
[132] *Zur Genealogie der Moral*, I.6. In: ibidem, vol. 7, p. 311.
[133] *Zur Genealogie der Moral*, I.7. In: ibidem, vol. 7, p. 312.

declarar como "más" as qualidades que na escala aristocrática são consideradas "boas", e como "boas" as qualidades que para o aristocrata aparecem como "más".[134] Em princípio esta "inversão de valores" pode ocorrer sempre que surjam tensões entre os dois tipos reinantes, mas na história ocidental uma inversão específica atingiu importância decisiva, a inversão pela "nação sacerdotal" dos judeus, a inversão que entrou na corrente da história ocidental através de sua reabsorção na cristandade. "Graças a eles (os judeus), a vida na terra ganhou uma fascinação nova e perigosa por dois milênios." Afixaram as ênfases negativas no "poderoso", "sem deus", "violento" e "sensual"; e empregaram o termo *mundo* pela primeira vez no sentido oprobrioso.[135] Esta inversão de valores através dos profetas israelitas é chamada por Nietzsche "o começo da revolta escrava na moral".[136]

Neste ponto, é de suma importância manter claramente à vista o argumento de Nietzsche a fim de não sermos enganados por seu vocabulário. A "revolta escrava na moral" não é uma revolta que se origina numa classe política mais baixa; é uma vingança nascida do *ressentiment* do tipo do senhor sacerdotal contra o tipo de senhor aristocrático. A inversão tem sua fascinação espiritual precisamente porque emana do tipo superior civilizacionalmente; e embora possa ser tomada e usada com vantagem por qualquer um numa posição deprimida, seja ele embora não espiritual, não perde nunca a marca dos espíritos de mestre que a originaram. O homem da moralidade escrava pode ser odiado por Nietzsche, mas não é um oponente desprezível; na pessoa de Pascal ele é altamente respeitado, e talvez mesmo amado como uma alma fraterna. "A moralidade escrava" é o produto de uma atitude sacerdotal, uma perversão devida ao *ressentiment* em si na manifestação mais alta e espiritualizada da vontade de poder. Se desprezarmos este ponto, torna-se

---

[134] *Zur Genealogie der Moral*, I.7. In: ibidem, vol. 7, p. 313.
[135] *Jenseits von Gut und Böse*, § 195. In: ibidem, vol. 7, p. 126 ss.
[136] *Jenseits von Gut und Böse*, § 195. In: ibidem, vol. 7, p. 127; e *Zur Genealogie der Moral* I. I, 7, I.10. In: ibidem, vol. 7, p. 313, 317.

ininteligível a preocupação de Nietzsche acerca da nova *vita contemplativa* para além do bem e do mal, ou seja, acerca de uma nova atitude "sacerdotal" pós-cristã. Se não houvesse nada para a moralidade escrava senão uma revolta da classe baixa contra a classe alta, que Nietzsche quer reverter pelo restabelecimento de valores "aristocráticos", sua luta com o problema da graça seria sem sentido e seus críticos estariam certos ao não encontrarem nada em Nietzsche senão uma reversão a ideais bárbaros que nossa civilização já superou. Mas Nietzsche não anseia romanticamente por uma era de aristocracias fortes migratórias; está muito seriamente preocupado com o restabelecimento de uma escala bom-mau aristocrática de valores sob o guiamento de um novo tipo sacerdotal – "nós, os ermitões" – sem *ressentiment.*

Desse duplo programa, a parte do "para além do bem e do mal" poderia ser executada consideravelmente melhor do que a parte do "bom e mau". A razão é óbvia. A posição para além do bem e do mal poderia ser realizada por Nietzsche com os recursos de sua própria personalidade, à medida que uma posição deste tipo possa ser realizada consistentemente de alguma maneira. (Na seção seguinte deste estudo, lidaremos com o fracasso desta realização.)[137] A posição "aristocrática" de um novo bom e mau não pode ser realizada por um indivíduo em solidão; sua realização exigiria a revolução política de um grupo. Na ausência de qualquer grupo aristocrático reinante em sua e em nossa época, que ele pudesse reconhecer como modelo, Nietzsche entregou-se a tirar seus exemplos do tipo aristocrático do passado. Os mais adequados eram as aristocracias helênicas da era homérica e as aristocracias teutônicas do período de migração. Aqui está a origem do louvor à "besta loira" que pode ser encontrada no cerne de tais aristocracias.[138] "Aqui está um ponto que não queremos negar de maneira nenhuma: quem quer que tenha tido conhecimento dos 'bons' apenas como inimigos,

---

[137] Ver *Crisis and the Apocalypse of Man* [Crise e o Apocalipse do Homem]. Ed. David Walsh.
[138] *Zur Genealogie der Moral*, I.11. In: ibidem, vol. 7, p. 322.

tomou conhecimento com eles apenas como 'inimigos maus'. Os mesmos homens que estavam ligados tão rigorosamente entre si através de convenção, respeito, costume, gratidão e ainda mais pela vigilância mútua e pela inveja *inter pares*, esses homens que eram em sua conduta uns com os outros tão inventivos na consideração, autocontrole, delicadeza, lealdade, orgulho e amizade – eram, para o exterior, onde começa o estrangeiro, não muito melhores do que bestas de caça deixadas livres."[139] Não há nada particularmente amável acerca de tais bestas. O louvor concedido a elas é apenas relativo; com seus traços selvagens e bárbaros eram ao menos respitáveis comparáveis com os homens de sua própria época. "Uma pessoa pode perfeitamente justificar-se em não livrar-se do medo da besta loira no cerne das raças nobres e em estar em guarda: mas quem não preferiria centenas de vezes temer, se ao mesmo tempo pudesse admirar, a não temer e, a seu turno, não ser capaz de livrar-se do espetáculo odioso do distorcido, do ananicado, do atrofiado, do envenenado."[140] "A vista do homem hoje em dia deixa-nos cansados – o que é niilismo se não *isso*? – Estamos cansados do *homem*..."[141] Essas passagens de novo deveriam alertar contra a confusão da linguagem de ira com o argumento bem considerado por trás dela. Nietzsche não está com menos medo da besta loira do que qualquer outro que o critica por admirá-la. Mas dada a escolha entre o barbarismo de uma aristocracia conquistadora e o homem moderno, muito menos temível, Nietzsche está disposto a pagar o preço.

Mas não se dá a escolha. Não estamos em perigo de ser devastados por aristocracias homéricas ou teutônicas, por mais ferozes no fundo. A perspectiva imediata é muito pior. A era do niilismo, a era que perdeu a fé no homem, é "a era de guerras tremendas", de revoluções e irrompimentos que *não* estabelecem novas aristocracias e, portanto, não são

---

[139] *Zur Genealogie der Moral*, I.11. In: ibidem, vol. 7, p. 321.
[140] *Zur Genealogie der Moral*, I.11. In: ibidem, vol. 7, p. 324.
[141] *Zur Genealogie der Moral*, I.12. In: ibidem, vol. 7, p. 326.

produtoras de uma nova ordem estável.[142] A duração deste período Nietzsche estima em dois séculos.[143] O esforço para alcançar a posição Para Além do Bem e do Mal tem seu sentido histórico apenas como desenvolvimento de uma nova religiosidade, de uma nova atitude espiritual em preparação para o momento em que uma nova ordem política da humanidade ocidental se tiver estabelecido com uma nova classe reinante, da qual no presente nada é visível. Para este dia num futuro distante as preparações intelectuais e espirituais têm de começar agora através da criação de uma nova imagem do homem.

A genealogia da moral de Nietzsche é uma filosofia da história. Um primeiro estágio da história é marcado pela emergência de aristocracias do tipo homérico e de sacerdócios representando o elemento civilizacional superior porque a vontade de poder alcançou neles um grau superior de espiritualização. O segundo estágio é marcado pela tensão sacerdócio-aristocrática que sob a pressão de *ressentiment* sacerdotal leva à criação de valores morais, invertendo a ordem aristocrática de valores. Um terceiro estágio é marcado pela era do niilismo e pelo começo de uma nova transvaloração. Esta nova transvaloração, entretanto, não é um retorno ao nível pré-cristão de bom e mau, mas um restabelecimento dos valores aristocráticos com base numa nova religiosidade pós-cristã Para Além do Bem e do Mal. É quase desnecessário enfatizar a relação íntima desta história de três estágios com outros sistemas de três estágios do século XIX, como o hegeliano ou o marxista.

---

[142] *Wille zur Macht*, § 130. In: ibidem, vol. 15, p. 235 ss.
[143] *Wille zur Macht*, Vorrede, § 2. In: ibidem, vol. 15, p. 137.

ÍNDICE REMISSIVO

A
"Ação fenomênica", 221, 227, 229, 247
Accidentia, 45
Aceleratezza da conspiração, 151
Achill (Hölderlin), 293
Acordo do Povo (Inglaterra), 98-101, 116
Acquiescentia, 157
Administrador psicológico, 231
Admirável mundo novo (Huxley), 232
Aforismos:
  de Nietzsche, 316-17
  de Schelling, 247-48
  Veja também Nietzsche, Friedrich
África, e Índia, 128
Agostinho, Santo:
  comparado a Schelling, 44
  e o cerne espiritual da personalidade humana, 47
  e o intentio animi em direção a Deus, 311
  o fim de uma época, 292
  sobre o verdadeiro escopo da vida, 285
  sobre superbia, 329n56
Alazoneía tou bíou, 328
Alcuíno, 349
Alegria:
  Nietzsche sobre a, 330
  Pascal sobre a, 285, 338
Alemanha:
  direito natural na, 60-61, 64
  espírito nacional na, 64
  estados e estado nacional na, 129-30
  Guerra dos Trinta Anos na, 66, 129
  guerras na, 66
  imunidade na, 102
  Protestantismo na, 114-15, 326
  Reforma na, 274
  Revolta Camponesa na, 118
  Soldatenräte na, 98
Alianças/Acordos:
  de grupos religiosos locais na Inglaterra no início do século XVII, 94, 98-100
  Hobbes sobre, 83-84
  Pacto Solene de 1638, 97

Schelling sobre, 271-73, 281, 285
Allen guten Anstand (contra toda a decência), 350
Alma:
  Herder sobre a, 258;
  mito platônico da, 276, 286
  Nietzsche sobre a, 330, 351
  Pascal sobre a, 341-42;
  Schelling sobre a, 254, 256-58, 264-65, 266, 285, 287, 291
Althusius, 61, 62
Ambrósio, Santo, 167
América:
  assentamento de Connecticut, 106-107, 133
  assentamento de Massachussetts Bay, 104, 108
  caráter nacional, 42
  colônia da Carolina, 172-73
  colônia de Massachussetts, 173
  colônia de Rhode Island, 110-11, 176
  constituição da Carolina, 125, 173
  constituição da Pensilvânia, 125, 173
  Declaração de Independência, 103
  em Nova Jersey, 125
  imigração da Inglaterra para a, 94, 104-11
  peregrinos, 97, 105
  sectarismo, 42
  Veja também Estados Unidos
Amiel, Henri Frédéric, 316
Amor:
  Espinosa sobre o, 154-55
  Nietzsche sobre o, 349
amor Dei, 286
amor sui, 286
An den Aether (Hölderlin), 294

An die Natur (Hölderlin), 293
An die Parzen (Hölderlin), 294
Anabatistas, 113, 152
Anderson, Benedict, 32
Andler, Charles, 305, 328
Ângelo Silésio, 285
angústia, 81
"angústia da existência", 340
Anima mundi, 249, 252, 284, 293
animi jactus liber, 219-20
Antigo testamento:
  abolição da pobreza ordenada no, 119
  Veja também Bíblia
Antinomianos, 111, 176
Antropologia:
  antropologia filosófica como centro do pensamento político, 64
  e Schelling, 44, 46-47
  filosófica, 64
"Aórgica", 298-99, 301
Appetitus societatis (desejo de comunidade), 72
Árabe, contato ocidental com a civilização, 207
Archipelagus, Der (Hölderlin), 293
Areopagitica (Milton), 115
areté, 289
Aristocracia:
  Harrington sobre a aristocracia "natural", 124
  na Inglaterra, 91, 121
  Nietzsche sobre, 360-64
Aristóteles:
  e a "historicidade da verdade", 22
  e a catolicidade de problemas, 206
  estudos de Harrington sobre, 121

sobre a pólis, 35
sobre a teoria, 35
sobre a vida contemplativa, 325
sobre *bios theoretikos*, 78, 325
sobre Bodin, 157, 161
Ascetas, 330-31, 352
Ashley, Lord, 172
Astronomia, 60, 221-22
Atentado a Pólvora, 66
"Ativismo fenomênico", 221
Atlantica (Rudbekii), 208
Ato Trienal de 1641 (Inglaterra), 96
Atos, livro de, 119
Aurelio degli Anzi, 208
Aurora (Nietzsche), 312-15, 322-23, 350-52
Austin, John, 85
Áustria, imunidade na, 102
Autoconquista, Nietzsche sobre, 329-30
Autoridade, Harrington sobre, 122-23, 124

B

Baader, Franz von, 261
Babilônico, Sol como símbolo, 152
Baco, 277, 281, 283
Bakunin, Mikhail, 19
Balthasar, Hans Urs von, 19
Beckford, 198
Bellum omnium contra omnes (guerra de todos contra todos), 80
Belon, Pierre, 208
Bentham, Jeremy, 85
Berdiaev, Nikolai, 242
Bergson, Henri-Louis, 242
berith, 61
"Besta Loira", 313, 362-63
Bíblia:

abolição da pobreza ordenada na, 119
e a criação humana, 226
e a filosofia judaica, 154
estudos de Harrington sobre a, 122
Milton sobre, 115-16
Biologia, 63, 214, 225-28
Biologismo, 210
Bios theoretikos, 78, 325
Bismarck, Otto von, 327
Bloody Tenant [Arrendatário sangrento] (Williams), 107-11
Blumenbach, Johann Friedrich, 209
Bodin, Jean:
ataques a, 74, 128, 241
como realista, 74-77
comparado a Espinosa, 157, 161
comparado a Maquiavel e Hobbes, 74-77
construção do estado desde o topo da pirâmide cosmológica, 62
e a teoria dos climas, 206
e *fruitio Dei*, 78, 157, 325
e o orientalismo, 153
misticismo em, 157, 194, 236
obra: *Heptaplomeres*, 236
sobre a autoridade difusa do período feudal, 68
sobre a estrutura de poder versus a superestrutura legal, 68
sobre a vida contemplativa, 325
sobre o estado nacional francês, 35, 112
Boehme, Jacob, 162, 259, 285
Bomba atômica, 234
Bonham, 93
Bonifácio VIII, Papa, Império gnóstico de, 20

Bossuet, Jacques, 149
Brandemburgo, Grande Eleitor, 128
Brandemburgo-Prússiana, 130
Brooke, Lord, 133
Brot und Wein (Hölderlin), 296
Bruno, Giordano:
   comparado a Espinosa, 244
   condenação e morte, 241, 252
   e o *anima mundi*, 249, 252
   e o fenomenalismo, 18, 45, 214, 218-20, 221, 223
   e Schelling, 214, 241-43, 248-53, 255-56, 290
   Hegel sobre, 250
   obra: *De la causa, del principio et uno*, 224
   sobre a revelação de Deus no universo, 251-52
   sobre infinidade, 218-20, 222-23, 250
Bruto, 314
Bücher der Zeiten, Die (Hölderlin), 298, 300
Buffon, Georges-Louis Leclerc de, 207-209
Bund aller Völker (Aliança de todos os povos), 274
Byron, George Gordon, Lord, 312

C

Cabala, 154, 162, 179
Calvinismo:
   a pacificação de Richelieu no sul da França, 138-39
   e a resposta das pessoas moderadas, 59
   e o conceito cristão da humanidade, 60
   na Holanda no século XVII, 163
Calvino, João:
   autoritarismo de, 113
   e a igreja na sociedade civil, 171
   Nietzsche sobre, 352
Câmara Estrelada, 91, 95, 132
campo de concentração, 234
Carlos I, Rei da Inglaterra, 102-103, 128, 132, 137, 170
Carta às pessoas nascidas livres da Inglaterra, 98
Cartas sobre a Tolerância (Locke), 174
Carus, Carl Gustav, 209
Catalunha, 128
Cavadores, 117-19, 181
Ceia do Senhor, Locke sobre a, 177
Ceilão, viagens a, 209
Cellamara, conspiração de, 145
Cervantes, Miguel, 282
Ceticismo:
   de Descartes, 250, 347
   de Hume, 192-98
   de Pascal, 308
   metódico, 250
   Nietzsche sobre, 347
Chardin, Jean, 208
Chef de parti (líder de partido), 147
China, Montesquieu sobre a, 203
Cícero:
   e Grotius, 66, 71
   sobre o consentimento como base da sociedade civil, 171
Ciclos históricos:
   primeiro ciclo da ordem versus o espírito, 44-45, 187-88
   segundo ciclo de reafirmação do espírito, 44-45, 189-92
Ciência:
   e cientificismo, 214, 217-18
   e evolução, 45, 191, 224-28, 226
   e fenomenalismo, 217-34
   e Hume sobre causalidade, 194

e realizações técnicas, 233-34
exploração ficcional da, 232-33
golpe na cosmologia
   mediterrânea, 60
Nova Ciência, 44, 50, 190-92
Pascal sobre, 222-23
símbolo da, 62
símbolos das ideias políticas
   emprestados da, 65
sistema newtoniano, 63, 217
Cientificismo, 214, 217-18
Cínicos, 196, 276
Classe média:
   Inglesa, 90, 123
   Nietzsche sobre a, 347
Classe média baixa, movimento
   da, 65
Claude Lorrain, 319*n*36
Climas, teoria de, 210
Clotsworthy, 133
Código penal, 199
Cognitio fidei, 226
Coke, Sir Edward, 92
Colônia da Carolina, 172-73
Common law, 92
Commonwealth:
   como estado civil, 86
   cristã, 85-86
   e o controle de opinião, 87
   fechamento espiritual da, 85-87, 94
   fechamento legal da, 85-87
   Harrington sobre, 121-25
   Hobbes sobre, 82-87
   Locke sobre, 173
   o conceito de Diggers de uma
      comunidade cristã, 118-21
Companhia das Índias Orientais, 70
Companhia de Massachusetts Bay, 105-106

Comunidade comunista cristã, 118-21
Comunidade:
   Comunismo: apelo do, para as
      massas, 175
   conceito de, 27-28
   e plano, 229-30
   e proletariado, 358
   e Terceiro Reinado, 292
   Grotius sobre o desejo de, 72
   Hobbes sobre, 80-81
Concílio de Trento, 308-309, 344
Condé, Princípe de, 130, 146
Confession du Pêcheur (Pascal), 309, 345
Conhecimento, Schelling sobre a
   necessidade de, 261-62
Connecticut, assentamento de, 106, 133
Conquista normanda, 120
Consciência:
   Grotius sobre, 73
   Kant sobre, 113
   Milton sobre, 113-14
   Nietzsche sobre a crueldade da, 333, 354
   Williams sobre a liberdade da, 110
Conselho para o Norte, 132-33
Consentimento, Locke sobre, 182-83
Consociatio (unidade social), 61
Constant, Benjamin, 145
Constitutions e Canons de 1604, 94
Contemplação, Platão sobre a, 36
Contemptus mundi, 311
Contrato Social (Rousseau), 142
Contratos, 62, 83, 85, 169
Convenções, Hume sobre, 197
Copérnico, 249
Cork, Conde de, 133

Corpus diaboli, 345
Corpus mysticum:
   equilíbrio harmonioso dos poderes no, 93
   Nietzsche sobre, 349
Corpus mysticum Christi, 281
Cosmion, 32-33, 34-35, 39, 41, 43, 74-75, 207
Costa, Uriel Da, 154
Cotton, John, 106, 108
Cristandade:
   atividade missionária, 204
   crise na, 344-45
   e Pascal, 307, 308-309, 325-27, 344-48
   escatologia, 278-79
   Kierkegaard sobre, 246
   Marx sobre, 246, 288-89
   Nietzsche sobre, 247, 325-26, 348-50
   relação entre a cristandade e o contratipo perfeito de pensamento livre, 325, 327
   Schelling sobre, 246, 256, 266-67, 270, 280-83, 287-89
   Terceira Cristandade, 279-283, 288
   tipos franceses de, 325-26
   Veja também Igreja Católica; Igreja; Protestantismo
Cristo. *Veja* Jesus Cristo
Cromwell, Oliver:
   e a imunidade, 101-02
   e a readmissão de judeus na Inglaterra, 154
   e a Revolução Inglesa, 128, 131-32, 141, 169
   e católicos, 139
   e o Parlamento, 134, 137-39
   e os puritanos, 138
   força e fraqueza de, 127
   obra: *Documento de Governo*, 134-35
   Oceana de Harrington dedicada a, 121
   políticas de, 137-40
   sobre a vontade de Deus, 135-37
Cronos, 277
Crueldade, Nietzsche sobre, 333-34, 354
Cruzadas, 345
Cudworth, Ralph, 244
Cusanus. *Veja* Nicolau de Cusa

D

Dante:
   como "realistas espirituais seculares", 53
   importância de, 236-37
   Nietzsche sobre, 352
   Schelling sobre, 282-83
   sobre a monarquia, 236
Darwin, Charles, 56, 191, 226
Das an sich Potenzlose (do ser sem potência), 284
De Intellectus Emendatione (Espinosa), 155, 157-58
De Jure Belli ac Pacis (Grotius), 65-67
De l'Esprit des Lois (Montesquieu), 201-203, 210
De la Causa, del Principio et Uno (Bruno), 224
De Witt, Jan, 163
Debates Putney de 1647, 102, 135
Declaração de direitos naturais, 100
Declaração de Independência, 102-03
Defensio Secunda (Milton), 112-13
Deísmo, 247
Dem Sonnengott (Hölderlin), 293

Democracia:
    e Hegel, 192
    e o sufrágio geral, 191
    Harrington sobre, 124-25
Denkresultate (resultados intelectuais), 35
Descarrilamento, 313
Descartes, René:
    ceticismo de, 250, 347
    e a *tabula rasa*, 59, 250
    e o cerne espiritual da personalidade humana, 47
    e o deísmo, 246
    e uma filosofia sustentável da substância, 290
    Pascal sobre, 223-24
    Schelling sobre, 243, 247, 249
    sobre a divisão corpo/mente, 244
    sobre a natureza, 249-50
    sobre o *ego cogitans*, 251
Descobrimentos e viagens geográficos, 206-10
Desigualdade:
    Grotius sobre a diferença entre as nações, 69-70, 189
    Locke sobre a, 183-84
    Schelling sobre a, 271
Despotismo, Montesquieu sobre, 205
Deus absconditus, 346
Deus:
    Bruno sobre, 252
    Cícero sobre, 71
    Cromwell sobre a vontade de Deus, 135-37
    Epicuro sobre, 73
    Espinosa sobre, 155-56, 158, 163, 165
    Grotius sobre, 69-70, 72-73, 179
    Hobbes sobre, 78, 179

Hölderlin sobre, 296-97
Locke sobre, 177-79
Montesquieu sobre, 200
Nietzsche sobre a morte de, 165, 247, 346
Pascal sobre, 336, 341-43, 346
propriedade de, 177-79, 180
puritanos e a aliança com, 86
Schelling sobre, 246, 249, 250-54, 266-68, 272, 274, 280-83, 288
Diabo, Nietzsche sobre o, 354
Dialética:
    de Hegel, 257, 321
    de Marx, 20
    de Schelling, 257-59
Diletantismo filosófico, 236-37
Diletantismo. *Veja* Diletantismo filosófico
Ding an sich, 251
Dinheiro, Locke sobre, 182-83
Dionísio, 276-77, 279-81, 292
Directeur de l'âme, 232
Direito:
    comum, 98
    penal, 199
    positivo, 85
    romano, 61
    Grotius sobre o direito internacional e a regulamentação da violência, 66-67
    Montesquieu sobre, 198-203
    Veja também Direito natural, símbolo do,
Direito internacional, a regulamentação da violência no, 66-67
Direito natural, símbolo do, 60-62
Direitos:
    declarações futuras de, 100
    Espinosa sobre, 158, 159-61

Discours sur les Passions de l'Amour
(Pascal), 309, 335
Disjecta membra, 292
Diversificação biológica da
humanidade, 206-10
Divertissement (como fuga de si
mesmo), 312, 318
Documento de Governo
(Cromwell), 134-35
Dogma mínimo para a religião do
estado, 163
Domínio:
   Espinosa sobre, 160-61
   Harrington sobre, 121-23
Dor, Schelling sobre a, 261-62
Dottrina del Fascismo (Mussolini),
358-59
Driver, C. H., 181
Dux, 281, 298

E

Ecce Homo (Nietzsche), 315
Ecclesiastical Polity (Hooker),
170-71
Eckhart, Meister, 285
Economia, 214
Egípcios, Sol como símbolo dos,
152
Ego cogitans, 251
Ego:
   Nietzsche sobre, 323-24, 353-55
   Pascal sobre, 342, 349
Empédocles, 298-99, 301
En Soph, 162
Engel-Janosi, Friedrich, 26
Ennui (tédio), 318, 339
Envolvimento solene do exército
(Inglaterra), 98
Epicteto, 317
Epicureia, 276, 321
Epicuro:
   e Grotius, 72-73
   e Nietzsche, 311
Equilibrium, 63
Era da Razão, 65, 238
Era Trágica dos Gregos (Nietzsche),
304
Erastianismo, 113
Eros, 295
Escatologia, 278-80, 292
Escravidão:
   Montesquieu se posiciona
   contra, 199
   Nietzsche sobre, 318, 359-60
Esoterismo de Espinosa, 157-58
Espanha:
   exploração da América pela, 70
   revoluções de Cortes na Espanha
   contra o regime de Olivares na,
   128
"Especulação fenomênica", 221
   acusação de ateísmo levantadas
   contra, 162
   ataques a, 153-54, 241
   como base de um dogma
   mínimo, religião de estado, 163
   comparado a Bodin, 157, 161
   comparado a Hobbes, 159
   e Nietzsche, 309-10, 313-14
   e o método resolutivo-
   compositivo, 62
   e orientalismo, 153-54
   esoterismo de, 157-58
   Espinosa, Bento de:
   excomunhão de, 154
   liberalismo de, 161
   misticismo de, 40, 156-58, 162,
   194, 236
   obras: *De Intellectus*
   Emendatione, 155-56, 158; *Ética*,
   155-56, 159; *Tractatus Politicus*,
   160, 164; *Tractatus Theologico-*

Politicus, 159-61, 163
Schelling sobre, 243-44, 46
sobre a natureza, 155-56, 162
sobre Deus, 156-59, 162
sobre juramento, 165
sobre o amor, 155-57
sobre o governo, 162-64
sobre o poder, 159-61
sobre tolerância, 176
terminologia do direito, 158
Espírito:
  Geist como espírito político, 14, 48
  Nietzsche sobre, 333-36, 338-39
  Pascal sobre, 335-36, 338-39
"Espírito político", 14, 47
Espírito Santo, 119
Esprit (intelecto, espírito), 328, 336
Esprit des Lois (Montesquieu), 201-202, 210
Ésquilo, 264, 277-78
Essay Concerning Human Understanding (Locke), 171
Essay Concerning Toleration (Locke), 172
"Essência do homem", 69. *Veja também* Natureza humana
Essex, Conde de, 133
Estado:
  a construção do estado soberano através dos passos intermediários desde a base da hierarquia, de Althusius, 62, 62
  construção do, por Bodin, 62
  e desigualdade, 183-86
  e o controle de opinião, 87
  Grotius sobre, 73
  Harrington sobre, 124
  Hegel sobre, 192
  Hobbes sobre *commonwealth*, 83-88
  ideias de, centradas em pessoas ou na comunidade, 29
  Locke sobre, 183-84
  movimentos continentais versus movimentos ingleses de, 130
  perfeição do fechamento espiritual do, 85-87, 94
  perfeição do fechamento legal do, 84-85
  Schelling sobre estado-poder, 272-75
  versus os estados no século XVII, 127-29
  Williams sobre, 106-11
  Veja também Nações
Estado Civil. *Veja* Estado
Estado Grego (Nietzsche), 318
Estado totalitário, e Hobbes, 88
Estados Unidos:
  "ressaca" medieval nos, 90-91
  Constituição dos, 99
  Declaração de Direitos, 103
  Guerra Civil, 109
  imunidade nos, 101-02
  isolacionismo nos, 110
  movimento constitucional nos, 96
  theory of government, 130
  tradição sectária nos, 109-10
Estoicos, 71, 276
Ética (Espinosa), 155-56, 159
Evocação:
  e o estado nacional, 39
  resposta dos realistas à, 74-76
  teoria da, de Voegelin, 24-25, 32-34, 37-38, 52
Evolução, 45, 190-91, 224-27
Excomunhão, 154, 177
Exército, na Inglaterra, 98, 100
Existência prometeica, 263-69, 269, 280, 283

Experiência orgiástica, 260-63, 292
Experiência protodialética, 260-63

F

Fé:
   como *fides,* 270
   Espinosa sobre a, 163
   Hume sobre a, 196
   Schelling sobre a, 269
Fénelon, François, 325
Fenomenalismo:
   fenomenalismo biológico, 45-46, 224-28, 235-36
   combinação de tipos de, 232-34
   definição de, 217-18, 221, 236
   e desintegração do racionalismo, 237-39
   fenomenalismo econômico, 46, 228-31
   e característica formativa da modernidade, 19-20, 24-25
   e materialismo, 218-20
   e Pascal, 222-24
   fenomenalismo psicológico, 46, 231-32
   e Bruno, 18, 45, 214, 217-20, 222-23
   e cientificismo, 214, 217-18
Feudal, período:
   autoridade difusa do, 68
   Harrington sobre o governo no, 124
Ficção científica, 232-33
Fichte, Johann:
   comparado a Schelling, 246
   idealismo transcendental de, 242, 245
   obra: *Geschlossene Handelsstaat,* 272
   sobre *Naturrecht,* 62
Fides (fé), 269

Fiesco, 148
Filosofia cristã da história, 296
Filosofia da Mitologia (Schelling), 191, 264
Filosofia, Hume sobre a, 196, 197
Física, 62, 222-24, 226, 232
Fludd, Robert, 251
Fontenelle, Bernard Le Bovier de, 305
Força, Nietzsche sobre, 312-13, 313
Formosa, viagens a, 209
Fortuna, 71
Fouquet, Superintendente, 149, 152
França:
   abolição do cargo de primeiro-ministro por Luís XIV, 149
   ao final do século XVIII, 64
   assassinato dos reis na, 66
   Bodin sobre, 35, 113
   Cardeal de Retz, 145-48
   cosmion nacional na, 207
   guerras da Fronde na, 127
   guerras dos huguenotes, 128
   imunidade na, 102
   Luís XIV da, 141, 144, 148-52, 179, 274
   Luís XVI da, 205
   movimento Fronde na, 145-48
   Parlamento na, 141-45
   Restauração na, 131
   Revolução de 1789 na, 90, 131, 272
   sociedade ordenada pelo estado, 42, 129-30
   Terceira República, 131
   vitória do estado na, 128
Francisco, São, 300, 301
Frankenstein (Shelley), 232
Frederico II, imperador, comparado a Pascal, 307

Freigeisterische Kühnheit, 298
Freud, Sigmund, 292, 335
Fronde movimento, 145-48
Fruitio Dei, 76, 78, 157, 325
Fruitio hominis, 79
Fruitio in conspectu Dei, 157
Fundamental Constitutions for the Government of Carolina (Locke), 172-73

G

Gardiner, S. R., 95-97, 101-02, 132
Gedoppeltes Leben (vida dupla), 264
Geist (espírito político), 14, 48-49
Geisteswissenschaft, 48
Geistiger Mittelstand (classe média intelectual), 347
Geistreichsten (espiritual), 360
Geistwesen (seres espirituais), 48
Gênesis, livro de, 226
Genio vagante (Aurelio degli Anzi), 208
Geometria, 62
George, Stefan, 247
Gersônides, 154
Geschlossene Handelsstaat (Fichte), 272
Gianotti, Donato, 123
Giddings, Franklin Henry, 71
Gnosticismo, 15, 19-22, 50, 52
Gobineau, Joseph-Arthur de, 209
Goethe, Johann Wolfgang von:
    Nietzsche sobre, 311, 315, 319
    Schelling sobre, 282
Goffe, William, 135
Gorton, Mr., 111
Governo (Government):
    "de acordo com a prudência antiga versus a prudência moderna", 123-24
    a teoria do contrato de Locke, 167-69
    Espinosa sobre, 163-64
    Harrington sobre, 121-25
    Locke sobre a monarquia limitada, 169-70
    Montesquieu sobre, 198, 201-203, 205-206
    teoria de governo na Inglaterra e nos Estados Unidos, 129-30
    Veja também Governo constitucional; Monarquia
Governo (Rulership):
    e a pobreza, 120-21
    e o controle da opinião, 87
    Grotius sobre, 67-68
    Hobbes sobre, 83-84, 87
    Luís XIV sobre, 148-53
    o soberano como o Deus mortal, 83-84, 88
    obediência ao governante, 85
    Veja também Monarquia
    Winstanley sobre, 121
Governo constitucional:
    e o *Acordo do Povo* na Inglaterra, 98-101
    Espinosa sobre, 163
    Harrington sobre, 124-25
    na Inglaterra, 42, 66, 98-99, 206-07
    nas colônias americanas, 125, 172-73
    nos Estados Unidos, 99
Graça:
    Hölderlin sobre a, 294
    Nietzsche sobre a, 292, 313, 344, 346, 348-55
    Pascal sobre a, 308-309, 344-47, 349
    ponto de vista cristão, 345
    Schelling sobre a, 267-70, 294

Grande Protesto de 1641
(Inglaterra), 95-96
Grotius, Hugo:
 como calvinista, 59
 comparado a Locke, 171, 189
 e a autoridade do governo, 67
 e a reconstrução da ordem de
 estado, 40
 e a regulamentação da guerra,
 66-67, 187
 e Epicuro, 73
 e Hume, 194
 obra: *De Jure Belli ac Pacis,* 65-
 66, 71-72
 sobre a natureza humana, 70,
 72, 77, 189
 sobre a razão, 72-73, 81, 188
 sobre a relação comercial entre
 as nações, 70, 189
 sobre a sociedade civil, 72
 sobre as diferenças entre as
 nações, 69-70, 189
 sobre as regras da natureza,
 71-72
 sobre Deus, 69-70, 73
 sobre o desejo de comunidade,
 71, 80-81
 sobre o direito natural, 67-68, 73
Grund zum Empedokles
 (Hölderlin), 298
Guerra das Rosas, 90, 123
Guerra dos Trinta Anos, 66, 129
Guerras:
 e *De Jure Belli ac Pacis,* de
 Grotius, 65-66
 morte na Guerra civil, 81-82
 *Procure também por guerras
 específicas*
 regulamentação da, por meio do
 direito internacional, 66-67
Guerras da Fronde, 128, 130

Guiné, viagens a, 209
Guise, cardeal Luís, 66
Guise, duque mais velho de, 66
Guise, Henrique, duque de, 66
Guyon, Mme. de, 325

H

Halbheit (indecisão), 326
Harrington, Sir James, 121-25
Hartmann, Eduard von, 242
Hebreus. *Veja* Israel
Hegel, G. W. F.:
 comparado a Nietzsche, 321, 364
 dialética de, 257, 321
 e a "revolução do espírito", 18
 e o "redescobrimento do
 homem", 40, 64
 e o direito natural, 62
 e o misticismo, 259
 e Schelling, 259-60
 filosofia antropológica de, 198
 morte de, 192
 relação entre os sistemas de
 Marx e, 240
 sobre a história, 321
 sobre Bruno, 249
 sobre o estado como moralidade
 objetiva, 192
Heidegger, Martin, 242
Heilman, Robert, 50
Heimarmene (necessidade), 293
Hélio, 293
Henrique III, rei da França, 66
Henrique IV, rei da França, 66
Henrique VII, rei da Inglaterra,
 confisco da propriedade
 aristocrática e monástica, 123
Henrique VIII, dei da Inglaterra,
 confisco da propriedade
 aristocrática e monástica, 123
Heptaplomeres (Bodin), 236

Heráclito, 276, 304
Herder, Johann, 209, 258
Hermenêutica, 47
Heroísmo, Nietzsche sobre o, 354
Herrlichkeit (caminho para a glória), 262
"Herrschaftslehre" (Voegelin), 26, 47
Hierarquia, construção do estado soberano através dos passos intermediários desde a base da, 62
Hilozoísmo, 244-45, 245
Hiroshima, bomba atômica, 234
Histoire de la Conquête de la Chine par les Tartars (Palafox), 208
Histoire Générale des Voyages, 208
Histoire naturelle (Buffon), 207-10
"Historicidade da verdade", 22-23, 37-52
História:
  definição de, por Voegelin, 49
  e *anamnese*, 258-59
  filosofia cristã da, 296
  Hegel sobre a, 321
  Herder sobre, como história da alma humana, 258
  Hölderlin sobre a, 296
  Schelling sobre existência histórica, 255-60
  três estágios da, segundo Nietzsche, 364
História das ideias políticas (Voegelin):
  a dificuldade de Voegelin para conceituar, 15-18, 38
  e a "historicidade da verdade", 37-52
  e a teoria da evocação, 23-24, 32-35, 37-38, 52
  e o paradigma da "ideia política" 23-37, 47
  mudanças de Voegelin no manuscrito, 13-23
  mudanças editoriais à, 52-53
  novos títulos, como "Ordem e símbolos", 15-16
  o propósito de Voegelin ao escrever, 23
  preparação para a publicação de, 13
  primeiro esboço, 26
  revisão dos dois primeiros volumes, 13, 25
  significado de modernidade na, 53
  tamanho da, 15
Historicismo:
  e o fatalismo, 204
  e o pensamento de Buffon, 209-10
Historiografia, definição de Voegelin da, 49
History of Political Theory (Sabine), 23
Hitler, Adolf, 20, 44, 151, 190, 281
Hobbes, Thomas:
  ataques a, 76, 153
  como realista psicológico, 41, 44, 74, 76, 188
  comparado a Espinosa, 159
  comparado a Locke, 172, 190
  comparado a Maquiavel e Bodin, 74-77
  comparado a Retz, 145
  e a perda do *fruitio Dei,* 78
  e o "redescobrimento do homem", 40, 64
  e o controle de opinião, 87
  e o método resolutivo-compositivo, 62
  e o problema do realismo, 74-77

e o problema na nova era de
 Voegelin, 63
importância de 89
obra: *Leviatã*, 41, 77, 88, 329*n*56
sobre a estrutura mecânica do
 homem, 77-78
sobre a loucura, 79, 86, 88, 159,
 189
sobre a natureza humana, 76-77,
 172, 177-78, 348
sobre a paz, 78, 82
sobre a perfeição do fechamento
 espiritual do estado, 85-87
sobre a perfeição do fechamento
 legal do estado, 84-85
sobre a pessoa, 83-84, 178
sobre a razão, 77, 81, 159
sobre *commonwealth*, 83-88
sobre comunidade, 80-81
sobre Deus, 78, 179
sobre *fruitio hominis*, 79
sobre o direito natural, 82-83
sobre o medo da morte, 80-82, 159
sobre o orgulho, 77-80, 87, 329
sobre o poder, 76-77, 146-47, 158, 189, 329
sumário sobre, 87-88
Holanda. *Veja* Países Baixos
Hölderlin, Friedrich, 293-301
Holland, duque de, 133
Hollweck, Thomas, 24, 26
Homines religiosi, 332
Homo natura, 334, 336, 349
Hooker, Richard, 163, 170
Hooker, Thomas, 106
Hotham, Sir John, 133
Huber, Ernst Rudolf, 358-59
Huguenotes, guerras dos, 128
Humano, Demasiado Humano
 (Nietzsche), 317-22
Hume, David:
 a influência de Harrington
  sobre, 125
 ataque ao *Mito da Razão* por, 43
 ceticismo de, 192-93, 198
 como epistemologista, 194
 comparado a Locke, 197-98
 comparado a Montesquieu, 198-99, 198
 comparado a Vico, 198
 conservadorismo de, 193
 e o "redescobrimento do
  homem", 40, 64
 e teoria dos sentimentos, 193-94
 obra: *Tratado da Natureza
  Humana*, 192, 194-95
 sobre a natureza, 195
 sobre a razão, 193-94
 sobre a simpatia, 196, 200
 sobre a teoria do contrato, 193-94
 sobre as convenções, 197
 sobre filosofia versus religião, 194, 196
Husserl, Edmund, e o cerne
 espiritual da personalidade
 humana, 47
Huxley, Aldous, 232
Hyperions Schicksalslied
 (Hölderlin), 294

I

Iaco, 277
Ibn Ezra, 154
Idades do Mundo (Schelling), 242
Idealismo:
 de Fichte, 245-46
 transcendental, 242, 245
Ideias políticas:
 ancilares, 34
 conceito de, 28

e *cosmion*, 31, 32-33, 34-35, 39-41, 43, 52, 207
função criadora de mitos da, 48
links com a realidade empírica, 28-29
paradigma da, 23-37, 47
versus teoria política, 34-35
Ideias. *Veja* Ideias políticas
Ideologia, conceito marxista de, 231
Igreja:
  disciplina da, 177
  dogma mínimo para a religião de estado, 163-64
  excomunhão, 154, 177
  Hobbes sobre a, 85-86
  Locke sobre a, 173
  Milton sobre a, 114-17
  privatização da, 174-76
  Schelling sobre a, 274-76
Igreja Católica:
  e Cromwell, 139
  e o ideia cristão da humanidade, 64
  fora da esfera de tolerância, 113-14, 176-77
Igreja da Inglaterra, soberania da, 94
Igreja e Estado, Schelling sobre a relação, 271-72
Iluminismo, 188
Im Schauen (na visão), 260
Im Tiefsten (raízes da existência), 323
Imanentismo, 52, 310-12, 325, 338, 351, 356
Impeachment de 1642 (Inglaterra), 95-96
Império Romano, conhecimento renovado da ascensão e queda, 207
Império, Harrington sobre, 122-23
Imperium (domínio), 160
Imunidade, 101-102, 134
Incas, história dos, 208-209
Inconsciente, 49-50, 214, 257, 259-60, 290-91
India Orientalis (Pigafetta), 208
Índia:
  e Portugal, 128
  viagens na Índia Oriental, 208
Infinidade:
  Bruno sobre a, 219-22
  Pascal sobre a, 222-23
Inglaterra:
  aristocracia na, 90, 124
  Atentado a Pólvora na, 66
  classe média na, 91, 123
  Conquista normanda da, 120
  cosmion nacional na, 207
  governo constitucional na, 41, 64, 206
  Guerra das Rosas, 90, 123
  Lei dos Pobres na, 132
  período de Reforma do século XIX, 131
  período de Restauração, 42, 131, 167
  readmissão de judeus na, 154
  Reforma de 1832 na, 102, 192
  reis Stuart na, 130, 134, 168
  "ressaca" medieval na, 90-91
  Revolução Gloriosa na, 131, 167
  sociedade política sem estado na, 42
  teoria de governo na, 131
  Veja também Revolução Inglesa; Parlamento
  versus o pensamento político continental, 130-31
  violência política na, 66
Inquisição, 252

Intelectualismo, Hölderlin sobre
o, 298
Intentio animi, 311
Inversão e parcialidade, 239-40
Inversão ontológica, 45
Irenäus: Die Geduld des Reifens
(Balthasar), 19
Ireton, Henry, 101
Irineu, 20
Irlanda, 97, 139
Islã:
   atividade missionária contra
   o, 345
   e Espinosa, 157-58
   Montesquieu sobre o, 204
   tolerância não estendida ao, 176
Isolacionismo, 110
Israel:
   e o contrato entre Deus e os
   israelitas, 168
   monoteísmo do hebreus, 256
Itália, *cosmion* nacional na, 207
Ius gentium, 67
Ius naturale (regra da natureza), 82

J

Jacobi, Friedrich, 241
Jaeger, Werner, 278
Jaime I, rei da Inglaterra, 91-93,
   97, 168
Japão, Montesquieu sobre o, 203
Jaspers, Karl, 242, 313, 352
Jensen, Merrill, 106
Jesuítas:
   Pascal sobre os, 307
   reação das pessoas moderadas
   aos, 59
Jesus Cristo:
   Hölderlin sobre, 296
   Nietzsche sobre, 309, 314
   Schelling sobre Dionísio e,

29-83, 293
Jó, livro de, 74, 80
João, primeira epístola de, 328
Joaquim de Fiore, e Schelling, 279,
   283, 287-88
Judeus:
   e o campo de concentração, 234
   judeus marranos, 154
   Nietzsche sobre, 361
   nos países baixos, 61-62
   readmissão à Inglaterra, 154
   Veja também Israel
Júlio César, comparado a Pascal,
   307
Juramento, Espinosa sobre, 165
Jus naturale (direto natural), 60-62

K

Kant, Immanuel:
   ceticismo de, 347
   comparado a Grotius, 73
   do *equilibrium*, pela ideia, 63
   e a "revolução do espírito", 18
   e a evolução biológica, 191
   e evolução, 225
   e o "redescobrimento do
   homem", 40, 64
   e Schelling, 250
   e teoria de raça, 209
   filosofia antropológica de, 198
   importância de, 292
   sobre a consciência, 113
   sobre a estrutura apriorística da
   compreensão, 194
   sobre *Ding an sich*, 251
   teoria política de, 62
Karma, 286
Kepler, Johannes, 251
Kierkegaard, Søren, 81, 242, 246,
   292, 330, 340
Klemm, Gustav, 209

Kraft (força), 313
Kraus, Karl, 232

L

La Rochefoucauld, François de, 145, 305
La Vallière, Mlle. de, 152
Lasswitz, Curt, 232
Laud, arcebispo, 97, 128, 132
Lauterste Gott (mais puro Deus), 254, 284
Law of Freedom (Winstanley), 121
Le Brun, Charles, 152
Le Dualisme chez Platon, les Gnostiques et les Manicheens (Pétrement), 19
Le Gentil, 208
Le Nôtre, André, 152
Le Vau, Louis, 152
Lei dos Pobres, 132
Lei natural:
   e a imunidade da Inglaterra, 102
   e Milton, 112
   e o direito natural, 60-62
   Grotius sobre a, 67-68, 73
   Hobbes sobre o, 82-83
   no século XVII, 60-62
Leibniz, Gottfried Wilhelm, 195, 244-45
Lenin, V. I., 20, 44, 188, 190, 281
Leonardo da Vinci, comparado a Pascal, 307
Lery, Jean de, 208
Lettres provinciales (Pascal), 308-9
Leviatã (Hobbes), 41, 77-88, 329
Lex naturalis (lei natural), 61, 82
Leyden, Jan van, 152
Liberalismo:
   de Espinosa, 162
   e planejamento, 230
Liberdade (Freedom):
   e os nacional-socialistas, 112
   Espinosa sobre, 161
   Milton sobre, 112-17
   Schelling sobre, 263-68, 284
Liberdade (Liberty):
   Hobbes sobre a, 82
   Hume sobre a, 193
   Milton sobre a, 112-17
   Montesquieu sobre a, 199, 205-06
   Williams sobre liberdade de consciência, 110
Liberdade de expressão, Espinosa sobre a, 161
Liberdade religiosa, e imigração da Inglaterra, 94, 104-11
Libidines, 328
Libido, 328, 335
Libido dominandi, 335-36
Lilburne, John, 135, 151
Lincoln, Abraham, 281
Literatura de viagem, 207-8
Locke, John:
   ciclo histórico terminando em, 43-44, 187-90
   como *bête noire* do pensamento politico moderno, 39, 43
   comparado a Grotius, 188-89
   comparado a Hobbes, 172, 190
   comparado a Hume, 197
   crítica a, 181*n*6, 184-86
   e a "redescobrimento do homem", 40, 64
   e Hooker, 170-71
   e o individualismo possessivo, 42-43
   importância de, 167, 172
   influência de Harrington sobre, 125
   obras: *Cartas sobre a Tolerância*, 173; *Essay Concerning Human*

Understanding, 171; *Essay Concerning Toleration*, 172; *Tratado de Governo Civil*, 168, 170-72, 178-79, 183, 230
perturbação espiritual de, 185
sobre a Ceia do Senhor, 177
sobre a *commonwealth*, 173
sobre a desigualdade, 181-84
sobre a igreja, 172-73
sobre a monarquia limitada, 167-69
sobre a natureza humana, 170, 172, 177-80
sobre a natureza, 181n6, 181-82, 188-89
sobre a propriedade, 177-86, 189, 230
sobre a razão, 188-89
sobre consentimento, 182-83
sobre Deus como proprietário do homem, 177-79
sobre o dinheiro, 181-83
sobre o estado civil, 181-82
sobre o homem como proprietário de si mesmo, 179-81
sobre os puritanos, 171-72
sobre tolerância, 172-77, 187
sumário sobre, 184-86
teoria do contrato, 167-69
Logos, 71
Lotze, Rudolf, 242
Loucura, Hobbes sobre a, 79-80, 86, 88, 159, 189
Löwith, Karl, 26, 50
Lucrécio, 219-20
Luís XIV, rei da França, 141, 144, 148-52, 179, 274
Luís XVI, rei da França, 205
Luria, R. Isaac, 179
Luteranismo:
  e a ideia cristã de humanidade, 64-65
  e o radicalismo protestante, 114
Lutero, Martinho:
  e igreja na sociedade civil, 173
  e o radicalismo protestante, 114
  e Pascal, 326

M

Macht (poder), 313
Madagascar, viagens a, 208
Maimônides, 154
Maine, H. S., 62
Mal, Nietzsche sobre o, 356-60
Manasseh ben Israel, 154
Mandelslo, Johann Albrecht von, 208-09
Mandeville, Lord, 133
Maomé, 314
Maquiavel, Nicolau:
  como "realista espiritual", 52
  como realista, 74-77
  comparado a Hobbes e Bodin, 74-77
  comparado a Retz, 148
  e Bodin, 161
  e o conhecimento renovado da ascensão e queda do império romano, 207
  e o mito do herói demoníaco, 76
  e o orientalismo, 153
  estudos de Harrington sobre, 121;
  leitura de Constant sobre, 145
  virtù de, 77, 147, 207
Marianas, viagens às, 208-09
Marranos, judeus, 154
Martírio, 330, 351
Marx, Karl:
  ciclo histórico que começa com, 191

como profeta de Israel, 289
comparado a Nietzsche, 364
crítica ao sistema burguês, 184,
185, 230
e a dialética da história, 20
e o "redescobrimento do
homem", 40, 63-64
e o conceito de ideologia, 231
e o fenomenalismo econômico,
230
heroização de, 281
relação entre os sistemas de
Hegel e, 240
sobre o cristandade, 246, 287-88
socialismo revolucionário de,
19-20, 44, 190
Marxista, e sectarismo, 110
Mascardi, Agostino, 148
Massachusetts Bay, assentamento,
104-106, 108
Massachusetts, colônia, 173
Materialismo:
e fenomenalismo, 218-20
francês e Schelling, 245
Mather, Cotton, 106
Mather, Increase, 106
Mazarin, Jules, 128, 139, 141, 143,
148
Meditações extemporâneas
(Neitzsche), 304, 315-16
Medo da morte, Hobbes sobre o,
80-82, 159
Melancolia, Schelling sobre, 264,
267-70
Mémoires (Luís XIV), 148-52
Mémoires (Retz), 145
Mémorial (Pascal), 309
Metanoia, 289
Michelângelo, Schelling sobre, 269
Mikoyan, A. I., 175
Milton, John, 112-17, 139, 161-62,
176-77
Mintz, Max, 26, 35-36
Mirabeau, 314
Missionária cristã, 204
Mistério, 278-79
Mistérios de Deméter, 277
Misticismo:
de Bodin, 157, 194, 236
de Espinosa, 41, 153-57, 161,
194, 236
de Nietzsche, 310-15, 319, 356
e Hegel, 259
e o Nada, 284-85
e Schelling, 259
Mito da Razão e do Progresso, 44
Mitos:
de Platão, 286-87
teoria de Schelling sobre os, 48,
256, 276-78
Mitwissenschaft (conhecimento
conjunto), 256
Mitwissenschaft mit der Schöpfung
(alma humana coeva à criação),
49
Moderninade, significados da, 53
Moeurs, 201
Moisés, 314
Monarquia:
Dante sobre, 236
e os ministros de estado no
século XVII, 128
fundação religiosa da, 150-51
Harrington sobre, 121
Locke sobre monarquia
limitada, 169-70
Luís XIV sobre, 148-52
Milton sobre, 112-13, 116
monarquia absoluta do tipo
turco, 123
monarquia constitucional
limitada na Inglaterra, 102-03

Montesquieu sobre, 205
o rei e a corte como espetáculo para o povo, 151-52
restrições inglesas ao poder real de 1620-1640, 95-96
Retz sobre a monarquia francesa, 145-46
teoria do reinado divino de Jaime I, 91-92,
Veja também Governo (Rulership):
Mongol, Império, contatos físicos com a civilização árabe e com o, 207
Montaigne, Michel de, 305, 311
Montesquieu, Barão de:
 ataques ao Mito da Razão, 44, 198-99
 atmosfera de, 198-99
 comparado a Buffon, 207-208
 comparado a Hume, 198-99
 e o "redescobrimento do homem", 40, 63-64
 fatalismo de, 204
 importância de, 199
 influência de Harrington sobre, 125
 obra: *Esprit des Lois,* 201-203, 210
 questão antropológica, 200-01
 relações históricas em, 206
 sobre o destino nacional, 203-05
 sobre o governo, 201, 203, 205-06
 sobre o povo, 201-02
 viagens e descobrimentos geográficos, 207,-08
Moralidade do escravo, Nietzsche sobre, 359-60
Moraliste, 316, 344
More geometrico, 63

More, Sir Thomas, 118, 122, 163
Morte:
 a morte de Deus, 165, 247, 346-48
 e *fruitio in conspectu Dei,* 157
 Hobbes sobre o medo da, 80-82, 159
Morteira, rabino, 154
Mosca, Gaetano, 191
Mountmorris, 133
Movimento dos trabalhadores, 65
Mussolini, Benito, 44, 190-91, 358
Mystère de Jésus (Pascal), 309

N

Nacional-socialismo:
 apelo para as massas, 175
 campo de concentração, 234
 descarrilamento do, 313
 e Nietzsche, 51, 357-58
 e o planejar, 229-30
 e o Terceiro Reino, 292
 Kraus sobre, 232
 liberdade para aqueles que concordassem com, 112
Nações:
 a teoria de evocação, 39
 como nova substância social, 64
 cosmion das, 207
 diversidade na ordem interna das, 64
 Grotius sobre a desigualdade entre as, 69-71, 188
 Milton sobre as, 116-17
 Montesquieu sobre o destino nacional, 203-205
 Montesquieu sobre as diferenças entre as, 200-01
 Veja também Estado
Nada:
 e misticismo, 285

Pascal sobre o, 285
Schelling sobre o, 284-85
Nápoles, 129
Natur und Kunst oder Saturn und Jupiter (Hölderlin), 295
Natureza:
    ceticismo metodológico da, 250
    Cícero sobre a, 71
    Descartes sobre a, 249-50
    Espinosa sobre a, 156, 162
    experiência franciscana da, 300
    Grotius sobre as regras da, 71-72
    Hobbes sobre direito e lei da, 82-83
    Hölderlin sobre a, 297-301
    Hume sobre a, 194-95
    Locke sobre a, 181, 184
    Montesquieu sobre as leis da, 200-01
    Nietzsche sobre a, 254, 318-19, 331-32, 335, 348
    Schelling sobre a, 254, 268-69
Natureza humana:
    Buffon sobre a, 207-09
    e "essência do homem", 68-69
    e Deus como proprietário, 177-79, 189
    Espinosa sobre a, 155-58
    finitude do homem, 222
    Grotius sobre a, 68, 69-71, 78, 189
    Hobbes sobre a, 77-80, 172, 178, 345
    homem como proprietário de si mesmo, 179-81
    Hume sobre a, 192-98
    Locke sobre a, 170-71, 177-80, 189
    Montesquieu sobre a, 198-200
    o conceito de Hobbes de pessoa, 83-84, 178

Pascal sobre a, 327, 339-41
Schelling sobre a, 267-70
Naturloses Geist (espírito sem natureza), 284
Naturrecht, 62
Neoplatônico, 154
Newcastle, Proposição de 1646, 97
Newton, Sir Isaac, 63, 217, 247
Nicolau de Cusa, 223-24, 285
"Nietzsche, a Crise e a Guerra" (Voegelin), 50
Nietzsche, Friedrich:
    Aforismo: "Censor Vitae", 318-19; "Comparação com Pascal", 323, 327; "Desejo de oponentes perfeitos", 325-26; "Esforço pela distinção", 330-31; "Fuga de si mesmo", 312; "Humanidade do Santo", 351-52; "Lamentação", 317; "No Leito de Morte da Cristandade", 347-48; "O Pecado Original dos Filósofos", 316-17; "Origem da *Vita Contemplativa*, 331; "Religiosidade", 332-33; "Viagem ao Hades", 311; "Vitória sobre a força", 312-13
    aforismos de, 317
    ancestralidade manifestada, 313-14
    como "realistas espirituais seculares", 53
    como imoralista, 356-57
    comparado a Hegel, 321
    comparado a Hobbes, 88
    comparado a Jaspers, 352
    comparado a Schelling, 254
    e a genealogia da moral, 358, 364
    e o gnosticismo, 52
    e o nacional-socialismo, 51, 292, 357

e o sacrifício, 301
e Pascal, 50-51, 305-10, 315-17, 323-27, 337-39, 350, 359
estudo separado de Voegelin sobre, 14, 22, 47, 50
falta de interesse de Voegelin em, 50-51
imanentismo de, 52, 281, 310-13, 325, 338, 351, 354-56
interpretação de seu desenvolvimento pessoal como pensador, 303-04
interpretação elitária da ciência política por, 191
misticismo de, 310-15, 319, 357-58
niilismo de, 309
obras: "Passio Nova, ou: da Paixão de Honestidade", 322; "Religião de Coragem", 322; "Sentimento de Poder", 322; "Vita Contemplativa", 322; *Aurora*, 312-13, 321-22, 350-53; *Ecce Homo*, 315 *Estado Grego*, 318; *Filosofia na Era Trágica dos Gregos*, 304; *Humano, Demasiado Humano*, 317-22; *Meditações Extemporâneas*, 304, 315-16; *Para Além do Bem e do Mal*, 308, 332-33; *Sentenças misturadas e Epigramas*, 311; *Vontade de Poder*, 310, 318, 322, 353-54; *Zaratustra*, 346
platonismo em, 51-52
sobre aristocrático-sacerdotal, 358-60, 363-64
sobre a "besta loira", 313, 362-63
sobre a "fuga de si mesmo", 318
sobre a autoconquista, 329-30
sobre a classe média, 347
sobre a consciência, 332-33
sobre a crueldade, 333, 354
sobre a dificuldade, 353-54, 360
sobre a experiência orgiástica, 292
sobre a felicidade, 337
sobre a força, 312-13, 313n21
sobre a graça, 292, 313, 344, 345, 348-53
sobre a morte de Deus, 165, 247, 346-48
sobre a natureza, 254, 319, 335, 336, 349
sobre a paixão, 322-25, 327-39, 349
sobre a preguiça, 318, 318n34
sobre a psicologia, 332-33
sobre a relação com os grandes mortos, 311, 315
sobre a sublimação, 335
sobre a vaidade, 329-30
sobre a vida contemplativa *(vita contemplativa)*, 51-52, 317-18, 327-39, 349
sobre a vontade de poder, 332, 335, 353-56
sobre a vontade, 332-39, 349
sobre Bem-Mal, 358
sobre Bom-Mau, 358, 362
sobre declínio da civilização, 190
sobre o "último homem", 247
sobre o amor pela humanidade, 350-51
sobre o Caminho para a Sabedoria, 303
sobre o cristandade 246, 325-26, 347
sobre o descarrilamento, 313
sobre o ego, 323, 352-55
sobre o heroísmo, 354

sobre o indivíduo como a
  substância do futuro, 321
  sobre o orgulho, 327-29
  sobre o protestantismo, 326
  sobre os três estágios da
  história, 364
  sobre *ressentiment*, 358-64
  sobre *unio mystica*, 320
Niilismo, 309, 363-64
Nirvana, Schelling sobre o, 283-86,
  292
Niveladores, 98, 117-18, 135
Nobreza. *Veja* Aristocracia
Nomos, 71, 299, 301
Nosos, 185
Nous basilikòs, 264
Nous, 264
Nouvelle Relation du Levant, 208
Nova ciência (Vico), 19, 53
Nova ciência da política (Voegelin),
  15, 21
Nova ciência, 44, 50-51, 189-91
Nova França, história da, 209
Nova Jersey, colônia de, 125
Novalis, 153
Novo Testamento:
  abolição do pobreza ordenada
  no, 119
  Veja também Bíblia

O

"Obsessões fenomenais", 221
Oceana (Harrington), 121-22
Oceano, 293
Of True Religion (Milton), 114
Oikeiosis (consciência de espécie),
  71
Oldenbarneveldt, Johan van, 128
Olivares, Conde de, 128
Omphalos, mito do, 207
Opitz, Peter J., 50

Oratio directa, 308
Oratio obliqua, 308
Ordem:
  e o *De Jure Belli ac Pacis* de
  Grotius, 65-66
  Schelling sobre a ordem
  inteligível do ser, 270-71
Ordem Dominicana, 235
Ordem e História (Voegelin), 39
"Ordem e Símbolos" (Voegelin),
  15-16
Orgulho:
  Hobbes sobre o, 77-80, 86, 329
  Nietzsche sobre o, 329-31
  Pascal sobre o, 342
Orientalismo, 153-54, 285-86, 300
Ortega y Gasset, José, 242, 290
Otium (tempo livre), 317-18
Ottmann, Henning, 50-51
Ovington, 208
Oxford, Proposição de 1643, 97
Oxienstierna, Bengt, 128

P

Pacto do Mayflower, 94
Pacto Nacional Escocês 1638, 97
Países baixos:
  Althusius sobre o estado nos, 61
  e o comércio da Índia Oriental,
  70
  governo no século XVII, 163-64
  judeus nos, 154
Paixão:
  Nietzsche sobre a, 322-24, 327-
  39, 349
  Pascal sobre a, 323-24, 333,
  340-41
Palafox, 208
Papa angelico, 280
papas:
  ataque de Milton aos, 114

Roger Williams sobre os, 107
Para Além do Bem e do Mal
  (Nietzsche), 308, 332-33
Paracelso, 226
Parcialidade e inversão, 239-40
Pareto, Vilfredo, 191
Parlamento de Paris, 142-43, 144
Parlamento:
  dissolução do, durante a
    Revolução Inglesa, 137-40
  e a monarquia limitada, 169-70
  e Cromwell, 134, 137-40
  e o acordo de 1688, 169, 193
  e o *Acordo do Povo*, 98-101
  e o conflito com Jaime I, 92
  e o Grande Protesto de 1621, 93
  Hume sobre o, 192-93
  luta entre os membros do
    parlamento que eram senhores
    de terra, os mercadores e o
    Estado, 132-34
  poderes do, 100
  soberania do, 85, 100
  tendência sumo à soberania na
    década de 1640, 96
Paroquialização, 240
Pascal, Blaise:
  automortificação por, 330
  ceticismo de, 307
  e a moralidade de escravo,
    361-62
  e especulação fenomênica,
    221-22
  e Lutero, 326
  e Nietzsche, 50-51, 305-10, 314-
    15, 323-28, 337-38, 341, 344-46,
    349, 361
  e o cristandade, 307-308, 325-
    27, 344-46, 348
  estudo separado de Voegelin
    sobre, 14, 50, 51-52

irmã de, 341
obras: *Confession du Pêcheur*,
  309, 345; *Discours sur les
  passions de l'amour*, 309, 335;
  Lettres provinciales, 308-309;
  Mémorial, 309; *Mystère de Jésus*,
  309; *Pensées*, 222, 306-07, 310,
  316, 324, 327-28, 345-46
o ferimento de, 333
"profundidade" de, 306-07
sobre a alegria, 285, 338
sobre a alma, 341-42
sobre a graça, 308-09, 344-45,
  348
sobre a natureza humana, 328
sobre a paixão, 323-24, 335-36,
  341-42
sobre a vaidade, 330
sobre a vontade, 316
sobre Deus, 337-38, 342-43, 346
sobre ego, 342, 349
sobre *ennui* e *divertissement*,
  312, 318, 339-40
sobre o escopo da vida, 285
sobre o espírito, 335-36
sobre o orgulho, 343
sobre o poder, 328
sobre o *ressentiment*, 339-41
Vinet sobre, 309-10
Patmos (Hölderlin), 297
Paulo, São:
  e a filosofia cristã da história,
    296
  Nietzsche sobre, 352
Paz, Hobbes sobre a, 78, 82-83
Pecado, Nietzsche sobre o, 353-54
Pellisson, 152
Penn, William, 125
Pensées (Pascal), 222, 306, 310,
  316, 324, 327-28, 345-46
Pensilvânia, colônia da, 125, 173

Peregrinos, 97, 105
Périer, Étienne, 306
Périer, Mme., 309
Período de Restauração na Inglaterra, 42, 131, 167
Pérsia:
   Montesquieu sobre a, 203
   viagens à, 208
Persona (face ou aparência exterior), 83
Pessoa, Hobbes sobre a 83-84
Petição de Direitos de 1628 (Inglaterra), 95
Pétrement, Simon, 19
Philosophia perennis, 214
Philosophie der Offenbarung (Schelling), 255, 269, 287
Philosophische Untersuchungen über das Wesen der menschlichen Freiheit (Schelling), 259, 261-62, 269
Physis, 299
Pigafetta, Antonio, 208
Planejamento, 229
Plataforma de Cambridge de 1648, 106
Platão:
   como final de uma época, 292
   comparado a Schelling, 44, 286-88
   e Nietzsche, 311
   e *nosos,* 185
   e o dogma mínimo, 163
   e o inconsciente, 49-50
   e Sócrates, 286-87
   mitos de, 286-87
   Nietzsche sobre, 314-15
   nous basilikòs de, 264
   obras: *Político,* 287; *República,* 287; *Timeu,* 287
   sobre a alma, 276, 186
   sobre a contemplação, 36
   sobre polis, 287
   sobre *politeia,* 286
   Sol símbolo de, 152
Platonismo, de Nietzsche, 51-52
Plebiscito, 357
Pleno jure, 67
Plutarco, 317
Pobreza:
   abolição da, 119
   e a abolição do Conselho do Norte na Inglaterra, 133
   Lei dos Pobres inglesa, 132
   Locke sobre a, 183-84, 230
   Winstanley sobre a, 119
Poder:
   Bodin sobre fundamento de poder versus superestrutura legal, 68
   Espinosa sobre, 159-61
   Harrington sobre, 122-23
   Hobbes sobre, 78-79, 87, 146-47, 159, 189, 329
   Pascal sobre, 328
   Retz sobre, 146
Poe, Edgar Allan, 232
Polis:
   Harrington sobre, 123-24
   Platão sobre, 287
   Schelling sobre, 276-77, 282-83
Politeia, 286
Politeísmo pagão, 256, 281-83, 293-97
Politeísmo, 256, 281-83, 293-97
Político (Platão), 287
Polo, Marco, 208
Pope, Alexander, 167, 198
Portugal:
   e o comércio nas Índias Orientais, 70
   independência de, 128

Potência, 253-55, 261-63, 284
Potentia (poder), 159-61
Potenz (potência), 253-55, 261-63, 284
Potenzenlehre, 253-55, 257, 263, 287
Potestas civilis, 72
Poussin, Nicolas, 319
Povo, Montesquieu sobre o, 201-02
Praktische Vernunft (razão prática), 251
Prato, Juan Daniel de, 154
Preguiça, Nietzsche sobre a, 318
Presbiterianos, 107-08, 134
Princípio bárbaro, 246-47
Progresso, 190
"Projeções fenomenais", 221
Prometeu (Ésquilo), 277-78
Prometeu, 264, 278
Prometheus (Balthasar), 19
Própria história do espírito, 48
Propriedade:
    e Deus como proprietário, 177-79, 180
    e o homem como proprietário de si mesmo, 179-81
    Locke sobre, 177-86, 189, 230
Prosopon (face, aparência exterior), 83
Protestantismo:
    Milton sobre a tolerância ao protestantismo, 113-14
    Nietzsche sobre, 326-27
    protestantismo radical, 114
Psicologia:
    de Freud, 292, 336
    e administrador psicológico, 231
    e ciência matematizada, 214
    e fenomenalismo psicológico, 46, 231-32
    e teoria política, 63
    Nietzsche sobre a, 331-32
    psicologia comportamentalista, 231
    psicologia profunda, 231
Psyche (identidade de substância), 50
Puritanos:
    críticos dos, 135
    e a Aliança com Deus, 86
    e Cromwell, 139
    e imunidade, 102
    Locke sobre, 171-72
Putney, debates de 1647. Ver Debates Putney de 1647
Pym, John, 133, 151
Pyrard, 208

Q

Quakers, 111, 140

R

Race and State (Voegelin), 47-48
Racionalismo, 237-39
Rafael, Schelling sobre, 269*n*47
Rainborough, Thomas, 101
Razão:
    aforismos de Schelling sobre, 247-48
    e *Ding an sich*, de Kant, 251
    Era da Razão, 238
    Grotius sobre, 71-72, 81, 188
    Hobbes sobre, 77, 81, 159
    Hume sobre, 192-94
    Locke sobre, 188-89
    reação de Vico contra a, 191
"Realidade fenomenal", 221
Realismo:
    de Bodin, 74-76
    de Hobbes, 74-76
    de Maquiavel, 74-76
    de Schelling, 53, 288-89

e diletantismo filosófico, 236-37
e evocação, 74-75
e racionalismo, 237-38
ineficácia do realista, 240-41
isolamento social de realista, 235-36
parcialidade e inversão, 239-40
período de transição e os realistas, 74-77
Realismo espiritual, 53-54
Realissimum, 219 (aparece com 3s – corrigir)
"Realistas espirituais seculares", 53
Recta ratio, 71
Recueil des Voyages, 208
Redlichkeit (paixão de honestidade), 322
Reed, R. R., 133
Reforma de 1832 (Inglaterra), 102, 192
Reforma:
 impacto da, 174, 187-88, 207, 344
 na Alemanha, 274
Regnum, 61
Religião:
 Hume sobre a, 194
 Montesquieu sobre a, 204
 Nietzsche sobre religiosidade, 332-33
 Schelling sobre religiosidade, 268-69
 Veja também Igreja Católica; Cristandade; Igreja; Protestantismo
Religiões (Voegelin), 16
Renan, Joseph-Ernest, 191
Renovatio, 299
Repos (repouso), 339
República (Platão), 287

República, Montesquieu sobre a, 205
Respublica Christiana, 69
Respublica, 61
Ressentiment:
 Nietzsche sobre o, 358-62
 Pascal sobre o, 339-41, 358
Retorno interno, 266-67, 301
Retz, Jean François, Cardeal de, 130, 145-48, 151
Revolta Alemã dos Camponeses, 118
Revolução Gloriosa, 131, 167
Revolução Industrial, 230
Revolução Inglesa:
 Acordo do Povo, 98-102, 117-18
 acusação e sentença a Charles I durante a, 102-03, 128, 137, 169-70
 Ato Trienal de 1641, 96
 Câmara Estrelada abolida durante a, 95
 Carta às pessoas nascidas livres da Inglaterra, 99-100
 colisão com a corte e o Parlamento sob Jaime I durante a, 92-93
 Debates Putney de 1647, 101, 135-37
 e a Declaração de Independência americana, 102-03
 e a Guerra Civil, 89, 102-103, 123, 130, 170
 e a imunidade, 102, 134
 e a soberania popular, 100
 e Cromwell, 127, 130-31, 133-40, 172
 e dissolução do parlamento, 137-40
 e Harrington, 121-25
 e luta entre os membros do

parlamento que eram senhores
de terra, os mercadores e o
Estado, 132-34
e Milton, 112-17
e o acordo de 1688, 169, 193
e o exército, 98, 101
e Winstanley, 116-20
*Envolvimento solene do exército
durante,* 98
Grande Protesto de 1641, 95, 97
imigração a partir da Inglaterra
no séc. XVII, 94, 104-11
Impeachment de 1642, 95-96
Jaime I, 91-93, 97, 168-69
monarquia constitucional
limitada, 102-103
Pacto de Mayflower, 93-94
padrão da, 104
papel do rei durante a, 91
Petição de Direitos de 1628, 95
poderes do parlamento durante
a, 85, 95, 100
Proposição de Newcastle de
1646, 97
Proposição de Oxford de 1643,
97
Proposição de Uxbridge de1644
durante, 97
restrições do poder real 1620-
1640, 95
teoria do reinado divino de
Jaime I, 91-92, 94
Revoluções. *Veja* Revolução
Inglesa
Rhode Island, colônia de, 110-11,
176
Rich, Sir Henry, 133
Richelieu, Cardeal, 128, 138-39,
143-44, 205
Riqueza:
Harrington sobre a, 123

Locke sobre a, 181-83, 230
Nietzsche sobre a, 360
Winstanley sobre a, 121
Roma, Montesquieu sobre, 204-05
Römisches Gespräch, 207
Rousseau, Jean-Jacques:
e construção da nação, 64
e Nietzsche, 311
e o "redescobrimento do
homem", 40, 63-64
obra: *Contrato Social,* 142
Rudbekii, Olaii, 208
Rússia, sovietes do exército da
1917, 98

S

Sabine, George H., 23
Sacerdotes, Nietzsche sobre os,
360-61, 363-64
Sacrifício, 299, 301
Sacrum imperium, 74, 207
Saeculum senescens, 281
Sages (o sábio), 328
Salmos, 178
Sandoz, Ellis, 24, 26
Santayana, George, 220
Santificação, 266-67, 294
Santos:
e a esfera secular, 174
Nietzsche sobre os, 331-32,
351-52
São Domingos, história de, 208-09
Saturno, 295
Saye, Lord, 133
Scheinheiligen Dichter, Die
(Hölderlin), 294
Scheler, Max, 48
Schelling, Friedrich Wilhelm
Joseph von:
ataques a, 241
comentários conclusivos sobre,

44-55
como fim de uma época, 292
comparado a Platão, 286-88
comparado a São Tomás, 291
crítica social da época por, 246-47
dialética de, 257, 258-59
e a "historicidade da verdade", 22
e a antropologia filosófica, 47-48
e a consciência da historicidade humana, 49
e a experiência protodialética, 260-63
e a filosofia da substância, 19
e a imersão na substância do universo, 251-53
e a teoria dos mitos, 48, 256, 276-82, 293
e aforismos sobre a razão, 247-48
e Bruno, 214, 243-44, 249-50, 255-56, 290
e Hegel, 259-60
e hilozoísmo, 244-45
e Kant, 250-51
e misticismo, 259
e o diálogo anamnésico, 257-60, 265
elementos da posição, 243-48
especulações de, 249-54, 288
importância de, 46-47, 50, 286-92
influência de, 241-43
interpretação de sua época por, 44
novo nível de consciência de, 286-88, 290-91
obras: *Filosofia da mitologia*, 191, 254-55, 257, 264, 274, *Idades do mundo*, 242; *Philosophie der Offenbarung*, 255, 269, 287; *Philosophische Untersuchungen über das Wesen der menschlichen Freiheit*, 259, 261-62, 269; *Stuttgarter Privatvorlesungen*, 272-74; *Weltalter*, 246, 254-63, 284-85, 301
publicação de obras póstumas de, 241-42
realismo de, 53, 288-89
sobre a "vida dupla", 264-65
sobre a Aliança dos Povos, 271-72, 280, 286
sobre a alma, 256-59, 265-66, 286, 289-90
sobre a cristandade, 246, 256, 269, 278-81, 286-88
sobre a existência histórica, 255-59
sobre a existência política, 270-83
sobre a existência prometeica, 263-70, 280, 283, 286
sobre a experiência orgiástica, 260-63, 265
sobre a graça, 266-70, 294
sobre a Igreja, 272-74
sobre a melancolia, 263-64, 267-70
sobre a natureza humana, 267-70
sobre a natureza, 254, 368-69
sobre a ordem inteligível do ser, 270-71
sobre a polis grega, 276-77, 282-83
sobre a Revolução Francesa, 272
sobre Descartes e a especulação pós-cartesiana, 243-45, 250-51
sobre Deus, 246-48, 251-54,

262-65, 267-68, 270, 283-84, 288
sobre Dionísio e Cristo, 279-80, 293
sobre mistério e escatologia, 278-80, 288-89
sobre *Naturrecht*, 62
sobre o estado-poder, 272-75
sobre o inconsciente, 49-50, 214, 250, 261, 265, 290
sobre o Nada, 284-85
sobre o nirvana, 283-85
sobre o princípio bárbaro, 246, 247
sobre o retorno interno, 266-67
sobre potência, 253-54, 261-63, 284
sobre *Potenzenlehre*, 253-55, 257, 263, 287
Schicksal, Das (Hölderlin), 293-94
Schopenhauer, Arthur, 242, 285, 292, 304-06, 311, 314, 316, 327
Schütz, Alfred, 16, 22, 26, 30, 47
Schwerkraft (melancolia), 268
Schwermut (melancolia), 268
Se, Lord, 133
Sectarismo, 109-10
Seele der Natur, 293
Sehnsucht (anseio), 268
Selbstbezwingung (conquista de nosso eu), 323
Sêneca, 171, 317
Sentimentos, teoria dos, 193-94
Separatistas, 107-08
Shaftesbury, conde de, 172
Shakespeare, William, 282, 312
Shelley, Mary, 232
Símbolos:
    da ciência, 62-63
    das ideias políticas, emprestados das ciências naturais, 65
    do direito natural, 60-62
    do estado inglês versus o estado continental, 130-31
    e realidade, 28
    rei inglês como "símbolo místico", 92
Simpatia, Hume sobre a, 197, 200
Sinneinheit (unidade de significado), 26
Soberania popular, na Inglaterra, 100
Sociedade burguesa:
    de Locke,181-86
    crítica marxista à, 184-85, 230
Sócrates:
    comparado a Pascal, 307
    e Platão, 286-87
    morte de, 74, 276
Sokrates und Alkibiades (Hölderlin), 295
Sol como símbolo, 152
Soldatenräte, 98
Sorel, Georges, 151, 191
St. John, Oliver, 133
Staatslehre, 26, 42, 130
"Staatslehre als Geisteswissenschaf" (Voegelin), 26
Stálin, Josef, como estudante de teologia, 175
Steele, Richard, 198
Stellung des Menschen im Kosmos (Scheler), 48
Stevenson, Robert Louis, 232
Stifter, Adalbert, 319
Stöhr, Adolf, 30
Strafford, Earl of, 128, 132-33
Strauss, Leo, 21, 35, 80
Struys, Jean, 208
Stuttgarter Privatvorlesungen (Schelling), 272-74
Suárez, Francisco, 59

Sublimação, 335
Sufrágio. *Veja* Imunidade
Summa Contra Gentiles, 345
Summa Theologica (Tomás de Aquino), 329
Summum bonum, 78, 81, 82, 285, 311, 344
Summum malum, 81-82
Superbia vitae, 328
Superbia, 329

T

Tabula rasa:
   das ideias políticas, emprestados das ciências naturais, 65
   e a nação como nova substância social, 64
   e a ordem interna das comunidades nacionais, 64
   e Descartes, 59, 250
   e o homem como ponto de partida do novo pensamento, 63
   e o homem só no início do século XVII, 59-60
   e o símbolo da ciência, 62-63
   e o símbolo do direito natural, 60-62
   problemas da nova era iniciada no século XVII, 63-65
   tensão entre os corpos nacionais e a humanidade, 64-65
Taxa eleitoral, 102
Tecnologia, 232-34
Teocracia, 274
Teoria da vontade geral, 64
Teoria das evocações, 24-25, 32-34, 37, 39
Teoria de raça, 209
Teoria do contrato, 167-68, 193-94
Teoria política:
   de Schelling, 270-83
   versus ideias políticas, 34-36
Terceiro Reinado:
   e comunismo e nacional-socialismo, 292
   Schelling sobre, 279-83
Tétis, 293
Théorie de l'état, 42, 130
Thevenot, 208
Tillich, Paul, 242
Timeu (Platão), 287
Toennies, 62
Tolerância religiosa. *Veja* Tolerância
Tolerância:
   e Cromwell, 139
   e o novo padrão de revolução, 173-75
   e Williams, 88-91, 176-77
   Espinosa sobre, 176
   exclusão de grupos da, 111, 113-14, 176-77
   facetas do século XVII, 176-77
   Harrington sobre, 125
   Locke sobre, 172-77, 187
   Milton sobre113-14, 176
Tomás de Aquino:
   como final de uma época, 292
   comparado a Schelling, 44, 291
   e a Ordem Dominicana, 235
   obra: *Summa Theologica*, 329
   racionalidade do pensamento de, 238-39
   sobre o consentimento como base da sociedade civil, 171
   sobre o império cristão, 35, 344
   sobre *superbia*, 329
Toynbee, Arnold, sobre as raízes da civilização ocidental, 30
Trabalhadores:
   e a abolição do Conselho do Norte na Inglaterra, 132-33

Winstanley sobre a exploração dos, 119-21
Tractatus Politicus (Espinosa), 158-59, 164
Tractatus Theologico-Politicus (Espinosa), 160, 162-63
Transmissão de Orson Welles da invasão vinda de Marte, 233
Trapista, ordem, 325
Tratado da natureza humana (Hume), 194-95
Tratado de governo civil (Locke), 168, 170-72, 178-83, 230
Treatise of Civil Power in Ecclesiastical Causes (Milton), 113
Trento, Concílio de, 308-09, 344
Trótsky, Leon, 188
Turcos, contatos físicos com os, 207
Turenne, Visconde de, 130
Turquia, viagens de Belon à, 208

U

Ungrund, 162
Unio mystica, 310, 312, 320, 356
Unmut (descontentamento), 262
Usufructu, 67
Utopia (More), 118
Uxbridge, Proposição de 1644, 97

V

Vaidade:
  Nietzsche sobre a, 329-30
  Pascal sobre a, 330
Valéry, Paul, 220
Vathek (Beckford), 198
Veltro, 280
Verdadeiros Niveladores, 117-20
Verklären (transfigurar), 248
Verne, Jules, 232

Vernunft (razão), 248
Via negativa, 315
Vico, Giambattista:
  comparado a Hume, 197-98
  destino e decadência em, 197-98
  e a "historicidade da verdade", 22
  e a Nova Ciência, 190, 193
  e o conhecimento da ascensão e queda do Império Romano, 207
  obra: *Nova Ciência*, 19, 53
  sobre o declínio civilizacional, 43-44
Vida contemplativa (*vita contemplativa*):
  Aristóteles sobre, 325
  Bodin sobre, 325
  Nietzsche sobre, 51-52, 317-24, 331-35, 349
"Vida dupla", 264-65
Vie de Pascal (Périer), 309
Villamon, 208
Vindiciae, 61
Vinet, Alexandre, 309-10
Violência. *Veja* Guerras
Virtù, 77, 147, 207
Virtude, Schelling sobre a, 268-69, 288-89
Virtus, 289
Vita contemplativa (vida contemplativa), 51-52, 317-24, 331-35, 349
Vitoria, 70
Vivere pericolosamente, 240
Volksgeist, 64
Volonté générale, 142
Volonté publique, 142
Voltaire, 188, 239, 247
Vontade de poder (Nietzsche), 309, 322, 353-54
Vontade de poder, Nietzsche sobre

a, 335-36, 353-56
Vontade geral. *Ver* Teoria da vontade geral
Vontade:
    Nietzsche sobre a, 333-38, 348
    Pascal sobre a, 316, 328
    Schelling sobre a, 263-66, 285-86
    Schopenhauer sobre a, 292, 316
Vorstellkräfte (poderes representacionais), 244
Vorstellung (representação), 244
Voyages historiques de l'Europe, 208

X

Xenófanes, 276

Z

Zagreu, 277
Zaratustra (Nietzsche), 346
Zaratustra, 314
Zdanov, 175
Zeus, 264, 277-78, 295

W

Wagner, Richard, 304-05, 314, 327-
Walgreen Lectures, 21
Wallenstein, Albrecht, 128, 130
Waller, 133
Walpole, Sir Robert, 193
Warwick, Conde de, 133
Weber, Max, sobre o declínio civilizacional, 43-44, 190
Welles, Orson, 233-
Wells, H. G., 232
Weltalter (Schelling), 246, 254-63, 284-85, 301
Weltgrund, 336
Wiedererkennung (anamnese), 49
William de Orange, 66
William II, rei da Holanda, 163
William, o Conquistador, 120
Williams, Roger, 107-12, 176
Winstanley, Gerard, 116-20
Winthrop, John, 106, 111
Wissen und Gewissen (conhecimento e consciência), 332, 355
Woodhouse, A. S. P., 98, 100-01, 120, 135-37

Da mesma coleção, leia também:

Em *Helenismo, Roma e Cristianismo Primitivo*, primeiro volume de sua História das Ideias Políticas, o filósofo austríaco Eric Voegelin demonstra que a "desintegração espiritual" do mundo grego inaugurou um longo processo de transição na autocompreensão do homem do Mediterrâneo e da Europa. As reflexões que surgem são preocupações universais sobre a ordem da existência humana na sociedade e na história.

O relato que Voegelin faz do pensamento político medieval começa com um levantamento da estrutura do período e prossegue com uma análise das invasões germânicas, da queda de Roma e da ascensão da cristandade monástica e imperial. Aborda também João de Salisbúria, Joaquim de Fiore, Frederico II, Sigério de Brabante, Francisco de Assis e o direito romano, chegando a um notável estudo sobre Santo Tomás de Aquino.

Em *Idade Média Tardia*, Eric Voegelin continua a explorar um dos mais importantes períodos da história do pensamento político. Explica grandes figuras da Idade Média, como Guilherme de Ockham, Dante, Egídio Romano, Marsílio de Pádua, Piers Plowman e Cola di Rienzo, remontando a força histórica do nosso mundo moderno aos principais símbolos da civilização medieval.

facebook.com/erealizacoeseditora twitter.com/erealizacoes instagram.com/erealizacoes

youtube.com/editorae issuu.com/editora_e erealizacoes.com.br

atendimento@erealizacoes.com.br